集 刊 名：形象史学
主办单位：中国社会科学院古代史研究所文化史研究室
　　　　　中国史学会传统文化专业委员会
主　　编：刘中玉

2023 年秋之卷

编委会（以姓氏笔画为序）

主　任　孙　晓（中国社会科学院古代史研究所）

委　员

卜宪群（中国社会科学院古代史研究所）　　李　零（北京大学）
万　明（中国社会科学院古代史研究所）　　沙武田（陕西师范大学）
王子今（西北大学、中国人民大学）　　　　沈卫荣（清华大学）
王月清（江苏省社会科学院）　　　　　　　张昭军（北京师范大学）
王亚蓉（中国社会科学院考古研究所）　　　陈支平（厦门大学）
王彦辉（东北师范大学）　　　　　　　　　陈星灿（中国社会科学院考古研究所）
王震中（中国社会科学院古代史研究所）　　尚永琪（宁波大学）
尹吉男（中央美术学院、广州美术学院）　　罗世平（中央美术学院）
成一农（云南大学历史与档案学院）　　　　金秉骏（韩国首尔大学）
扬之水（中国社会科学院文学研究所）　　　郑　岩（北京大学）
朱凤瀚（北京大学）　　　　　　　　　　　耿慧玲（台湾朝阳科技大学）
仲伟民（清华大学）　　　　　　　　　　　黄厚明（南京大学）
邬文玲（中国社会科学院古代史研究所）　　渡边义浩（日本早稻田大学）
池田知久（日本东方学会）　　　　　　　　葛承雍（中国文化遗产研究院）
杨宝玉（中国社会科学院古代史研究所）　　谢继胜（浙江大学）
杨爱国（山东省博物馆）　　　　　　　　　臧知非（苏州大学）
杨富学（敦煌研究院）　　　　　　　　　　熊文彬（四川大学）
李　旻（美国洛杉矶加州大学）

编辑部主任　宋学立

编辑部成员

王艺　王申　马托弟　刘中玉　刘明杉　安子毓　纪雪娟　李凯凯　宋学立　张沛林
黄若然　曾磊

副主编

宋学立　安子毓

总第二十七辑

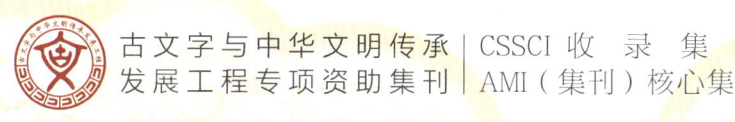

古文字与中华文明传承发展工程专项资助集刊	CSSCI 收 录 集 刊
	AMI（集刊）核心集刊

形象史學

中国社会科学院古代史研究所文化史研究室
中国史学会传统文化专业委员会 主办

刘中玉 主编

2023 年
秋之卷
（总第二十七辑）

中国社会科学出版社

图书在版编目(CIP)数据

形象史学. 2023年. 秋之卷：总第二十七辑 / 刘中玉主编.
—北京：中国社会科学出版社，2023.8
 ISBN 978-7-5227-2654-0

Ⅰ.①形… Ⅱ.①刘… Ⅲ.①文化史—中国—文集
Ⅳ.①K203-53

中国国家版本馆CIP数据核字（2023）第189424号

出 版 人	赵剑英
责任编辑	李凯凯
责任校对	闫 萃
责任印制	王 超

出　　版	中国社会科学出版社
社　　址	北京鼓楼西大街甲158号
邮　　编	100720
网　　址	http://www.csspw.cn
发 行 部	010-84083685
门 市 部	010-84029450
经　　销	新华书店及其他书店
印刷装订	北京君升印刷有限公司
版　　次	2023年8月第1版
印　　次	2023年8月第1次印刷
开　　本	787×1092　1/16
印　　张	20.5
字　　数	405千字
定　　价	158.00元

凡购买中国社会科学出版社图书，如有质量问题请与本社营销中心联系调换
电话：010-84083683
版权所有　侵权必究

目　录

一　前沿动态
栏目主持　安子毓

近百年来的秦系墓葬研究　　　　　袁俊杰　彭军超　　003

从"视觉文书"到"视觉石碑"：
中国古代石碑外形的起源　　　　　金秉骏 著　戴卫红 译　　028

二　服饰丛谈
栏目主持　刘中玉

制度与式样：中国古代袿衣源流考述　　池文汇　琥璟明　　051

裛以藻绣，络以纶连
——中国古代墓室建筑装饰中的织物饰　　杨爱国　　090

北齐青州菩萨像璎珞构件"胜"　　邱忠鸣　　098

三　文化传承研究
栏目主持　宋学立

论祝融故事的历史渊源与神话流变　　杨宇鲲　　113

金沙遗址出土蛙形金箔与壮族背带蛙纹对比研究　　陈逸阳　　140

从六博到樗蒲
——秦汉魏晋间博戏宇宙论意味的淡化与消解　　谢一峰　　155

四 图像研究　　　　　　　　　　　　　　　　　　栏目主持　黄厚明

从"仙人御龙以行"到"凡人乘龙升仙"的战国秦汉绘画观察　　　王传明　　173

新见银质佛像纹晋式带具的年代及其意义　　　朱浒　　211

叶茂台七号辽墓出土《深山会棋图》性质与功能再探讨　　　王雪苗　　238

西藏西部直贡噶举派祖师直贡觉巴壁画研究　　　梁云云　　256

五 跨文化研究　　　　　　　　　　　　　　　　　栏目主持　王　申

从"衣冠缟素"到"神衣象服"
——汉地摩尼形象服饰表现的跨文化转译　　　张鹏　　279

从崇敬到蔑视
——从瓷器看17—18世纪欧洲对"中国"认知的转变　　　罗元胜　　298

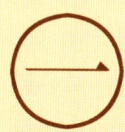

前沿动态

近百年来的秦系墓葬研究

■ 袁俊杰（河南大学历史文化学院） 彭军超（河南大学历史文化学院）

秦系墓葬的考古工作，始于20世纪30年代北平研究院苏秉琦先生在陕西宝鸡斗鸡台沟东区对"屈肢葬"墓的发掘，距今已有近百年的历史。所发掘的秦系墓葬涉及陕西、甘肃、内蒙古、山西、河北、河南、四川、湖北、湖南等诸多省区，年代基本涵盖了秦文化发展的各个时期。根据相关材料的统计，目前已发掘的秦系墓葬超过万座，主要包含国君、贵族、平民各阶层。从墓葬视角研究秦文化的论文数量众多，并有一些专著出版。其内容涉及墓葬的类型、分期与年代、秦文化的来源、墓葬等级划分标准、墓葬制度与区域性研究以及随葬品组合与型式的研究等诸多方面，其中也不乏重大学术问题和热点问题。可以说，近百年来秦系墓葬的发掘与研究取得了巨大的成就，有力地促进了我们对秦从封立到帝国转变过程中社会制度与社会文化的了解。由于有关秦系墓葬的研究内容非常宽泛，囿于篇幅所限，本文择其要者，仅就秦系墓葬概念、重要的考古发现、对秦系墓葬的分期与年代、秦文化来源、墓葬类型与等级的划分标准、墓葬制度与区域性差异、秦国墓地的个案分析等几个重要学术问题的研究谨作述评，并在此基础上对秦系墓葬研究的近百年学术史进行总结与前瞻，以祈能对学术研究的发展有所裨益。不揣谫陋，略述拙见，且也难免挂一漏万，恳请大家指教。

一 秦系墓葬之界定

我们所说的"秦系墓葬"是指秦文化系统的墓葬。它的延续时间与分布地域大体应与秦文化相当。从时间序列看，秦文化不仅包含秦国始封至统一后建立的秦王朝，还可追溯到非子一族为孝王养马的西周中期，甚至更早的秦人起源的秦早期历史也囊括在内。这一时期秦文化系统的墓葬均属于秦系墓葬的范畴。需要注意的

---

* 本文得到河南大学黄河文明省部共建协同创新中心重大项目"黄河流域诸侯国墓地丧葬制度研究"（2020M23）、河南大学英才计划项目"秦国社会变迁研究"（SYLYC2022065）资助。

是，由于秦王朝短祚，秦文化并没有因秦王朝的灭亡而随之消失。考古资料表明，秦文化因素在西汉中期以前的墓葬中尚有留存，但甫入西汉的墓葬所反映的文化因素则是多元的，除秦文化因素外，还包含周文化的传统和楚文化的因素以及少量的其他列国和地区的文化因素，比例甚至远超秦文化本身，这应与汉文化形成有关，其实质应属于汉文化系统。正如滕铭予先生所说，西汉早期墓葬中的秦文化因素是汉文化在糅合诸多文化过程中的一个方面。[1] 严格意义上讲，应归入汉文化系统的墓葬，已经不能视为秦系墓葬了。因此，本文秦系墓葬所指的范畴仅限于秦末汉初及其以前具有秦文化因素的墓葬。

从空间范围看，随着秦的统一，秦文化的分布自西向东、由小到大，从关陇的秦本土向四周扩展开来，遍布全国。就目前见诸报告的考古资料可知，关中和陇东秦本土地区以及内蒙古、山西、河北、河南、四川、湖北、湖南等省区均发现有秦系墓葬。这些墓葬在葬俗上呈现西首向、卷曲特甚的屈肢葬、洞室墓等秦特有的文化因素，构成了秦系墓葬区别于其他列国和地区墓葬的典型特征。

就墓葬本身来说，秦系墓葬不仅包括非子之族居犬丘为孝王养马时期及其以前的早期秦族人的墓葬和襄公始封到子婴出降时期的秦族人的墓葬，也应包括秦在统一进程中，由于种种原因被纳入秦的统治范围内，且与秦族人有着密切关系，并基本接受秦文化，使用秦人埋葬习俗的其他人群的墓葬。具体而言，秦系墓葬可分为秦族人墓、秦国人墓和秦代人墓三大类。秦族人墓指的是秦本族人的墓葬，在包括秦立国之前活动在"汧渭之间"的非子一族的墓葬和嬴姓历代秦君及其族人后裔的墓葬。秦国人墓，是指公元前770年秦"始国"至始皇称帝之间秦族人的墓葬以及秦在兼并战争中被统治地区的他国移民受秦文化影响而采用秦人埋葬习俗的墓葬。而秦代人的墓葬则比较复杂，专指公元前221年秦始皇统一六国至公元前206年子婴出降之间的墓葬。它既包含这一时期的秦族人墓和秦国人墓，也包括了秦统一后六国移民的墓葬。但是，六国的后裔进入秦王朝以后，未必都采用秦人的埋葬习俗。而我们所谈的秦代六国移民的墓葬，是专指秦统一以后受秦文化影响、采用秦人埋葬习俗的六国移民及其后裔的墓葬，不包含秦代的"六国墓"。

总之，本文所论及的秦系墓葬不受族群的局限，既包括秦本族人的墓葬，也包含不同时期接受了秦文化埋葬习俗的非秦族人的墓葬，他们在葬俗和墓葬制度上有着共性特征，都体现着秦人特有的文化因素。

---

[1] 滕铭予：《秦文化：从封国到帝国的考古学观察》，学苑出版社，2002，第4—5页。

二 秦系墓葬考古发现的阶段性回顾

根据秦文化研究专家王学理先生的统计，自1937年宝鸡斗鸡台"屈肢葬"的发掘算起，至2015年6月在全国各地已发掘的秦系墓葬约有11142座。[1] 随着近几年考古工作者对秦系墓葬勘查与发掘工作的继续开展，其数量已远超于此。

20世纪30年代，北平研究院史学研究所派徐炳昶、常惠等先生到陕西调查周秦民族史迹。随后苏秉琦先生主持发掘了宝鸡斗鸡台屈肢葬墓，首次接触到了秦文化。虽然没有直接命名，但已经将其与其他性质的文化区分开来。严格意义上讲秦文化的考古工作已经正式开始。50—60年代，秦系墓葬的发掘工作主要以关陇地区为中心。中国科学院和陕西的考古工作者先后在西安地区的半坡[2]发掘112座战国时期的秦系墓葬，在客省庄[3]发掘71座东周时期的秦系墓葬，在宝鸡地区的李家崖[4]发掘41座战国时期的秦系墓葬，在福临堡[5]发掘11座春秋时期的秦系墓葬，在秦家沟[6]发掘5座春秋时期的秦系墓葬，在茹家庄[7]发掘7座春秋战国之交的秦系墓葬，并取得重要进展。这一阶段学者已将屈肢葬、西首向视为秦文化的特征。除此以外，在河南[8]、山西[9]、湖南[10]、广州[11]等地也发现了一些含有秦文化因素的墓葬，扩大了人们对秦文化的认识。70年代，秦始皇陵兵马俑[12]、云梦睡

---

[1] 王学理主编：《秦物质文化通览》，科学出版社，2015，第602页。

[2] 金学山：《西安半坡的战国墓葬》，《考古学报》1957年第3期。

[3] 中国科学院考古研究所编著：《沣西发掘报告（1955—1957年陕西长安沣西乡考古发掘资料）》，文物出版社，1962，第131—140页。

[4] 何欣云：《宝鸡李家崖秦国墓葬清理简报》，《文博》1986年第4期。

[5] 中国科学院考古研究所宝鸡发掘队：《陕西宝鸡福临堡东周墓葬发掘记》，《考古》1963年第10期。

[6] 陕西省文物管理委员会：《陕西宝鸡阳平镇秦家沟村秦墓发掘记》，《考古》1965年第7期。

[7] 宝鸡市博物馆、宝鸡市渭滨区文化馆：《陕西宝鸡市茹家庄东周墓葬》，《考古》1979年第5期。

[8] 中国社会科学院考古研究所编著：《陕县东周秦汉墓（黄河水库考古报告之五）》，科学出版社，1994，第157—158页；河南省文物考古研究院编：《三门峡市印染厂墓地》，中州古籍出版社，2017，第158—160页。

[9] 山西省考古研究所编著：《侯马乔村墓地（1959—1966）》，科学出版社，2004，第1—7页。

[10] 湖南省文物管理委员会：《长沙左家塘秦代木椁墓清理简报》，《考古》1959年第9期。

[11] 广州市文物管理委员：《广州东郊罗冈秦墓发掘简报》，《考古》1962年第8期。

[12] 始皇陵秦俑坑考古发掘队：《临潼县秦俑坑试掘第一号简报》，《文物》1975年第11期；始皇陵秦俑坑考古发掘队：《秦始皇陵东侧第二号兵马俑坑钻探试掘简报》，《文物》1978年第5期；秦俑坑考古队：《秦始皇陵东侧第三号兵马俑坑清理简报》，《文物》1979年第12期。

虎地秦简[1]、凤翔秦公陵园[2]、秦始皇陵园内外的各种遗迹[3]等一系列重大考古发现相继问世,大大拓展和深化了秦系墓葬乃至秦史研究的领域与内容。总体来看,这一时期考古资料的积累为后来学者对秦系墓葬的研究奠定了基础,但相关考古学层面学术问题的研究尚未全面展开。

20世纪80—90年代,有关秦系墓葬的考古工作不断增多。其中包括国君墓葬,如秦公一号大墓[4]、芷阳陵园[5];贵族墓葬,如陇县边家庄秦墓[6]以及平民墓葬,如黄家沟秦墓[7]、甘谷毛家坪遗址[8]、塔尔坡秦墓[9]等的调查与发掘,为学界提供了国君至平民各阶层墓葬的宝贵资料。与此同时,《云梦睡虎地秦墓》[10]《陕县东周秦汉墓(黄河水库考古报告之五)》[11]《陇县店子秦墓》[12]《塔儿坡秦墓》[13]等发掘报告的陆续出版,也为学界对秦系墓葬多方面的持续研究提供了基础。本阶段的研究成果较为丰硕,一些学者开始总结秦系墓葬的特征,秦文化来源问题、墓葬分期与年代框架的构建、秦人葬式与社会等级关系以及随葬器物的研究成为这一时期秦系墓葬研究的重点。

进入21世纪以来,随着秦系墓葬考古工作的继续深入,在全国各地均发现了大量的秦系墓葬。加之大量考古发掘报告相继出版,如《西安南郊秦墓》[14]《秦都咸阳考古报告》[15]《华县东阳》[16]《西安北

---

[1] 云梦睡虎地秦墓编写组:《云梦睡虎地秦墓》,文物出版社,1981。

[2] 陕西省雍城考古队:《凤翔秦公陵园钻探与试掘简报》,《文物》1983年第7期。

[3] 始皇陵秦俑坑考古发掘队:《陕西临潼鱼池遗址调查简报》,《考古与文物》1983年第4期;秦俑坑考古队:《秦始皇陵东侧马厩坑钻探清理简报》,《考古与文物》1980年第4期;秦俑考古队:《临潼上焦村秦墓清理简报》,《考古与文物》1980年第2期;临潼县博物馆:《秦始皇陵北二、三、四号建筑遗迹》,《文物》1979年第12期。

[4] 陕西省雍城考古队:《秦都雍城钻探试掘简报》,《考古与文物》1985年第2期。

[5] 陕西省考古研究所、临潼县文管会:《秦东陵第一号陵园勘察记》,《考古与文物》1987年第4期。

[6] 尹盛平、张天恩:《陕西陇县边家庄一号春秋秦墓》,《考古与文物》1986年第6期。

[7] 秦都咸阳考古队:《咸阳市黄家沟战国墓发掘简报》,《考古与文物》1982年第6期。

[8] 甘肃省文物工作队、北京大学考古学系:《甘肃甘谷毛家坪遗址发掘报告》,《考古学报》1987年第3期。

[9] 咸阳市文物考古研究所:《咸阳塔尔坡战国墓发掘简报》,《文物》1987年第4期。

[10] 云梦睡虎地秦墓编写组:《云梦睡虎地秦墓》。

[11] 中国社会科学院考古研究所编著:《陕县东周秦汉墓(黄河水库考古报告之五)》。

[12] 陕西省考古研究所编著:《陇县店子秦墓》,三秦出版社,1998。

[13] 咸阳市文物考古研究所编著:《塔儿坡秦墓》,三秦出版社,1998。

[14] 西安市文物保护考古所编著:《西安南郊秦墓》,陕西人民出版社,2004。

[15] 陕西省考古研究所编著:《秦都咸阳考古报告》,科学出版社,2004。

[16] 陕西省考古研究所、秦始皇兵马俑博物馆编著:《华县东阳》,科学出版社,2006。

郊秦墓》[1]《西安尤家庄秦墓》[2]《李家崖》[3]《凤翔孙家南头——周秦墓葬与西汉仓储遗址发掘报告》[4]《临潼新丰——战国秦汉墓葬发掘报告》[5]《三门峡市印染厂墓地》[6]《西安张家堡秦墓发掘报告》[7]《宝鸡郭家崖考古发掘报告》[8] 等，为秦系墓葬的研究提供了更为丰富的实物资料。由此以墓葬为视角成为秦文化乃至秦史研究的一个学术重点。并在秦文化"二源说"、秦系墓葬制度、秦系墓葬的区域性差异与东方六国之间的比较、秦国墓地的个案分析等开展了热烈的专题讨论。本阶段对秦系墓葬的研究呈现出综合性和专题研究并行发展的新趋势。

三 关于秦系墓葬重要学术问题之研究

近百年来以墓葬材料为视角对秦文化、秦史的研究，可谓成果宏富，领域广泛。由于学者各自对文献与考古材料认识的不同，难免会产生不同的观点和争论。本文主要选取几个重要学术问题，如秦系墓葬的分期与年代；秦文化的来源；秦人葬式与墓葬类型、等级划分标准；秦系墓葬制度；秦国墓地的个案分析；秦系墓葬的区域性差异与东方六国之间的比较等问题的研究试作述评。

（一）关于分期与年代问题

考古学文化的分期与年代，需要建立在典型遗址与墓葬的基础上。20 世纪 80—90 年代考古资料日渐丰富，对之分期编年是一个首先遇到的重要问题。随着时间的推移，研究也逐渐趋向成熟。韩伟、尚志儒将关中地区的中小型秦系墓葬分为七期，综述了每一期墓葬的特征。[9] 叶小燕将全国各地秦系墓葬分为五个阶段，并总结了各个阶段的区域性特征。[10] 陈平将关中秦系墓葬出土的青铜容器分为

---

[1] 陕西省考古研究所编著：《西安北郊秦墓》，三秦出版社，2006。
[2] 陕西省考古研究所编著：《西安尤家庄秦墓》，陕西科学技术出版社，2008。
[3] 陕西省考古研究院：《李家崖》，文物出版社，2013。
[4] 陕西省考古研究院、宝鸡市考古研究所、凤翔博物馆编著：《凤翔孙家南头——周秦墓葬与西汉仓储建筑遗址发掘报告》，科学出版社，2015。
[5] 陕西省考古研究院编著：《临潼新丰——战国秦汉墓葬考古发掘报告》，科学出版社，2016。
[6] 河南省文物考古研究院编：《三门峡市印染厂墓地》，中州古籍出版社，2017。
[7] 陕西省考古研究院编著：《西安张家堡秦墓发掘报告》，陕西科学技术出版社，2018。
[8] 陕西省考古研究院、宝鸡市考古研究所编著：《宝鸡郭家崖考古发掘报告》，科学出版社，2021。
[9] 韩伟：《略论陕西春秋战国秦墓》，《考古与文物》1981 年第 1 期；尚志儒：《秦国小型墓的分析与分期》，载考古与文物编辑部编《陕西省考古学会第一届年会论文集》，1983，第 52—67 页。
[10] 叶小燕：《秦墓初探》，《考古》1982 年第 1 期。

春秋型和战国型两大类，她的两大器群、五期、十组的分法基本上涵盖了宏观与微观各个层次。[1] 滕铭予将甘肃东部以及关中地区的秦系墓葬划分为天水、长陇、宝鸡、西安、铜川、大荔六个区，并对各区的青铜器、陶器进行分期讨论，指出各区具有不同的时代特点，基本反映了秦人由西向东发展的轨迹。[2] 这一阶段的分期与年代研究，多建立在秦系墓葬随葬铜、陶器型式划分的基础上，因而各家说法并无大异。但囿于墓葬出土铜器资料的局限，在早期秦文化尤其以春秋早期以前各时期的分期与年代存在缺环。

进入21世纪后，随着渭河上游与西汉水流域早期秦文化遗存的发现，这一问题有了新进展。陈洪根据渭河流域秦系墓葬出土的铜器与陶器进行分期编年，提出自战国早期外来铜、陶器就以开始出现于秦本土的观点，更正了学界多以为秦器物群由本土型向外来型的转变始于战国中期的结论。[3] 梁云根据清水李崖、甘谷毛家坪、礼县西山坪、长武碾子坡、礼县大堡子山、宝鸡南阳村等早期秦文化居址出土的陶器、墓葬出土的陶器和铜器的时代特征，将其划分为西周中、晚、春秋早三期。[4] 这些研究弥补了早期秦文化分期与年代的空白。此外，也有学者对秦系墓葬的分期与年代问题进行过研究，但其结论均未超出以上之范围。

就整体而言，秦系墓葬的考古学分期与年代以及秦文化的发展序列问题已基本明确，但早期秦文化的分期与年代有待于更进一步的深入研究。梁云说得好，我们有必要建立起一个详尽细致的分期编年体系，为探讨秦文化渊源、嬴秦西迁年代、秦文化发展阶段等重大学术问题提供一个坚实的考古学年代框架。

（二）关于秦文化的来源问题

从墓葬视角就秦文化来源问题的探讨，主要是对东周秦系墓葬中出现的屈肢葬俗、洞室墓和铲脚袋足鬲进行分析。俞伟超对甘青地区青铜时代诸文化进行分析后，指出辛店文化墓葬中存在的屈肢葬俗与洞室墓在春秋时期大量出现于秦地，由此推测秦是戎人的一支。[5] 这一观点得到叶小燕[6]、刘庆柱[7]等学者的支持。然而，韩伟则认为这些特点出现在秦系墓葬中是

---

1 陈平：《试论关中秦墓青铜容器的分期问题（上、下）》，《考古与文物》1984年第3期、第4期。

2 滕铭予：《秦文化：从封国到帝国的考古学观察》，第28—40页。

3 陈洪：《秦文化之考古学研究》，科学出版社，2016，第30—101页。

4 梁云：《早期秦文化探索》，上海古籍出版社，2021，第11—100页。

5 俞伟超：《古代"西戎"和"羌"、"胡"考古学文化归属问题的探讨》，载俞伟超主编《先秦两汉考古论文集》，文物出版社，1985，第182—188页。

6 叶小燕：《秦墓初探》，《考古》1982年第1期。

7 刘庆柱：《试论秦之渊源》，载人文杂志编委会编《人文杂志增刊——先秦史论文集》，1982，第176—181页。

有条件的，并非秦人自身的文化传统，不可将秦系墓葬中出现的这些现象当成秦族及其文化属于西戎系统的证据。[1]

当时囿于材料的限制，学者在探讨秦文化的来源问题上，均以东周秦系墓葬的考古发现为依托，很难触及更早的墓葬材料。1982—1983年，北京大学考古学院与甘肃省文物工作队在甘肃毛家坪发现西周时期秦文化遗存为探索秦文化的渊源提供了新线索。随后，赵化成在《寻找秦文化渊源的新线索》中指出毛家坪西周秦文化除去自身特点外，总的来说与周文化相似，而与甘青地区其他古文化相去较远，辛店文化不会是秦文化的来源。[2] 进入20世纪90年代后，牛世山从陶器的类型出发，比较那些存在于秦文化分布区或毗邻区与之同时或略早的考古学文化，得出西周时期的秦文化来源于先周文化的结论。同时又引证文献认为秦人原是商人的一支，后投靠了周人，并接受了先周文化。在商晚期使用的是关中地区的商文化。[3] 滕铭予认为，毛家坪遗址一期出土的长体筒状瘪裆鬲与深腹罐的年代可以早到殷墟四期，这时的秦文化与周原地区的郑家坡文化相似，是一支使用郑家坡类型文化的人群从周原向陇西迁徙后遗留下来的。[4] 刘军社认为商晚期分布在陕西周原一带，既包含商文化因素又包含先周文化因素的壹家堡类型文化就是秦人遗存。[5] 可见，这一阶段有关秦文化来源问题大体可分为"西来说"和"东来说"两种观点。

除"西来说"和"东来说"外，学界还存在一种涵盖东、西说的"二源说"。20世纪90年代末黄留珠最早反思超越东、西说之对立，从而提出"在秦文化渊源问题上，我们既要看到秦文化的始发之源，又要看到其复兴之源，还要看到复兴之源的再次起源特性。如果能以'源于东而兴于西'加以概括的秦文化二源说，将秦文化东、西说的精粹集于一体，实现二者的统一结合，或更能接近历史的真相"[6]。这一见解为秦文化来源的破题提出了全新的思路，也推动了学界对这一问题作更为深入的探讨。随后韩伟[7]、赵化成[8]等学者对这种观点进行论

---

1 韩伟：《关于秦人族属及文化渊源管见》，《文物》1986年第4期。
2 赵化成：《寻找秦文化渊源的新线索》，《文博》1987年第1期。
3 牛世山：《秦文化渊源与秦人起源探索》，《考古》1996年第3期。
4 滕铭予：《秦文化：从封国到帝国的考古学观察》，第51页。
5 刘军社：《壹家堡类型文化和早期秦文化》，载秦始皇兵马俑博物馆《论丛》编委会编《秦文化论丛》第三辑，西北大学出版社，1994，第495—508页。
6 黄留珠：《秦文化二源说》，《西北大学学报》（哲学社会科学版）1995年第3期。
7 韩伟：《关于秦人族属及文化渊源管见》，《文物》1986年第4期。
8 赵化成：《寻找秦文化渊源的新线索》，《文博》1987年第1期。

证给予支持。2004年五方联合考古队系统调查西汉水上游地区，发现了大量早期秦文化遗存，为这一课题的深入研究提供了新的材料。2008年梁云撰文指出："秦系墓葬中的直肢葬和屈肢葬既有等级上的高低之分，或又有族群方面的含义，即社会上层与下层各有不同的来源。秦人社会上层来自东方，而下层或出于西北本地。"[1] 2011年9月8日李学勤在《光明日报》发文，披露清华简《系年》中有关秦人早期历史的记载："飞曆（廉）东逃于商盍（盖）氏。成王伐商盍（盖），杀飞曆（廉），西迁商盍（盖）之民于邾（朱）虘（圉），以御奴叡之戎，是秦先人。"李先生将楚简中的"邾虘"隶定为"朱圉"，即《汉书·地理志》天水郡冀县的"朱圉"，在今甘肃甘谷县；认为秦人本是来自于山东的商奄之民，周初成王时期被迫迁徙至甘肃甘谷的朱圉山一带，谪戍西方御戎。[2] 清华简的出土有力地证实了"二源说"的可靠性。2016年陈洪也发文赞成此观点，她通过对毛家坪遗址等早期秦文化遗存的分析，也认为秦人的社会上层、下层使用的是两种性质不同的考古学文化，秦的高级贵族阶层和底层民众很可能来源不同。即秦的王族、高级贵族并非出身于西北，而秦人社会的底层民众，极有可能是当地的羌戎。[3]

通过梳理诸家观点不难发现，毛家坪遗址发掘以前，"西来说"与"东来说"争论不休，自其发掘后，"二源说"占据上风，即嬴秦公族来自东方，底层平民则是西北土著。但以往的研究仅侧重葬俗或随葬陶器某一方面的讨论，笼统地将两个阶层分割，而忽视了内部之间的复杂社会关系。因此，要继续探讨上述问题，在"二源论"的基础上，将葬俗和随葬品等墓葬要素有机结合起来，力求宏观建构与微观突破，进而展开全面系统的分析与比较应不失为一种新的尝试。

（三）关于秦人葬式与墓葬类型、等级划分标准问题

秦人葬式与墓葬类型、等级划分是研究墓葬制度、墓葬等级演变及所反映社会阶层分化与流动、社会制度变迁等一系列重大问题的基础。因此，对这一问题的讨论至关重要。目前关于这一问题的划分标准存在争论。1979年，韩伟《试论战国秦的屈肢葬仪渊源及其意义》，首先提出秦人葬式与社会等级之间存在联系，认为秦的奴隶主贵族采用直肢葬，屈肢葬是解放奴隶的葬仪。[4] 1987年，赵化成《寻找秦文化渊源的新线索》，曾论及墓葬等级

---

[1] 梁云：《从秦墓葬俗看秦文化的形成》，《考古与文物》2008年第1期。

[2] 李学勤：《清华简关于秦人始源的重要发现》，《光明日报》2011年9月8日。

[3] 陈洪：《秦文化之考古学研究》，第158—197页。

[4] 韩伟：《试论战国秦的屈肢葬仪渊源及其意义》，载中国考古学会编《中国考古学年会第一次年会论文集》，文物出版社，1979，第204—211页。

与葬式。他将关中地区中小型秦系墓葬分为春秋、战国至秦两个阶段,分为甲、乙、丙三类(图1)。甲类墓主要出铜礼器,葬具为两棺一椁或一棺一椁,墓圹一般在4米以上,多有殉人。乙类墓主要出陶礼器,一棺一椁,墓圹长约3米。丙类墓主要出日用陶器或无随葬品,一棺一椁或有棺无椁,墓圹大小与乙类相当或略小。同时指出,关中地区已发表秦系墓葬,屈肢葬占据葬式清楚墓的90%。[1]

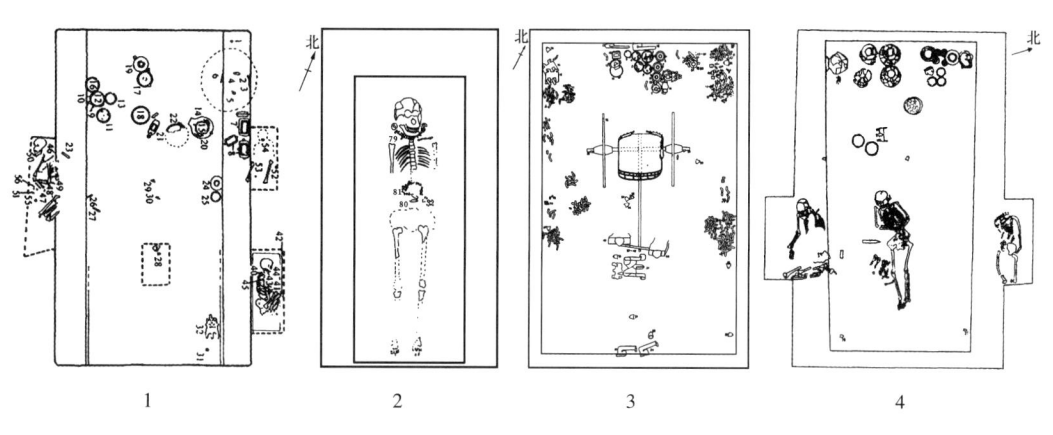

甲类墓

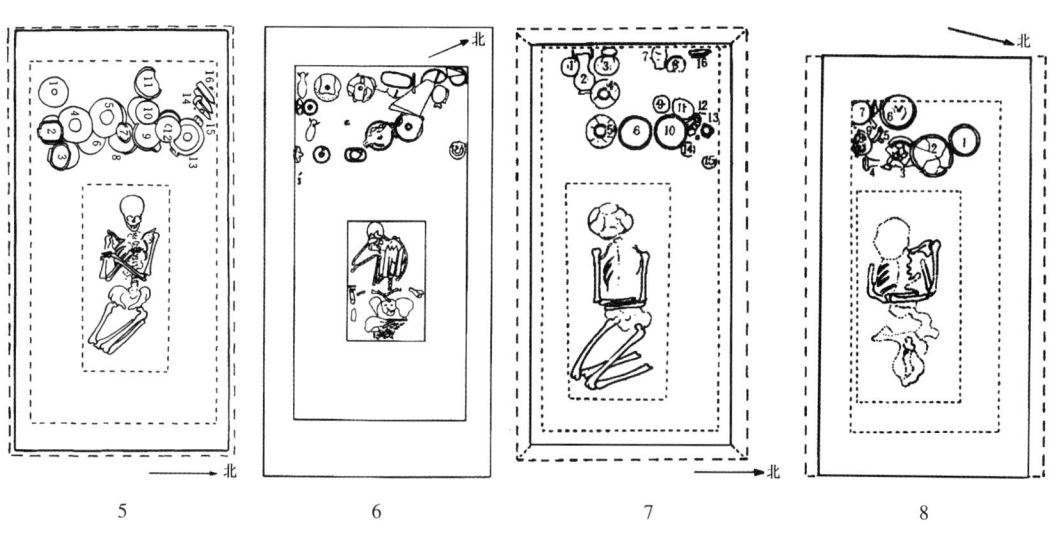

乙类墓

---

[1] 赵化成:《寻找秦文化渊源的新线索》,《文博》1987年第1期。

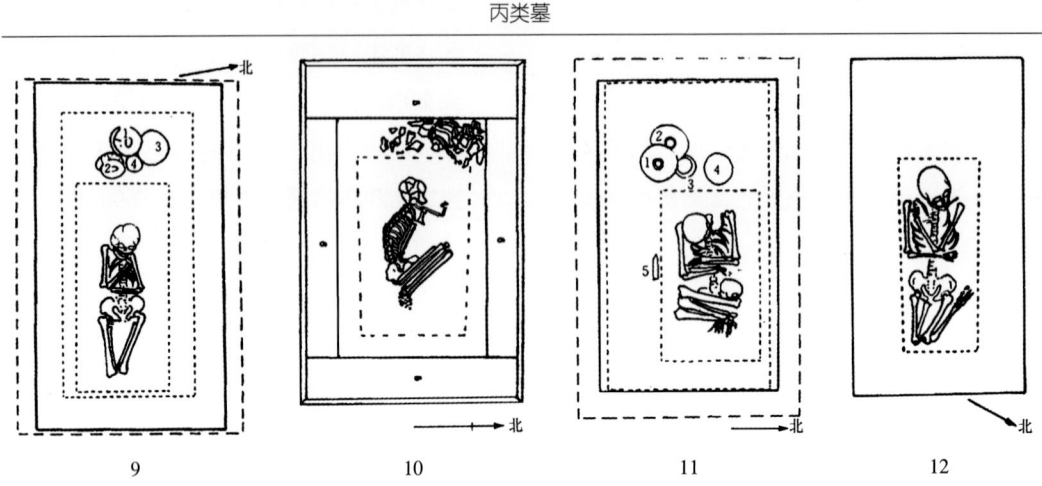

图 1　秦系墓葬的甲乙丙类墓 1

1. 圆顶山 98LDM1 平面图；2. 边家庄 M5 棺室平面图；3. 边家庄 M5 椁室平面图；4. 八旗屯 CM2 平面图；5. 店子 M252 平面图；6. 八旗屯 BM103 平面图；7. 店子 M26 平面图；8. 店子 M96 平面图；9. 店子 M156 平面图；10. 秦家沟 M4 平面图；11. 店子 M162 平面图；12. 店子 M22 平面图

1. 采自甘肃省文物考古研究所、礼县博物馆《礼县圆顶山春秋秦墓》,《文物》2002 年第 2 期；2—3. 采自陕西省考古研究所宝鸡工作站、宝鸡市考古工作队等《陕西陇县边家庄五号春秋墓发掘简报》,《文物》1988 年第 11 期；4、6. 采自陕西省雍城考古队《陕西凤翔八旗屯秦国墓葬发掘简报》,《文物资料丛刊》第 3 辑，文物出版社，1980，第 68—69 页；5、7—9、11—12. 采自陕西省考古研究所《陇县店子秦墓》，三秦出版社，1998，第 18—24 页；10. 采自陕西省文物管理委员会《陕西宝鸡阳平镇秦家沟村秦墓发掘记》,《考古》1965 年第 7 期

1993 年赵先生再次谈及秦系墓葬葬式问题，他分析陇县边家庄秦国贵族墓葬与周边国民墓地的情况，得出包括秦高等级贵族在内的王室成员采用直肢葬的埋葬方式，而中小贵族及普通平民下葬时则多采用屈肢葬俗的结论（图 1）。[2] 该观点一经发表便得到学界的肯定，但其中也存在三个问题。第一，出土铜器的中型墓既有直肢葬，也有屈肢葬，这种现象如何解释。中型墓葬直、屈肢葬人群各自的来源是哪里。第二，如何解释小型墓中数量众多的直肢葬。第三，战国中晚期，秦系墓葬中

1　甲类墓：圆顶山 98LDM1，面积为 13.7m²，随葬铜礼器有鼎（6）、簋（2）、壶（3）、盘、匜；边家庄 M5，面积为 18.2m²，随葬铜礼器鼎（5）、簋（4）、壶（2）、盘、甗。八旗屯 CM2，面积为 15.6m²，随葬铜礼器鼎、簋、壶（2）、盘、匜。乙类墓：店子 M252，面积为 5m²，随葬仿铜陶礼器鼎（2）、簋（4）、壶（2）、匜、甗；八旗屯 BM103，面积为 6.5m²，随葬仿铜陶礼器鼎、簋（2）、壶（2）、盘、匜、甗；店子 M26，面积为 4.3m²，随葬仿铜陶礼器鼎、簋（2）、壶（2）、盘、匜、甗、豆；店子 M96，面积为 3.93m²，随葬仿铜陶礼器鼎、簋、壶（2）、盘、匜。丙类墓：店子 M156，面积为 3.12m²，随葬日用陶器罐（2）、盂（2）；秦家沟 M4，面积不详，随葬日用陶器鬲、罐、盆；店子 M162，面积 2.5m²，随葬日用陶器鬲、罐（2）、盂；店子 M22，面积为 2.4m²，无随葬品。

2　赵化成：《早期秦文化的发现及其相关问题》,《日本中国考古学会会报》第 3 号，1993，第 84—95 页。

屈肢葬减少的同时直肢葬不断增加，而屈肢葬最终在西汉时期彻底消失。陈洪也曾注意到这些现象，并在《秦文化之考古学研究》中尝试解决这些问题。她综合墓葬的类型与规格，随葬品的种类、材质与数量以及殉人等葬俗，将统计的1500余座秦系墓葬划分为大型A类墓、B类墓；中型A类墓、B类墓；小型A类墓、B类墓、C类墓三个大的等级和七个小的等级，并阐明发展期秦人社会的等级阶层构成，使秦早期即已出现的高、低等级阶层的人群分别采用直、屈肢葬这一现象更加清晰。然而到了战国中晚期，原本四肢蜷曲特甚的屈肢葬中出现了下肢微屈的屈肢葬，同时低等级墓葬中直肢葬快速增加（图2），也正是在秦向北方地区扩张的战国中期，关中秦地出现了非秦文化系统的洞室墓。来源于北方游牧民族的洞室墓，最初属于低等级阶层的墓葬，后来逐渐被高等级阶层所采用。战国中期以后，关中秦地出现洞室墓的同时，墓葬头向也出现了西向以外的其他头向。并由此推测，这些现象和屈肢葬减少、直肢葬增加以及洞室墓流入都与战国中期以后秦的领土扩张、对周边地区的控制，以及对周边国家人员的录用、移民等事实相呼应。[1] 此外，就秦系墓葬的类型划分标准，也有学者如滕铭予[2]、梁云[3]等展开过讨论。

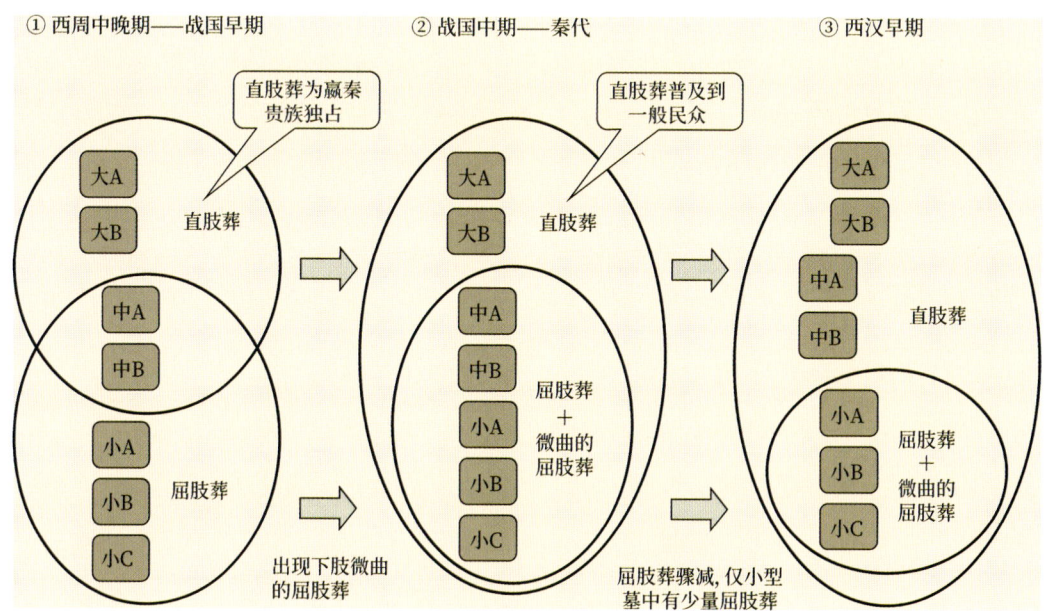

图2　西周中晚期至西汉早期渭水流域秦人葬式变化模式
采自陈洪《秦文化之考古学研究》，第172页

1　陈洪：《秦文化之考古学研究》，第152—219页。
2　滕铭予：《秦文化：从封国到帝国的考古学观察》，第22—28页。
3　梁云：《战国时代的东西文化差别——考古学的视野》，文物出版社，2008，第78—136页。

(四) 关于秦系墓葬制度问题

秦系墓葬制度是秦文化研究的重要课题。其涉及的时间跨度之大、地域范围之广以及研究内容之宽泛,并非一人一时所能及。迄今为止学界对秦系墓葬制度的研究主要包括用鼎制度、用圭制度、棺椁制度、陵寝制度、殉人葬俗、围墓沟葬俗等若干问题。

1. 关于用鼎制度问题

有关秦系墓葬用鼎制度的研究以俞伟超和高明的《周代用鼎制度研究(下)》一文谈及最为深入。该文利用大量墓葬材料并结合文献记载,对用鼎制度的形成、衰变过程加以探讨。他们认为战国时期秦人用鼎制度的特点及其对传统鼎制的破坏,主要反映在两个方面:一是秦庶民普遍使用特一(铜)鼎的变化基本没有发生,相当于平民身份的秦人基本不使用(铜)鼎随葬;二是少牢五鼎以上的规格遭到很大破坏,相当于从前大夫以上身份之贵族,最迟在战国末年已经变得只用铜两鼎。[1] 进入 21 世纪,梁云也曾关注这一问题。他认为秦系墓葬中的用鼎制度以战国中期为界,大体可分为两个阶段,战国中期之前秦系墓葬中包括列鼎在内的成套铜礼器多为明器,表明秦人已经认同周人所创的用鼎制度。在这以后,秦从根本上废除了用鼎制度,主要表现在三个方面,一是相当于以前铜五鼎规格(大夫)的墓普遍采用了两件以下的铜鼎;二是废除了簋原来这一重要的食器,使铜器中缺乏盛食器,已不能形成基本的礼器组合(图 3);三是原来流行的彩绘仿铜陶礼器在战国中期以后突然绝迹,三晋式的仿铜陶礼器在墓葬中所占的比例也极低,绝大多数墓葬随葬日用陶器与东方诸侯国仿铜陶礼器泛滥的景象形成了鲜明对照。[2] 实际上,梁云对这一问题的研究大体是对俞伟超和高明两位先生观点的进一步深化。

年代	墓葬	随葬铜礼器组合
春秋早期	边家庄 M5	1　2　3　4　5　6

---

[1] 俞伟超、高明:《周代用鼎制度研究(下)》,《北京大学学报》(哲学社会科学版)1979 年第 1 期。

[2] 梁云:《战国时代的东西文化差别——考古学的视野》,第 51—62 页。

近百年来的秦系墓葬研究　015

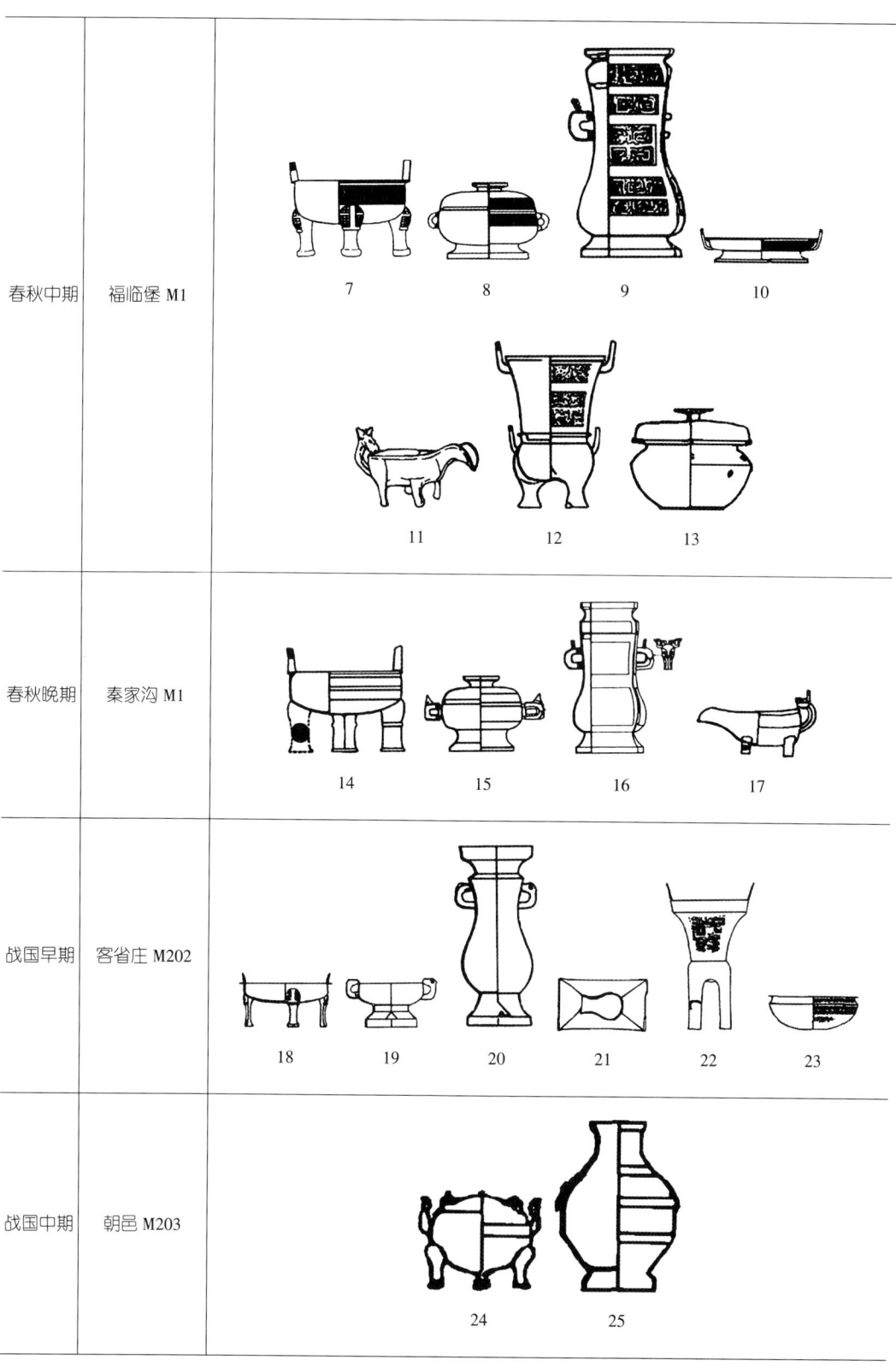

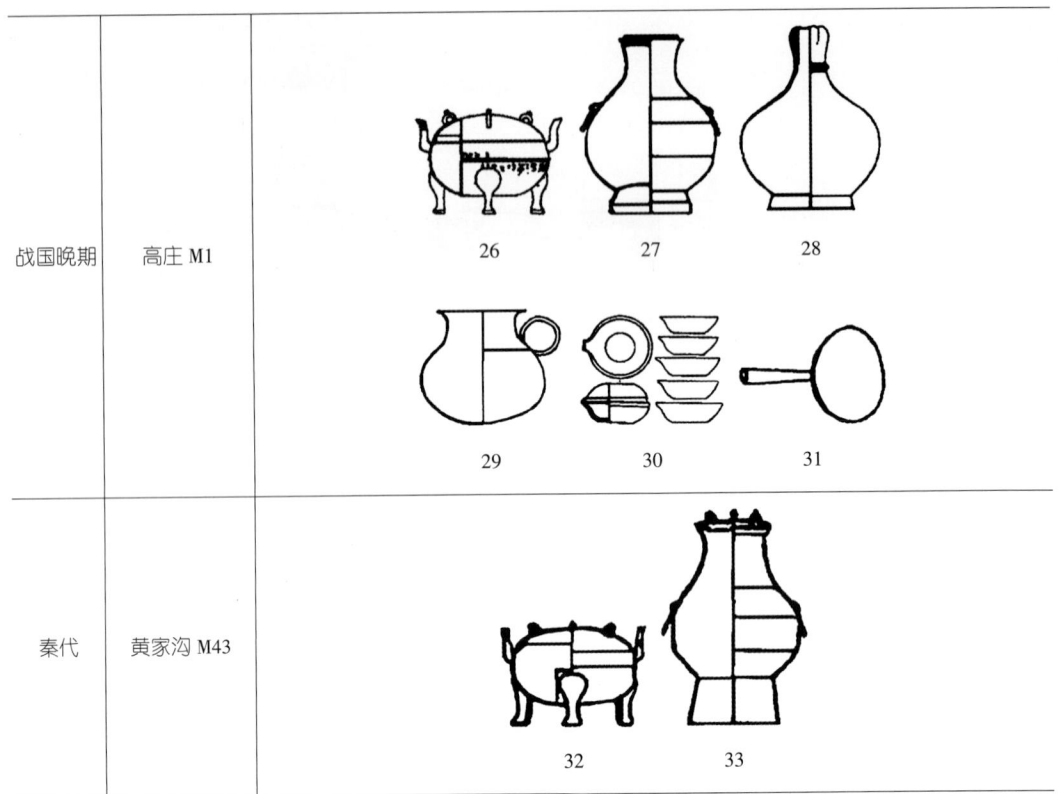

图 3　秦系墓葬随葬铜礼器组合的演变 1

1、7、14、18、24、26、32. 铜鼎；2、8、15、19. 陶簋；3、9、16、20、25、27、33. 铜壶；4、10、21. 铜盘；11、17. 铜匜；5、12、22. 甗；6. 铜盉；13. 铜敦；23. 铜盂；28. 铜蒜头壶；29. 铜鍪；30. 铜套杯；31. 铜勺

1—6. 采自陕西省考古研究所宝鸡工作站、宝鸡市考古工作队等《陕西陇县边家庄五号春秋墓发掘简报》，《文物》1988 年第 11 期；7—13. 采自中国科学院考古研究所宝鸡发掘队《陕西宝鸡福临堡东周墓葬发掘记》，《考古》1963 年第 10 期；14—17. 采自陕西省文物管理委员会《陕西宝鸡阳平镇秦家沟村秦墓发掘记》，《考古》1965 年第 7 期；18—23. 采自中国科学院考古研究所编著《沣西发掘报告（1955—1957 年陕西长安县沣西乡考古发掘资料）》，文物出版社，1962，第 131—140 页；24—25. 采自陕西省文管会、大荔县文化馆《朝邑战国墓葬发掘简报》，《文物资料丛刊》第 2 辑，文物出版社，1978，第 75—91 页；26—31. 采自雍城考古队《陕西凤翔高庄秦国墓地发掘简报》，《考古与文物》1981 年第 1 期；32—33. 采自秦都咸阳考古队《咸阳市黄家沟战国墓发掘简报》，《考古与文物》1982 年第 6 期

2. 关于陵寝制度问题

随着 20 世纪 70—80 年代秦始皇陵园和雍城陵区的勘查与发掘，对陵寝的研究也开展起来，总结起来主要有三个方面：一是关于陵园礼制建筑的嬗变。根据考古发现，凤翔秦公陵园内各墓葬的墓室上部地表均有大量瓦片堆积，无疑是建筑遗物（M7 除外）。芷阳陵区的礼制建筑已经不再建于墓室上部，而是移到封土之旁，秦始皇陵继承了这种做法，在内城的西北隅

1　图 3 仅代表各墓葬随葬的铜礼器组合，而非铜器数量。

分布大量建筑遗迹。[1] 有关陵园内礼制建筑的性质有两种观点，杨宽认为陵园中仅有寝和便殿等建筑，用于"日上四食"，即每天四次进奉饮食之用。[2] 杨鸿勋认为是"享堂"，即后代子孙祭祀墓主的地方。[3] 有关陵园礼制建筑嬗变的历程，徐卫民认为陵寝制度在秦国发生了很大的变化，秦昭王时已把陵寝从墓上移到了墓的两侧，秦东陵区中封土两侧已有建筑，至秦始皇陵时，寝殿、便殿、饮官遗址等陵侧建筑已成体系，并对后代的陵园体制产生影响。[4] 尚志儒亦赞成其观点。[5]

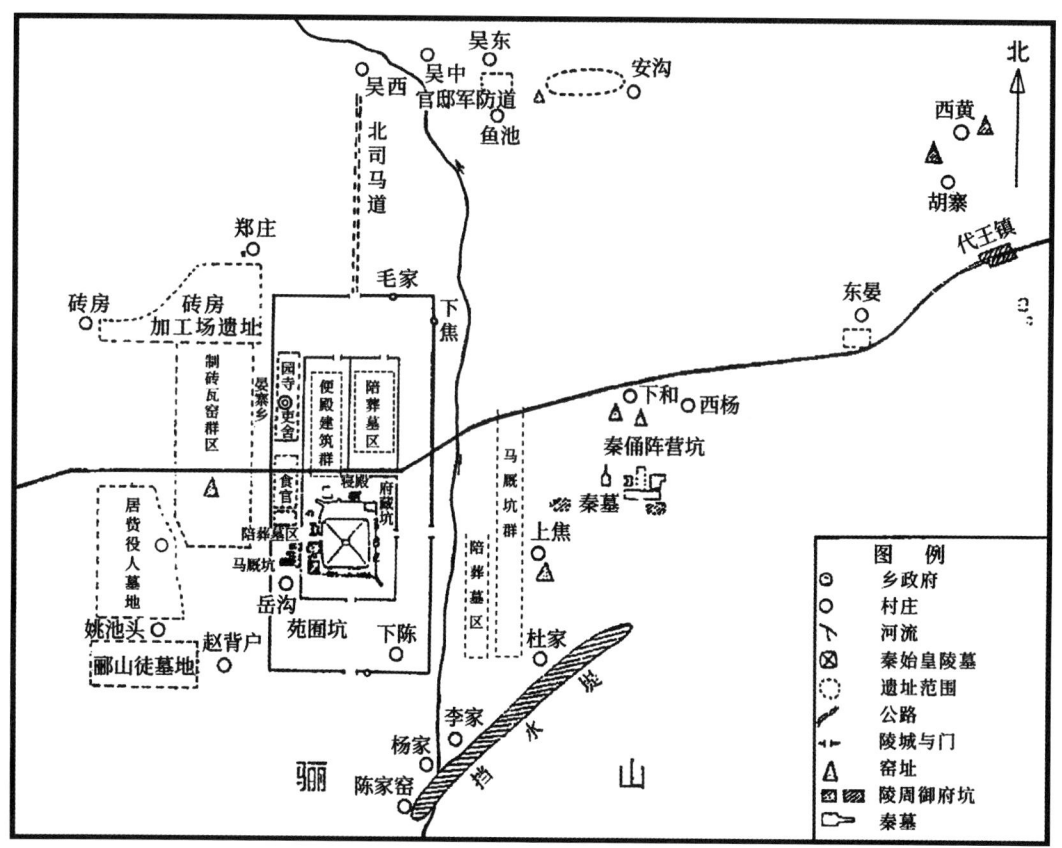

图 4　秦始皇陵园平面布局

采自王学理、梁云《秦文化》，第 174 页

---

[1] 王学理、梁云：《秦文化》，文物出版社，2001，第 173 页。

[2] 杨宽：《先秦墓上建筑和陵寝制度》，《文物》1981 年第 1 期；杨宽：《先秦墓上建筑问题的再探讨》，《考古》1983 年第 7 期。

[3] 杨鸿勋：《关于秦代以前墓上建筑的问题》，《考古》1982 年第 7 期。

[4] 徐卫民：《秦公帝王陵园考论》，《文博》1999 年第 2 期。

[5] 尚志儒：《秦陵及其陵寝制度浅论》，《文博》1994 年第 6 期。

二是关于陵园的兆沟与城垣。徐卫民认为秦陵外围的隍壕向墙垣演变，形成了有别于东周时期东方列国不同的陵园结构。[1] 尚志儒对此观点做了进一步的延伸性研究，他在《秦陵及其陵寝制度浅论》中提出陵寝的防护设施由下挖的兆沟变为高耸于地面的陵垣。"一方面是受到当时东方各国普遍建造陵城的影响，另一方面则主要是受到战国晚期已经出现的并已渐趋完备的营陵思想的推动，即陵园仿照都城建造。"[2] 此外，韩伟[3]、张海云[4]、陈伟[5] 等学者就兆沟作用问题，则提出防洪排水、防御、墓葬标识和陵地界沟等不同看法。

三是关于秦始皇陵的布局结构。自1974 年秦始皇陵兵马俑被发现以来，学界就已经开始对其布局结构展开讨论。多年来，学者们根据现有的考古资料，总结出秦始皇陵的结构主要包括城墙、城门、地宫、封冢、寝殿、陪葬墓、陪葬坑等几个部分（图4）。有关秦始皇陵布局结构的渊源，学界存在不同的观点，如刘炜认为秦始皇陵的设计思想是按照"事死如生"之礼安排的，反映的是帝王的奢侈欲望，也符合巩固皇权的需要，更是秦国政治制度的产物，对后世帝王陵寝的布局结构产生重大影响。[6] 尚志儒认为秦始皇陵园的布局结构既效仿东方列国陵园，又参照秦都咸阳的布局，但更多的则来源于秦先公先王的陵墓结构。[7] 而张占民反对秦始皇陵是以战国时期东方列国国君陵寝为蓝图设计的观点，他认为其仅是在继承秦先公先王陵园布局结构基础上的创新。[8]

进入 21 世纪，有关陵寝制度的新突破主要在秦陵寝制度的演变等问题上。徐卫民《秦公帝王陵发展演变的特点及其在历史上的地位》详细总结出秦帝王陵寝制度演变的特点，分别是：（1）延续的时间长，序列清晰，规模逐渐增大；（2）从享堂到寝便殿；（3）从隍壕向高大的城垣过渡；（4）从墓而不坟、不封不树向高大墓冢转变；（5）实行厚葬制度；（6）陵墓均建在山环水抱的台地之上；（7）陵墓礼制对秦公帝王无任何约束力，不循规蹈矩；（8）从殉人到以俑

1　徐卫民：《秦公帝王陵园考论》，《文博》1999 年第 2 期。

2　尚志儒：《秦陵及其陵寝制度浅论》，《文博》1994 年第 6 期。

3　韩伟：《凤翔秦公陵园钻探与试掘简报》，《文物》1983 年第 7 期。

4　张海云、骆希哲：《秦东陵勘查记》，《文博》1987 年第 3 期。

5　陈伟：《凤翔、临潼秦陵壕沟作用试探》，《考古》1995 年第 1 期。

6　刘炜：《秦始皇陵布局浅谈》，《文博》1985 年第 2 期。

7　尚志儒：《秦始皇陵园布局结构渊源浅谈》，《文博》1987 年第 1 期。

8　张占民：《秦始皇陵园渊源试探》，《文博》1990 年第 5 期。

殉葬；（9）陵墓随都城的改变而迁徙。[1] 张卫星《试论秦始皇陵葬制的突破》认为秦始皇陵的陵寝与秦代祖庙之间的联系，突破了先秦时期宗庙祭祀的框架，体现着宗庙祭祀向墓葬祭祀的转变。但在陵园制度、陵寝制度与随葬制度上可以看出秦始皇陵所表现出的葬制特征又是对先秦以来高等级墓葬传统的继承。[2] 段清波和刘俊艳《帝国体制下独立陵园制的发展演变》认为，春秋至战国后期秦王陵园逐渐从集中公墓制向独立陵园制过渡，秦始皇帝陵是独立陵园制确立的标志。并认为这种演变正是中国古代社会治理体制由封建政体向皇权政体转变的结果。[3]

21世纪前后，一些研究帝王陵寝的学术著作相继出版，如王学理《秦始皇陵研究》[4]、徐卫民《秦公帝王陵》[5]、袁仲一《秦始皇陵的考古发现与研究》[6] 以及张卫星《礼仪与秩序：秦始皇陵研究》[7] 等。这些著作对各时期秦公帝王陵墓的建造过程、陵园规模与结构以及源流等问题做了全面系统的分析，为今后继续研究这一问题提供了思路与理论方法。

3. 关于用圭制度问题

关于秦系墓葬的用圭制度，早在20世纪80年代日本学者冈村秀典根据秦系墓葬出土的石圭与侯马盟书和温县盟书中圭的形制与年代对比，认为其与盟书、礼器等均属于有着共同思想基础的礼仪行为。[8] 梁云指出西周中晚期小型秦系墓葬中随葬石圭风俗与周人相同，但对其等级制度的遵循又不如周人严格。甫入东周，随着"礼不下庶人"规制被打破，用圭制度在各诸侯小型墓葬中的泛滥，不同的是战国中期商鞅变法在秦国尽废周礼，秦墓葬圭风俗戛然而止，走上了与东方列国不同的道路。[9] 陈洪的观点则是战国晚期关中秦系墓葬中传统陶礼器与石圭随葬风俗的彻底消失与之后墓葬中供奉牲肉与谷物葬俗的盛行存在替代关系。[10]

---

1 徐卫民：《秦公帝王陵发展演变的特点及其在历史上的地位》，《文博》2001年第6期。

2 张卫星：《试论秦始皇陵葬制的突破》，《考古与文物》2009年第5期。

3 段清波、刘俊艳：《帝国体制下独立陵园制的发展演变》，《考古与文物》2019年第10期。

4 王学理：《秦始皇陵研究》，上海人民出版社，1994。

5 徐卫民：《秦公帝王陵》，中国青年出版社，2002。

6 袁仲一：《秦始皇陵的考古发现与研究》，陕西人民出版社，2002。

7 张卫星：《礼仪与秩序：秦始皇陵研究》，科学出版社，2016。

8 ［日］冈村秀典：《秦文化编年》，载林巳奈夫编《古史春秋》第二号，朋友书店，1985，第50—74页。

9 梁云：《战国时代的东西文化差别——考古学的视野》，第62—73页。

10 陈洪：《秦文化之考古学研究》，第215—216页。

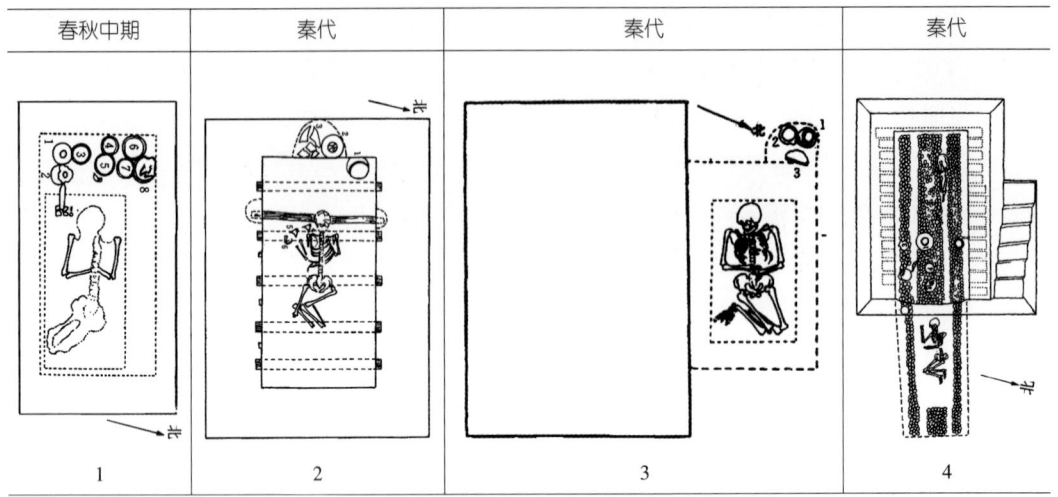

图 5　秦系墓葬棺椁结构的演变 1
1. 店子 M15；2. 店子 M40；3. 店子 M33；4. 店子 M237
采自田亚岐、赵士祯《东周时期关中地区国人秦墓棺椁的演变》，《考古与文物》2003 年第 4 期

秦系墓葬用圭制度的消亡，与之前流行鼎簋之组合的仿铜陶礼器与微型化的铜礼器在战国中晚期消失的现象相同，应是商鞅变法导致秦文化发展的大趋势。而供奉牲肉（这里指祭牲）大都摆放于壁龛内或棺椁之间与随葬的陶器伴出，应是秦人效仿周礼在举行遣奠仪式中所遵循的一项祭祀程序，其性质应是秦人在墓葬中埋葬的祭奠死者所用的祭牲。这种葬俗在秦系墓葬中比较常见，年代由春秋早期可延续至秦代，就墓葬等级而言包括贵族阶层、中间阶层以及平民阶层，属于秦文化在形成过程中受周礼影响所致。因此，其替代石圭随葬的风习之观点值得被重新审视。

4. 关于棺椁制度问题

在棺椁制度方面，田亚岐、赵士祯认为东周时期关中地区的秦系墓葬中棺椁的演变具有一定的规律。"从发展与演变的趋向看，它从多重的木质棺椁套合结构向单棺过渡（图 5），即从复杂到简单的过程，但作为护棺的目的和功能却逐渐在增加；不同时期采用不同的棺椁结构，需要相应的墓圹来对应，即棺椁结构的变化直接决定着墓圹结构也随之改变，或者说是墓圹结构的变化直接决定着棺椁结构的变化；棺椁的发展与演变轨迹基本吻合于当时秦人葬俗制度的变化。"[2] 张海云等认为秦系墓葬中由棚木、盖板与立柱构成木

1　店子 M15，竖穴土坑墓，一椁一棺，椁形式为套合结构；店子 M40，竖穴土坑墓，一椁一棺，椁由生土二层台、棚木、立柱构成；店子 M33，偏洞室墓，单棺无椁，墓室替代椁的作用；店子 M237，直线洞室墓，单棺无椁，墓室替代椁的作用。

2　田亚岐、赵士祯：《东周时期关中地区国人秦墓棺椁的演变》，《考古与文物》2003 年第 4 期。

椁形式是秦人特有的一种棺椁结构，这类棺椁结构墓葬出现于特定的地域，且是只有士或大夫及以上阶层能享用的特权，它的消失与洞室墓的发展相关。[1] 陈洪认为小型秦墓棺长的变化虽然与下肢的伸展基本上相呼应，但并不完全同步，在人骨完全腐朽且无法判明葬式的情况下不能仅凭棺长推测葬式，棺椁等葬具的制作也与秦律《工律》记载的标准不符。[2] 整体来看，诸家通过不同的视角论证了秦人在棺椁制度上由繁变简的演变历程（图5）。

5. 关于殉人葬俗问题

秦系墓葬殉人之风尤甚。近30年以来学界对这一葬俗展开讨论，但看法并不一致。黄展岳《古代人牲人殉通论》认为，秦系墓葬中人殉葬俗不是秦人所固有的，而是于春秋时期受东方列国的影响而产生，并流行开来。战国晚期随秦领土的扩大，逐渐在被占领区的秦系墓葬墓中推行。[3] 与之相反，文笑、德省则持谨慎态度，他们引证文献指出秦人人殉葬俗是受商周殉人制度影响所致，甫入春秋秦人"初以人从死"而确立人殉制度，并于秦穆公时期达到鼎盛阶段。战国中期秦献公（前384）颁布的"止从死"令标志着人殉制度废除，但其并未消失，秦统一后以俑殉葬则是这一制度的延续。[4] 张天恩和煜珧认为秦系墓葬的壁龛放置殉葬者是中下等贵族的常见葬俗，是受西戎（寺洼文化）的影响而产生的，被沿用至战国中期，直至"止从死"令颁布后而结束。[5] 而马格侠《秦人从死刍议》认为，从春秋时期开始流行的秦人从死制度，并没有因"止从死"命令的颁布而废除，而且还有继续扩大的趋势。关于流行的原因，他指出，应考虑是对其从春秋时代开始的殉人制度的继承，和秦人表达对君主尽忠，对父母尽孝，对不舍生前所爱以及新君主铲除政敌的有效手段。[6] 梁云发现春秋时期秦贵族墓中的殉人风俗和东夷族以及殷人墓类似，而与周人迥异，说明了秦国的统治者与商文化及东夷文化有着较为紧密的历史渊源。[7] 张梦晗[8]、印群[9]

---

1 张海云、孙铁山：《秦人木椁墓浅论》，《考古与文物》2006年第5期。

2 陈洪：《小型秦墓木棺尺寸与葬式的关系——以凤翔西村、凤翔西沟道、咸阳塔儿坡墓地为例》，载秦始皇陵博物院编《秦始皇帝博物院》，陕西师范大学出版社，2011，第131—137页。

3 黄展岳：《古代人牲人殉通论》，文物出版社，2004，第230—245页。

4 文笑、德省：《秦国人殉制度的演变》，《文博》1998年第6期。

5 张天恩、煜珧：《秦墓的壁龛殉人葬俗初论》，载秦始皇帝陵博物院编《秦始皇帝陵博物院》，陕西师范大学出版社，2016，第104—112页。

6 马格侠：《秦人从死刍议》，《西安财经学院学报》2013年第5期。

7 梁云：《从秦墓葬俗看秦文化的形成》，《考古与文物》2008年第1期。

8 张梦晗：《秦国人殉风气最盛之原因》，《历史教学问题》2013年第4期。

9 印群：《论大堡子山秦公陵园的人殉——兼谈嬴秦先人西迁之地望》，《复旦学报》（社会科学版）2014年第6期。

也持此观点。

这些探讨都聚焦于秦系墓葬殉人葬俗的源流问题上，所以才产生了分歧。其实，有些结论要以考古材料为前提。秦人殉人葬俗来源于商文化。商墓盛行人殉是学界所熟知的，在郑州商城、洹北商城、殷墟西北岗王陵区等多地的墓葬中均发现大量殉人现象。反观周人墓葬基本不用或很少用人殉葬，东夷系统的郳、莒等国亦常见殉人葬俗。实际上秦文化的殉人葬俗反映的是其本身与商文化和东夷文化之间的历史联系。公元前384年秦国颁布的"止从死"令，标志着人殉制度废除的观点是可信的。这一点也得到了大量战国中晚期及以后的墓葬资料的支持。而黄展岳之所以认为战国后期秦国人殉制度不但在本土继续推行，而且在秦国占领区的秦人墓中也存在，是因为侯马桥村秦人墓地中发现一批带有殉人的围沟墓。这仅是孤例，"随着军功爵制的建立，秦国奴隶制的规模急剧扩大，严刑峻法和酷烈的战争随时都在把罪犯和战俘变为奴隶，连一般平民都可以拥有1—2个奴隶，且对之操生杀大权，那些新立军功的中小地主出于夸耀豪富的变态心理甚至杀戮手中为数不多的生产奴隶来殉葬。但是，这毕竟是战国末年特殊环境下出现的暂时倒退现象"[1]。

6. 关于围墓沟葬俗问题

围墓沟是用于标识茔域范围的界沟，为东周秦国陵区的传统设施，在雍城秦公陵园（图6-1、图6-2）咸阳塬战国秦陵等均可发现（图6-3）。此外，在山西侯马乔村（图6-4）、河南三门峡的战国秦墓地（图6-5）也有发现。有关这类葬俗的研究比较少，主要是针对其来源与作用问题的讨论。关于围墓沟来源问题，俞伟超在《方形周沟墓与秦文化的关系》一文中提出秦系墓葬的围墓沟是西北青铜文化带给中原的影响，秦的围墓沟正是来自西北羌戎文化的因素之一。[2] 而后王志友提出了不同的观点，他根据已公布的考古资料，发现早在新石器时代的聚落与墓地中就有围沟环绕，认为围墓沟葬俗可能与史前聚落的布局形式有密切的关系，后被秦人所吸收，并影响到西汉早期墓地的布局。[3] 关于墓地围沟的作用问题，宁景通认为三门峡市火电厂秦国墓地内围墓沟现象可能是为了加高墓冢，或是为了表明该墓地的范围，以此显示墓主人的身份。[4] 王志友也认为在秦系墓葬周围发现的围沟具有区分墓葬等级与墓主身份的作用。这其中秦帝王陵墓周围兆沟或隍壕有标识陵园或整个陵区的范围与界线的作用，而战

---

[1] 王学理、梁云：《秦文化》，第198页。

[2] 俞伟超：《方形周沟墓与秦文化的关系》，《中国历史博物馆馆刊》1993年第2期。

[3] 王志友：《秦墓地围沟探源》，载秦始皇兵马俑博物馆《论丛》编委会编《秦文化论丛》第十一辑，西北大学出版社，2004，第331—344页。

[4] 三门峡市文物工作队：《三门峡市火电厂秦人墓发掘简报》，《华夏考古》1993年第4期。

国中晚期以后，秦人较低等级的墓地使用围墓沟的现象应是社会关系与社会经济变化在埋葬制度上的反映，其性质应考虑是个体家庭的私墓地，并对西汉帝王陵墓以及墓地制度有直接影响。[1]

就目前公布的墓葬资料而言，中小型秦系墓葬使用这一葬俗主要集中于山西、河南等战国晚期被秦兼并区域的墓地中，而秦本土的秦系墓葬中则几无见到。关于这一问题的答案仍有待于今后考古发掘提供的证据与研究者们更为深入的探讨。

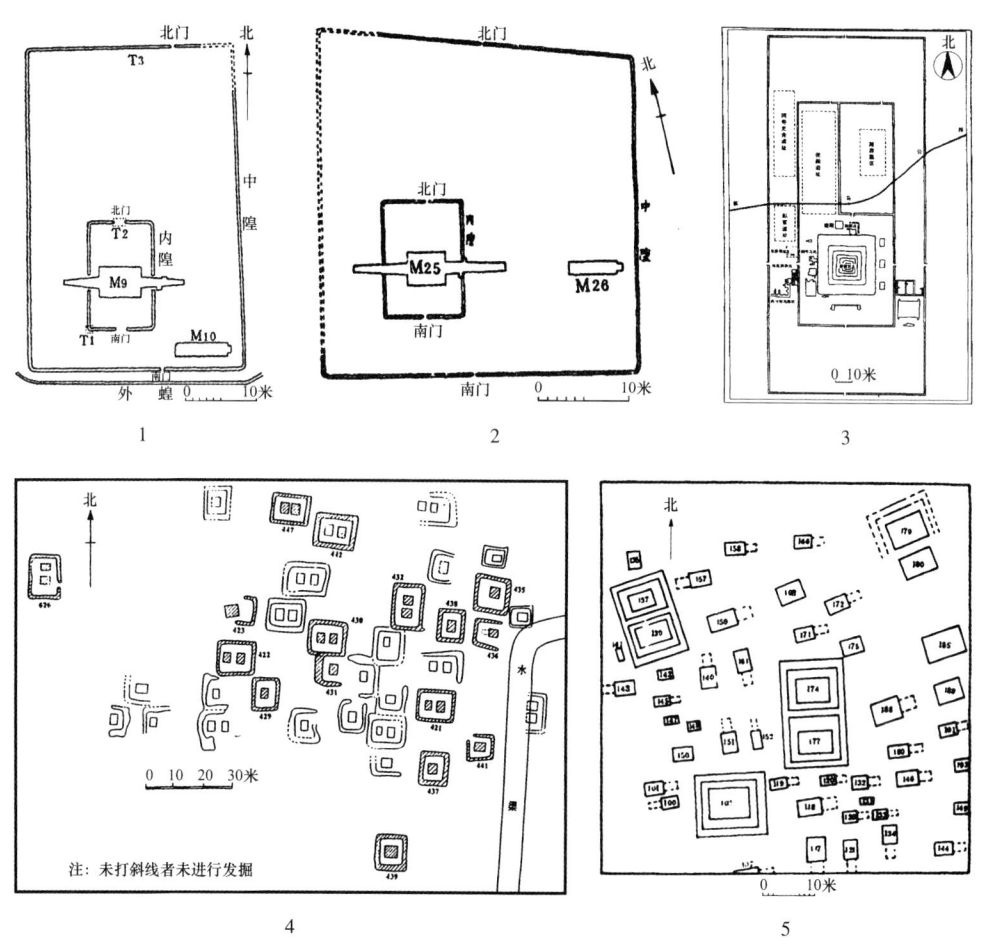

图 6　秦系墓葬的围墓沟与隍壕
1. 凤翔十号秦公陵园隍壕平面图；2. 凤翔三号秦公陵园隍壕平面图；3. 秦始皇陵内外城平面图；4. 侯马乔村秦人墓地围墓沟平面图；5. 三门峡火电厂秦人墓地围墓沟平面图
1—2. 采自俞伟超《方形周沟墓与秦文化的关系》，《中国历史博物馆馆刊》1993 年第 2 期；3. 采自徐卫民《秦公帝王陵》，第 103 页；4—5. 采自王学理、梁云《秦文化》，第 196 页

1　王志友：《秦墓地壕沟的作用和意义浅论》，《文博》2002 年第 4 期。

（五）关于秦国墓地的个案分析问题

就某个秦国墓地开展研究工作需要有较为详细的墓地资料作为支撑。21 世纪以来，大量秦系墓葬发掘报告相继出版，为秦国墓地的个案分析提供了基础。这些研究大都着眼于对墓地结构展开分析，如宋远茹《明珠花园秦墓的分期及相关问题的讨论》，运用类型学的方法将明珠花园秦国墓地分为战国早期至秦统一前期四期，分析了墓地出现大量乱葬墓可能与秦的刑罚有关。同时，关于墓地内 M12 殉人现象，她认为是从死从葬制度的延续。[1] 滕铭予《咸阳塔儿坡秦墓地再探讨》指出，埋入塔儿坡秦国墓地的死者生前应分属于来源不同的人群，将其埋入同一墓地背后所隐含的应是这些死者生前居住在同一个具有凝聚力的聚落共同体内，属于同一个地缘组织的历史事实。[2] 刘汉兴《西安南郊潘家庄秦墓地再分析》认为，潘家庄墓地所葬墓主是由迁民到杜县的多个宗族群体构成，墓主身份与阶层也存在等级差别。从墓地结构来看，各宗族聚族里居里葬，将他们联系在一起的纽带是地缘政治的发展结果。[3] 辛宇、胡望林《陕西宝鸡光旭墓地秦墓初论》认为，该墓地是一处公共墓地，墓主生前阶层较低，大体可分为富裕平民、中等贫民和赤贫者。墓地结构反映出秦人平民阶层是以家庭为单位构成社会组织的最小单元。[4]

墓地结构研究是秦国墓地个案分析的重要课题。目前来看秦国墓地结构多样，可谓分地域而异，分时期而异。不论是陇县店子秦国墓地反映的血缘组织族葬制，还是任家咀秦国墓地反映的血缘组织地缘化向新型地缘组织转变的墓地结构，抑或是塔儿坡秦国墓地的地缘组织结构。如果能够对近些年出版的十余本秦国墓葬的发掘报告作系统分析，全面总结出秦国墓地结构的若干模式，以及反映出社会形态的历时性变化情况，将是一次很有意义的尝试。

（六）关于秦系墓葬的区域性研究问题

关于该问题，近些年来学界主要以关陇地区的考古资料为依托，做了大量研究。除此以外，针对河南、四川、两湖等地的秦系墓葬研究也有少量成果。河南地区主要是对三门峡和洛阳两地发现的秦系墓展开研究。如刘曙光《三门峡上岭村秦人墓的初步研究》，该文认为简报中对墓葬年代的上限定为公元前 325 年是不恰当的。他根据墓葬形制、随葬器物的形态以及葬俗的变化认为其上限应在秦朝覆灭

1　宋远茹：《明珠花园秦墓的分期及相关问题的讨论》，《考古与文物》2002 年第 6 期。

2　滕铭予：《咸阳塔儿坡秦墓地再探讨》，《北方文物》2004 年第 4 期。

3　刘汉兴：《西安南郊潘家庄秦墓地再分析》，《江汉考古》2018 年第 1 期。

4　辛宇、胡望林：《陕西宝鸡光旭墓地秦墓初论》，《文博》2022 年第 6 期。

以后。并论述了秦灭亡后，当地的秦文化无法抵御中原文化的渗透和冲击，进而融合与转化成中原文化的过程。[1] 胡永庆《论三门峡秦人洞室墓的年代》在对三门峡秦人洞室墓的类型和年代的讨论中，发现该地区秦人洞室墓最早出现于战国晚期，并一直延续到西汉中期。[2] 张剑《洛阳秦墓的探讨》认为，洛阳地区的秦系墓葬保留着较多的中原文化因素，即使处于统治地位的秦文化也很难快速将其同化。这种以中原文化因素为主的两种共存文化因素反映出两种文化的融合。[3] 赵丹《论河南秦墓》将河南地区的秦系墓葬划分为战国中晚期及以前至西汉早期及以后四个阶段，通过与周边地区秦系墓葬的比较，发现秦文化进入被兼并地区之后受到当地文化的强力抵制，并与之共存。[4]

两湖与四川地区秦系墓葬的研究较少，多集中于墓葬的类型、年代、墓葬特征、文化因素分析等方面。如陈振裕《略论湖北秦墓》，就已有的墓葬材料对该地区秦系墓葬进行了类型与分期研究，并考察了该地区秦系墓葬的族属、湖北秦系墓葬与其他地区秦系墓葬以及与楚墓和汉墓之间的关系问题。[5] 贺刚《论湖南秦墓、秦代墓与秦文化因素》结合文献材料与考古资料，认为该地区秦系墓葬墓主既有秦人也有被同化的楚人，并总结其各自的特点。同时发现湖南地区的秦系墓葬中存在大量中原文化因素，究其原因应是与随军而来的士卒或移民中绝大多数成员为中原民众，而真正涉足湖南地区的关中秦人有限所致。[6] 高至喜《论湖南秦墓》，认为湖南地区发现的秦系墓葬数量较少，原因在于当地楚文化过于顽固，致使在秦兼并该地区后墓葬中仍顽强地保持着本地的埋葬制度与葬俗，很少或没有秦文化因素。[7] 李明斌《论四川盆地的秦人墓》将四川地区发现的秦系墓葬按照期别划分为秦国秦人墓和秦代秦人墓，并总结其历时性变化特征。进而发现该地区的秦人墓中存在巴蜀、楚以及其他列国多种文化因素，认为四川盆地的秦人墓包含其他六国人群与秦驻军人群两类，这正是秦灭蜀后为稳定蜀国局势采用移民政策的反映。[8]

关于秦系墓葬的区域差异与东方六国

1　刘曙光：《三门峡上岭村秦人墓的初步研究》，《中原文物》1985 年第 4 期。

2　胡永庆：《论三门峡秦人洞室墓的年代》，《中原文物》2001 年第 3 期。

3　张剑：《洛阳秦墓的探讨》，《考古与文物》1999 年第 5 期。

4　赵丹：《论河南秦墓》，《华夏考古》2020 年第 2 期。

5　陈振裕：《略论湖北秦墓》，《文博》1986 年第 4 期。

6　贺刚：《论湖南秦墓、秦代墓与秦文化因素》，载湖南省文物考古研究所编《湖南考古辑刊》，科学出版社，1989，第 165—182 页。

7　高至喜：《论湖南秦墓》，《文博》1990 年第 1 期。

8　李明斌：《论四川盆地的秦人墓》，《南方文物》2006 年第 3 期。

墓葬的比较问题，梁云《战国时代的东西文化差别——考古学的视野》一书谈论最为深入。作者选取最能代表秦与东方六国差异的五个方面即铜陶器物群的演变、器用制度、墓葬等级序列、都城形态以及城址等级分层结构，讨论东西差别。不仅于秦在这五个方面作个案研究，而且对东方六国亦一一作个案分析，从而具体归纳出导致战国东方六国之人在文化、心理上相认同而与秦相疏远的文化与社会结构的共性，同时也通过文化遗存这种历史物化表征的分类比较，生动地阐明了秦人不与东方六国相苟同的独特政治与文化制度。[1] 正如朱凤瀚先生所说，"在从考古学角度对战国东西文化做比较研究方面，如此系统深入的著作，以前还没有过"[2]。

四　总结与前瞻

综上所述，近百年来对秦系墓葬的考古发现与研究已经取得了多方面的成绩，总括起来有如下四点：第一，在对中小型墓葬出土铜、陶器进行类型学分析的基础上，基本建立了较完整的秦文化发展序列，为秦文化的深入研究奠定了分期与年代的基础。第二，明确了秦文化在其发展过程中，与其外部文化间存在着不同方式的互动关系。同时，对秦文化的源流问题也有较为深入的认识。第三，对秦人葬式与墓葬类型、等级划分标准、头向的时空分布、秦文化从封立到帝国的发展过程以及统一后秦文化的传播扩散与交流进行了讨论，从而推动了秦文化研究的视野与进程。第四，在对秦系墓葬的相关问题研究中，涉及墓葬制度的某些方面，如用鼎、用圭、棺椁、陵寝制度等，为进一步系统且深入地研究秦系墓葬制度提供了基础和思路。综合来看，秦系墓葬的研究已经带有全面化和系统化的发展趋势。

上述成绩是进一步深入研究秦系墓葬以及秦文化的基础，但学界的有关研究还存在着若干问题和不足之处，最主要有以下六点：其一，在秦系墓葬已有研究中，多偏重于对某个方面的考察，缺乏系统的认识，使各问题之间不能有机结合，甚至互相抵牾。其二，对于秦系墓葬制度系统研究的缺失。包括墓地制度、陵园制度、棺椁制度、器用制度、车马埋葬制度、殉祭制度等在内的墓葬制度是先秦丧葬制度的重要内容，也是中国古代丧葬史研究的重要组成部分。近些年来随着秦系墓葬的大量发现，考古资料越发丰富，许多问题也更为清晰。学界亟待一项关于秦系墓葬制度的综合性研究成果。其三，从墓葬视角对秦从封立到帝国社会变迁的系统考察仍有很大空间。通过墓葬材料来解释当时的社会或阐述社会发展中的若干问题，尤其是从墓葬视角对秦国在崛起过程中不同

---

[1] 梁云：《战国时代的东西文化差别——考古学的视野》，第1—270页。

[2] 朱凤瀚：《东周考古一部很有学术价值的著作》，《中国文物报》2008年8月20日。

阶层人群的分化与流动情况，基层社会组织由血缘日渐地缘化的过程以及相应的社会治理体系向中央集权郡县制转型的研究尤为重要。其四，对秦系墓葬的区域性差异研究不足。以往学界虽有少量针对某一个区域内秦系墓葬的分析，但尚未见秦政治版图内中心地区与其他被兼并地区秦系墓葬全面的比较研究。这些地域性差异研究的不足，不利于我们对秦文化传播扩散与交流的正确认识。其五，秦系墓葬的性别差异，则几无涉及。不同性别墓葬的差异是非常突出的。通过探寻墓葬中两性间的差异变化与发展过程来深化对秦社会结构与社会形态的认识，是从新的角度对秦史研究的极有意义的尝试。其六，对整个秦系墓葬做历时性考察，则更是全新的学术研究思路和视阈。可以更全面且系统地窥知秦从封立到帝国不同阶段墓葬制度演变以及社会变迁历程等诸多方面的信息。所有这些都是今后有待于进一步加强深化和拓展研究方向的重要学术问题。

从"视觉文书"到"视觉石碑"：中国古代石碑外形的起源

■ 金秉骏（韩国首尔大学）著　戴卫红（中国社会科学院古代史研究所）译

绪　论

以往研究几乎没有关注石碑外形所具有的意义。这可能是因为一般学者认为，只有碑文才是石碑的核心要素，其外形不过是单纯的装饰而已。换句话说，他们觉得石碑的外形本身并不包含特定的意义，其外观可以根据个人的审美随时发生变化。

另外，在部分关注石碑外形的研究中，学者们试图从葬礼中下葬的柱子或捆绑牺牲物的柱子中追溯石碑的渊源。即，石碑中间的洞穿是为下葬或束缚牺牲品所需，其仅仅被理解成一种实际用途，而石碑的其他外观也不过是单纯的装饰。这是由于他们认为，石碑只是单纯的石柱或坟墓附近的柱子。石柱本身并不重要，刻有文字的叙事载体这一性质才是石碑更本质的要素。

但并不是说单纯把字刻在石头上的就都是石碑。石碑不同于石刻，石头的外形必须具备一定的形式才能被称作石碑。仅仅是石刻的话，其出现的时间可以追溯到很久以前。但具有特定外形的石碑直到东汉时期才出现。因此可以推测，石碑的出现在外形上具有特别的意义。随着时间的流逝，虽然出现了各式各样的外形，但是几个基本的主要特征没有改变，从这一点也可以看出石碑的外形具有特别意义这一事实。

东汉时期，石碑的碑文形式已经具备了典型结构。与此相同，石碑的外观也具有了一定的形态。石碑的外形直到东汉时期才最终确立，那么为什么采取那种形态？构成石碑的各个部分都具有哪些含义？本文旨在对这一问题进行探讨。

一　"视觉文书"的继承：作为书写载体的石碑

石碑外观大致可分为两种，一是构成石碑的主要部分的形态，二是装饰石碑的要素。前者指碑首、碑身、碑座的形态，后者指装饰石碑的各种动物或绘画要素。[1]

首先来考察前者,即石碑的基本形态。因为后者是附加在前者形态上的装饰性的绘画要素,因而并非所有的石碑都拥有。相反,碑首形态如圭首形、圆首形或方首形,以及碑身形态如板碑形的两面碑或石柱形的四面碑等都是石碑外观的基本型。穿透碑身的碑穿,也是早期石碑外观的典型基本要素。

这样的基本外观具有什么意义呢?在理解石碑的时候,应该注意到书写载体的碑身和书写内容的碑文是结合在一起的物体,笔者认为这正是解开外观意义的重要线索。因为如果石碑是包含碑文的所谓书写载体,那么就可以假设这种书写载体的形态可以由其碑文的内容来决定。

秦汉时期的主要书写载体——木简,其内容及形态之间存在对应关系已成为共识。以木简的长度和内容的相互关系为例,原本是通用一尺长的简,但为了显示皇帝的权威,在书写皇帝的命令(令)时,使用的简比一般的简稍长,达到一尺一寸。同时,伴随着儒学的盛行,经书书写于二尺四寸的简上,律令也书写于二尺四寸的简上。也就是说,为了体现皇帝和圣人的权威而改变了两种简的长度。此外,以在木简上盖上封泥并加印印章的封检为代表,包括觚、传、符等在内,这些木简都是为了特定的内容及特定的用途而制成的,它们已经被制成一种特殊的形状来辨认其用途。对阅读木简的人来说,这其中包含着将视觉效果最大化的意图,因此被称作"视觉木简"[2]。

如果注意到石碑与木简同为"写有文字的书写载体"这一点,那么石碑的形态也会同木简一样与其内容相对应。况且石碑流行的时期正是木简作为最重要的书写材料使用的时代——汉代,这个事实暗示了石碑的外观与木简的形态相关的必然性。在正式探究石碑外观意义之前,不妨先举两三种石碑碑文参照木简基本书写形式的事例。

东汉光武帝建武二十八年(52)"三老讳字忌日记"的刻石,是三老的第七代孙名叫邯的人所立,全文先记录三老夫妇及他们的儿子儿媳四人的讳字和忌日,接着记录十个孙子孙女的名字。其记录方式,共分四段,第一段是"三老和夫人"两人,第二段是"儿子夫妇"四人,接着第三段和第四段为孙子孙女十人。全文按世代辈分段记录。这种书写方式原封不动地采用了秦汉时期户籍文书的记载方式,在湖南省龙山县

---

[1] 杨磊 2011 年的硕士学位论文细致整理了石碑的基本分类,见杨磊《汉魏晋南北朝石碑形制研究》,硕士学位论文,山东艺术学院,2011,指导教师赖非。本文多有参考,但笔者在此基础上补充并解释了石柱形四面碑这一类碑石。

[2] [日]冨谷至:《文书行政的汉帝国:木简、竹简时代》,刘恒武、孔李波译,江苏人民出版社,2013,第 25—90 页。

出土的里耶秦简的户籍文书中可以发现同样的记录方式。里耶秦简 K2/23 简中，第 1 段是户主和他的弟弟，接下来的第 2 段是户主及他弟弟两人的妻子，第 3 段是儿子，第 4 段是女儿，第 5 段是奴婢，他们被分栏记录下来：[1]

```
南陽戶人荊不更宋午
弟不更熊    弟不更衛
衛妻曰□    熊妻曰□
□子小上造傳    □子小上造□    𤠔子小上造□
□子小女子    □子小上造逐    □子小上造□
回子小女子
臣曰襦
```

如此，行政文书会根据户内的辈分地位来分段记录，石碑也模仿了这种形式并采用了同样的书写方式。而对于不需要分段记述的部分，则采用了在一枚简上长篇大论的普通木简书写方式。

除三老讳字忌日记碑外，参与北海相景君碑等石碑建立的人员经费负担情况也都是分段记录。同时，石碑碑文字体也有值得注意的地方。一般认为石碑的字体为定型的八分书体，郑重肃穆。然而，《张景碑》中刻写着府和县两个官府先后发布的公文的内容，碑文中出现了汉代简牍中具有特征性的悬针笔画（"府"字的最后一笔）。[2] 由此可见，石碑如实地反映了木简的书写样式，那么也很有可能反映了其形态。（图 1）

除了石碑外，还有坟墓内部、坟墓外祠堂里的画像石，以及石阙，虽然其上都刻有文字，但是画像石或石阙形态均已定型。在画像石上画好图像后，会在图的空白处题上题记。石阙也已定型为门柱模样，因此文字被写在柱子的空隙中。（图 2）相反，石碑作为独立的个体会探索新的形式。这一时期，石碑被看作承载碑文的书写载体，因而仿照了当时的主要书写载体木简的形象。

接下来将考察碑首、碑首上"碑穿"的意义，以及石柱形四面碑是如何分别与木简的形状联系在一起的。

1　湖南省文物考古研究所编：《里耶发掘报告》，岳麓书社，2006，第 205 页。

2　［日］冨谷至：《文书行政的汉帝国：木简、竹简时代》，第 130—132 页。

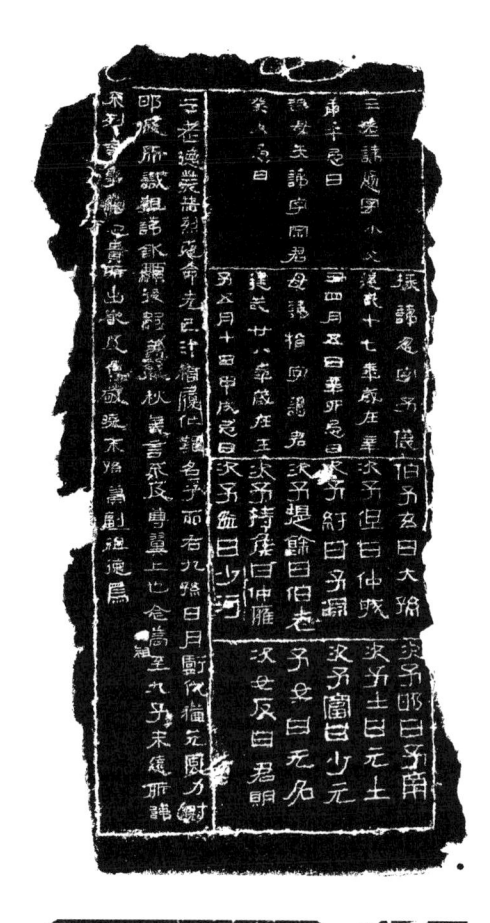

图1　石碑上所见的汉代简牍书写的样式和字体

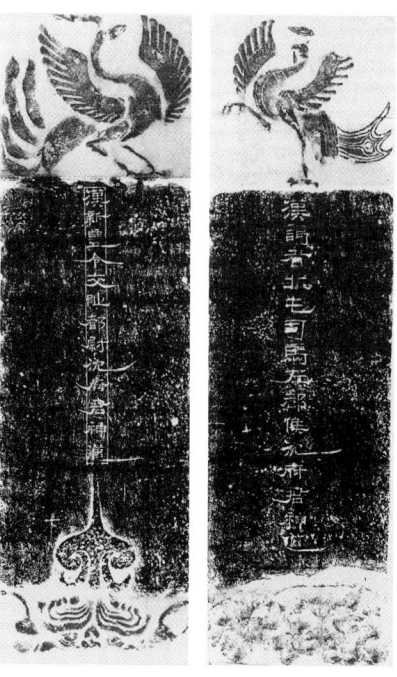

图2　画像石和阙的题记空间

图3 木简的签牌形态

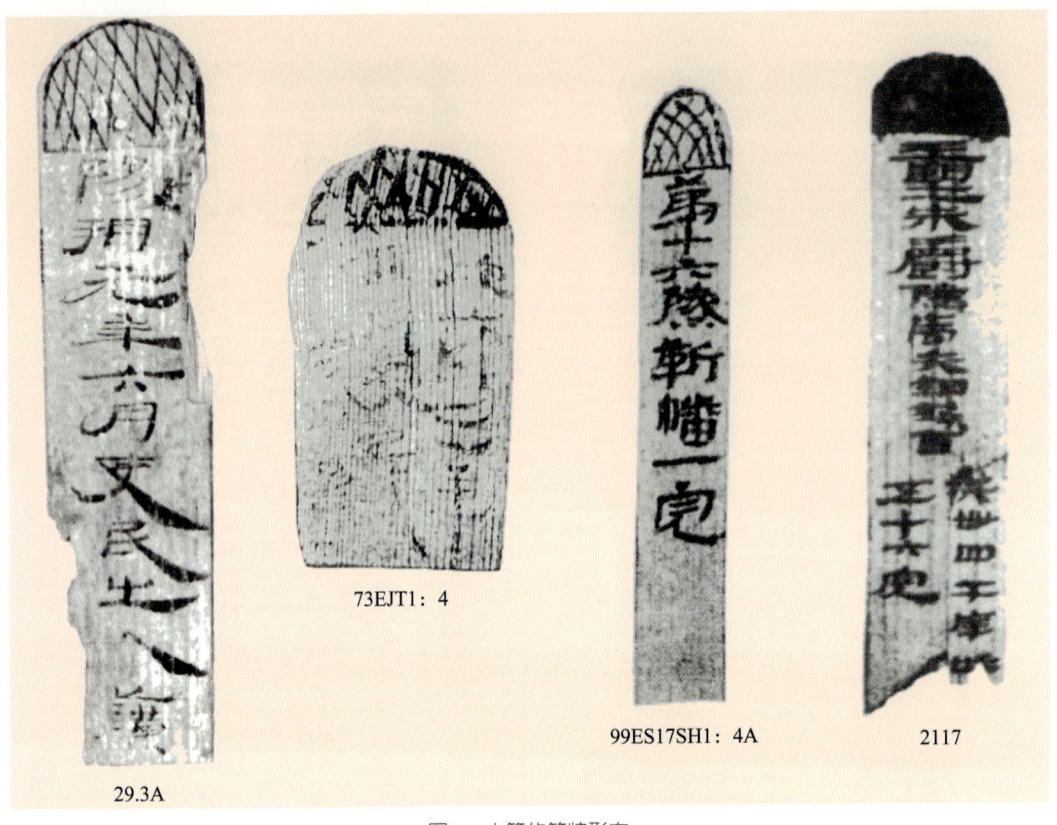

（一）圆形碑首

石碑上的碑文最简略地表现了需要纪念的对象及其功德。墓碑的墓表会告诉人们这个坟墓是谁的，其作用最为核心；除此之外，还会记录墓主的籍贯、家庭关系和官职等，并以此简略地记述墓主是谁，子孙及故吏们哀悼他，悲思之至，追记为蕴含韵律的铭辞形式。与这些内容相对应的文书形式是什么呢？

在汉代，基本上有在狭长的木简上书写内容并将其用绳子扎在一起的方法，也有在较宽的木牍上大量书写内容的方法。但如果两者都需要传达到某地，则将单个简牍全部聚集捆绑，并在最前面挂上该文书的签牌楬。假如文书的数量不多，就把单个简牍和签牌直接绑起来，但很多时候，把文书放在竹筒或袋子里，然后绑起来并在上面挂上签牌。该文书的签牌上注明文书的名称，或账簿的名称以及所附物品的品名和数量等。换言之，签牌最概括地表现出了文书的内容。比如，"阳朔元年六月吏民出入籍"（29.3A）就是将阳朔元年六月吏民出入名籍全部集合在一起，放在这些公文前的签牌。除此之外，还可以确认"地节三年闰月吏民出入关致簿"（73EJT1：4），"第十六隧靳幡一完"（99ES17SH1：4A），"兵完折伤簿／

始建国天凤元年玉门大煎都兵完坚折伤簿"（1925AB），"平望朱爵隧亡失铜簇百/其卅四千斤呼/五十六完"（2117）等不少签牌。（图3）

这种签牌的形式是特别的。与普通木简为细长方形不同，签牌为：（1）头部呈半圆形；（2）圆形的部分有网状斜线格子，或涂黑；（3）绳子系在文书或竹简等的穿眼。而这三种签牌形态正好与石碑的特征相符。[1] 石碑也具有以下特点：（1）多数具有圆形碑首；（2）虽然不像木简那样呈网状，但石碑的碑首部分也装饰着晕纹或蟠龙等；（3）和木简穿眼一样，石碑碑身也被碑穿所穿透。由此也能看出石碑的形态是模仿了木简签牌的形态。

指代木简签牌的"楬"和指代石碑的"碣"，除部首外，右边"曷"相同，值得注意。《周礼·秋官·职金》中依据东汉时期郑司农（郑众）的注释，当时既分辨被征收来的物品品质，还将其是完整还是受损、有多少数量都记录在楬上，这就是木简中的签牌。而据《说文解字》，"碣"解释为"特立之石"，称窦宪的功绩碑为"嵑"，石碑为"碣"。两者都共享"曷"字偏旁，说明二者的功能相同。[2]

《麃孝禹碑》　　《韩敕碑》　　《孔谦碑》

图4　早期石碑的碑首

1　[日]冨谷至：《木简竹简述说的古代中国——书写材料的文化史》，中西书局，2021，第74—76页。

2　（清）朱骏声《说文通训定声》泰部第13也关注了两字的关系。

《韩仁碑》　　　　　　《赵菿残碑》　　　　　　　　《郑固碑》　《鲜于璜碑》

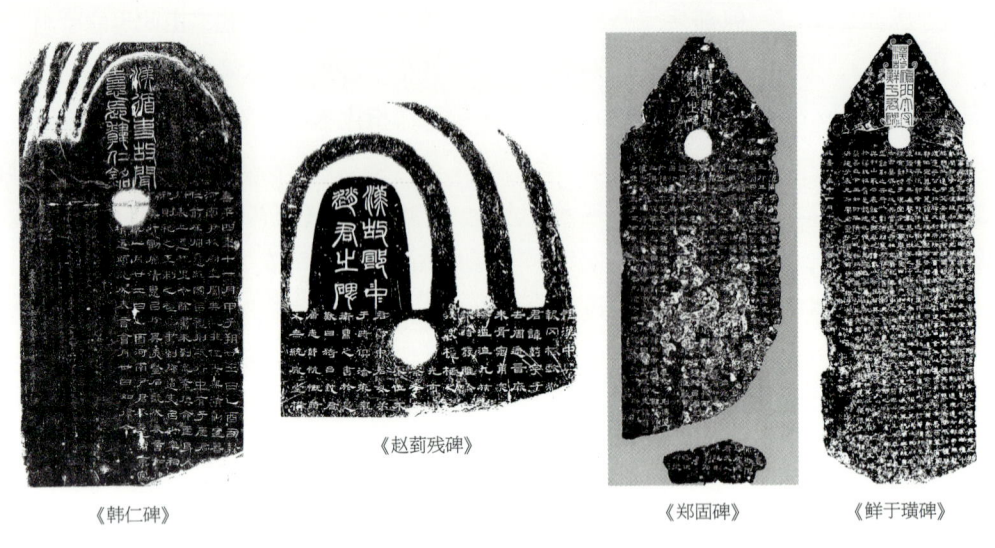

图 5　题额和碑穿

因为石碑上的碑文与木简的签牌具有相同的功能，由此，笔者认为将木简签牌的形态特征原封不动地转移到了石碑上。初期《麃孝禹碑》上部的网状与木简签牌标示相同。之后逐渐不在石头上雕刻网状，而是如《韩敕碑》一样，另外准备了碑首，黏结在了石碑的上部，再在其碑首上添加了代替网状的各种装饰。以《孔谦碑》为例，有圆形的碑首存在，并在上面装饰了三线晕纹，这可能便是代替木简的网状模样。（图 4）

（二）碑穿

东汉以来的石碑，在碑首的题额下，或碑身中央穿了一个圆形洞眼，这就是碑穿。由于其形状十分突出，许多研究人员都对它的渊源给予了关注。然而，这些研究仅仅停留在按照《礼记》《释名》等古文献中古代学者的推定。而将碑穿解释为用于捆绑牺牲或下葬稍显牵强附会。

之所以出现"碑穿"这一特征性的外观，还是因为碑穿与碑首一样模仿了木简的形状。碑文的内容是将石碑所纪念对象的身份、死亡日期以及哀悼的感情全部概括并含蓄地进行说明，因此将石碑等同于木简的签牌，就会自然而然地将签牌的形态同样适用到石碑上。其中，与签牌相似性最大的部分是相当于碑文题目的题额。如果对题额和碑穿的有无进行分析，就会发现，有题额的情况下，大部分都有碑穿，与碑首的形状无关。如圆首形的《韩仁碑》，其碑首上有"汉循吏故闻熹长韩仁铭"的题额，题额正下方穿有碑穿；《赵菿残碑》尽管只剩下残碑，但其题额"汉故郎中赵君之碑"的下方也同样穿有碑穿。圭首形的例子也有，如《郑固碑》的题额"汉故郎中郑君之墓"之下、《鲜于璜碑》的题额"汉故雁门太守鲜于君碑"的下方都有碑穿。如此，碑穿之所以位于题额下方，笔者认为是因为碑穿和题额是一个组合（图5），即石碑在参照木简签牌的形状时，如果说将签牌中圆的部分和网状模样与碑首、系绳孔与碑穿联系在一起的话，那么可推测签牌上书写的内容相当于题额。石碑的碑首、题额、碑穿等同于简牍签牌的形态。因此，碑穿大部分位于题额的正下方。

简牍将简文绑在签牌上，但石碑却无法将碑文绑在碑身上。因此与简牍不同，石碑只能在碑首部分画出网状并写上题额，在碑身写上碑文。由于碑首空间不足，碑穿并不穿在碑首，而穿在碑身。所以碑穿常穿于长篇碑文的中间部分。

（三）圭形碑首

下面来看石碑的圭首形状。签牌木简的顶部大都呈圆形，圆形应该是最初的碑首形状。据此，人们先创造出圆形碑首，其后发展成尖状的圭形碑首，这是比较容易理解的。那么，圭形有什么意义呢？

首先，《白虎通义》《礼记》《说文》等古文献中，"圭"是器物的意思，为"信""洁""瑞"之意。但是既然石碑不是"圭"，就有必要说明拥有"圭"尖状的"圭形"是如何被古代人接受的。

《仪礼》中详细记载了使者从本国出发到回国的过程。首先，使者从本国出发时，君主从本国的宗庙中拿出玉珪交给使者。使者带着玉珪到达访问国，在访问国的郊外接受慰劳并进入庙中交换玉珪，后为合乎礼法，改为在朝堂上按步骤交换玉珪。交换珪的地点和姿势很重要，原因在于聘问之时，拿来的玉珪是保管在本国宗庙中的宝器，也是象征对应国家身份的物品。换句话说，珪是接受祖先神灵降临的宝物。[1]

战国时期，"圭"被用于行朝聘礼仪，是君主和臣子之间的信物，其形式也发生了多种变化。顶端变方或变钝的样子有所增加，但圭这一玉器具有神灵降临意义的观念被持续继承了下来。战国以来，在需要通过神灵降临来提高礼仪权威时，必须制作和使用圭，即那种具有尖顶形态的器物。最具代表性的就是盟誓仪式。《诗经》《左传》《国语》等文献中可见，西周以来这种盟誓仪式经常出现，既有发誓对君主效忠的盟誓仪式，也有赋予执行君主命令以法律效力的盟誓仪式，另外，为了证明自己在狱讼时所陈述的并非谎言而进行盟誓的情况也不在少数。在战国时期的包山楚简中就很容易找到这样的盟誓事例。为了加强对文书移动的管理，《受几》文书中便有"不致命，阩门有败"这样发誓的文句。另外，在狱讼文件的"案卷"中可见在狱讼进行的同时，被指控嫌疑人为了证明自己的供词而进行盟誓（"雇女返、场贮、竟不害皆既盟"）的事例；也可见周围的证人们进行盟誓

---

[1] ［韩］宋真：《中国古代境界出入及其特点变化》，博士学位论文，首尔大学，2012，第62—65页。

("凡二百人十一人，既盟，皆言")的情况。[1]

这些在盟誓仪式上使用的文书实物可见于战国时期的侯马盟誓和温县盟誓中。1965 年在山西省侯马市东郊的盟誓遗址中，共发现了约 5000 片玉片和石片文书，之后于 1979 年，在河南省温县武德镇的另一处晋国盟誓遗址中，又发掘出 124 个竖穴坑和万余枚石片盟书。这一盟书用红色文字记录，其主要内容与公元前 5 世纪的晋国内乱有关。参加盟誓仪式的人发誓服从赵氏君主，并且绝不与敌对势力交流。文书的形式大体如下："我（参加盟誓仪式人的姓名）在王的住所盟约后，如果胆敢不按照盟书所写，胆敢与其他敌对势力交往的话，将受到伟大的明神诛灭这样的惩罚。"参与盟誓仪式的人，杀生歃血朗读盟誓的文书之后，把写有誓言的玉石片放进坑中。这些玉石片正是拥有尖顶的圭形。虽然最后有一部分圆弧形石片，但弧形石片与圭形石片相比，厚度上较薄，容易裂开，颜色比较黑，字迹难以辨认，而圭形石片外形规整，字的笔画也很纤细整齐。[2] 另外，笔者推测，由于圭形玉片铺在坑的最下面，最先放入坑里的人的地位应该是最高的，他们拥有圭形的玉片；其次是社会地位比较高的人放入圭形的石片；最后是社会地位最低的人将弧形石片放进了坑里。换句话说，符合盟书仪式的最完整的"盟书玉片"是有尖顶的圭形，做不到这点的玉片只能匆匆收尾。之所以做出这种尖顶圭形的盟誓文，是因为做成有尖顶的圭形，可以使神灵降临在写有盟书的玉片上，以此在神灵面前盟誓自身的意愿。

另一个材料便是在新疆维吾尔自治区楼兰和尼雅地区发现的写有佉卢文字的圭形木简。[3] 这一木简是为了简明扼要地传达国王的命令和政策决定，以下是其典型的句子：（1）伟大国王、上天之子。对某人下达命令如下。（2）现在在此某人报告如下。（3）这楔形封印命令到达后，（4）这些人请根据盟誓和见证人，互相观摩，仔细品味。（5）要根据王法来决定。[4] 公布王的命令和教示的木简上反复频繁地出现"盟誓"和"证人"两个词语。实际上并不是每次都有盟誓仪式，更有可能的是像包山楚简"受几"这类常规的句子。笔者认为，这种圭形木简的使用及制作以神灵降临于圭形这一形态为前提。（图 6）侯马盟书、温县盟书、佉卢文木简，均选择了圭形作为书写材料的形态。其含义便是，神灵降临到圭形这一形

1　陈伟等著：《楚地出土战国简册（十四种）》，经济科学出版社，2009，第 32、123、136—137 简。[韩] 方允美：《从包山楚简司法文书看战国楚文书行政体系》，《东洋史学研究》第 139 辑，2017。

2　吕静：《春秋时期盟誓研究：神灵崇拜下的社会秩序再构建》，上海古籍出版社，2007，第 290—292 页。

3　虽然这些木简用佉卢文字记录，但是在这里发现的木简形态，基本上都受到了秦汉时期木简的影响。

4　[日] 赤松明彦：《楼兰・ニヤ出土カロシュチイ一文书について》，冨谷至编《流沙出土の文字资料-楼兰・尼雅文书を中心に》，京都大学出版会，2011，第 375—376、403—406 页。

态上,该书写材料上所写的内容,便有了神灵权威做保证。换句话说,由于拥有了这样的神灵,所以将不敢违背盟誓的内容。而石碑的圭形碑首也是在这种目的下被选定的。

墓碑上一般都有墓主的名字、死亡日期等与墓主相关的身份介绍,有关墓主功德的颂词,子孙后代的殷切哀悼和永志不忘的承诺也都在墓志上有所表现。在建立石碑或不断进行陵墓祭祀时,追悼墓主的后代和门生等聚在一起,在举行一定仪式的同时会朗诵这些碑文。在这种严肃的仪式过程中朗读碑文,意味着所有到场的人将共同认证并做出承诺。换句话说,此时的碑文可以说是必须遵守的严肃的盟书。尤其是在碑文的颂词中,如《郑固碑》"魂而灵,亦歆斯勒"、《淳于长夏承碑》"党魂有灵,垂后不朽"和《汉故雁门太守鲜于君碑》"神有识兮营坛场"等文句的频繁出现,意在保证这些与会者的盟誓。如果为了保证这一盟誓需要神灵降临加持的话,那么选择具有祖先神灵降临意义的圭形外观也是自然而然的。总而言之,人们让神灵降临到写有文本的石碑上,以达到参与建立石碑工作的后代和故吏们在降临到此的神灵面前盟誓的效果。

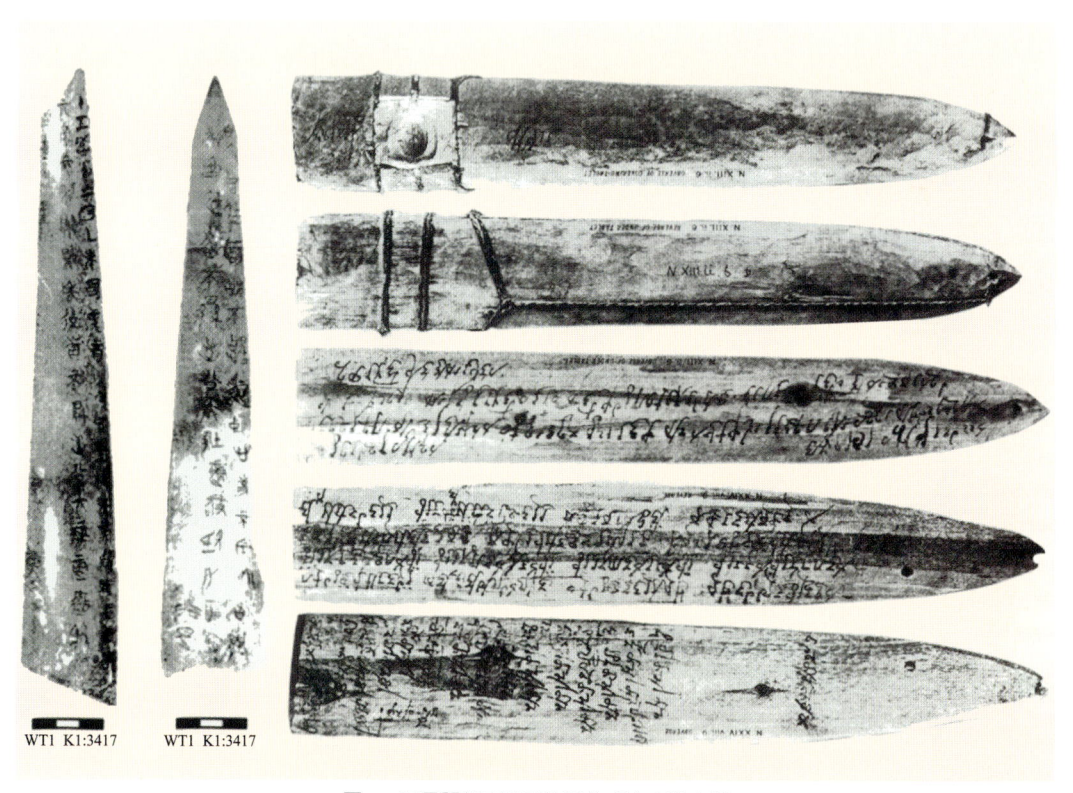

图6　温县盟誓圭形玉片及佉卢文圭形木简

（四）石柱形四面碑

既有研究不曾提及东汉以来石碑形态中四面碑的存在。[1] 即使查阅收有大量碑文的现有石碑汇编资料，编撰者也没有提到四面碑这一类。笔者认为，石碑形态中还有一种石柱形四面碑，这类石碑一般碑身的宽度和厚度比率在3∶1至4∶1。[2] 尽管它们的宽度比厚度要大得多，具有板碑形形态，但要注意，碑文并不仅仅刻在碑身的正面或正反两面。《韩敕碑》碑阳16行，碑阴17行，此外，两侧各刻有4行字。碑文基本上写在正面和背面，但如果刻写出资人名单的空间不够的话，碑侧也会刻字。

另外，虽然石阙不被包含在狭义的石碑概念中，但是对于石阙的存在也应该予以关注。石阙具有开启陵园之门的含义，因而被建成当时门柱的模样。石阙总体上是由方形或长方形的石柱、支撑柱子的底座以及把岗楼形象化的阙楼和屋顶组成。虽然其高度和结构不完全统一，但高颐阙高达6米，规模宏大。石阙中心的柱子空隙上就刻有文字，常常不只是正面，连侧面也刻写有文字。嵩山开母庙石阙的西阙北面和东面都有文字，[3] 高颐阙的题字也横跨多个碑面。[4] 东汉时期，另一个刻有与石碑类似的碑文和装饰的载体，便是石阙。它比一般石碑的规模大，建在墓地入口处，具有容易被周围众人注意到的特点。

虽然目前在东汉以后的石碑中不见四面碑的踪迹，但将时间向上延伸便可找到对应的例子。在《史记·秦始皇本纪》的记载中有广为人知的秦始皇刻石。据《史记》记载，秦始皇灭亡六国之后，巡行全国，到处"立石""刻石"，并转载了这些碑文的"辞"。峄山、泰山、琅琊、之罘、东观、碣石、会稽这7处所建刻石的内容是赞颂秦始皇结束战争使天下太平。现在只剩下极少一部分残石，大部分刻石塌陷，不知原来的面目如何。仅仅在《风俗通义》的"封泰山禅梁父"部分留下了"所以必于岱宗者，宗者，长也……封者，立石高一丈二尺赤（尺）……孝武皇帝封广丈二尺，高九尺"[5] 这样的记载。宋代刘跂的《学易集》也对泰山刻石留下了记载："（宋徽宗大观二年，1108）其石埋植土中，高不过四五尺，形制似方而非方，四面广狭皆不等……盖四面周围悉有刻字，总二十二

1　叶昌炽：《语石》；柯昌泗：《语石异同评》；杨磊前引2011年论文。

2　参见杨磊2011年论文，以第44—70页出现的石碑的宽度和厚度为准。

3　永田英正编，前引书，第62页。

4　重庆市文化局等：《四川汉代石阙》，文物出版社，1992，第31—34页。

5　（汉）应劭撰，王利器校注：《风俗通义校注·正失第二·封泰山禅梁父》，中华书局，1981，第68页。

行，行十二字。"[1] 清代阮元编纂的《山左金石志》卷七对"琅琊台刻石"也做了描述："以工部营造尺计之，石高丈五尺，下宽六尺，中宽五尺，上半宽三尺，顶宽二尺三寸。南北厚二尺五寸。"[2] 虽然只是片段的记录，但秦始皇刻石刻写在石柱形四面碑上，可以推测其大小至少为三米高的巨大立石。（图7）

首先，普通石碑的碑侧上刻有碑文，其次，形似石柱型四面碑的石阙建有多处，而且在秦汉时期，秦始皇或汉武帝等皇帝都建立了石柱型四面碑。如此，没有理由排除东汉以后也建有石柱型四面碑的可能性。

在此，让我们重新思考前文所述"石碑的外观模仿了汉代木简的签牌形态"这一结论。在汉代木简中，还有一种被称为"觚"的多面木简（觚），它和签牌木简一样具有非常独特的形态。"觚"是指，将应通知或告诫的军事相关命令或紧急事项写在多个面上，以向大众公开为目的制作简。其意图在于，把想要通知的内容公布在大众容易看到的地方，以此提高下命令者的权威，并有效地实施该命令。[3] 因此，如果想通过石碑达到上述目的的话，就应该采取多面木简"觚"的形态来当作石碑的形态，这就是四面碑出现的原因。

图7 汉阙（交趾都尉沈府君神道阙、嵩山开母庙石阙）和秦始皇刻石（推测）

---

1 曾枣庄、刘琳主编：《全宋文》卷二六六〇《刘跂二·泰山秦篆谱序》，上海辞书出版社、安徽教育出版社，2006，第208页。

2 （清）阮元撰，邓经元点校：《揅经室集》三集卷三《秦琅邪台石刻十三行拓本跋》，中华书局，1993，第642页。

3 ［日］冨谷至：《文书行政的汉帝国：木简、竹简时代》，名古屋大学出版会，2010，第50—103页。

040 前沿动态

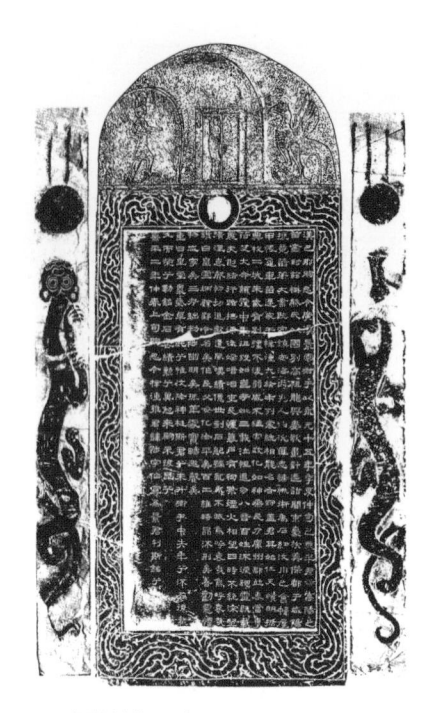

图 8 巴郡朐忍令景云碑三线晕纹碑首（左）和碑侧的装饰（右）

图 9 《樊敏碑》硕大的龟趺（左）和《高颐碑》双龙玉璧碑座（右）

图10 马王堆帛画中死后升仙的观念

二 死后升仙的希冀：作为葬礼纪念碑的石碑

上文追溯了石碑基本的定型过程，本部分将对其基本形态上附加的各种绘画装饰的意义进行探讨。在祠堂或阙上刻写的碑文中，通常含有支持者们书写的典型词句，即《从事武梁碑》中"选择名石，南山之阳，擢取妙好，色无斑黄，前设坛墠，后建祠堂，良匠卫改，雕文刻画，罗列成行，攄骋技巧，委蛇有章，垂示后嗣，万年不亡"。虽然这种碑文本身是颂扬死者功德的文章，但在碑文后面部分却格外表现出制作该碑文的后代及故吏们的诚意。将祠堂或石阙建在坟墓外，众人来往都可看到，着眼于此，则这种诚意可反映出人们获得孝顺及儒学德行的名声，并最终通过察举取得实质性成功的意图。[1]与此相比，墓碑在记录祖先家世和死亡日期的同时还十分强调功德，因而文本的焦点更集中于祖先，而不是纪念碑建立的支持者身上。换句话说，与纪念碑的碑文相比，可以说墓碑的主要目的是颂扬祖先的功德，慰劳祖先。那么，可以推测墓碑外观也反映出想要安慰祖先的意图。

东汉中后期，碑首上附加了多种装饰。圆首晕纹碑在碑首用三个弧形凹出晕纹，以此产生三重浮雕的效果。特别是《巴郡朐忍令景云碑》的碑文四周环绕着阴刻的藤蔓，碑侧刻有日月、青龙、白虎的浮雕。晕纹之内，自右侧开始有朱雀，一妇人半开门朝外看的场景，以及兔首人身像。圆首蟠螭碑的特征是碑首螭盘踞的模样，有龟趺和长方形碑座，装饰精良。（图8）《樊敏碑》的龟趺硕大且形态逼真，龟首向一旁偏移这点也很特别。《高颐碑》的长方形碑座上浮雕了两条龙左右相对、嘴含绶带和玉璧的形象。圆首蟠龙碑有龙盘踞在碑首，雕刻得十分华丽。（图9）《张迁碑》的碑首雕刻着两只凤凰戏珠的图案，碑侧雕刻着龙虎扭动身躯向上的图案。[2]

像这样，墓碑的碑首和碑侧雕刻有龙、虎、朱雀之类的神兽，碑座为龟趺，碑首上还有三根晕线，旁边刻有一个女人打开半扇门，静静地望着外面的场景。这些装饰并不仅仅只是为了美观，而是如实地反映了创造这些装饰的汉代人们对死后世界的认识。为了更好地理解其具体意义，可以比较一下最能反映汉代人对死后世界认识的马王堆T形帛画。（图10）

马王堆帛画由四大部分组成。最下层是地下世界，其上一层为地上世界中后代祭祀的场景，再上一层是两条龙交叉玉璧，环绕墓主升天的场面，而最上面的一层则描述着天上的世界。在最底层的地下世界，有一个力士支撑大地的场景，力士肚子的模样与龟背十分相似，再加上从历史素材中提取的龟的身体特征，以及旁边围绕着蛇的样子来看，这和后代蛇和龟组合而成的玄武的样子相同。因此，有的学者将这个力士解释为"龟的人格化"[3]。古代中国人对宇宙有一种想象的布局，即以龟托起大地的观念为载体，宇宙轴心的上方为鸟，下方为乌龟。现实生活中乌龟能承受其自身体重200倍的重量，乌龟坚硬的甲壳也是形成这种观念的主要背景。[4]《楚辞·天问》有与此相应的记载："鳌戴山抃，何以安之"，《列子·汤问》

1　金秉骏等编书，2001。

2　《池阳令张君残碑》虽然也只是剩下的残碑，碑侧也留下了老虎向上爬升的景象。

3　[日] 渡部武：《畫像が語る中國の古代》，平凡社，1991，第27页。

4　[韩] 李成九：《四神的形成和玄武的起源》，(韩)《中国古中世史研究》第19辑，2008，第33—35页。

也载:"渤海之东不知几亿万里……其中有五山焉……而五山之根无所连著,常随潮波上下往还,不得暂峙焉。仙圣毒之,诉之于帝。帝恐流于西极,失群仙圣之居,乃命禺强使巨鳌十五举首而戴之。"[1]

以山东沂南画像石墓的中室八角擎天柱为代表的画像石中还出现了乌龟在最下方支撑昆仑山的场面。因此,用于石碑碑座的龟趺即为文献、画像石以及马王堆帛画中出现的乌龟或者玄武。[2](图11)

图 11 画像石上的乌龟和石碑下的龟趺

---

[1] 杨伯峻:《列子集释》卷五《汤问第五》,中华书局,1979,第151页。
[2] 《孟璇残碑》中,碑身的最下面画着玄武,也可以在同一脉络中理解。

图12 画像石和石碑碑首中的"天门"场景

马王堆帛画最顶端的天上世界中，上部是一个三角形的天门及守卫着那里的两名看门人，天门内侧有两条龙、日月、鸟和蟾蜍等神兽以及很难确定名字的女神。上述山东沂南画像石墓的门柱上，也有乌龟支撑起来的三峰山及安坐的西王母，从传下来的昆仑山形象也是三峰的样子这一点来看，此山也可看作拥有天门的昆仑山。那么，那些刻在石碑碑首上的三线晕纹便是象征昆仑山的表现方式，在此处雕刻蟠螭或蟠龙（鲜于璜碑）、朱雀（柳敏墓碑），不难推测也是象征着天上的世界。而且，在画像石上，也有和《朐忍令景云碑》碑首中一样的、半开门向外看的女人的场景。有时看不到女人，只是把门打开了一半。无论在哪种情况下，象征天门这一点是不变的。（图12）

另一方面，马王堆帛画最核心的内容是中间部分。两条龙交叉在位于中间的玉璧上，组成所谓的"龙舟"，"逝去的墓主"乘坐龙上升入天上的世界。葬礼纪念碑最重要的主题是墓主的升仙场面。战国时期，湖南省长沙市子弹库楚墓出土的帛画和陈家大山楚墓出土的帛画中都画有墓主乘龙舟升仙的场面。（图13）在画像石中也不厌其烦地重复着这一主题。笔者认为，那些看起来与升仙无关的"桥上交战图"，其画面中也有跨过桥梁，经过艰难旅程，最终渴望升仙的场面。笔者甚至认为，桥下画的秦始皇升鼎图也是出于渴望帮助墓主升仙之龙能够腾飞的目的才一起画出来的。[1] 除龙以外，虎、朱雀均被认为是神圣的动物，能帮助墓主进入昆仑山这个天上世界。[2] 事实上，在帛画和画像石中表现出来的地下世界和天上世界相关的所有要素，最终都相当于为墓主升仙而设置的背景装饰。像《张迁碑》这类石碑的侧面，龙和虎扭动身体往上爬的景象，也可以看作包含类似希翼的装饰。

---

1 ［韩］金秉骏：《汉墓画像石题材间的有机联系——以〈桥上交战图〉为中心》，《艺术史研究》第9辑，2009。
2 ［韩］金秉骏：《西方传入文化与昆仑山神话》，《古代中国的理解》第5辑，知识产业社，2001，第149页。

最后，我们将目光转向位于马王堆帛画中间的龙舟下的玉璧。这种玉璧自新石器时代以来，作为生命力的象征，被理解为安顿神灵降临的"神主"。玉璧便是神灵降临的载体。[1] 所以为了吸引神灵可以使用佩玉，在各种山岳祭祀中，玉圭和玉璧也常常作为祭品贡献出来，《吕氏春秋·仲春纪》中记载，在动物繁殖期的仲春，玉珪和玉璧会作为代替牺牲祭品的供物使用。可以说汉代诸侯王死后，将身体装入玉衣中，也象征着玉所拥有的神灵或生命力。帛画里的玉璧可以解释为保证升仙的生命力。在画像石中也可以很容易地找到这样的玉璧。虽然两条龙衔着玉璧的场面也是重要的话题，但其经常与龙或龙舟无关，独立地出现在画面上，或者作为符号化的装饰频繁出现。（图14）尽管《高颐碑》的碑座上两条龙咬玉璧的场景十分形象，但由于碑穿在外观上与画像石上的玉璧非常相似，所以碑身上的碑穿很可能被认为是玉璧的象征。

图13 湖南省长沙市子弹库楚墓和陈家大山楚墓出土帛画中的"龙舟"

---

1 ［韩］李成九：《中国古代呪术的思维和帝王统治》，一潮阁，1997，第113—115页。

图14 画像石上所见的"玉璧"

简而言之，笔者认为，石碑的装饰基本上是在最底部的碑座上制作龟趺，与在地下支撑大地的乌龟相呼应；最上面的碑首通过表现三线晕纹和龙虎、朱雀等，象征了代表了昆仑山的天门以及各种神兽的天上世界；之后，碑侧通过向上腾升的龙虎和碑身上象征玉璧的碑穿，反映了墓主以玉璧所具有的生命力为基础，借助龙虎的力量死后升仙至天上世界的希冀。当然，拥有这种装饰的石碑大部分都是墓碑，其意义可以说是与墓主的升仙联系在一起的。

然而，前文已推测碑穿是在模仿签牌上穿透的那个圆孔而制造出来的，在这里又假设碑穿可能象征着墓主升仙的玉璧，这种矛盾该如何解释？其答案可以在这两个过程存在时间上的先后关系这一点中寻找。即，首先考虑到石碑作为刻写碑文的书写材料，其功能决定了石碑的基本外观，形成了以碑首、题额和碑穿为构成要素的基本形态。此后，石碑中承载着墓主升仙愿望的墓碑流行起来，符合其目的的装饰要素增加了，在此过程中，碑首象征天上的世界，碑座代表地下世界，碑穿象征玉璧。原本其外观在模仿书写载体的形态后已被确定，但是后来为了墓主升仙的祈愿，装饰性因素巧妙地重叠在一起。之后随着时间的推移，原本碑穿用作木简签牌穿眼的记忆被淡忘，之后添加的玉璧的意义留在了碑穿之上。

这种推测还能被以下事实证明：寄托着墓主升仙祈愿的墓碑，在石碑形态上就表现出碑穿；相反，不是追思墓主功德的石碑，其上就没有碑穿。无论是像《裴岑纪功碑》一样记录裴岑在战争中大败匈奴的纪功碑，还是纪念在山上建立祠堂的《封龙山颂》或《西岳华山庙碑》，以及记录乙瑛上书请于孔庙置百石卒史一人的《乙瑛碑》和记录鲁相史晨在孔庙祭祀孔子，并主持修缮孔子故里之墙等情况的《史晨碑》等，都没有碑穿。纪功碑的目的并不是祈愿碑主升仙，因此与升仙有关的碑穿没有体现出来。

结　论

石碑指的是为纪念某人某事而刻有文字的石质媒介。据此定义，石碑应具备三个条件：第一，石碑是为纪念某人某事而存在的；第二，石碑是由石头制成的独立载体；第三，石碑上刻有文字。因此，石碑的起源也要从具备这三个条件中寻找。古文献中将下葬用的柱子和捆绑牺牲的柱子看作石碑的起源，但这些都只是错误的推测。西汉时期石刻开始增多，但石头开始用作葬礼纪念碑的书写载体是在进入东汉之后，从此石碑正式流行起来。

这段时间石碑具有基本的外观。石碑作为书写载体，以当时最重要的书写载体——木简的形态为原型而形成了其外观。这是因为，笔者认为石碑本身效仿最具代表性的"视觉文书"签牌的形态而出现，因此记录文书题目及简略内容的签牌和石碑的碑文具有相同的功能。加之，签牌木简的顶部是圆形的，圆的部分涂上类似网状的斜线格子，绳子从其上的一个穿孔穿过。模仿签牌的这种形态，人们在石碑的顶部制作了碑首，碑首上有晕纹、龙虎等装饰，还在题额之下穿有圆形的碑穿。有时，为了能让神灵降临在盟誓文上，木简上部会使用圭形；石碑的碑首在继承这种书写传统后，为了保证和承诺碑文内容的盟誓仪式，圭首形因其具有"神灵降临"的意义而得以流行。另外，出于将重大事情公布于众的目的，四面碑的建立模仿了类似于"檄"的多面木简的使用。如此，首先考虑到石碑作为书写材料的功能，它继承了"视觉木简"的形状，并确定了基本的外观。

石碑同样具备葬礼纪念碑的功能。因而伴随着墓碑作为寄托墓主升仙希望的载体而在石碑中格外流行时，人们又加上了与之相适应的装饰性要素。与马王堆帛画一样，死后乘龙舟进入天上世界的升仙观念在墓碑上表现出来。其结果，碑首被视为"天上的世界"，碑座被视为"地下的世界"，碑穿被视为类似"生命的象征"——"玉璧"。石碑的外观不仅继承了木简所具有的视觉效果，而且还承载了升仙的观念。从这一点来看，可以说，继"视觉木简"之后又诞生了"视觉石碑"。

二 服饰丛谈

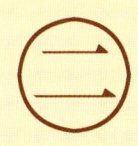

制度与式样：中国古代袿衣源流考述

■ 池文汇（华东理工大学）　　琥璟明（中国装束复原团队）

引　言

袿衣是中国古代女性的盛装、礼服，也是列女图像、壁画中常见的服饰，其造型繁丽飘逸，堪称中国服饰美学的高峰。袿衣作为后妃命妇的礼服，不仅反映着中古时代最复杂的制衣技术和高卓的艺术格调，还承载了厚重的礼制文化内涵。

然而，学界对袿衣的研究还十分稀缺。知网显示，与袿衣相关的主题仅有两篇学术论文。服饰史论著涉及袿衣部分亦较为笼统，大都只提及列女图像中带有三角形带饰的服饰即"袿衣"。

关于袿衣的起源、演变、剪裁方式及礼制文化问题，尚未得到充分讨论，这一现状与袿衣的历史地位极不相称。

袿衣的源流关系到美术史、制度史的一系列关键问题。例如，列女图像中各式各样的袿衣分别是什么款式，代表了什么身份，图中线条表达了怎样的服饰层次关系？又如，汉唐之间后妃命妇的礼服是否都为袿衣，南朝与北朝是否一致，是袍式还是裙襦式，是否都有翟鸟纹饰？这些问题以往研究鲜有触及，甚至被有意回避。

研究袿衣的困难主要在于，服饰构造十分复杂，图像难以解析，同时文献描述比较模糊，直接文物较少，名物不易对应。

本文从袿衣的式样剖析入手，详尽梳理相关文物和文物，结合名物考证与图像分析，厘清袿衣的文化源流与形态演变的轨迹，从而破解制度史、美术史的相关问题。

一　关于袿衣性质特征的初步认识

《释名·释衣服》："妇人上服曰袿，其下垂者，上广下狭，如刀圭也。"[1]

---

[1]（汉）刘熙：《释名》卷五，中华书局，2016，第74页。

图1　西汉玉圭咸阳市延陵南阙门遗址出土

图2　应城市博物馆藏战国玉柄铜削刀

图3　东汉药量器铭文"刀刲"
（见《新见秦汉度量衡器集存》）

图4　《列女仁智图》袿衣（局部）

　　袿衣最大的特点是有下垂的尖状衣角，形态如同古代的刀和玉圭，并非作为药量器的"刀圭（刲）"（图3）。

　　《周礼注疏》云："汉时有圭衣，刻为圭形缀于衣。"[1] 这些尖状衣角称为"髾"和"燕尾"，又有长带饰称为"襳"。

　　司马相如《子虚赋》：蜚襳垂髾。（司马彪注曰：襳，袿饰也。髾，燕尾也。李善曰：襳与燕尾，皆妇人袿衣之饰也。）[2]（颜师古曰：襳，袿衣之长带也。髾，谓燕尾之属，皆衣上假饰也。）[3]

　　郑玄认为，汉代的袿衣（圭衣）与周代王后礼服"三翟"有一定渊源，而周代"三翟"是以刻缯、彩画、缀衣等不同形式，表现各种翟鸟的形态。汉代袿衣飘摇的尖状衣角，正是这类服饰的遗像。

---

[1]（汉）郑玄注，（唐）贾公彦疏：《周礼注疏》卷八，载李学勤主编《十三经注疏》，北京大学出版社，1999，第202—205页。

[2]（南朝梁）萧统撰，（唐）李善注：《文选》卷七，上海古籍出版社，2011，第353页。

[3]（汉）班固撰，（唐）颜师古注：《汉书》卷五七《司马相如传》，中华书局，1962，第2541页。

《周礼》:"内司服掌王后之六服,袆衣、揄狄、阙狄、鞠衣、展衣、缘衣、素沙。"郑司农云:"袆衣,画衣也郑……揄狄,阙狄,画羽饰……"郑玄谓:"狄当为翟。翟,雉名,伊雒而南,素质,五色皆备成章曰翬;江淮而南,青质,五色皆备成章曰摇。王后之服,刻缯为之形而采画之,缀于衣以为文章。袆衣画翬者,揄翟画摇者,阙翟刻而不画,此三者皆祭服。从王祭先王则服袆衣,祭先公则服揄翟,祭群小祀则服阙翟。今世有圭衣者,盖三翟之遗俗。"[1]

三星堆遗址出土青铜人像(图5),手持鸟形器,领缘和下摆连缀层层刻有花纹的羽状裁片,似以刻缯彩画的裁片来模拟鸟羽,与战国至汉代羽人形象(图6)颇为相似。另外,三星堆青铜大立人(图7)衣上布满鸟纹,下裙为前后两片,后片两侧下垂刀圭状尖角。哈佛大学藏商代白石人(图8)与其服饰结构相同,但裙子后片未制尖角,可知青铜大立人的服饰尖角为特意设计。这两种服饰的形态近似郑玄描述的"三翟",名称尚不可考,虽然后世袿衣并非直接继承这类服饰,但在文化含义和设计形式上应具有一定传承关系。

关于"袿衣"的最早文献记录见于宋玉《神女赋》"振绣衣,被袿裳"[2]。又王褒《九怀》曰:"玄鸟兮辞归,飞翔兮灵丘……修余兮袿衣,骑霓兮南上。乘云兮回回,亹亹兮自强。"[3] 可见袿衣与求仙主题有较强关联性。

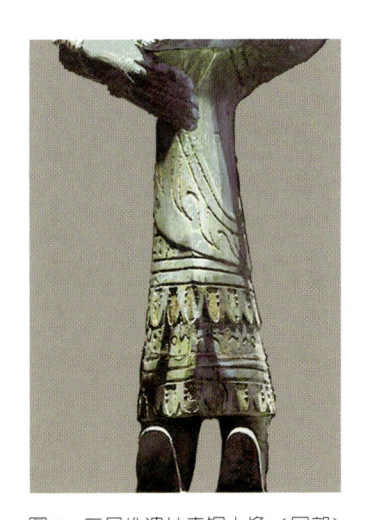

图5 三星堆遗址青铜人像(局部)

图6 洛阳东郊东汉墓出土铜羽人

---

[1] (汉)郑玄注,(唐)贾公彦疏:《周礼注疏》卷八,载李学勤主编《十三经注疏》,第238—239页。

[2] (南朝梁)萧统撰,(唐)李善注:《文选》卷一九,第886页。

[3] (清)严可均校辑:《全汉文》卷四二,载《全上古三代秦汉三国六朝文》,中华书局,1958,第355页。

图7　三星堆遗址青铜大立人（局部）　　　　图8　哈佛大学福格艺术博物馆藏商代白石人

枚乘《梁王菟园赋》云："若乃夫郊采桑之妇人兮，袿褐错纡，连袖方路。"[1] 褐为外衣，袿褐则是袿衣形态的外衣。采桑妇女的服饰，采用了袿衣的剪裁手法，而非礼服意义上的袿衣。

史料显示，汉晋六朝后妃命妇均有袿衣类礼服，名目诸如袿裳、袿袍、袿襈、袿襡大衣、丽圭襂围缘加上之服等。

因此，本文探讨的"袿衣"有两重内涵，一是作为古代女性礼服盛装的品类，二是作为古代服饰的特色剪裁式样。

二　先秦两汉袿衣的起源与发展

一般认为，袿衣在汉代已经成熟，但其起源并不明确。以往研究发现，《列女仁智图》服饰有明显的东汉特征，[2] 比对荥阳苌村汉墓壁画（图10、图12），两者人物姿态、发型、服饰廓形，都极为相似。

---

[1] （清）严可均校辑：《全汉文》卷二〇，载《全上古三代秦汉三国六朝文》，第236页。
[2] 杨新：《对〈列女仁智图〉的新认识》，《故宫博物院院刊》2003年第2期。

图 9 《列女仁智图》许穆夫人　　　　　　　　图 10 荥阳苌村汉墓壁画人物（1）

图 11 《列女仁智图》孙叔敖母　　　　　　　图 12 荥阳苌村汉墓壁画人物（2）

笔者认为，《列女仁智图》的底本应创稿于东汉后期，表现了丰富成熟的袿衣式样，因此，拟以其中三类袿衣式样为参照，向前追溯，探索袿衣起源和成型的过程。

（一）《列女仁智图》与"丽圭襂闺缘加上之服"

刘向《说苑·善说》云，鄂君子皙泛舟时，"班丽袿衽，会钟鼓之音，毕榜枻越人拥楫而歌"[1]。

《后汉书·舆服志》：自皇后以下，皆不得服诸古丽圭襂闺缘加上之服。（注：司马相如《大人赋》曰："垂旬始以为襂。"注云，葆下旒也。则襂之容如旌旒也。）[2]

"丽圭"与"班丽袿衽"有语义关联。"班，分瑞玉也"[3]，引申为排列之意。"丽，两也"[4]，本意为两两成对，引申为附着之意。与之对应的是，袿衣所用"交输裁"，是将正幅的布斜向分割，裁成两个直角三角形或梯形，称为交输，像燕尾一样附着在衣襟之后。

图 13　《列女仁智图》许穆夫人母（局部填色）

图 14　西汉杜陵出土玉舞人（描边）

1　（汉）刘向撰，向宗鲁校证：《说苑校证》卷一一，中华书局，1987，第 277—278 页。

2　（南朝宋）范晔撰，（唐）李贤注：《后汉书》卷一二〇《舆服志下》，中华书局，1965，第 3676—3677 页。

3　（汉）许慎：《说文解字》卷三，中华书局，2007，第 14 页。

4　（汉）孔鲋撰，（清）葛其仁注：《小尔雅疏证》卷二，清道光刻本，第 57 页。

《汉书·江充传》：初，充召见犬台宫，自请愿以所常被服冠见上。上许之。充衣纱縠襌衣，曲裾后垂交输。（颜师古注：如淳曰："交输，割正幅，使一头狭若燕尾，垂之两旁，见于后，是礼深衣续衽钩边。"贾逵谓之"衣圭"。苏林曰："交输，如今新妇袍上挂全幅缯角割，名曰交输裁也。"）[1]

"曲裾后垂交输"，指交输缀于曲裾衣袍之后，如图13、图14曲裾续衽在腰臀处形成弧线，向下延伸出大三角形裁片，即由全幅裁出的交输。

"襂"字根据古注，如旌旗上的长飘带。"襂闺缘"，应是指用长带镶嵌燕尾的边缘（实物见图62）。

"诸古丽圭襂闺缘加上之服"，应指诸多古代式样、加缀燕尾衣角并以长带缘边的袿衣，属于最高等级的礼服。这些特征在《列女仁智图》中有充分体现。

（二）《列女仁智图》的袿衣类型

《列女仁智图》中的女性袿衣，大致可分为三类。

第一类为袿袍外罩单衣。如"邓曼"（图15）和"晋羊叔姬"服饰（图16），内穿袿袍，外穿纱制单衣，衣角飞扬，也为袿衣样式，"许穆夫人母"、"孙叔敖母"（图11）、"负羁妻"（图17）也穿有外罩的纱单衣。

第二类较特别，袿衣的燕尾在身前相交，并叠穿多层，下面搭配大袴，如"许穆夫人"（图9）和"鲁漆室女"（图18）服饰，拟称为"前交燕尾"式袿衣。

第三类最为繁复，叠穿多层袿衣，并配有半袖。如"伯州黎妻"（图19）和"灵公夫人"（图20）服饰。

图15 《列女仁智图》邓曼

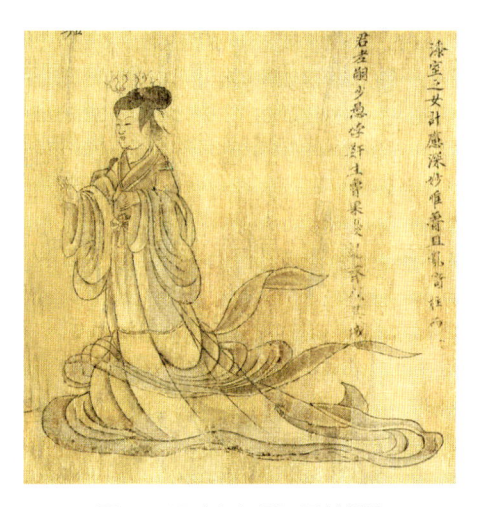

图16 《列女仁智图》晋羊叔姬

---

[1] （汉）班固撰，（唐）颜师古注：《汉书》卷四五《江充传》，第2176页。

图 17 《列女仁智图》负羁妻

图 18 《列女仁智图》鲁漆室女

图 19 《列女仁智图》伯州黎妻

图 20 《列女仁智图》灵公夫人

（三）袿衣的起源与成型

由于《列女仁智图》中线条繁复错杂，若无相关文物形象参照，难以明确这些服饰的式样层次。因此，我们在先秦两汉服饰中追溯袿衣的源流，观察其形态流变，从而解析《列女仁智图》中成熟的袿衣套装。

1. 战国楚服中的袿衣雏形

战国后期楚国文物出现了不少袿衣雏形，这与《神女赋》"被袿裳"的描述相互印证。

荆门包山 2 号楚墓出土擎灯人俑（图 21、图 22），内穿直裾长袍，外穿直裾短袍，右衽处加缀刀圭形衣角，曳至身后。

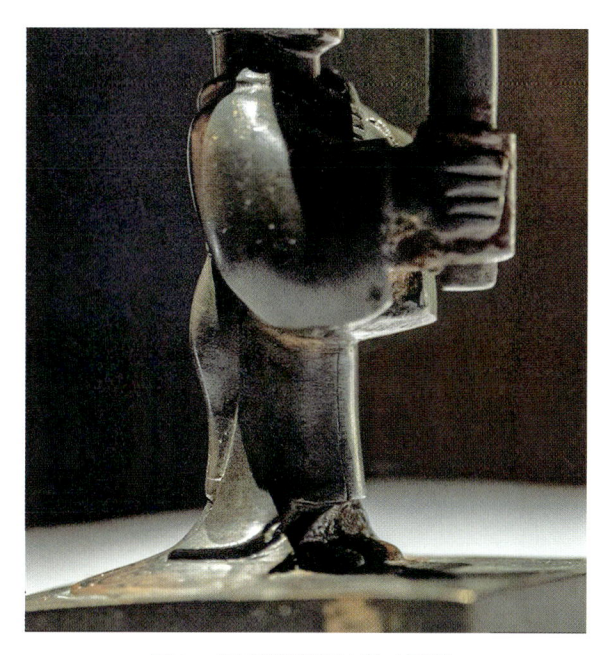

图21 包山楚墓擎灯人俑（局部）　　　　图22 包山楚墓擎灯人俑背面

图23 仰天湖楚墓木俑　　　　图24 严仓楚墓漆棺彩绘人物线描

　　仰天湖楚墓出土彩绘木俑服饰（图23），有的左右襟下摆分别斜向裁短，下摆交掩如"人"字形，有的左襟下摆挖空为圆弧，右襟下摆裁为刀圭形的衣角，从圆弧中露出。

　　严仓楚墓漆棺彩绘人物（图24），有的右衽衣袍，下摆呈"人"字形交叉，两侧衣角呈现尖角状（下摆若呈"入"字交叉，则结构不同）。

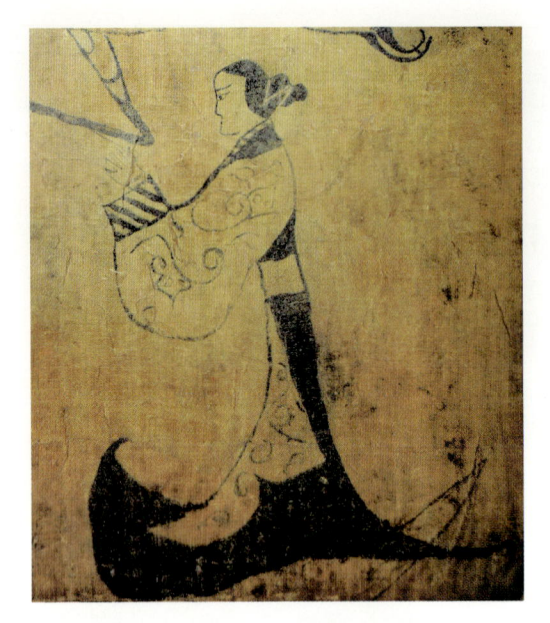

图 25　长沙陈家大山楚墓帛画（局部）

图 26　长沙陈家大山楚墓帛画人物线描

图 27　秦始皇陵铜车马御手服饰

图 28　马王堆三号汉墓帛画《仪仗图》（局部）

长沙陈家大山楚墓出土帛画人物（图25、图26）身穿曳地袍服，前方衣摆翘起，后方衣摆呈现燕尾交叉状。

2. 燕尾长襦

战国至西汉，军戎服饰多有燕尾长襦，其剪裁形式与袿衣相通。例如秦始皇陵铜车马御手服饰（图27），叠穿两层长襦，左右衣衽向后延伸，裁出两对燕尾衣角。马王堆三号汉墓帛画《仪仗图》军服（图28）、狮子山楚王陵兵马俑（图29）和北洞山楚王墓兵马俑（图30）服饰也与之类似，但身后燕尾更加纤长。

3. 前交燕尾式长衣

先秦两汉文物还多见"前交燕尾"式长衣，即左右衣襟在身前裁剪为尖角，下摆交叉为"人"字形，如故宫博物院藏东周玉人（图31）、传洛阳金村出土青铜人灯（图32）、洛阳八里台汉墓壁画武士（图33）等服饰。

图29　狮子山楚王陵兵马俑

图30　北洞山楚王墓兵马俑

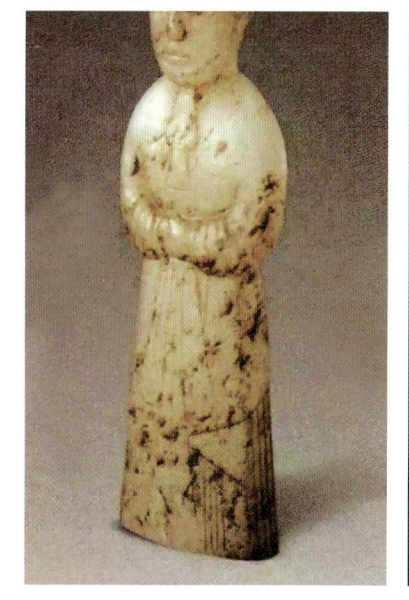

图31　故宫博物院藏东周玉人

图32　传洛阳金村出土青铜人灯

图 33　洛阳八里台汉墓壁画（局部）

图 34　东汉王晖墓石棺启门仙人

图 35　汉阳陵陶俑

图 36　《列女仁智图》鲁漆室女（描边）

汉阳陵陶俑（图35），出现了叠穿多层前交燕尾长襦，下穿袴的造型，如将其燕尾延长，则与《列女仁智图》"鲁漆室女""许穆夫人"的服饰结构近似。东汉王晖墓石棺上的启门仙人（图34）也穿着前交燕尾长衣。

4. 曲裾后垂燕尾

西汉前期，许多曲裾衣袍在下摆后方做挖空设计，以方便腿部活动，左右襟向后包绕，在挖空处伸出衣角，如泾阳大堡子汉墓舞蹈俑服饰（图37）。这些衣角继续延长，则形成交输燕尾，如襄阳擂鼓台一号西汉墓漆奁（图38）和北洞山楚王墓舞蹈俑服饰（图39）。发展到东汉，袿衣和燕尾的体量都变大，曳地很长，如《列女仁智图》"许穆夫人母"服饰（图13），后摆已不做挖空。对比之下，可以看出明显的演变轨迹。

与直裾式样相比，曲裾衣袍的续衽能够对右侧燕尾形成一个向后的牵制力，使燕尾不向侧边外翻，而是向身后舒展，与左侧形成对称。

图37　陕西泾阳大堡子汉墓出土陶俑

图38　襄阳擂鼓台一号西汉墓漆奁彩绘

图39　北洞山楚王墓舞蹈俑（1）　　　　图40　北洞山楚王墓舞蹈俑（2）

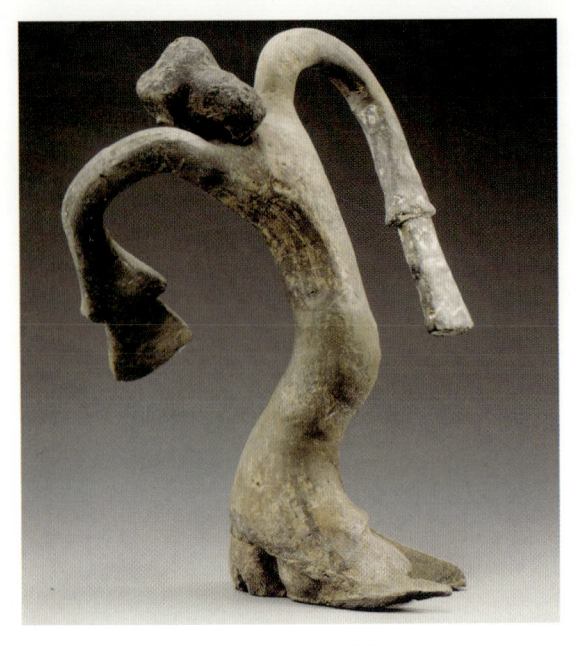

5. 杂裾垂髾：袿衣的叠穿效果

北洞山楚王墓的舞蹈俑身穿两重曲裾舞衣，身后的长燕尾随舞姿摆动飞扬。汉赋多有所谓"杂裾垂髾""华袿飞髾而杂纤罗"的描述，就来自这种设计。

枚乘《七发》："乃发激楚之结风，扬郑卫之皓齿，杂裾垂髾，目窈心与，榆流波，杂杜若，蒙清尘，被兰泽，嬿服而御。"[1]

司马相如《子虚赋》："于是郑女曼姬，被阿锡，揄纻缟，杂纤罗，垂雾縠，襞积褰绉，郁桡溪谷；衯衯裶裶，扬袘戌削，蜚襳垂髾。（司马彪曰：襳，袿饰也。髾，燕尾也。善曰：襳与燕尾，皆妇人袿衣之饰也。）"[2]

傅毅《舞赋》："珠翠的皪而照曜，华袿飞髾而杂纤罗，顾形影，自整装，顺微风，挥若芳。"[3]

张衡《舞赋》："美人兴而将舞，乃修容而改袭，服罗縠之杂错，申绸缪以自饰……裾似飞燕，袖如回雪……"[4]

1　（清）严可均校辑：《全汉文》卷二〇，载《全上古三代秦汉三国六朝文》，第238页。

2　（南朝梁）萧统撰，（唐）李善注：《文选》卷七，第353页。

3　（清）严可均校辑：《全上古三代秦汉三国六朝文·全后汉文》卷四三，第705页。

4　（清）严可均校辑：《全上古三代秦汉三国六朝文·全后汉文》卷五三，第769页。

6. 袿衣礼服的诞生

北洞山楚王墓女官俑所穿，是礼服性质的袿衣套装（图41）。其发髻留有一对簪珥的孔隙，《列女仁智图》中女性也戴簪珥[1]，是典型的礼仪性首饰。女官俑身穿三重袿衣，除了两重后垂燕尾的袿衣外（图42 蓝色、红色），前摆底边还有一对向下的燕尾（图42 黄色），观察其层次是处于两重后垂燕尾袿衣之间，应是一件"前交燕尾长衣"。

三重袿衣的层次关系，为后世的袿衣礼服提供了基本范式，带来了全方位的观赏性和参差交错的美感。后世的袿衣套装，多为踵事增华。

图41　北洞山楚王墓女官俑

1　池文汇、胡晓:《中国步摇源流考辨及形态复原》，载《形象史学》2022年春之卷，中国社会科学出版社，2022，第63页。

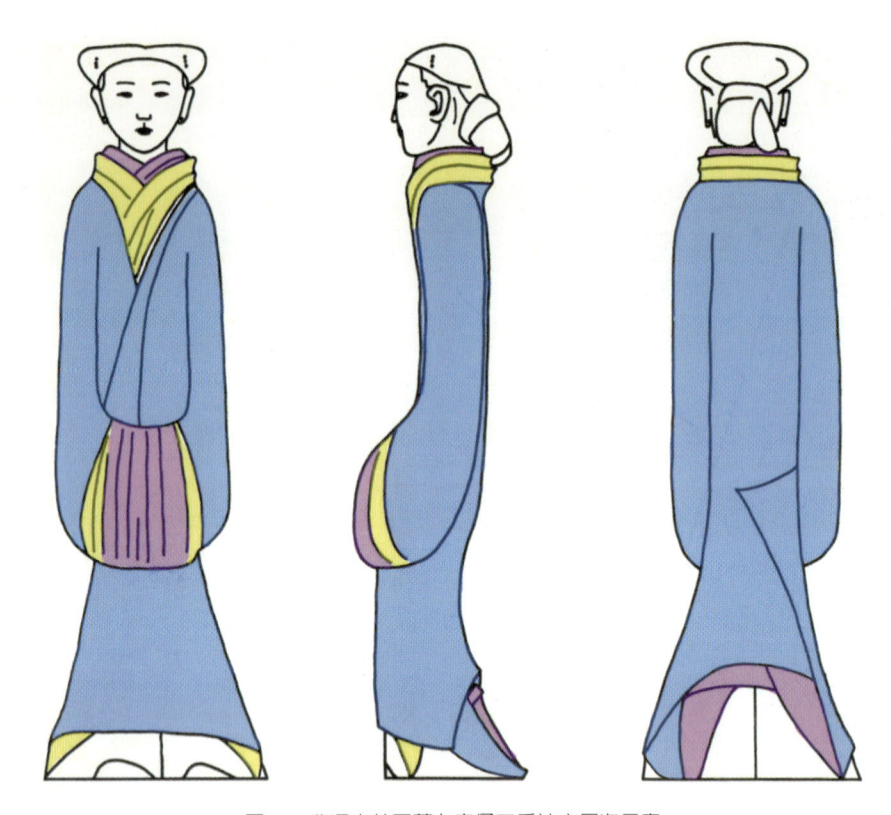

图42　北洞山楚王墓女官俑三重袿衣层次示意

7. 半袖加袿衣：诸于绣镼

两汉之交出现了半袖加袿衣的搭配，即所谓"诸于绣镼"。

《后汉书·光武帝纪》："见诸将过，皆冠帻而服妇人衣，诸于绣镼。"（李贤注：《前书音义》曰："诸于，大掖衣也，如妇人之袿衣。"字书无"镼"字，续汉书作"䘿"，音其物反。杨雄方言曰："襜褕，其短者，自关之西谓之袯䘿。"郭璞注云："俗名䘿掖。"据此，即是诸于上加绣䘿，如今之半臂也。）[1]

《汉书·元后传》："是时政君坐近太子，又独衣绛缘诸于。"（师古曰：诸于，大掖衣，即袿衣之类也。）[2]

根据古注，绣镼是一种半袖短衣，诸于、大掖衣则属于袿衣。苏州黑松林三国吴墓出土画像石中贵妇穿着宽大曳地的袿衣，应即大掖衣（图43）。

半袖叠穿袿衣的形式，见于偃师新莽墓砖画人物服饰（图44），年代也与史传一致。值得注意的是，半袖的腰襕加长，并裁出一对燕尾，向上飞扬，实为一种半袖短袿衣，这种形式在后世得到了继承发展。

1　（南朝宋）范晔撰，（唐）李贤等注：《后汉书》卷一《光武帝纪》，第10页。

2　（汉）班固撰，（唐）颜师古注：《汉书》卷九八《元后传》，第4015—4016页。

图43 苏州黑松林三国吴墓画像石

图44 偃师新莽墓彩绘砖画

图45 "伯州黎妻"袿衣层次填色示意

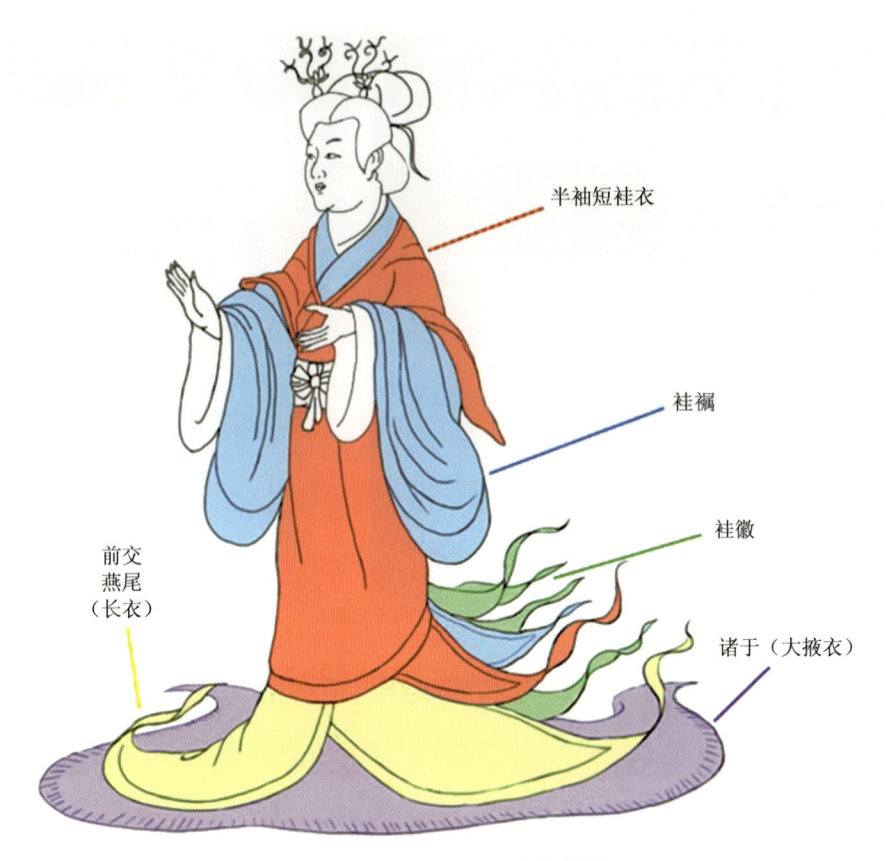

图46 "伯州黎妻"袿衣正侧面构拟

（四）《列女仁智图》"伯州黎妻"服饰解析

综合以上剪裁和叠穿形式，我们对《列女仁智图》袿衣进行解析，发现"伯州黎妻""灵公夫人"的服饰，是复合了北洞山楚王墓女官俑和偃师新莽墓砖画人物的两种服饰形态，层次关系完全对应。

"伯州黎妻"服饰的层次解析与正面形态构拟，如图45、图46。最外层为半袖曲裾短袿衣（红色）；其内为宽袖曲裾短袿衣（蓝色，即"袿襡"），为纱制，衣袖可透见内层服饰；再里层为前交燕尾式袿衣（黄色），燕尾体量较大；最里层为长袿衣（紫色），也即诸于、大掖衣。身后所余其他燕尾（绿色），应是系在腰部的"袿徽"。

"灵公夫人"服饰（图47）与"伯州黎妻"层次相似，但臀部显示两层曲裾绕襟，外层翘起。这说明，半袖曲裾袿衣（红色）与内层宽袖短袿衣（蓝色）是先进行套叠，之后整体穿着的，这种穿法多见于战国至西汉时期，如信阳楚墓木俑。

图47 "灵公夫人"服饰层次示意

图48 成都彭州出土东汉戏鹿仙人画像砖
（层次填色示意）

图49 邓县南朝画像砖郭巨妻

图50 台北"故宫博物院"藏宋真宗皇后坐像

"伯州黎妻"式袿衣套装的这种构造和层次关系并非孤例。如成都彭州出土东汉戏鹿仙人画像砖服饰（图48），其腰臀部弧线、后摆燕尾显示，外层为半袖曲裾短袿衣（红色），下摆显示长短多对燕尾，说明叠穿了多层袿衣。

后世袿衣仍存有遗像。如河南邓县南朝彩绘画像砖的"郭巨妻"服饰（图

49），下摆有两个巨大的前交燕尾作"人"字形交错，短围裙轮廓酷似曲裾短袿衣，袿徽在身后飘扬，对比"伯州黎妻"服饰（图46），可发现强烈对应性。

三 汉晋南朝后妃命妇的袿衣礼服

（一）皇后礼服的结构谜题

宋代皇后像显示，当时祎衣为通身深青色的长袍（图50），但汉晋南北朝皇后礼服的结构式样却是未解的谜题，一方面缺乏文物参照，另一方面文献有颇为矛盾之处。

《后汉书·舆服志》："太皇太后、皇太后入庙服，绀上皂下，蚕，青上缥下，皆深衣制，隐领袖缘以条。……"

"皇后谒庙服，绀上皂下，蚕，青上缥下，皆深衣制，隐领袖缘以条。……"

"贵人助蚕服，纯缥上下，深衣制。……"

"公、卿、列侯、中二千石、二千石夫人……入庙佐祭者皂绢上下，助蚕者缥绢上下，皆深衣制，缘。自二千石夫人以上至皇后，皆以蚕衣为朝服。"[1]

《晋书·舆服志》："皇后谒庙，其服皂上皂下，亲蚕则青上缥下，皆深衣制，隐领袖缘以条。……元康六年，诏曰：'魏以来皇后蚕服皆以文绣，非古义也。今宜纯服青，以为永制。'"[2]

既然明确祭服、蚕服是上下异色的，却又说"皆深衣制"，令人费解。郑玄云："深衣者，谓连衣裳而纯之以采也"[3]，可见深衣是上下连属的纯色长衣。如果理解为上下连属而异色，则贵人助蚕服不会写作"纯缥上下"，只言"纯缥"即可。

这一难题，应从礼服的结构层次入手。实际上，汉代女性礼服多为长短叠穿的袿衣套装，所谓上下异色，实际是指内外层异色，而每一层都是上下连属的，相关文物均有体现。

如东平汉墓壁画人物服饰（图51），外层为青色短袍，里层为白色长袿衣，多股长燕尾交错飞扬，明显是在"僭拟"皇后蚕服"青上缥下"，身旁侍者穿缥色长衣，呼应着"纯缥"的贵人助蚕服。

乐浪彩绘漆箧画中（图53、图54）"皇后"头戴巾帼步摇，长短衣袍叠穿，内外异色，而身旁的"美女"则穿着裙襦，以服饰区分身份。神木大保当汉墓画像石人物（图52，左侧），也叠穿长短两层袿衣，上身又加红色短襦。

1　（南朝宋）范晔撰，（唐）李贤等注：《后汉书》卷一二〇《舆服志下》，第3676—3677页。

2　（唐）房玄龄等：《晋书》卷二五《舆服志》，中华书局，1974，第774页。

3　（汉）郑玄注，（唐）孔颖达疏：《礼记正义》卷五八，载李学勤主编《十三经注疏》，第1821页。

图 51　东平汉墓壁画人物石

图 52　神木大保当汉墓彩绘画像

图53 朝鲜乐浪彩箧冢出土彩绘孝子图漆箧（局部）线稿

图54 朝鲜乐浪彩箧冢出土彩绘孝子图漆箧（局部）

（二）袆衣·袿襹大衣

南朝以来，皇后祭服称为"袆衣"，结构上为"袿襹大衣"。

《宋书·礼仪志》："今皇后谒庙服袿襹大衣，谓之袆衣。"[1]

《南齐书·舆服志》："袿襹大衣，谓之袆衣，皇后谒庙所服。"[2]

《隋书·礼仪志》载梁制："皇后谒庙，服袿襹大衣，盖嫁服也，谓之袆衣，皂上皂下。亲蚕则青上缥下。皆深衣制，隐领袖缘以条。"[3]

所谓"袿襹"就是外层的短袿衣，也是一种长襦，长度介于普通的襦和袍之间。《释名》：襹，属也，衣裳上下相连属也。[4] "襹"也作"襦"。《广雅》曰："襦，长襦也。"《晋书音义》引《字林》曰："襦，连要（腰）衣也。"[5]《晋书·夏统传》曰："又使妓女之徒服袿襦。"[6]

---

[1] （南朝梁）沈约：《宋书》卷一八《礼仪志》，中华书局，1974，第505页。

[2] （南朝梁）萧子显：《南齐书》卷一七《舆服志》，中华书局，1972，第342页。

[3] （唐）魏徵等：《隋书》卷一一《礼仪六》，中华书局，1973，第236页。

[4] （汉）刘熙：《释名》卷五，第73页。

[5] （三国魏）张揖撰，（清）王念孙注疏：《广雅疏证》卷七，清嘉庆元年刻本，第921—922页。

[6] （唐）房玄龄等：《晋书》卷九四，中华书局，1974，第2430页。

洛阳西朱村曹魏墓 M1 出土石牌，书云"白绯练褠褠一领""白绯练大袖褠一领""袿袍以下凡衣九袭"。晋《东宫旧事》云："皇太子纳妃……碧纱座袿半绣一、丹罗杯文长命绮襺一。"[1] 可见"襺"是命妇礼服系统的重要部分。

所谓"袿襺大衣"，即外层短袿衣、内层长袿衣叠穿的套装。其中"大衣"，应指大掖衣、诸于。汉晋南朝皇后的蚕服，外为青色短袿衣（袿襺），内为缥色长袿衣。妃嫔命妇礼服分"上下"，同样是长短叠穿的结构。

《列女仁智图》"伯州黎妻""灵公夫人"服饰也符合袿襺大衣结构，灵公夫人作为国君大人，其服饰可以作为东汉后妃礼服的参照。

本文将袿襺、袿袍、单衣式袿衣及其叠穿套装，统称为"连属式袿衣"，从而与"裙襦式袿衣"相区别。

（三）作为燕服的袿衣

后妃命妇服饰根据场合有不同的分类，在祭祀、蚕礼、朝会时应穿祭服、蚕服、朝服，其他场合中，最为常用的是燕服。

燕服，又称嬿服、宴服，是后妃侍御、燕居、宴饮、会见等场合所穿的盛装。与常人燕居之服不同，后妃燕服具有一定礼仪性。相对于祭服、蚕服的简朴庄重，燕服显得色彩鲜艳，装饰华贵，限制规定少，适用的场合范围广。

《后汉书·邓后纪》："每有燕会，诸姬贵人，竞自修整，簪珥光采，袿裳鲜明。"[2]

《南齐书·舆服志》："其燕服则施严杂宝为佩瑞。袿襺用绣为衣，裳加五色，锁金银校饰。"[3]

两晋南朝时期，雀钗和袿衣搭配，成为宫廷燕服的主要款式。

《晋起居注》："有司奏今月九日当拜郑夫人，后、婕妤按仪注，应服雀钗袿襈。"[4]

江总《为陈六宫谢表》："鹤钥晨启，雀钗晓暎，恭承盛典，肃荷徽章，步动云袿，香飘雾縠……"[5]

襈指衣缘，有时特指打褶的衣缘。《汉书》颜师古注曰："积谓襞积之，若今之襈为也。"[6] 所谓"袿襈"应指袿衣下摆有打褶的缘边。《礼记正义》云："汉时有袿袍，其袍下之襈，以重缯为之。古之服皆以素纱为里，似此袿袍襈之

1　（宋）李昉：《太平御览》卷一四九，中华书局，1995 年影印本，第 729 页。
2　（南朝宋）范晔撰，（唐）李贤等注：《后汉书》卷一〇《皇后纪第十上》，第 419 页。
3　（南朝梁）萧子显：《南齐书》卷一七《舆服志》，第 342 页。
4　（宋）李昉：《太平御览》卷一四四，第 704 页。
5　（唐）欧阳询：《艺文类聚》卷七〇，上海古籍出版社，1999，第 289 页。
6　王先谦：《汉书补注》卷九七，中华书局，2007 年影印本，第 6672 页。

里缯，故注云'如今之袿袍襈重缯也'。"[1] 苏州黑松林孙吴墓出土石屏风（图43）、北魏司马金龙墓漆屏风（图76）等图像中袿衣都突出了打褶的缘边。

四　连属式与裙襦式：袿衣的分化演变脉络

周方提出，袿衣式样在魏晋开始从袍制向襦裙制演变。[2] 不过袿衣的这一演变不是单线程的，而是在分化中演变。如南朝刘宋颁布过关于袿袍的等级禁令，[3] 可见袍式袿衣并未消失，而是升级为更高等的服饰。

"连属式袿衣"如袿袍、袿褵大衣在魏晋南朝仍然存续，与裙襦式长期并存，如《女史箴图》《洛神赋图》，都有袿袍和裙襦式袿衣。

（一）袿衣禁令与连属式袿衣的衰落

《后汉书·舆服志》："自皇后以下，皆不得服诸古丽圭襂闺缘加上之服。建武、永平禁绝之，建初、永元又复中重，于是世莫能有制其裁者，乃遂绝矣。"[4]

战国至两汉时期的多种袿衣形式是社会自然产生的，广泛应用于时装、盛装、婚服、乐舞服饰甚至部分男装。东汉皇室构建服饰等级制度，通过禁令垄断一些袿衣款式，但社会上"僭拟""打擦边球"的现象屡禁不止。其中一些复杂款式由于裁剪技术的失传而绝迹，可见制衣难度很高。

三国苏林曰："交输，如今新妇袍上挂全幅缯角割，名曰交输裁也。"[5] 说明三国时社会上的婚服，仍普遍为袿袍，苏州黑松林孙吴墓石屏风亦有袿袍。

南朝刘宋禁令将袿袍作为高等级命妇专属的服饰。《宋书·礼仪志》云，"第三品以下，加不得服三钿以上蔽结、爵叉、假真珠翡翠校饰缨佩、杂采衣、杯文绮、齐绣黻、镝离、袿袍"[6]。《洛神赋图》中还有袿袍形象（图77），沈从文先生曾考证其服饰年代属南北朝，亦为佐证。

裙襦式袿衣的诞生，一方面顺应了东汉魏晋女性时装演变的趋势，另一方面也是由官方袿衣禁令的压力推动的。

（二）袿襈：剪裁的创新

裙襦式袿衣的诞生，有赖新的剪裁方

1　（汉）郑玄注，（唐）孔颖达疏：《礼记正义》卷四〇，载李学勤主编《十三经注疏》，第1359页。
2　周方：《罗袿徐转红袖扬：关于古代袿衣的几个问题》，《丝绸》2018年第6期。
3　（南朝梁）沈约：《宋书》卷一八，第518页。
4　（南朝宋）范晔撰，（唐）李贤注：《后汉书》卷一二〇《舆服志下》，第2676—2677页。
5　（汉）班固撰，（唐）颜师古注：《汉书》卷四五，第2176页。
6　（南朝梁）沈约撰：《宋书》卷一八，第518页。

式，即将燕尾、三角裁片交叠参差地缝在一条带子上，系在腰间，或缀于衣缝，称为"袿徽"。

如四川地区出土汉末陶俑，身穿半袖裙襦，腰前系有长袿徽。苏州东吴博物馆藏东汉铜镜图，舞女裙腰系有交错的长袿徽（图57），西王母的裙腰处有短袿徽，下摆有连缀的三角形串饰（图58）。

张衡《思玄赋》："舒妙婧之纤腰兮，扬杂错之袿徽。"[1]

王粲《七释》："袭藻绣之缛彩，振纤縠之袿徽。纷绸缪而杂错，忽猗靡以依徽。"[2]

"袿徽"之得名，因其形态类似古代徽帜。"徽"字本有旗帜、标志物的含义。《礼记·大传》："改正朔，易服色，殊徽号。"郑玄注："徽号，旌旗之名也。"前文也提到，袿衣的"襂"，和旌旗的旒相同，是一种长飘带。

图55 四川绵阳出土东汉踏鼓女舞俑

图56 四川忠县涂井蜀汉崖墓出土陶俑

---

1 （南朝宋）范晔撰，（唐）李贤注：《后汉书》卷五九《张衡传》，第1930页。

2 （唐）许敬宗：《文馆词林》卷四一四，中华书局，2001，第132页。

图 57　苏州东吴博物馆藏东汉铜镜（局部 1） 　　图 58　苏州东吴博物馆藏东汉铜镜（局部 2）

图 59　诺因乌拉墓地出土旌铭（1）　　　　　图 60　诺因乌拉墓地出土旌铭（2）
（俄罗斯埃尔米塔什博物馆藏）　　　　　　　　（俄罗斯埃尔米塔什博物馆藏）

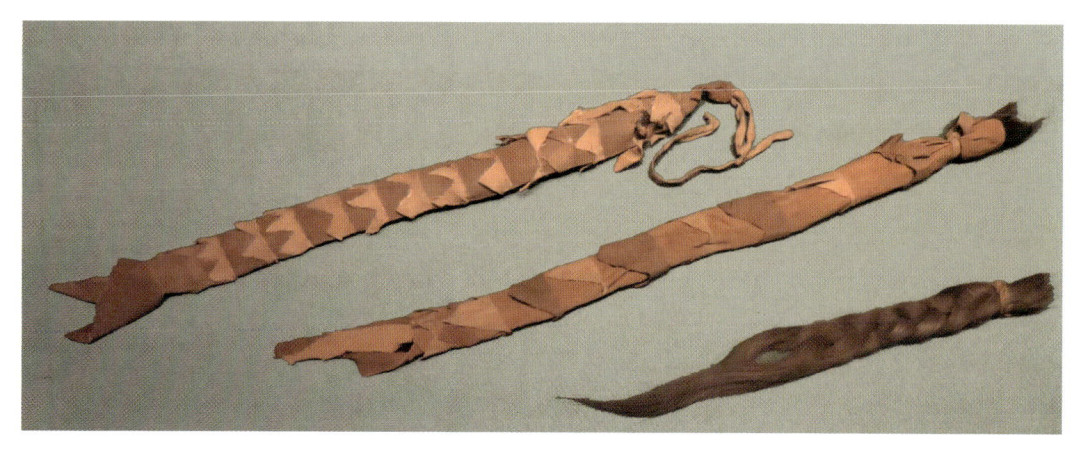

图 61 诺因乌拉墓地出土包布发辫
（俄罗斯埃尔米塔什博物馆藏）

图 62 新疆吐鲁番阿斯塔那出土十六国绞缬刺绣织物

图 63 沂南汉墓画像石拓片

  诺因乌拉匈奴墓地出土的旌铭实物（图59、图60），主体为两个弯曲的长三角裁片，上层为小三角裁片交叠，组合方式与东汉陶俑腰间所系袿徽相似。同墓还出土了同样材质的包裹发辫的三角形组合布套。可见，古代的旌旗徽帜类，与服饰、发饰可以采用相似的装饰手法。新疆吐鲁番阿斯塔那出土的十六国织物（图62），主体为三角形刺绣，以长带缘边，即文献所谓"襮闱缘"。

另外，汉晋服饰还有一些类袿徽的三角串饰。如沂南汉墓画像石中帝王冕服的下摆侧缝（图63），连缀了三角形串饰。新疆尉犁营盘出土汉晋服饰下摆连缀彩色三角形串饰（图64、图65），下裳里襟、外襟均竖缀矩形饰片，楼兰 LE 壁画墓出土服饰也有三角形饰片（图66）[1]。

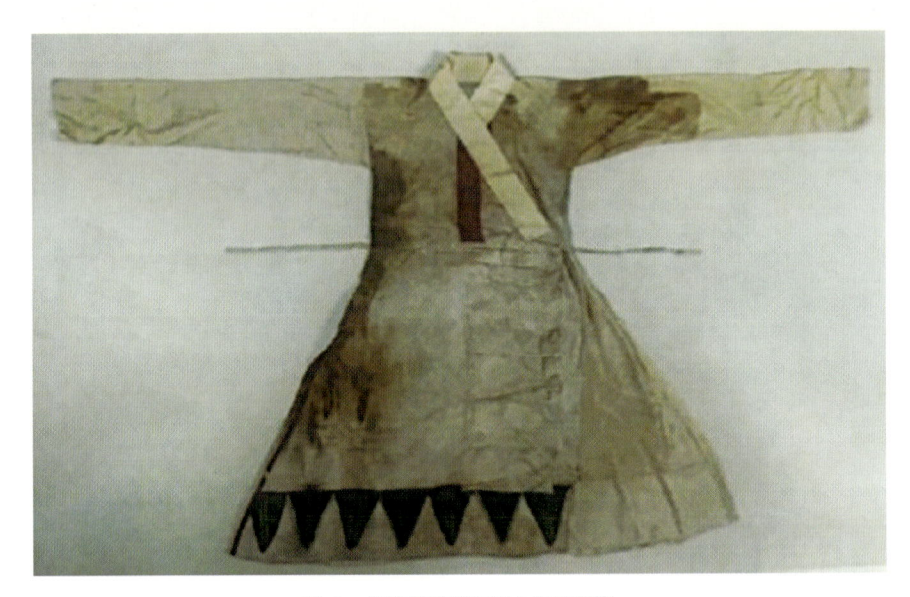

图64 新疆尉犁营盘出土汉晋服饰

图65 新疆尉犁营盘出土汉晋服饰（局部）

---

1 包铭新：《西域异服》，东华大学出版社，2007，第10—12页。

图 66 新疆楼兰 LE 壁画墓出土汉晋服饰

（三）肩领徽的产生

古代士兵常将徽帜披在身上作为标记，如咸阳杨家湾汉墓兵马俑左肩衣领处斜披一串徽帜（图 67）。这一类徽帜也作"微"。《说文解字》："微，微识也。以绛帛，箸于背。"[1] 又作"挥"，《东京赋》云"戎士介而扬挥"，薛综注："挥，为肩上绛帜，如燕尾者也。"[2]

与此相似的是，《列女仁智图》灵公夫人、沂南汉墓画像石人物和一些东汉陶俑（图 68）也有领缘串饰，本文拟称为"肩领徽"。

图 67 咸阳杨家湾汉墓兵马俑

图 68 四川郫县出土东汉陶俑

---

[1] （汉）许慎撰，（清）段玉裁注：《说文解字注》卷七，凤凰出版社，2007，第 628 页。

[2] （南朝梁）萧统编，（唐）李善注：《文选》卷三，第 114 页。

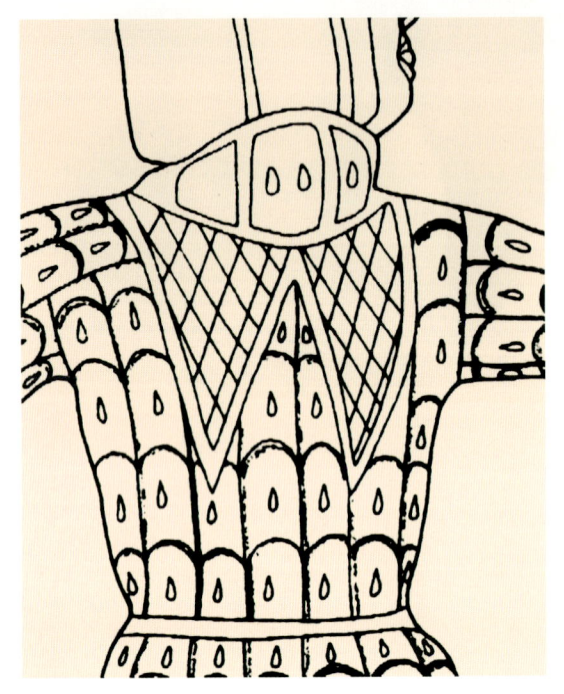

图 69　山西大同云波路北魏墓 M10 武士俑（背面局部）

图 70　北魏孝子石棺线刻（局部）
（美国纳尔逊艺术博物馆藏）

图 71　《女史箴图》（局部）

图 72　敦煌出土盛唐绢幡

北魏甲胄士兵陶俑往往在领后加两个长三角形徽帜（图69），北魏孝子石棺线刻中的神女（图70）、《女史箴图》袿衣的领后也可见两条长带饰（图71）。魏晋南北朝的袿衣几乎都有这类"肩领徽"，应是后世女性领巾、帔子的前身，隋代有领巾还保留着徽帜遗像。"隋文帝开皇中，房陵王勇之在东宫，及宜阳公王世积家，妇人所服领巾制同槊幡军帜。"[1] 敦煌出土唐代绢幡实物形制也十分类似（图72）。

腰系袿徽和肩领徽，成为裙襦式袿衣的标志性特征。

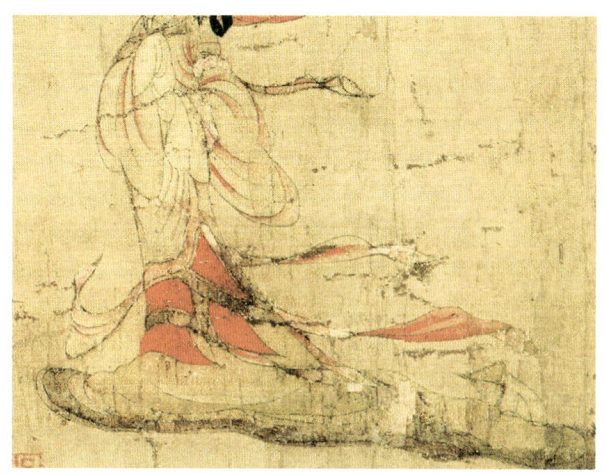

图73 《女史箴图》（局部1）

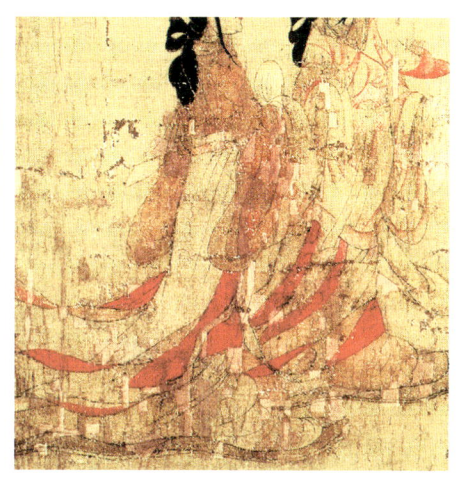

图74 《女史箴图》（局部2）

图75 十六国冬寿墓壁画服饰

图76 北魏司马金龙墓漆屏风画

---

[1] （唐）魏徵等：《隋书》卷二二，第630页。

(四)魏晋南北朝"裙襦式袿衣"的发展与图像断代

前述裙襦式袿衣仍属简易形式,魏晋南北朝时多在袿襂之前系围裙或蔽膝。《洛神赋图》等图像上多有蔽膝、围裙被风翻起,而袿襂在下的形态(图78),说明袿襂是系在腰间,而非镶于蔽膝、围裙的边缘。

蔽膝、围裙的作用,一是遮蔽袿襂系带的根部,使其美观,二是控制袿襂向两侧飘扬的方向,使袿襂可以延伸更长,不至于散乱,三是轮廓上有模拟旧式短袿衣的效果。

安岳十六国冬寿墓壁画中(图75),女墓主头梳大鬟髻,半袖裙襦袿衣,外系椭圆形彩绣蔽膝,内系袿襂,领袖廓形都是典型的东晋样式,墓中有"永和十三年"(357)题记。

《女史箴图》所传的画者顾恺之,生于永和四年(348),他成年所见的袿衣样式,应当近似冬寿夫人服饰。

但是,两幅作品的服饰形象差异巨大,《女史箴图》人物发型、服饰形态明显更加古早,未见东晋时代特征。比对前后文物形象,笔者认为,《女史箴图》应有东晋之前的底本,考虑到图像层累现象,服装所属年代主要在汉末至西晋之间。

图77 《洛神赋图》连属式袿衣

图78 《洛神赋图》裙襦式袿衣

图 79　敦煌莫高窟第 285 窟西魏供养人

图 80　敦煌莫高窟第 397 窟隋代袿衣

同时，北魏司马金龙墓漆屏风（图76）中服饰与冬寿夫人有颇为相似之处。司马金龙作为北降的晋室后裔，一直生活在平城，卒于北魏汉化改革之前，画中服饰可能保存了东晋南朝袿衣的一些特征。

后世的袿衣，有的在半袖腰襕或短围裙下加蔽膝，如《洛神赋图》、敦煌莫高窟西魏壁画供养人（图 79）；有的蔽膝系在最外层，如敦煌莫高窟隋代壁画上的飞天，其蔽膝为长方形（图 80）。

五　南北朝至隋后妃礼服制度的分野

永嘉之乱后，中原礼仪服饰制度几近湮灭。北魏汉化改革，向南朝学习和引进汉服，但未能形成后妃的服饰制度。龙门石窟宾阳中洞北魏帝后礼佛图、巩义石窟帝后礼佛图中，后妃命妇均未穿着袿衣。

北朝建立后妃服饰制度是从北齐、北周开始的。《隋书》载北齐皇后有六服，"助祭朝会以袆衣，祠郊禖以褕狄，小宴以阙狄，亲蚕以鞠衣，礼见皇帝以展衣，宴居以褖衣。六服俱有蔽膝、织成绲带。"[1] 除袆衣外的五服可作为命妇服饰，又加青纱公服。所谓六服是附会周礼而来，并非汉魏传统的延续，其具体式样难以确考。

北周服饰体系极为复杂。皇后衣有十二等，其中翟衣有六种，分别为翚衣、鹞衣、鷩衣、䳴衣、鵫衣、翙衣。这六种翟衣的后五种，又作为妃嫔命妇服饰。翟衣的衣身和领袖处排列雉鸟纹样，以数列形式区分等级："皇后衣……俱十有二等，以翚雉为领褾，各有二。……诸公夫人九服，其翟衣雉皆九等，俱以鹞雉为领褾，

[1]　（唐）魏徵等撰：《隋书》卷一一，第 243 页。

各九。……诸侯夫人,自鹭而下八。其翟衣雉皆八等……诸伯夫人,自鸠而下七。其翟衣雉皆七等……诸子夫人,自鹑而下六……诸男夫人,自而下五。其翟衣雉皆五等……"[1]

同时,又增加六种礼服,即苍衣、青衣、朱衣、黄衣、素衣、玄衣。妃嫔命妇的使用需要按等减数,其规则极为复杂。

隋代在北周、北齐基础上,重新订立后妃命妇礼服制度。"皇后服四等,有袆衣、鞠衣、青服、朱服。袆衣,深青质,织成领袖,文以翚翟,五采重行,十二等。首饰花十二钿,小花钗十二树,并两博鬓。"[2] 并且袆衣有"蔽膝随裳色""大带随衣色"的设计,可见是裙襦式而非连属式。其他后妃命妇,则根据身份和不同场合穿着褕翟、阙翟、鞠衣、展衣、褖衣、褐翟,并以纹章的多少区别等级。

隋代后妃服饰在潼关税村隋墓(推测为杨勇墓)石棺线刻中有具体表现。其中一幅图像为西王母与神女题材,西王母头戴花树,前有水滴型宝钿,两侧有博鬓(图81),与隋炀帝墓出土萧后的花树首饰完全对应(图82),也即《隋书》记载袆衣所搭配的"首饰花十二钿,小花钗十二树,并两博鬓"。西王母服饰为高腰裙襦,其原型应为皇后礼服。周围的神女服饰都为裙襦式袿衣(图83、图84),均有竖行排列的鸟纹,其原型应为妃嫔命妇的翟衣。

图81 税村隋墓石棺线刻西王母
(填色示意)

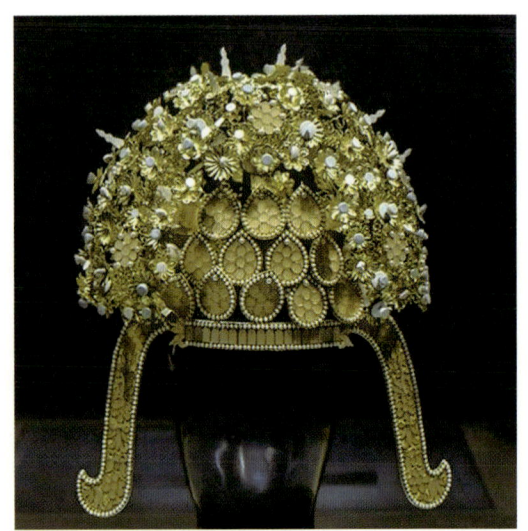

图82 隋炀帝萧后冠复原件
(扬州市博物馆藏)

---

1 (唐)魏徵等撰:《隋书》卷一一,第248页。

2 (唐)魏徵等撰:《隋书》卷一一,第276页。

图 83 税村隋墓石棺线刻神女（1）
（填色示意）

图 84 税村隋墓石棺线刻神女（2）
（填色示意）

由此可知，隋代的翟衣系统（含皇后袆衣），应为排列雉鸟纹的裙襦式袆衣，北周的翟衣系统作为隋的前身，很可能与之类似。

正如郑玄所言，汉代袆衣是周代"三翟"服饰的遗俗。实际上，南朝的礼服系统承接两汉魏晋，袆衣仍然是袿襡大衣的形式。南朝袿衣是通过服饰构件的形态设计，如燕尾、袿徽、半袖、肩领徽的层叠交错，来模拟翟鸟外形，并不用翟鸟纹饰。而北朝隋代系统，则另辟蹊径，在衣服上排列翟鸟纹，附会《周礼》郑玄注的内容，并以数字区别等级。

南北朝女性礼服系统的分野，反映了政治制度史、文化史上的重要课题。总之，隋灭南朝，标志着汉晋传统中连属式袿衣的消亡。

六 唐代以来袿衣的衰落和消亡

唐郭正一《奉和太子纳妃太平公主出降》诗有"金龟开瑞钮，宝翟上仙袿"[1] 的描述，可见唐代命妇翟衣依然是袿衣形式。

---

1 （清）彭定求编：《全唐诗》卷四四，中华书局，1960，第542页。

图 85　敦煌莫高窟出土彩绘绢画

图 86　大阪市立东洋博物馆藏唐代彩绘陶俑

图 87　敦煌莫高窟第 334 窟壁画天女

图 88　敦煌莫高窟第 103 窟壁画天女

图 89　南唐二陵出土陶俑

图 90　永乐宫三清殿壁画

图 91　《御世仁风》插图樊姬形象

图 92　日本药师寺藏奈良时代吉祥天女画像

图93　奈良西大寺展净瑠璃寺吉祥天女立像

图94　洛克菲勒家族藏日本明治时期吉祥天女画像

敦煌莫高窟出土唐代绢画人物（图85），初唐墓葬多见的双鬟袿衣陶俑（图86），都为半袖高腰裙襦，加蔽膝（或围裙）袿徽的样式，其半袖的腰襕着意延长，蔽膝加于腰襕之下，袿徽缤纷多彩。敦煌莫高窟第334窟天女的半袖裙襦袿衣，腰线较低，半袖的腰襕做成蔽膝状，附着袿徽（图87），第103窟天女的半袖裙襦袿衣，腰襕内附围裙（图88）。

唐代以后，袿衣的形象渐渐稀少。如南唐二陵陶俑所穿袿衣（图89），为齐腰半袖裙襦，上加云肩，上衣腰襕加长，下连长条形蔽膝，袿徽细小，可见已趋于衰亡。

宋代以来，后妃命妇翟衣系统都为无袿的袍，再无袿衣式样，其间必然发生了礼制文化的重大变化，以及服饰美学、剪裁技术的失落现象，有待进一步研究。

后世仅有个别神仙、古列女图像上，仍留袿衣遗迹，如永乐宫三清殿壁画上的神女服饰下摆的袿徽（图90）。又如明代《御世仁风》插图樊姬的服饰（图91）为半袖裙襦，裙角裁为袿角，领后还有飞徽，样式较为存古。

中国袿衣的形象还传播到了日本。如日本药师寺藏奈良时代吉祥天女画像（图92），其袿衣式样颇具盛唐特征，应来源于当时的贵妇服饰。又如，奈良西大寺展出的净瑠璃寺吉祥天女塑像（图93），也为半袖袿衣形象，推定为1212年制。洛克菲勒家族在纽约市亚洲会所收藏的日本明治时期吉祥天女画像（图94），与前者服饰极为相似，应是美术图像神仙服饰的传承，而非现实中的服饰。

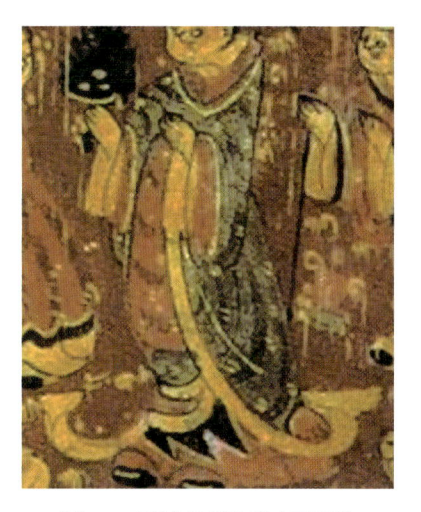

图95　南昌东晋墓漆盘帝王形象

余　论

文物和文献材料显示，袿衣不仅是中古时期后妃命妇的礼仪性服饰，也是社会上各类盛装、时装、婚服、乐舞服饰广泛采用的样式。并且，男性服饰也借鉴了袿衣裁剪方式，如《列女仁智图》中的男装，以及沂南汉墓画像石（图63）和南昌东晋墓漆盘中的帝王服饰（图95）等。后来，随着礼制的完备，袿衣的一些特定样式和设计，被官方垄断、等级化，反映了礼制文化的建构过程。

从演变脉络来看，袿衣在传承之中不断衍生出新式样，分化出连属式、裙襦式两条线路，加以半袖、肩领徽、蔽膝、袿徽等构件，其动态设计理念和复杂的制衣技术，令人叹为观止。

袿衣飘逸的线条、丰富的层次感，为服装赋予了神性与想象力，其可谓中国服饰美学之典范。袿衣到宋代的衰落消亡，反映了中国历史文化变迁的诸多问题，发人深省。

裹以藻绣，络以纶连
——中国古代墓室建筑装饰中的织物饰

■ 杨爱国（山东博物馆）

所谓墓室建筑装饰是指对墓室墙壁的装饰，中国古代墓室建筑装饰常见的有四种形式：壁画、画像石、画像（纹）砖、雕砖等。

墓室壁画在先秦时期就出现了。当时的墓室壁画是直接绘在土壁上，或绘在帷幔上然后钉到墓壁上的，汉代除继续在墓壁上作画外，[1] 更多的壁画是绘在用于建造墓室的石和砖的内壁。绘于石上者既有在石材表面直接绘制的，如河南永城芒山西汉梁王陵、广州象岗西汉南越王陵和辽宁辽阳汉末魏晋石室壁画墓就是如此。也有在石壁上抹泥再作画的，山东东平后屯王莽至东汉初年石室墓的壁画是如此绘制的。绘制于砖上者一般是先在砖壁、顶等准备绘画的部位均匀地抹上草拌泥或白膏泥，在泥上刷一层白灰，然后再在其上绘画，只有个别墓葬是直接在砖上作画的，如西安交通大学西汉壁画墓。墓室壁画不论是绘于石上，还是绘于砖上，它们有一个共同点，即都是在墓室建好后，直接在墓室内绘制而成。

画像石是汉代新兴的墓室建筑构件，从山东苏北等地的考古发现看，画像石室墓是由石椁墓发展变化而来。[2] 画像石椁墓在西汉早期的文景帝时期即已出现，画像石室墓要迟至西汉中晚期才发展起来。和壁画墓不同，画像石室是由预制好的石材组装起来的，画像在预制石材时雕刻而成，山东沂南北寨村、安丘董家庄和江苏徐州茅村等地发现的大型画像石墓可作为这方面的典型代表。画像石墓中还大量存在砖石合建的现象，其中的画像石主要用于墓门部位，作门楣、门柱、门槛和门扉，其他部位如过梁、室壁、顶等也有少量使用，如山东诸城前凉台和临沂吴白庄砖石合建画像石墓。在陕北还发现有石仿砖的画像石墓，即用石块仿砖室墓砌成穹窿顶，其中的画像石也主要用于墓门部

---

1 徐进、张蕴：《西安南郊曲江池汉唐墓葬清理简报》，《考古与文物》1987 年第 6 期。
2 杨爱国：《从石椁到石墓》，载山东博物馆编《齐鲁文物》第 2 辑，科学出版社，2013，第 12—25 页。

位,与砖石合建墓相同。如陕西米脂官庄3号、4号画像石墓。

画像(纹)砖在东周时期即已出现,陕西凤翔、咸阳和河南郑州等地都发现有战国时期的画像砖。不过,画像砖到汉代才普及开来,这和砖在汉代被大量用于建墓有密切关系。画像(纹)砖也是先烧制好的,但其上的图像除极少量是直接刻画者外,绝大多数是把图像和花纹刻到木模或其他材料的模子上印到砖上的。因此,同样图像和花纹的砖可以大量重复出现,它们可能是由专门的砖窑烧制,[1] 造墓者可以根据需要,花钱购买或订制。全用画像砖建造的墓尚未发现,一般是在有纹砖或素砖的墓壁上嵌上数量不等的画像砖,嵌的位置比较灵活,造墓者可以自定,当然,什么内容的画像砖嵌在哪个部位,造墓者自有考虑。因此,由于受相同生死观念的支配,画像砖的排列位置也有一定的规律可循,如四川的画像砖墓中,西王母和日月神画像砖一般嵌在墓室后壁。

雕砖与画像砖在制作方式上有不同之处,它主要是将砖坯雕刻成想要的形状,尤其是作为建筑构件的立柱、斗拱等,图像也有雕塑的,浮凸明显高于上述画像砖。有些图像可能也是模制的。雕砖的出现比较晚,东汉末年才少量出现,晚唐以后在中国北方地区流行起来。

除了上述四种主要装饰形式外,汉代还有只将墓室涂上红色的,如江苏徐州北洞山西汉楚王陵。这种装饰形式在汉代以后绝迹了。

汉代墓室建筑装饰的三种主要形式在具体运用中,有单用者,如上文提到的壁画墓和画像石墓,汉代有装饰的墓中以此为大宗。也有少量用两种装饰形式的墓,这其中有画像石和画像砖共用于一墓者,如四川成都曾家包东汉画像砖石墓;有画像石和壁画同存于一墓,如河南新密(原密县)打虎亭、后士郭和山东济南青龙山东汉画像石壁画墓。[2]

除了以上四种主要装饰形式外,还有一种装饰形式,因为在考古发现中罕见,故没能引起学人的关注。这种装饰形式是织物饰,即将织物悬挂在墓壁上作为装饰。

贾谊(前200—前168)在给汉文帝的上疏中说:"白縠之表,薄纨之里,缉以偏诸,美者黼绣,是古天子之服,今富人大贾嘉会如客者以被墙。古者以奉一帝一后而节适,今庶人屋壁得为帝服。"[3]《西京杂记》里记载了汉哀帝为董贤造大第的故事:"哀帝为董贤造大第于北阙下,重五殿,洞六门,柱壁皆画云气花蘤,山灵水怪,或衣以绨锦,或饰以金玉。"[4] 班固

---

1 黄明兰:《洛阳汉代画像砖》,河南美术出版社,1986。
2 济南市文化局文物处:《山东济南青龙山汉画像石壁画墓》,《考古》1989年第11期。
3 (汉)班固:《汉书》卷四八《贾谊传》,中华书局,1962,第2242页。
4 (晋)葛洪集:《西京杂记》卷四,程荣辑:《汉魏丛书》,吉林大学出版社影印本,1992,第308页中。

（32—92）的《西都赋》以文学的笔触，对西汉首都长安的位置、建筑、装饰等既带夸饰，又有实录的描述，在谈到建筑装饰时，他写道："屋不呈材，墙不露形。裹以藻绣，络以纶连。随侯明月，错落其间。金釭衔璧，是为列钱。"[1] 他在《汉书·货殖传》中批评"桓、文之后，礼谊大坏"时说："富者木土被文锦。"[2] 晚于班固的张衡（78—139）在《西京赋》也说道："木衣绨锦，土被朱紫。"[3] 文中的"藻绣""绨锦"皆是丝织品，它们被用来装饰皇家建筑。西晋文学家左思（约250—305）在《魏都赋》中称赞魏都宫殿"木无彫镂，土无绨锦"[4]，这是反奢华而行之。

在"奉死如生""大象其生以送其死"观念的支配下，帝王的墓室也会用丝织品装饰。这不是推测，有文献与考古发现为证，兹举数例如下。

《太平广记》记载了一个唐代的故事：一个叫崔炜的士人不幸掉进一个地下洞窟，他在洞里走了好远，来到一个有铺首衔环的石门前，然后"入户，但见一室，空阔可百余步，穴之四壁，皆镌为房室，当中有锦绣帏帐数间，垂金泥紫，更饰以珠翠，炫晃如明星之连缀"[5]。《说郛》卷四四引唐韩偓《炀帝开河记》说："时睢阳坊市豪民一百八十户皆恐掘穿其宅井茔域，乃以酿金三千两将献于叔谋，未有梯媒可达。忽穿至大林中，有墓，古老相传云宋司马华元墓。掘透一石室，室中漆灯、棺柩、帐幕之类，遇风皆化为灰烬。"[6] 这里所谓帐幕即我们所说的帷帐。把墓说得那么早不可信，但石室中用帐幕装饰却很有可能。

再来看考古发现。

据加拿大人怀履光《洛阳故城古墓考》记载，河南洛阳金村 5 号墓墓壁深棕色，顶端绘有宽 1 尺的条带，上嵌镶琉璃的圆铜饰。[7]

山东淄博临淄区东夏庄墓地、相家庄墓地、单家庄墓地和淄河店墓地的 19 座战国墓中有 13 座进行过装饰。装饰的方式有三种：一是在墓室的壁面抹一层澄浆细泥；二是在细泥上用白土粉刷；三是在墓壁下部悬挂用麻布制成并绘有彩色图案的帷帐。帷帐上的图案内容相似，都是变形兽面纹横式二方连续彩绘图案，各墓图案的用色也大同小异。相家庄一号墓和三

1　（汉）班固：《西都赋》，载萧统编，李善注《文选》卷一，上海古籍出版社，1986，第 13 页。

2　（汉）班固：《汉书》卷九一《货殖传》，中华书局，1962，第 3682 页。

3　（汉）张衡：《西京赋》，载萧统编，李善注《文选》卷一，第 61 页。

4　（晋）左思：《魏都赋》，载萧统编，李善注《文选》卷六，第 270 页。

5　《太平广记》卷三四，中华书局，1961，第 216—220 页。

6　涵芬楼本是卷四四，《四库全书》文渊阁本则是卷一一〇下，名《开河记》，作者为唐佚名。

7　转引自李学勤《东周与秦代文明》，文物出版社，1984，第 25 页。

图1 山东临淄相家庄 M1、M2 帷帐彩绘图案
[采自《临淄齐墓》(第一集),彩版一三]

号墓用的是红、黑、蓝三色,眉、眼部分用黑色勾边(图1);单家庄二号墓用的是红、黑、白三色(图2);相家庄二、五、六号墓只用了红、黑二色。[1] 东夏庄4号战国墓墓壁经修整加工,壁面平整,不见工具痕迹。墓壁涂刷一层厚1—2厘

---

[1] 山东省文物考古研究所:《临淄齐墓》(第一集),文物出版社,2007,第435页。

米的灰色澄浆细泥，其外又刷一层白色灰浆。墓壁下部有一圈苇席，高约 0.5 米。席外附麻布制作帷帐。帷帐上有用红、黑二色绘制的二方连续图案。帷帐与苇席用竹钉或木钉固定在墓壁上，钉顶贯以圆形蚌饰，有如钉帽。钉距约 50 厘米。[1] 淄河店镇 2 号战国墓墓壁光洁平滑，表面涂有一层厚 0.3—0.6 厘米的细灰膏泥，泥膏表面又粉刷白粉。在墓室底部近二层台墓壁上发现有细麻布痕迹，其上有红、墨涂绘的图案，惜已朽毁不辨。在帷帐上还发现许多圆形蚌饰，系用大蚌壳加工而成，蚌壳内侧用朱砂绘有卷云纹或涡纹，有彩绘的一面朝向墓室，从保留在墓壁上的蚌壳看，其高低错落相间，主要用来装饰和点缀帷帐，也起到一定的加固作用。[2]

椁室的织物装饰对后来用织物装饰墓室也有启发。商代墓葬椁盖上流行用帷帐，如殷墟戚家庄东 269 号墓的帷帐盖于椁顶和二层台上，系大型丝织彩绘装饰物，惜已朽甚，只见残留的饕餮纹图案及镶有小圆骨泡的圆形图案。图案以红色施底，间有黄、黑色。该墓椁盖板呈暗红色，间绘黄、黑白三种漆色的纹饰。该墓为殷墟第三期的一座中型墓，墓主为军事首领。[3] 西周时期更为流行，只是受保存条件的限制，遗留下来织物遗存较少。

图 2　临淄单家庄 M2 帷帐彩绘图案和蚌饰
［采自《临淄齐墓》（第一集），彩版一〇］

1　山东省文物考古研究所：《临淄齐墓》（第一集），第 53 页。
2　山东省文物考古研究所：《临淄齐墓》（第一集），第 303 页，图二二五、图版九一：1。
3　安阳市文物工作队：《殷墟戚家庄东 269 号墓》，《考古学报》1991 年第 3 期。

山西绛县横水西周墓地1号墓外棺之外发现有明确的荒帷遗迹。该棺饰用小木结构和铜帐架构组成骨架，外罩红色丝织物的荒帷。荒帷由两幅布横拼而成，下有庳边。每幅布的幅宽0.8—1米，总高1.6—2米，布幅拼接处有明显的接缝。布的外面是精美的刺绣图案，主题内容是凤鸟。北壁的画面保存较为完整，至少可以观察到3组大小不同的凤鸟图案。荒帷附近散落着大量的玉、石、蚌质小戈、小圭，可能原来被挂缀在荒帷上或附属棺饰上，[1] 研究者认为是迄今时代最早、保存最好、面积最大的饰棺之物。[2]

棺椁上覆盖纺织品在西周墓中也有发现，如陕西旬邑下魏洛西周早期1号墓内椁上部覆盖有白色麻织物遗迹，棺上部覆盖席纹物，应为竹席类，下覆有白色麻织物，应为帷帐。[3] 这种习俗在后代仍有延续，如湖北江陵马山1号战国楚墓在棺木外有一袭深棕色绢制的亚字形棺罩，由四整幅和两条长绢拼缝而成，周边有大菱形纹的锦缘，锦缘与绢之间用宽1.8厘米的针织绦带连接。报告编写者认为此棺罩即是文献中的"荒帷"[4]。棺罩之上中部左侧覆有帛画，中间纵置用黄色纱束串联一支琉璃管和一颗琉璃珠组成的棺饰。江陵凤凰山167号西汉墓的棺饰是里外两层细绢棺罩，中间隔着一张编竹。[5] 张长寿认为这两件棺饰与文献记载中的荒帷有一定距离。[6] 陕西长安沣西张家坡井叔家族墓地152号墓[7]和170号墓[8]外棺周围发现三面有串贝遗存，可能是织物棺饰的坠饰。

长沙马王堆3号墓棺室东西两壁就各悬挂一幅长方形帛画，西壁是《车马仪仗图》或称《军阵送葬图》，东壁是《行乐图》。《车马仪仗图》用两幅长绢拼成长方形，高0.94米、宽2.12米。画面是横式构图，内容可分四个部分。右上方是整齐的车骑方阵，每车驾四马。中部下方是骑兵方阵，计一百骑，按纵队、横队排列。纵队十四列，每列六骑；横队两列，排在纵队侧，每列八骑。左下方是由一百余人组成的方阵，左上方是人物两行，下行持盾。上行最前是墓主人，后为执华盖的侍者和十八个执长戈卫士。《行乐图》

1　山西省考古研究所、运城市文物工作站、绛县文化局：《山西绛县横水西周墓发掘简报》，《文物》2006年第8期。

2　吉琨璋、宋建忠、田建文：《山西横水西周墓地研究三题》，《文物》2006年第8期。

3　咸阳市文物考古研究所、旬邑县博物馆：《陕西旬邑下魏洛周早期墓发掘简报》，《文物》2006年第8期。

4　湖北省荆州地区博物馆：《江陵马山一号楚墓》，文物出版社，1985，第9页。

5　凤凰山一六七号汉墓发掘整理小组：《江陵凤凰山一六七号汉墓发掘简报》，《文物》1976年第10期；纪烈敏、张柏忠、陈雍：《凤凰山一六七号墓所见汉初地主阶级丧葬礼俗》，《文物》1976年第10期。

6　张长寿：《墙柳与荒帷——1983—1986年沣西发掘资料之五》，《文物》1992年第4期。

7　中国社会科学院考古研究所沣西发掘队：《长安张家坡西周井叔墓发掘简报》，《考古》1986年第1期。

8　中国社会科学院考古研究所沣西发掘队：《陕西长安张家坡M170号井叔墓发掘简报》，《考古》1990年第6期。

已经破裂为数十块，可见骑射奔马、划船、女子乘辎车等场面[1]。长沙马王堆3墓椁室装饰很可能是战国楚地墓葬的传统。湖北随县曾侯乙墓椁室墙上一排排挂钩表明椁室内当年是用帷帐，或是用今天我们所称的帛画装饰的。[2]

研究荒帷的学者常提到战国西汉墓中随葬的铜帐架，如山东长清岗辛战国墓出土一套铜帐构，经复原，是长方形四坡顶的帐架。[3] 河北满城西汉中山王刘胜墓也出土了两具类似的帐架。[4] 有学者认为这一传统至少到曹魏时期仍在传承，传世的景初元年帐构铜即是此种帐架的构件。[5] 遗憾的是，这些帐架出土时，并未出现在棺的周围，因此，它们当年是作为死者生前用过的帷帐随葬的，[6] 抑或罩在棺上的墙柳，还有再思考的空间。广西贵县罗泊湾1号西汉墓出土"从器志"中有"张帷一笞""张帷柱及丈一囊"[7]，虽然墓中未见实物，显然当初是计划随葬的。除此之外，汉晋时期崖墓和砖室墓中的帐架更应与墓内祭祀有关。[8] 有鉴于此，本文暂不把战国至魏晋时期墓中随葬的帐架划在棺饰内。

汉代织物饰墓的遗存至今没有发现，有一些遗迹现象提供了当时存在织物饰墓的可能。

河北满城西汉中山王刘胜墓是一座崖洞墓，主室和侧室内有石板建筑。发掘者在清理时，曾在地面上发现许多曲首铁钉，钉上还带有朽木痕迹，发掘者推测这些铁钉当与室顶的加固有关，可能在顶部石板与四壁之间的空隙处，先填塞木块，然后钉以曲首铁钉进行加固。[9] 由于用的是曲首铁钉，笔者以为还存在另一种可能性，即用于悬挂织物，对室内进行装饰，只是织物朽烂不存了。

河南安阳县安丰乡西高穴村东汉末年2号墓（即发掘报告所称的曹操高陵）前室墓壁内表面抹有一层白灰面，四壁上部距离墓底约4米处开始，向下依次分布有4层铁钉。每层铁钉排列在一个层面上，铁钉之间的间距基本相等，铁钉外端为环

1　湖南省博物馆、湖南省文物考古研究所：《长沙马王堆二、三号汉墓》第一卷《田野考古发掘报告》，文物出版社，2004，第103、109—111页。
2　湖北省博物馆：《曾侯乙墓》（上），文物出版社，1989，第14—15页。
3　山东省博物馆、长清县文化馆：《山东长清岗辛战国墓》，《考古》1980年第4期。
4　中国社会科学院考古研究所、河北省文物管理处：《满城汉墓发掘报告》，文物出版社，1980，第160—178页。
5　董珊：《景初元年帐构铜考》，《故宫博物院院刊》2002年第3期。
6　关于生前用帷帐的问题，参见卢兆荫《略论两汉魏晋的帷帐》，《考古》1984年第5期。
7　广西壮族自治区博物馆：《广西贵县罗泊湾汉墓》，文物出版社，1988，第83页。
8　权弱成：《从"遮蔽"到"环绕"：公元3—5世纪北方地区墓葬帷帐的空间位移》，《文博》2019年第6期。
9　中国社会科学院考古研究所、河北省文物管理处：《满城汉墓发掘报告》，第22页。刘胜妻窦绾墓侧室的石板缝中也发现嵌有曲首铁钉，第225页。

状，个别铁钉环内还有丝绳残痕；[1] 后室同样有 4 层铁钉，最高一层铁钉距墓底 2.9 米，钉头为钩状，钩尖均朝向上方。[2] 前、后主室左右的侧室则无成排的铁钉，由此可以推断，当年只是在主室的墙壁上用织物装饰。

织物在中国古代墓室建筑装饰中是一种较少使用的装饰方式，从现有的考古发现看，其延续时间较长，使用者身份较高，不仅在今后的考古发掘中值得重视，对其研究也应引起关注。

---

[1] 河南省文物考古研究院：《曹操高陵》，中国社会科学出版社，2016，第 75 页。

[2] 河南省文物考古研究院：《曹操高陵》，第 77 页。

北齐青州菩萨像璎珞构件"胜"*

■ 邱忠鸣（北京服装学院）

> 香缨麝带缝金缕，琼花玉胜缀珠徽。[1]

在文人辈出的南朝彭城刘氏家族中，高斋学士刘孝威排行第六，人称"六诗"，尤擅作宫体诗，诗风靡丽华美却不失清新，且意境多微妙处。此首《赋得香出衣诗》充分调动读者的嗅觉与视觉来靠近一位美人。她仪态万方、风姿绰约，明丽动人，宛如洛神，身着邺地盛产的登高锦，佩戴垂挂金丝坠饰的香囊与麝带以及由多股丝带连缀的琼花和玉胜。正可谓"香出衣，步近气逾飞"，好不令人神往。然而，这些华美事物大半已不为人识，必然相当程度上影响读者对诗歌意象的深刻体认。若要试想其中的"玉胜"，恐得稍费些周折。

除世间美人之外，青州东魏至北齐佛像中的菩萨亦颇多佩戴复杂的璎珞，其构件中便有这一物事，且本非印度传入之物（图1、图2）。那么，此物为何物？如何流转变迁？中土世间女子的饰品又凭何居于、纳入菩萨璎珞之伍？

唯今之日常生活中并无"胜"，且学界对于"胜"的关注一是不够，二是偶有歧义。因此我们有必要首先对"胜"这一物件稍作研判。

一 何为胜？

胜，或称华（花）胜。其外形的突出特征为：一对"梯形"对称排列，顶边（短边）相近，底边（长边）相远，中间以轴连属，整体呈束腰状（图3）。当然，在这一基本形状之外，还有杖胜（图4）、花胜（图5）、叠胜（图6）等多种变体。

---

* 本文为国家社科基金艺术学重大项目"中国艺术考古资料整理与研究"子项目"艺术考古与中外文明交流互鉴价值取向研究"（项目编号：21ZD09）阶段性研究成果。

1 （南朝梁）刘孝威：《赋得香出衣诗》，见逯钦立辑校《先秦汉魏晋南北朝诗》"梁诗"卷一八，中华书局，1988，第1884页。

图 1　青州龙兴寺北齐菩萨像（1）
（采自青州市博物馆编著《青州龙兴寺佛教造像艺术》，山东美术出版社，1999，图 148）

图 2　青州龙兴寺北齐菩萨像（2）
（采自青州市博物馆编著《青州龙兴寺佛教造像艺术》，图 185）

文献之外，今日亦颇多见于图像与实物。其中实物的材质有玉、琥珀、青铜、金等。例如，江苏邗江县甘泉山东汉墓、南京市尹西村东亚张迈家族墓 M2、南京仙鹤观东晋高崧夫妇墓、南京郭家山一号东晋墓等墓葬中出土有实物的金、玉、琥珀等材质的胜和叠胜。[1] 图像则见诸画像石、画像砖、铜镜、铜盘、金幡（或曰

1　韦正编撰，汪清等翻译，郭群等摄影：《南京博物院珍藏系列·金银器》，上海古籍出版社，1999，图九；南京市博物馆：《江苏南京仙鹤观东晋墓》，《文物》2001 年第 3 期；南京博物院编：《六朝风采》，文物出版社，2004，图一五四。

春幡)、金蔽髻、象牙梳等。[1] 扬之水先生将上下相叠者称为叠胜,在盛开的花朵周边连属展开者称为华(花)胜。[2] 另,孙机先生曾指明,所谓"司南佩",亦不过是胜一类的饰物。[3]

扬之水先生梳理了流行于汉至东晋时期的胜,尤其是金胜,颇开筚路蓝缕之功。[4] 该文内容侧重前期,颇多发明。另,笔者管见所及,实则南北朝时亦非罕见。拙文文首所引南梁刘孝威《赋得香出衣诗》"香缨麝带缝金缕,琼花玉胜缀珠徽",徽,《说文》"糸部"谓:"许归切……袤幅也。一曰三纠绳也。从糸,微省声。"此处"徽"并非袤幅,而当取"三纠绳"之义,即由三股细丝线合成之绳。[5] 那么"琼花玉胜缀珠徽"即指琼花和玉胜下面缀有徽绳串珠。可见南北朝时女性亦常佩戴玉胜等饰物。此后连绵迁延,乃至清雍正、乾隆年间后妃的朝冠装饰中亦不少见。雍正朝内库月折、乾隆朝档案所记后妃、福晋的朝冠装饰,除典制常见的孔雀、翟鸟外,亦多有相关"桃花、方胜"等的记载,且文献之外亦见于留存下来的实物之中,[6] 由此可见,"胜"流传的时间相当漫长,且多作为礼服冠饰或胸饰的重要构件,具有相当的稳定性。

一件特定的物事,既能传之久远,一定颇具别致之韵。此韵或可从现实功用与象征意味两面来探求。必须说明的是,由于此两面断不能截然分开,故下文的讨论间或二者相交,唯侧重有别。

二 胜的现实功用

或因起源于织机构件——滕[7],也因其祥瑞胜意和西王母起源等缘由,"胜"在女性首饰中颇受欢迎,岁月流转,甚或成为人日——新年伊始正月初七的节令头饰,是女性相互馈赠的好礼。[8]

1　如大同南郊北魏墓M109出土对鸟衔胜铜蔽髻,南京江宁博物馆藏东晋对鸟对鱼衔胜金蔽髻,青海西宁砖瓦厂出土有十六国时期的牙梳,梳额上雕刻有双凤衔胜的图像。见李芽等《中国古代首饰史》(2),凤凰文艺出版社,2020,第469页。

2　叠胜,最早由孙机先生提出,"由于两胜上下相叠,故宜称之为'叠胜'"。参见氏著《简论"司南"兼及"司南佩"》,《中国历史文物》2005年第4期。后收入所著《仰观集:古文物的欣赏与鉴别》(文物出版社,2012,第133页),行文略有差异,但文意相符。

3　孙机:《简论"司南兼及"司南佩"》,《中国历史文物》2005年第4期。又见氏著《仰观集:古文物的欣赏与鉴别》,第126—136页。

4　扬之水:《中国古代金银首饰》(一),故宫出版社,2014,第40—47页。

5　(东汉)许慎:《说文解字》,广陵书社,2001,第657页。

6　乐浪公(徐文跃):《宝亲王侧福晋的冠饰》,未刊稿。

7　详见下文第三部分。

8　扬之水:《中国古代金银首饰》(一),第44—47页。

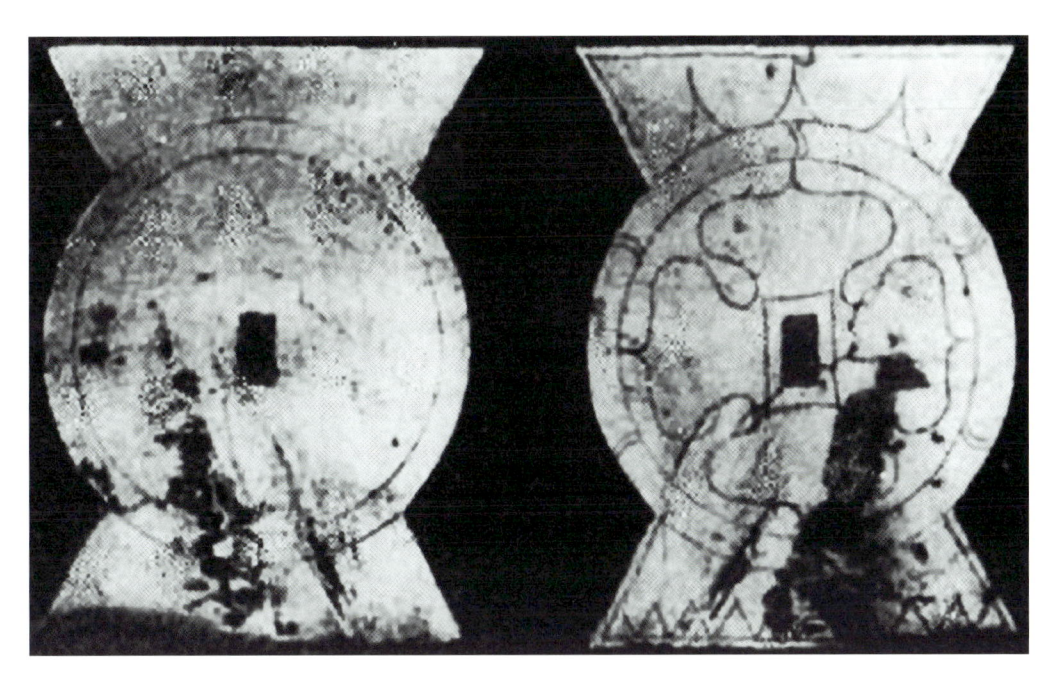

图3 乐浪古坟出土玉胜
（采自〔日〕梅原末治、藤田亮策《朝鲜古代文化综鉴》，养德社，1959，图65）

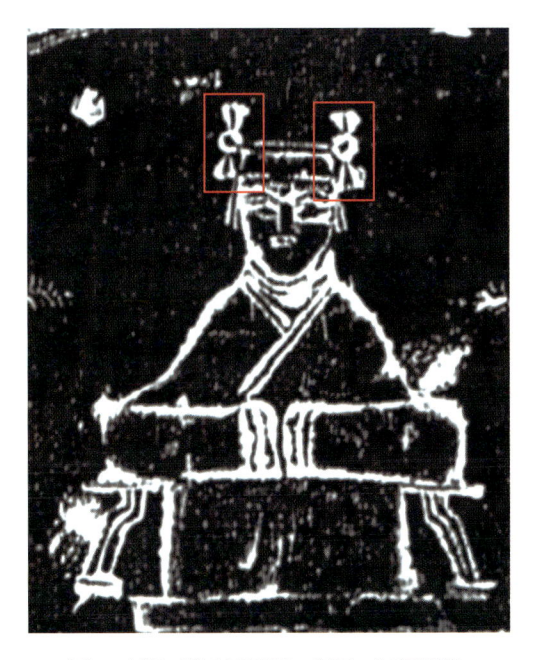

图4 杖胜（洪山西王母，东汉，山东嘉祥）
（采自中国美术全集编委会编《中国美术全集·绘画编·18·画像石画像砖》，上海人民美术出版社，1988，图版一一）

图5 花胜（嘉祥西王母，东汉，山东嘉祥）
（采自中国美术全集编委会编《中国美术全集·绘画编·18·画像石画像砖》，图版二一）

图 6　叠胜琥珀盒（辽代）

（高 9.8 厘米、宽 5.6 厘米，1967 年出土于辽宁省阜新红帽子乡塔营子辽塔地宫，现藏于辽宁省博物馆，采自冯永谦《考古发现的绚烂多姿辽代金银玉器考察》，《辽金历史与考古》第二辑，2010，图 17）

作为首饰，胜或华胜与女性关系密切。颜师古注司马相如《大人赋》谓，"胜，妇人首饰也，汉代谓之华胜"[1]。材料所示，仙界西王母时常头戴华胜，而世俗社会的状况最早可见于西汉墓出土材料，而文献记载至迟东汉时已将胜纳入舆服制度，当然所涉多为世俗社会之贵族女性。《续汉书·舆服志》记载，太皇太后与皇太后入庙服"左右一横簪之，以瑇瑁为擿，长一尺，端为华胜……"[2]，在此，华胜当为太后礼服之首服的重要组成部分，与西王母头戴华胜相类，仙俗或可参照。可惜汉代后妃的画像几乎不存，不过西王母的图像尚有不少传之于世，如河南偃师高龙乡辛村西南汉墓壁画中的西王母画像，[3] 另有徐州、成都等地画像砖、画像石上亦有多件同类图像（图 7、图 8）。

汉魏两晋时期，除了作为首服饰件，胜还常见于胸饰构件。例如，1985 年扬州市邗江甘泉姚庄 101 号西汉晚期合葬墓女性棺内胸部位置出土的串饰，由形状、材质各异的饰件串成，其中就有和田白玉质的胜（图 9）。其他遗例如西汉时期的西安理工大学 1 号墓、扬州邗江胡场 14 号墓，东汉墓有河北定县 43 号墓、安徽亳县凤凰台 1 号墓、扬州甘泉三墩墓、湖南大庸大塔岗 14 号墓、河南巩义新华小区汉墓等。[4] 上海博物馆亦藏有汉代四灵纹玉胜。

考古出土或传世作品中也可见胜流行于南北朝时期。除扬之水先生提到的南朝

1　（汉）班固撰，（唐）颜师古注：《汉书》卷五七《司马相如传》，中华书局，1962，第 2598 页。
2　（晋）司马彪撰，（梁）刘昭注补：《后汉书》志第三十《舆服志》，中华书局，1965，第 3676 页。
3　徐光冀等：《中国出土壁画全集》第五册，科学出版社，2012，图四三。
4　西安市文物保护考古所：《西安理工大学西汉壁画墓发掘简报》，《文物》2006 年第 5 期；扬州博物馆、天长市博物馆编：《汉广陵国玉器》，文物出版社，2003，第 76 页；定县博物馆：《河北定县 43 号汉墓发掘简报》，《文物》1973 年第 11 期；亳县博物馆：《亳县凤凰台一号汉墓发掘简报》，《考古》1974 年第 3 期；郑州市文物考古研究所等：《河南巩义新华小区汉墓发掘简报》，《华夏考古》2001 年第 4 期。

文献《荆楚岁时记》外，笔者管见所及，图像材料大致有两类：一是墓室壁画，二是青齐地区大量菩萨雕像所佩戴璎珞的构件。两类材料均为北朝后期，尤其是北齐时期的遗存。

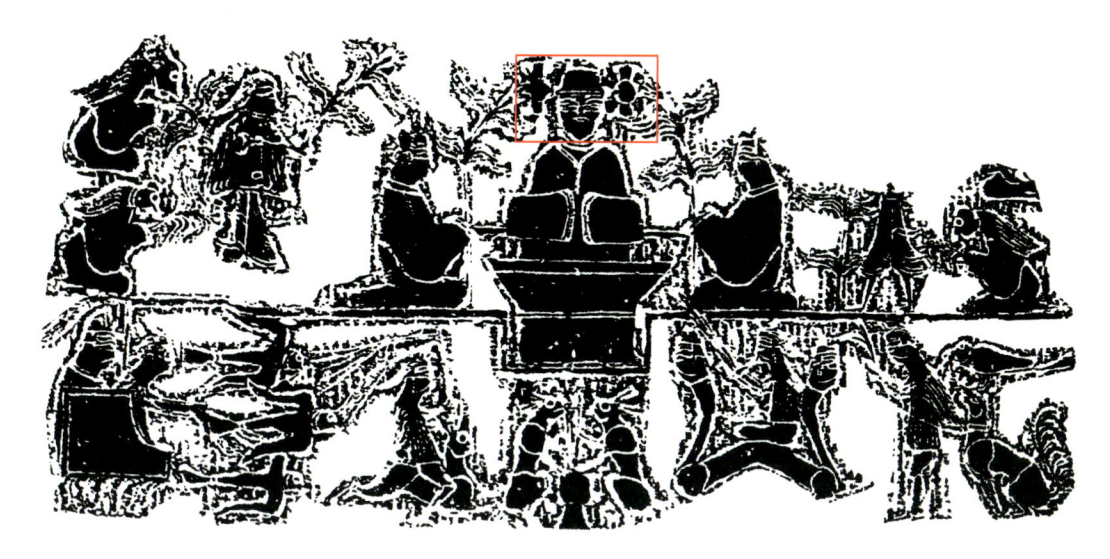

图7　江苏徐州铜山汉王墓画像砖
（采自顾森、胡新立《中国汉画大图典》第4卷《仙人神祇》，西北大学出版社，2022，第25页）

图8　四川新都东汉新衣画像砖
（采自顾森、胡新立《中国汉画大图典》第4卷《仙人神祇》，第39页）

图 9　扬州邗江姚庄 101 号西汉墓出土串饰
(现藏于扬州博物馆,采自扬州市文物局编《韫玉凝晖:扬州地区博物馆文物精粹》,文物出版社,2015,第 147 页)

第一类材料来自两座山西地区的北朝墓葬壁画。一为太原北齐娄睿墓墓门东壁,二为忻州九原岗北朝墓西壁。二处均绘有手持鼓槌的雷公,正激昂地敲击环绕其周围一圈的十二只鼓,各鼓连缀之处均严饰一胜。笔者以为,胜亦有"约束"与"休止"之功效——约束着起连缀作用的链,且使各鼓之间可以间隔停顿,自然形成抑扬顿挫的节奏。[1] 这个节奏,既是视觉的,又是听觉的。雷公则长发随风激扬,身躯壮硕,动态十足。此处,声音与动作是动态而节奏感十足的,而此种对于声音与动态的视觉呈现方式,实在是成功的范例。

雷公,为司雷之神。神兽状的雷公击鼓,传自汉代。"雷公"其名,先秦即存,或论见于《楚辞·远游》:"左雨师使径侍兮,右雷公以为卫。"[2] 又《山海经》:"雷神龙身而人头,鼓其腹……"[3] 王充《论衡·雷虚篇》在论天人感应之时详述,"图画之工,图雷之状,累累如连鼓之形;又图一人,若力士之容,谓之雷公。使之左手引连(链)鼓,右手推椎,若击之状。其意以为雷声隆隆者,连(链)鼓相扣击之音也;其魄然若敝裂者,椎所击之声也"[4]。干宝《搜神记》则对雷公形容有更详细的描述:"色如

---

[1] 参见山西博物院官网 (http://www.shanximuseum.com/sx/collection/detail.html?id=915);山西省考古研究所、太原市文物考古研究所:《北齐东安王娄睿墓》,文物出版社,2006,彩版八一。娄睿墓雷公图壁画已残,但从现存部分可推算或原亦绘有十二只鼓。

[2] (汉)王逸撰,黄灵庚点校:《楚辞章句》卷五《远游》,上海古籍出版社,2017,第 156—160 页。

[3] 袁珂校注:《山海经校注》,北京联合出版公司,2013,第 284 页。

[4] 黄晖:《论衡校释》卷六《雷虚篇》,商务印书馆,1938,第 263 页。

丹，目如镜，毛角长三尺，状如六畜，似猕猴。"[1]

对读上述文献与图像，可见二处北朝壁画与《论衡》《搜神记》的记载高度吻合——雷公形象、链鼓及其动态等，唯文献中关于"胜"的记载付之阙如。笔者因此颇疑壁画中的"胜"或多为视觉呈现中的发明。但视觉或图像自有其逻辑，"胜"能进入"连（链）鼓雷公"的图像体系，应非偶然。

上述壁画墓中的材料表明：胜可作为连缀物品之饰件，功能上亦有"约"与"顿"之功效。作为连缀的饰件，可从考古出土品窥见一斑：一为考古出土的实物，二即北朝壁画，三为多件青州北齐菩萨像璎珞。第一类多半与现实生活相关，第二、三类则进入仙、佛系统。

若仅具功能效用，恐尚不足以使"胜"进入链鼓雷公与菩萨璎珞的图像体系。这或许可求之于胜具有"王道祥瑞""辟邪纳吉"或"天"之象征意义。

三 "胜"之本义

作为寄寓"天"或"祥瑞"之胜义的胜，因其寓意佳美而恒久流传。

扬之水先生指出，胜（勝）的造型，缘自织机的构件——滕。"滕"通"胜"（勝），又名摘，即缠卷经丝的一根木轴，安置在机架的顶端或后部，木轴两端有钮。早期文献与图像材料中可见"西王母梯几而戴胜"[2]。所论言之成理。并且《太平御览》"花胜"条记载"晋孝武时，阳谷氏得金胜一枚，长五寸，形如织胜"[3]，明言"金胜"形如"织胜"。

那么胜是如何与"天"的观念相连的呢？笔者拟做尝试性的解读，以求教于方家。在此邀请读者首先想象织布的过程。在织布之时，织胜或胜杖需连续转动。孙毓棠先生引《列女传·鲁季敬姜传》谓其"舒而无穷"，王逸《机妇赋》亦谓"滕（胜）复回转，克像乾形。大匡……光为……三轴列布，上法台星。两骥……"孙先生文中谓"三轴"指滕（胜）、榎和"豁丝木"，三者都是轴状，等长并平行，横列于平整的机架上，故曰"克像乾形"（☰）此处"乾形"，孙先生大概指织机的三轴等长平行，类乎由三条阳爻构成的乾卦。[4] 笔者赞同他对"三轴"的解释，但根据上下文文意，用以形容"三轴"的是"上法台星"，而不是"克像乾形"。

赋中"滕""大匡""光""三轴"

---

1 （宋）李昉：《太平广记》卷三九三《雷一·杨道和》，中华书局，1961，第3136页。

2 扬之水：《中国古代金银首饰》（一），第41页。

3 详本文第四部分，参（宋）李昉等《太平御览》卷七一九"花胜"条引，中华书局，1962，第3288页。

4 孙毓棠：《战国秦汉时代纺织业技术的进步》，《历史研究》1963年第3期。后收入氏著《孙毓棠学术论文集》，中华书局，1995，第248—249页。

等为并列之物，修辞手法亦可谓齐头并进。细读文本，这几句均以八字为一小节，文意均为前（四字）因后（四字）果。即"（因）縢（胜）复回转，（故）克像乾形。（因）大匡淡泊，（故）拟则川平。（因）光为日月，（故）盖取昭明。（因）三轴列布，（故）上法台星。"

此处"三轴"是否一定是孙先生所谓指縢（胜）、榎和豁丝木，或可进一步论证，因不影响上下文文意，故不拟展开讨论，但"三轴"无疑是指织机上并排而列的构件。"台星"或出自道家之三台星君。人有三魂，上应三台。在"三魂七魄"的体系中，魂为阳、魄为阴。人在日常修行中，理应首先守住三魂，相应则七魄易宁。台星还有"应变无停"之特点。那么，此处赋文或意指：因为织机的三轴呈列布之状，所以取"上法台星"的意象。

同理，"克像乾形"是用来形容"胜"的，所以更大的可能性或谓织胜连续转动的轨迹形成圆形，正合"天圆地方"中天的形状，或因此与"天"的观念产生联系。相似的观念亦见于汉代其他文献。贾谊谓"大专槃物兮，坱轧无垠"[1]。此处"专"指纺锤，工作中的纺锤旋转周流，因此贾谊借之比喻天的运行。此点不容忽视。如此说来，在图像表现中，用胜来装饰作为天神的雷公之鼓似乎颇为允当。

关于胜的诸种材料中，尤其值得注意的是图像与榜题相伴而存的武氏祠画像石中的玉胜，其侧榜题"玉胜王者"，表明王者的瑞应之一便是玉胜。而我们知道，佛教造像的体系中，佛、弟子常着沙门法服，而菩萨衣饰华丽庄严，接近国王、大臣，"花鬘宝冠，以为首饰；环钏璎珞，而作身佩"[2]。《大唐西域记》中的这段记述与《佛所行赞·处宫品第二》中对释迦牟尼佛在家为太子菩萨时服饰的描述——"今王生太子，其德亦复尔，以备众德义，名悉达罗他……璎珞庄严身"十分接近。[3] 简言之，佛教造像中，菩萨像服饰多取世俗王子或贵族装，而祥瑞，尤其是"玉胜王者"的观念与菩萨像服饰的意匠高度契合，而连缀物品之饰件的实用性质正宜用作庄严菩萨之璎珞的构件。如上所述，"胜，言人形容正等，一人着之则胜也"[4]。戴胜有"形容正等"之功效，岂非正和于菩萨璎珞之功——"我今亦与妇妾宫人、男女眷属、百千亿阿修罗妇女，一切皆悉着绀色衣璎珞庄严，乃至供奉众僧往诣佛所。"[5]

1　（汉）应劭撰，王利器校注：《风俗通义校注》，中华书局，2010，第 3645 页。

2　（唐）玄奘、（唐）辩机撰，范祥雍汇校：《大唐西域记汇校》，上海古籍出版社，2018，第 84 页。

3　（北凉）昙无谶译：《佛所行赞》，《大正新修大藏经》第四册，台北：财团法人佛陀教育基金会，1990，第 4 页。

4　（宋）李昉等：《太平御览》卷七一九"花胜"条引，第 3288 页。

5　（北齐）那连提耶舍译：《大方等大集经（卷四十七）诸阿修罗诣佛所品第三》，《大正新修大藏经》第十三册，第 309 页。

除了作为"王者瑞应"的玉胜外,铜镜或金饰件中亦常见二凤衔胜或二鱼衔胜的装饰图案,且与其他祥禽瑞兽相伴而生。此类遗存多见于长江下游,如马鞍山、南京、镇江等地西晋和东晋墓葬。

图10 (唐)阎立本《历代帝王图》孙权

[现藏于波士顿美术馆,采自(唐)阎立本《历代帝王图》,天津人民美术出版社,2007,第8页]

四　"胜"入璎珞

除了上文述及的"形容正等"以及作为"王者瑞应"之内涵，不容忽视的还具有作为辟邪的"厌胜"之意。

《宋书·符瑞志》："金胜，国平盗贼，四夷宾服，则出。晋穆帝永和元年二月春，谷民得金胜一枚，长五寸，状如织胜，明年，桓温平蜀。"[1]《晋中兴书》曰："花胜，一名金称，《援神契》曰：神灵滋液，百珍宝用，有金胜。晋孝武时，阳谷氏得金胜一枚，长五寸，形如织胜。"[2] 则金胜出于天下，昭示"国平盗贼，四夷宾服"。

饶有兴味的是，与北齐青州菩萨像璎珞佩饰中常见胜的现象相应，据称北齐临淮王除青州刺史期间，其治下的青州亦政治清明、国泰民安。《临淮王像碑》以华美的文辞铺陈了娄定远隐恶扬善、治理青州的丰功伟绩——"齐之以礼，导之以德，宽大居先，威严次后。衷恤孤寡，诛锄豪黠，徭役既摈，奸轨斯逃。持廉作宝，目弗视于金玉，匪财而富身，讵染于脂膏。遂令神雀集苑，灾蝗避域。孝子与顺孙丛秀，节妻共义士相望。"[3] 这样的记载与玉胜的祥瑞与厌胜寓意惊人的相似。

临淮王娄定远因政治原因出任青州刺史，于当地甲寺龙兴寺修造无量寿三尊像，并留下《临淮王像碑》。像虽不存，但原碑及诸种各时代拓本留存于世。据此，我们知道像为大像，碑为宏大，而碑文亦堪称鸿篇巨制。据《北齐书》，娄睿幼年丧父，为叔父娄昭——娄定远之父收养，[4] 因此笔者推测娄定远与娄睿多半为从小生长在同一个家庭的堂兄弟。二人所受教育与成长环境相同，或因此在信仰、习俗、文化取向等方面有诸多相似之处。据今日尚能见到的有限材料来看，娄昭为虔诚的佛教徒，娄定远于青州造像树碑，娄睿亦信佛，于邺城地区造刻佛经。娄睿死后葬于家族墓地太原，虽娄氏家族墓地经过发掘的墓葬不多，但娄睿墓却经历考古发掘，并展现出相当的特色。其中一个特点即是其墓葬设计与"邺城规制"的"新风"不同，反映出承自汉代的"传统"特点。而娄定远造像立碑，碑文近1600 字，四六骈体，文风壮丽，对仗整饬，令人即刻想起南朝剡县石城寺大佛及其造像碑。后者碑上所刻造像记为刘勰撰文，亦为约 2000 字的鸿篇巨制，文辞自不输前者。实则云冈、龙门和麦积山等地石窟的北魏晚期菩萨像及部分单体菩萨像身上已出现缀胜的璎珞。北魏孝文帝服饰汉化改革推动了佛教造像样式的转变，如

1　（唐）瞿昙悉达：《开元占经》，中央编译出版社，2006，第 788 页。

2　（宋）李昉等：《太平御览》卷七一九"花胜"条引，第 3288 页。

3　北京图书馆金石组编：《北京图书馆藏中国历代石刻拓本汇编》第八册，中州古籍出版社，1989，第 49—50 页。

4　（唐）李百药：《北齐书》，中华书局，1997，第 141 页。

佛衣的披着方式及菩萨披帛和璎珞等吸收了东晋南朝多种文化因素，形成新风尚。由此看来，娄定远造像之后，立碑撰文之举似亦颇具"汉"文化特征。未知青州北齐菩萨像璎珞中此类"汉"文化特征鲜明的构件是否与娄定远等人的文化认同与取向有些许关系呢？

作为服饰构件的胜，虽富集内涵与胜义，但似乎并未正式纳入至为重要的十二章纹系统之中。笔者管见所及，仅见现藏波士顿美术馆的唐代阎立本《历代帝王图》中孙权的蔽膝上饰有"胜"。该画现存13位帝王，其中颇有佩章纹者，如吴主孙权、晋武帝司马炎、后周武帝宇文邕的肩部均有日月，晋武帝腹侧腹前的下裳和蔽膝襕饰有黼和山纹，魏文帝曹丕蔽膝襕饰为天象，而孙权的蔽膝上则饰有"胜"与"火"（图10）。虽《历代帝王图》中的十二章纹仅为象征性表现，并未完备，但仍提供了许多线索。"胜"并不存在于十二纹章系统中，笔者或疑其为两个相背而列的黻纹。

"胜"虽并非十二章纹之一，但其可能进入菩萨像璎珞系统这一现象，其中暗含的视觉思维方式与十二章纹的由来或许并无二致。十二章纹象征善美的帝德——如天地之大，万物涵复载之中；如日月之明，八方围照临之内。[1] 或曰："肩挑日月，背负星辰。"此种观念与意识在魏晋南北朝时期深入人心，或可视为存在于彼时人们"集体无意识"的深层意识结构中。正如拙文援引的南梁诗《赋得香出衣诗》所呈现的，诗中大篇幅浓墨重彩地描绘出一位美人在视觉和嗅觉上是如何吸引人，但诗的最后两句却落笔于美人的心灵之美——"苏合故年微恨歇，都梁路远恐非新。犹贤汉君芳千里，尚笑荀令止三旬。"以其德媲美汉代的王昭君与三国的荀彧。因此，前文对美人外在美的敷陈——邺锦、含情动魇、香缨麝带、琼花玉胜等，似无非是为了衬托其内在美的铺垫罢了。

青州为北朝境内儒家文化荟萃之地，外来佛教与佛教艺术在此地立足的过程，饶有兴味。儒家原有"天人合一"的观念。一为发端于孟子、大成于宋明道学（理学）的天人相通思想；二为汉代董仲舒天人相类的思想。董仲舒持"天人感应"说，认为天人相类，人副天数。[2] 唯当佛、儒（甚至道或其他"传统"意识形态）可以契合之处，则容易在汉地立足，否则很可能被扬弃，如大盛于印度本土的丰乳、蜂腰、肥臀，几乎全裸的药叉女的形象等，几乎从来就没能进入汉文化圈。

（改定于北京大学人文社会科学研究院研究室）

1　（清）于敏中等编纂：《日下旧闻考》卷六，北京古籍出版社，1985，第91页。

2　张世英：《"天人合一"与"主客二分"的结合——论精神发展的阶段》，《学术月刊》1993年第4期。（汉）董仲舒：《春秋繁露》，中华书局，2012，第473—479页。

三

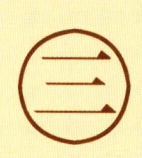

文化传承研究

论祝融故事的历史渊源与神话流变

■ 杨宇鲲（南京大学历史学院）

一 问题的提出

中国上古传说流传久矣，其间纷纭细节历来难考，为古今学人喟叹之余又引得无数猜测。司马迁尝谓："然而《尚书》独载尧以来；而百家言黄帝，其文不雅驯，荐绅先生难言之。"[1] 这被以茅盾为代表的神话学家讥讽道："中国神话之大部恐是这样的被'秉笔'的'太史公'消灭了去了。"[2] 诚然，中国古史传说往往散见于浩渺的古籍中，前辈神话学家将之编连排定并形成颇具理论体系的神话框架，实在是一项惠泽学林的复杂工程。但在解读古史材料，尤其是上古史材料的过程中，神话学家的研究是否仍有值得仔细推敲之处？引征同一条材料时，学术旨趣不同的学者往往作出取向不同的判断，乃至最终得出不同结论，这种看上去"各说各话"的学术争论，其本身亦是一种引人深思的学术现象。要言之，围绕"神话历史化"与"历史神话化"所产生的相关探讨和思考，实际上构成了当今学人在神话理论层面上的着力点。而随着近年来出土文献数量激增所引发的"重检"热情经久不断，学界较之以往更有条件和意愿去重思上古传说或神话的具体形成背景，抒析神话身影下不可忽视的历史语境，为看似零散的材料片段搭建起合理的理解途径。

正如常金仓对《山海经》进行考释后所揭示的，"《山海经》中绝大多数的志怪神话并非史前文化的'遗存'，而是在战国时代根据特定社会需求对前赋文化做出的新综合"[3]。晁天义则以"乘蹻术"、大禹和禹步、老子长寿神话为例，

---

[1] 《史记》卷一《五帝本纪第一》，中华书局，1959，第46页。

[2] 茅盾：《中国神话研究初探》，上海古籍出版社，2005，第21页。

[3] 常金仓：《〈山海经〉与战国时期的造神运动》，《中国社会科学》2000年第6期。

进一步阐释了神话材料来源和形成过程的复杂性。[1] 沿此思路,如果说古史辨派学者持"层类造成中国古史"之见而廓清了旧经学于学术上的遮蔽,那在今天这个创见与反思共存的时代,我们无疑需对丰富的既有材料继续整理思考,以更多实例论证上古传说自有其文本来源与整合逻辑。[2] 以祝融为例,考诸文献,有关祝融的记载虽不少见,学人却始终不能真正为祝融找到服帖的身份定义,究其原因,除相关说法繁杂无证甚至抵牾颇多之外,"神话历史化"或"历史神话化"的观念亦先入为主,以至祝融究竟是官职还是名称,其神格是火神还是灶神,是否确为楚人先祖等问题,长期悬而未决。经过梳理,我们看到围绕祝融所展开的古史传说分明有着一条"神话母题",即由上古职名转向神名的历史进程。祝融神话之所以呈现如此复杂的面貌,根本上是政治与文化要素在历史演进中不断碰撞交融的结果。笔者不揣谫陋,试就祝融神格与形象的生成演变问题继续讨论,以期在历史语境下深入理解"历史"与"神话"间的相关理论。不尽之处,敬祈方家指正。

二 "祝融"称谓的含义流变

造成祝融事迹纷乱难察的关键之处在于,至少在汉代之前的史料中很难真正得出祝融究竟是一个职位名称还是某位上古人物的名称或转写。丁山曾说,"左传国语以来总说'黎为祝融',混两人为一神,是值得辨正的"[3],其实不唯黎与祝融混同,古史人物陆终也在是否为祝融的问题上存在歧义。这在根本上涉及"祝融"这一称号究竟是职名还是人名的问题。我们的看法是,两者皆为事实,"祝融"这一称谓最初为官职,后在历史书写中经历了"神话化"影响,最终定格为上古神人。以下作一考论。

传世文献中,祝融的早期含义实为职名。《国语·郑语》记载了两周之际郑桓公与史伯的对话,史伯曰:"且重、黎之后也,夫黎为高辛氏火正,以淳耀敦大,天明地德,光照四海,故命之曰'祝融',其功大矣。"[4] 韦昭注:"祝融,职也,本非人名。"[5]《左传》昭公二十九年

---

[1] 晁天义:《先秦历史与文化的多维度思考》,中国社会科学出版社,2021,第312—346页。

[2] 李学勤:《走出疑古时代》,辽宁大学出版社,1994;常金仓:《中国神话学的基本问题:神话的历史化还是历史的神话化?》,《陕西师范大学学报》(哲学社会科学版)2000年第3期;裘锡圭:《新出土先秦文献与古史传说》,载氏著《中国出土古文献十讲》,复旦大学出版社,2004,第18—45页;李锐:《疑古与重建的纠葛——从顾颉刚、傅斯年等对三代以前古史的态度看上古史重建》,《清华大学学报》(哲学社会科学版)2009年第1期。

[3] 丁山:《中国古代宗教与神话考》,上海书店出版社,2011,第63页。

[4] 徐元诰:《国语集解·郑语第十六》,中华书局,2002,第465页。

[5] 徐元诰:《国语集解·郑语第十六》,第466页。

载蔡墨之语:"故有五行之官,是谓五官,实列受氏姓,封为上公,祀为贵神。社稷五祀,是尊是奉。木正曰句芒,火正曰祝融,金正曰蓐收,水正曰玄冥,土正曰后土。"[1] 又曰:"使重为句芒,该为蓐收,修及熙为玄冥,世不失职,遂济穷桑,此其三祀也。颛顼氏有子曰犁,为祝融;共工氏有子曰句龙,为后土,此其二祀也。"[2] 这里较早将祝融列入"五行之官",并说颛顼之子犁曾担任祝融一职,[3] 说明至少在蔡史墨的知识体系中,"句芒""蓐收""玄冥"与"祝融""后土"同为职名,而非上古神名。《史记·郑世家》亦言"昔祝融为高辛氏火正"[4],《楚世家》更添加吴回为祝融:"重黎为帝喾高辛居火正,甚有功,能光融天下,帝喾命曰祝融。共工氏作乱,帝喾使重黎诛之而不尽。帝乃以庚寅日诛重黎,而以其弟吴回为重黎后,复居火正,为祝融。"[5] 上述文献皆明言祝融为上古职名,其本职是火正,取"光照四海"之意尊称祝融。刘家和总结:"祝融不是个人私名,而是职司的名称……其实祝融也成了部落名,所以累世可用。不仅原部落可用,甚至后世的分支部落也可以用。"[6]

《国语·周语上》虽有"昔夏之兴也,融降于崇山"的说法,[7] 但这段话起首便言"有神降于莘",为整段定下神异基调,加之彼时周内史劝政周惠王的具体语境,很难证明这里"降于崇山"的祝融神灵形象发生在"祝融"一职"神话化"之前。由此联想到的,在论证祝融系职名还是神名时,怎样对待其在早期文献中的神异面相,还须谨而慎之。《左传》《国语》所见之祝融尽管难免脱离神话气息,但"命之曰""使某人为"的形式明确表现出"祝融"名号实为授予之名,我们很难想象在三代以前的时代存在坚持崇奉一位"由神赐名"的神灵的祭祀习俗,这并不能合理解释史墨所说"五官"的由来。另外,若以"五官"中其余四官在史料中曾有外貌描写而否定其职名本质,进而混淆"五官"的历史性与神话性,恐失其真。如虢公梦境所见"有神人面白毛虎爪,执钺立于西阿之下"[8],史嚚"占之",认定此为蓐收。但

---

[1] 杨伯峻编著:《春秋左传注》昭公二十九年,中华书局,2016,第 1672 页。

[2] 杨伯峻编著:《春秋左传注》昭公二十九年,第 1673 页。另《管子·五行》谓"五官以正人位",可为旁证。见黎翔凤《管子校注》卷一四《五行第四十一》,梁运华整理,中华书局,2004,第 865 页。

[3] 此处之"犁",显系他处"黎"之误写。

[4] 《史记》卷四二《郑世家第十二》,第 1757 页。

[5] 《史记》卷四〇《楚世家第十》,第 1689 页。

[6] 刘家和:《楚邦的发生和发展》,载氏著《古代中国与世界》,北京师范大学出版社,2010,第 207 页。

[7] 徐元诰:《国语集解·周语上第一》,第 29 页。

[8] 徐元诰:《国语集解·晋语二第八》,第 283 页。

倘若以梦中际遇论证蓐收为神人，进而怀疑"五官"的历史性，忽视对话的政治语境和"占之"方式的随意性，这样的立论无疑站不住脚。须知除《左传》《国语》等早期文献外，《史记》或汉代饱学儒士的注解未尝不是可靠的史料来源。简单从古书成书年代判定古史事件的可靠程度的做法早为钱穆所辩言，[1] 当今学人在没有更多证据之前，不应过度怀疑《史记》文本的可信度。

值得注意的是，《左传》《国语》皆言黎为火正，即祝融，为何《楚世家》却言重黎为祝融？学者对此历来众说纷纭。唐人司马贞《史记索隐》曰：

> 《左氏传》少昊氏之子曰重，颛顼氏之子曰黎。今以重黎为一人，仍是颛顼之子孙者，刘氏云"少昊氏之后曰重，颛顼氏之后曰重黎，对彼重则单称黎，若自言当家则称重黎。故楚及司马氏皆重黎之后，非关少昊之重"。愚谓此解为当。[2]

此说虽简略且缺乏依据，但注意到这一问题实质上暗含上古氏族的奉祀对象在后世的整合轨迹，思路上是符合逻辑的。有学者将重黎是否为一人的问题从文献流传的角度加以考释，认为"汉族上古神话中的'重黎'，在'绝地天通'这一事件上是二者，在其他地方皆为一者，之所以形成这一关系，是由于汉语言文字的独特性，或是语音的讹误，或是书写的标点"[3]，这固然是另一思路，但人为地将上古传说中相当重要的"绝地天通"事件与"其他地方"分而论之，却令人不解其意。《尚书·吕刑》："乃命重、黎绝地天通，罔有降格。"[4]《国语·楚语下》载观射父之言："颛顼受之，乃命南正重司天以属神，命火正黎司地以属民，使复旧常，无相侵渎，是谓绝地天通。"[5]《史记·太史公自序》在讲述"绝地天通"故事时，亦说："昔在颛顼，命南正重以司天，北正黎以司地。"[6] 这与《楚世家》中视重黎为一人的说法大相径庭。何以出现如此情形？我们从历史的角度出发，结合上古传说和氏族政治来看，重、黎应当分开理解，二者原属同一族群且职能相近的名号，"绝地天通"后承担相对独立的

---

[1] 钱穆：《评顾颉刚五德终始说下的政治和历史》，载《顾颉刚全集·顾颉刚故事论文集卷二》，中华书局，2010，第446—457页。

[2] 《史记》卷四〇《楚世家第十》，第1689页。

[3] 石润宏：《"重""黎"关系考》，《文学教育》2014年第1期。

[4] （清）孙星衍撰，陈抗、盛冬铃点校：《尚书今古文注疏》卷二七《吕刑第廿七上周书十八》，中华书局，2003，第523页。

[5] 徐元诰：《国语集解·楚语下第十八》，第515页。

[6] 《史记》卷一三〇《太史公自序第七十》，第3285页。

任务，而祝融在这一环节中应视作具有神话色彩的称谓。

其实清人孙星衍就曾说："重、黎，颛顼时司天地官名。"[1] 这或许承自伪孔传的解释，"重即羲，黎即和。尧命羲、和世掌天地四时之官"[2]。之所以将重、黎视为同一族群，除常在文献记载中相伴出现外，还因二者曾被编排进共同的世系之中。据黄德宽介绍，新出安徽大学藏战国竹简以重、黎为二人，他说："老童所生有四子，即'重及黎、吴及韦（回）'。简文两个'及'这么用，显然是要防止将四子误为两人。"[3]《山海经·大荒西经》："颛顼生老童，老童生重及黎，帝令重献上天，令黎邛下地。下地是生噎，处于西极，以行日月星辰之行次。"[4] 袁珂认为："则重、黎古传实二人也，至于后来又以为一人者，则是神话传说之演变，错综纷歧无定，不足异也。"[5]《大荒西经》又载："颛顼生老童，老童生祝融，祝融生太子长琴，是处榣山，始作乐风。"[6] 可见至少在这一神话体系中，祝融是为重、黎之称谓。

综览文献，重、黎（或重黎）出现之处，多与"绝地天通"有着密切联系，那么从文化发生的角度看，"绝地天通"故事就难以绕开。过去的解释多从社会阶级分化的角度阐发，如袁珂所说："人类社会划分为剥削与被剥削的两个敌对阶级，是人类历史进程上一件石破天惊的大事，因而神话上对此反映也特为突出。"[7] 张光直亦言："自天地交通断绝之后，只有控制着沟通手段的人，才握有统治的知识，即权力。"[8] 不过近年来随着研究越发深入，学者开始从更具历史思维的角度思考古史传说。李零指出，"绝地天通"故事涉及的"主要不是巫术的起源问题"，而是"讲职官的起源，特别是史官的起源"[9]。这一思路提醒我们，或许对待"绝地天通"这类故事，还需以现实与政治的角度去理解，特别是讨论时人所关注的、直接影响他们生活的事情。在这一点上，古时天文历法与物候变化的情况无疑是研究"绝地天通"的有效视角。《史记·历书》开篇便引"绝地天通"故

---

1. （清）孙星衍：《尚书今古文注疏》卷二七《吕刑第廿七上周书十八》，第523页。
2. （清）王先谦撰，何晋点校：《尚书孔传参正》卷三一《吕刑第二十九》，中华书局，2011，第933页。
3. 黄德宽：《安徽大学藏战国竹简概述》，《文物》2019年第9期。
4. 袁珂校注：《山海经校注》海经新释卷一一《大荒西经》，北京联合出版公司，2013，第339页。
5. 袁珂校注：《山海经校注》海经新释卷一一《大荒西经》，第340页。
6. 袁珂校注：《山海经校注》海经新释卷一一《大荒西经》，第333页。
7. 袁珂：《中国神话史》，北京联合出版公司，2015，第36页。
8. ［美］张光直：《美术、神话与祭祀》，郭净译，生活·读书·新知三联书店，2013，第37页。
9. 李零：《中国方术考（典藏本）》，中华书局，2019，第10页。

事，恐正是其深意所在。[1] 后来《汉书·律历志》点明："传述颛顼命南正重司天，火正黎司地，其后三苗乱德，二官咸废，而闰余乖次，孟陬殄灭，摄提失方。"颜师古注："二官，重、黎也。"[2] 韦昭注祝融一职"厚大地德，若敬授民时也"[3]。今人张正明亦申此说："重和黎其实都是火神，不过一个管天界之火，一个管人间之火罢了，可以合称为重黎，二而一，一而二。"[4] 王小盾进一步提出，"黎作为火正，成功地观测到大火星的视运动；同时又根据这个观测，正确地指导了'出内火'和相关农事。后者有'天明地德，光照四海'之功，所以获得'祝融'的称号"[5]。

经过爬梳不难发现，在早期语境中"祝融"一词向来作为专门化的职官名称而出现，与先民农作日常息息相关。但这一环节在流传过程中或如学者描述，经历了上古时期因星象变动而调整历法的影响，[6] 或仅仅是因其过于古旧而逐渐失传。总之到了春秋时期，人们已然对祝融原本的文化含义有所淡忘，至战国秦汉阶段则在大环境使然下开始赋予祝融更多的文化含义，凸显其神格特征。一如史迁追溯司马氏祖源时称黎为"北正"[7]，但古今学人多以"火正"为准，[8] 这里出现讹误，恐不能全推到文字流传之处，背后当是史迁本人已经对这些知识感到陌生，无法准确复原之故。

三 祝融的楚人先祖身份与文化认同

正如前文所论，祝融在上古传说中基本作为职名而出现，早期文献叙述相关情节时虽不免携有神异色彩，仍大体保留其职名特征，是可以接任的轮守之位。后世所熟知的神话中的祝融神异形象，现已可

---

[1] 《史记》卷二六《历书第四》，第1257—1258页。

[2] 《汉书》卷二一上《律历志第一上》，第973页。

[3] 徐元诰：《国语集解·郑语第十六》，第465页。

[4] 张正明：《楚文化史》，上海人民出版社，1987，第6页。

[5] 王小盾：《"绝地天通"天文解》，《中华文史论丛》2016年第3期。关于"出内火"与"行火政"的具体解释，详见后文。

[6] 庞朴的系列研究为我们完整讲述了一个原为先民熟知，却在多方因素下被逐渐遗忘的上古历法——"火历"。见庞朴《"火历"初探》，《社会科学战线》1978年第4期；《火历钩沉——一个遗失已久的古历之发现》，《中国文化》创刊号；《"火历"三探》，《文史哲》1984年第1期。

[7] 《史记》卷一三〇《太史公自序第七十》，第3285页。

[8] 如司马贞《史记索隐》就认为，"'火正'为是也"。《史记》卷一三〇《太史公自序第七十》，第3285页。

以确定是战国造神运动中的产物。[1] 以"溯源母题"为主体思路，祝融由职名演进为神名，其间必然受到当时社会的现世活动和思想背景的多重作用，以下试就祝融神格化背后起支撑性作用的文化要素——楚人先祖身份，进行讨论。

（一）古史所见祝融与陆终关系考辨

楚人追认祝融为先祖之一的说法，虽习见于典籍，但细节上仍有值得深究之处。祝融被楚人纳入先祖谱系，与祝融是否当真为楚人先祖关系并不大，而是楚人有意借祝融在古史中影影绰绰的"中原"色彩，进而攀附和追寻与中原族群共有的先祖谱系，以此谋取现实中更大的政治诉求。

揆诸众见，学界有关祝融楚人先祖身份的争议集中表现在祝融与陆终、鬻熊有所混淆。首先辨析祝融与陆终的身份。学界开始系统关注这一问题始于对邾公劢钟铭文的释读。[2] 王国维较早投以眼光，将铭文中的"🅰"字释作"螽"，认为"'陆螽'即'陆终'也"[3]。郭沫若从其说，并进一步推测"余疑陆终即祝融。陆祝古同幽部，终融古同冬部，其字当如邾公钘钟书作陆🅰"[4]。"陆终即祝融"的说法旋即深入人心。李学勤在谈及"祝融八姓"问题时曾指出王国维"对🅰字的分析有缺点，因为'墉'字古音在东部，'螽'字在冬部，是有差别的"[5]。一字之差，或为动摇"陆终即祝融"说的开始，可见这里古文字考释上也不是完全没有商榷余地。李零也依据新出楚帛书和楚简内容给出新的质疑：

> 这里有一个问题也应当加以说明，即尽管"陆终六子"可以按其族源称为"祝融八姓"，但研究者往往直接把陆终等同于祝融，则不够审慎。因为我们注意到，邾公劢钟与陆终之终相当的是陆🅰，而子弹库楚帛书和包山楚简与祝融相当的却是祝🅱，两者不但第一个字完全不同，而且第二个字也还不能肯定就是同一个字（虽然它们都是从蚰得声，但是前者从亯即墉字，后者从並字）。[6]

除古文字学证据外，我们也另外提出三条文献中的证据。其一，《史记·楚世家》载："帝乃以庚寅日诛重黎，而以其弟吴回为重黎后，复居火正，为祝融。"

---

[1] 关于祝融形象的生成演变，见下文详述。
[2] 中国社会科学院考古研究所编：《殷周金文集成》00102，中华书局，2007，第95页。
[3] 王国维：《观堂集林》卷一八《邾公钟跋》，中华书局，1959，第894页。
[4] 郭沫若：《金文所无考》，载氏著《金文丛考》，人民出版社，1954，第55页。
[5] 李学勤：《谈祝融八姓》，《江汉论坛》1980年第2期。
[6] 李零：《楚国族源、世系的文字学证明》，载氏著《李零自选集》，广西师范大学出版社，1998，第216页。

这里明言重黎与其弟吴回皆为祝融，而后又说："吴回生陆终。"[1] 证明陆终并不能直接等同于祝融。其二，《国语·郑语》载"昆吾为夏伯矣"，韦昭注："昆吾，祝融之孙，陆终第一子，名樊，为己姓，封于昆吾。"[2] 昆吾名樊，陆终六子之一，从韦昭之语可清楚看出他认为陆终为祝融之后。这也与今本《世本·帝系篇》的记载互为佐证："老童娶于根水氏，谓之骄福，生重黎及吴回。吴回氏产陆终。"[3] 其三，《汉书·古今人表》分列祝融与陆终为两人，记陆终为"祝融子"，且颜师古未曾有疑。[4] 文献中陆终基本出现在重黎（即重与黎）、吴回之后，我们也并未见到陆终直接继承"祝融"称号的记录，何况现有记载中"祝融"称号基本不出重黎、吴回这个环节，故在此情况下，不宜轻易判断陆终即为祝融。

郭永秉曾提出质疑，认为"'陆终'和'祝融'出现的场合完全是互补的，只有《史记》同时把二者归纳到楚国先祖谱系中，其整合的痕迹是相当明显的"[5]，但"互补"就一定代表相互不独立吗？《史记》对早先史料的搜罗未必十分完备，加上史迁实则有意构建"华夷同源、天下一统"的世系传统，[6] 那么《史记》出现上古人物混同的情况也就不足为奇。并且郭先生也提道，"祝融无疑是有神性的"[7]，而陆终楚人先祖的身份却是可以回溯的，这恰恰证明视陆终、祝融为一人的说法存在矛盾。

（二）祝融楚祖身份渊源及流变

至于祝融与鬻熊的关系，经学者辩证，[8] 已经可以基本判定，不应将二者归于一人。其实不论陆终还是鬻熊，他们与祝融的联结都起于同一背景，即楚人将祝融视为自身先祖，且不唯芈姓楚国，凡楚文化所覆盖区域，似多认可祝融作为其先祖谱系和文化流传之源头。举例来说，如上文所引的安大楚简，就有"融乃使人下请季连，求之弗得……融曰：是穴之熊

---

1 《史记》卷四〇《楚世家第十》，第1689—1690页。

2 徐元诰：《国语集解·郑语第十六》，第466页。

3 （汉）宋衷注，（清）秦嘉谟等辑：《世本八种》卷一《帝系篇》，中华书局，2008，第13页。

4 《汉书》卷二〇《古今人表第八》，第873页。

5 郭永秉：《帝系新研：楚地出土战国文献中的传说时代古帝王系统研究》，北京大学出版社，2008，第171页。

6 于逢春：《华夷衍变与大一统思想框架的构筑——以〈史记〉有关记述为中心》，《中国边疆史地研究》2007年第2期；王晖：《〈五帝本纪〉得与失：论司马迁的上古史观》，《史学史研究》2020年第2期。

7 郭永秉：《帝系新研：楚地出土战国文献中的传说时代古帝王系统研究》，第212页。

8 具体考释过程，见李学勤《论包山简中一楚先祖名》，《文物》1988年第8期；郭永秉《帝系新研：楚地出土战国文献中的传说时代古帝王系统研究》，第210—218页；原昊《〈世本〉楚帝系逆溯之风的出土战国文献印证》，《民俗研究》2020年第2期。

也。乃遂名之曰穴酓（熊），是为荆王"之语。[1] 包山简、望山简、新蔡简中频见"楚先""三楚先"一类的表述，同样表明至迟在战国中晚期，楚人就已经将祝融纳入先祖谱系，并加之以高规格的祭祀。[2] 而据传世文献，我们或可将这种行为推至春秋时期甚至更早。《左传》僖公二十六年："夔子不祀祝融与鬻熊，楚人让之。"结果便是："秋，楚成得臣、斗宜申帅师灭夔，以夔子归。"[3] 值得注意的是夔人虽自认不祀祝融、鬻熊，解释道："我先王熊挚有疾，鬼神弗赦，吾是以失楚，又何祀焉？"[4] 但也透露出，夔人实际认可祝融、鬻熊的先祖身份，而这也从侧面印证了所谓"祝融八姓"的说法绝不能仅仅因其神话色彩就全然视为神话。《国语·郑语》曰：

> 祝融亦能昭显天地之光明，以生柔嘉材者也，其后八姓，于周未有侯伯。佐制物于前代者，昆吾为夏伯矣，大彭、豕韦为商伯矣，当周未有。己姓昆吾、苏、顾、温、董，董姓鬷夷、豢龙，则夏灭之矣。彭姓彭祖、豕韦、诸、稽，则商灭之矣。秃姓舟人，则周灭之矣。妘姓邬、郐、路、偪阳，曹姓邹、莒，皆为采卫，或在王室，或在夷狄，莫之数也，而又无令闻，必不兴矣。斟姓无后。融之兴者，其在芈姓乎！芈姓夔越，不足命也，蛮芈蛮矣，唯荆实有昭德，若周衰，其必兴矣。[5]

此即所谓"祝融八姓"的由来。《大戴礼记·帝系》《世本》《史记·楚世家》等文本皆有类似说法，区别在于《郑语》言祝融"其后八姓"，而《帝系》《世本》《楚世家》均说陆终"生六子"。前已辨明，不能简单地将"祝融"理解成"陆终"的转写，至于"八姓""六子"之别，韦昭说"秃姓，彭祖之别""斟姓，曹姓之别"[6]，所以"祝融八姓"在历史事实上就是"陆终六子"，前者大概可以看作后者更富神话色彩的一面，两者总归皆于史有征。即便陆终未曾担任"祝融"一职，但"祝融"毕竟有同一族群内部继承的传统，故后来的"陆终六子"无论是内在的族群记忆还是外在的族徽特征，都与"祝融八姓"故事紧紧

---

[1] 黄德宽：《安徽大学藏战国竹简概述》，《文物》2019 年第 9 期。

[2] 相关讨论参见陈伟《望山楚简所见的卜筮与祷祠——与包山楚简相对照》，《江汉考古》1997 年第 2 期；李学勤《论包山简中一楚先祖名》，《文物》1998 年第 8 期；宋华强《新蔡葛陵楚简新探》，武汉大学出版社，2010，第 213—305 页。

[3] 杨伯峻编著：《春秋左传注》僖公二十六年，第 481—482 页。

[4] 杨伯峻编著：《春秋左传注》僖公二十六年，第 482 页。

[5] 徐元诰：《国语集解·郑语第十六》，第 466—468 页。

[6] 徐元诰：《国语集解·郑语第十六》，第 468 页。

粘连，成为上古历史的重要一节。李学勤结合出土金文提出证据，同样认为"祝融八姓的传说反映了一定的历史事实，绝非出于捏造"[1]。因此，"祝融八姓"故事绝不能单以神话眼光审视。

此外，我们还应考虑的问题是，中原诸夏国家怀着怎样的态度来看待楚人祖述祝融的行为？前文引《国语·郑语》的一段话，论者多有谈及，抛开其内容本身，从对话发生的背景与对话双方的身份，我们也能看出一些信息。这次对话发生在西周末年，双方分别为郑桓公和史伯。史伯何人？韦解："史伯，周大史。"徐元诰引《东观余论》曰："周史伯硕父鼎，说云，史伯，周宣王臣，名颖，硕父其字也。"[2] 有学者认为这里的史伯与同书《周语上》所载解幽王二年"三川皆震"的伯阳父为一人，[3] 或许仍待商榷，目前没有过多证据表明史伯与伯阳父为一人，[4] 所以暂不将二人联系起来。单就史伯而言，其任周之大史。此职见之《周礼·春官·大史》，其文曰："大史掌建邦之六典，以逆邦国之治，掌法以逆官府之治，掌则以逆都鄙之治。"[5] 又见于《礼记·月令》，"乃命大史守典奉法，司天日月星辰之行，宿离不贷，毋失经纪，以初为常"[6]；"命大史衅龟、筴、占兆，审卦吉凶"[7]；"乃命大史次诸侯之列，赋之牺牲，以共皇天、上帝、社稷之飨"[8]。通过这些职责叙述，可以看到大史对周之典籍古史当十分熟悉。回头再看史伯与郑桓公的对话，史伯准确预言道"及平王末，而秦、晋、齐、楚代兴"[9]，固然不排除有后世添枝接叶之嫌，但深谙政理且身处周末乱世的史伯必然会对局势作出超乎时代的判断。同时，以史伯所处立场与

---

1 李学勤：《谈祝融八姓》，《江汉论坛》1980 年第 2 期。

2 徐元诰：《国语集解·郑语第十六》，第 460 页。

3 左益襄：《阴阳五行家的先驱者伯阳父——伯阳父、史伯是一人而不是两人》，《复旦学报》（社会科学版）1980 年第 1 期；许兆昌：《太史伯阳学术思想试探》，《吉林师范大学学报》（人文社会科学版）2005 年第 1 期。

4 韦解："伯阳父，周大夫也。"徐元诰引《北堂书钞》载唐固之言曰："伯阳甫，周柱下史老子也。"见徐元诰《国语集解·周语上第一》，第 26 页。相关言论亦见于《史记·周本纪》，史迁称之为"伯阳甫"，裴骃《史记集解》也引韦昭与唐固的说法，与前文同，见《史记》卷四《周本纪第四》，第 145—146 页。说明史迁、唐固、裴骃等人在这一问题上并不明晰。班固《古今人表》亦列伯阳父与史伯为两人，见《汉书》卷二〇《古今人表第八》，第 900 页。另有学者从二人哲学思想中的不同提出疑问，见钱耕森《史伯与伯阳父是一个人吗？》，《衡水学院学报》2016 年第 2 期。

5 （清）孙诒让撰，王文锦、陈玉霞点校：《周礼正义》卷五一《春官·大史》，中华书局，2013，第 2079 页。

6 （汉）郑玄注，（唐）孔颖达正义：《礼记正义》卷二二《月令第六》，吕友仁整理，上海古籍出版社，2008，第 618 页。

7 （汉）郑玄注，（唐）孔颖达正义：《礼记正义》卷二五《月令第六》，第 721 页。

8 （汉）郑玄注，（唐）孔颖达正义：《礼记正义》卷二五《月令第六》，第 740 页。

9 徐元诰：《国语集解·郑语第十六》，第 477 页。

郑桓公问政这一背景判断,"祝融八姓"故事至少在两周之际已大致成型并进入周室文化机构的视野。不过从现有材料来看,春秋时期以中原诸夏为主体视角的叙事中几乎看不出将楚人与祝融主动挂钩的痕迹,这一点应当引起重视。如鲁昭公十七年(前525)鲁国大夫梓慎说,"郑,祝融之虚也"[1],本意是借此典故说明"有星孛于大辰,西及汉"的天文现象,前后语句都未见与楚人有所关联。早先鲁庄公三十二年(前662),周之内史说:"昔夏之兴也,融降于崇山;其亡也,回禄信于聆隧。"[2] 对于这里的"崇山",段玉裁引《太平御览》曰:"崇、嵩古通用。夏都阳城,嵩山在焉。"[3] 黄丕烈、汪远孙皆从此说。[4] 可即便这与"郑,祝融之虚也"相呼应,似乎也只能说明祝融事迹的确源自中原,而与南方之楚人无甚关联。

西周时期祝融事迹或已成中原共识,"祝融八姓"故事也为周室史官所承认,至春秋时期祝融仍被"陆终六子"后裔所崇奉。李学勤引楚公逆镈铭文、邾公釛钟铭文和楚帛书,认为"祝融八姓在周代是普遍流行的"[5],现在看来还应再精简一步,即春秋时期"祝融八姓"故事在陆终后裔之国普遍流行,熟悉历史典故的周室文化机构也颇为了解,但对于别的诸夏国家来说,也许他们同样知道"祝融八姓"故事,可是否真正承认芈姓楚国是祝融之后,甚至如史伯所说"惟荆实有昭德,若周衰,其必兴矣"[6],恐怕未必。至少在反映春秋史事的材料中尚未见到有除"陆终六子"后裔外的中原诸夏国家明确表达出祝融属楚人先祖的说法。

四 南方与火:祝融神格的文化源头

既然春秋时期追认祝融为先祖的政治范围几乎不出"陆终六子"后裔文化圈,那么如何解释战国文献中祝融的神灵形象普遍与"南方"和"火"这两个核心文化要素产生关联,并且几乎成为时人共识的文化现象呢?我们不妨作一推测,楚人祖述祝融的行为很大程度上取决于春秋时期楚国争霸的政治需求,而伴随着楚国国力强盛和文化碰撞的越发频繁,祝融在"神话化"的过程中逐渐被定格为南方神灵。后世神话中祝融最主要的神格离不开

---

[1] 杨伯峻编著:《春秋左传注》昭公十七年,第1544页。

[2] 徐元诰:《国语集解·周语上第一》,第29页。

[3] 同上注。

[4] 同上注。

[5] 李学勤:《谈祝融八姓》,《江汉论坛》1980年第2期。

[6] 徐元诰:《国语集解·郑语第十六》,第468页。

"火"的元素，其文化根底同样深植于楚人自身的发展历程。

（一）祝融"南方神"文化要素溯源

日本学者平势隆郎曾说："楚人用颛顼的存在否定了夏王朝的权威，用祝融的存在否定了商王朝的权威。"[1] 这种说法或有进一步推敲之处，但大体思路却是符合春秋时期楚国的政治动机的。在楚人屡屡谈及先祖创业之艰辛、立国之茫然的时候，除了追怀往昔的情感基调，其中最不能轻忽的当属此类言论背后的政治诉求。《左传》昭公十七年："宋，大辰之虚也；陈，大皞之虚也，郑，祝融之虚也，皆火房也。"[2] 发言者为鲁国大夫梓慎，如前文所叙，这段话实际与楚人无涉。但结合时人"周礼尽在鲁矣"的认知，加上梓慎本人的阴阳家背景，以及留下邾公钅自钟的邾国与鲁国关系紧密，有理由相信梓慎了解"祝融八姓"故事与楚人的特殊关切，不过出于一些考量，对话仅点到郑地曾是"祝融之虚"为止。《左传》中早些时候的一条材料则清楚说明，楚人对"祝融八姓"势力范围其实有自己的记录。《左传》昭公十二年记楚灵王语："昔我皇祖伯父昆吾，旧许是宅。今郑人贪赖其田，而不我与。我若求之，其与我乎？"[3] 昆吾，又见之于《国语》《世本》《大戴礼记》等，是为"陆终六子"之一，韦昭注"昆吾，祝融之孙，陆终第一子"。楚灵王视昆吾为"皇祖伯父"，正说明"祝融八姓"故事在楚人知识体系中一直未被遗忘。姜亮夫曾广揽余迹，作《三楚所传古史与齐鲁三晋异同辨》一文，证实楚地所流传的古史系统确有与中原古史系统异源异流之处。[4] 郑国终春秋之世多徘徊于晋、楚两个大国间，楚灵王之语正透露出北上争霸的强烈意愿，而历史上"北起黄河中游，南至湖北北部，可以说是环处中原"[5] 的"祝融八姓"分布情况，[6] 无疑给了楚国扩展势力范围极佳的政治理由。平势隆郎说："楚武王、文王都是追封的，其目的在于对抗周王朝

1　[日] 平势隆郎：《从城市国家到中华：殷周春秋战国》，周洁译，广西师范大学出版社，2014，第157页。

2　杨伯峻编著：《春秋左传注》昭公十七年，第1544页。

3　杨伯峻编著：《春秋左传注》昭公十二年，第1485—1486页。

4　姜亮夫：《三楚所传古史与齐鲁三晋异同辨》，载氏著《楚辞学论文集》，云南人民出版社，2002，第122—148页。

5　李学勤：《谈祝融八姓》，《江汉论坛》1980年第2期。

6　近期罗新慧亦对"祝融八姓"历史时期的分布状况进行研究，广泛结合金文资料，提出："八姓各支族主要分布在今河南中部、陕西关中地区，一部居居于山东西部和南部，少数在山西南部，若干处于淮水流域、江汉流域。处于河南中部的苏（温）、舟，以及分布在陕西关中的周（琱）、辅，位于华夏核心区域。其余诸国（不包括楚、蓼、番）虽不在中心位置，但紧密环绕在中心区域的外沿。"较李学勤早前划出的范围更加精密，不过整体上看，大致活动区域是不变的。见罗新慧《华夏共同祖先意识的萌生发展——以"祝融八姓"为中心》，《历史研究》2023年第1期。

及史书《春秋》。"[1] 其实让楚国真正以强势形象出现在春秋历史视野中的，正是追封楚武王、楚文王的楚成王。如前文所引楚国出兵夔国事件，便发生在楚成王迅速扩张楚国势力范围，北上与晋国争霸之时。夔国地处楚国西境，扼居巴、蜀地区与楚国边境的交汇处，[2] 楚国志在巩固此处以避免北进途中腹背受敌，《水经注·江水》曰："《春秋左传》僖公二十六年，楚令尹子玉城夔者也。"[3] 其意可谓明显。"陆终六子"的历史性在楚国的大造声势下逐渐演化出"祝融八姓"的神话性，楚人也借祝融的神性发展出争霸必须的合理性与正当性，于是祝融故事和楚人的"捆绑"便从史书中走向可资建构的神话体系，往后越发紧密且难以分割，并在楚文化与中原文化的交融互通中作为整个东周文化的共同记忆而书于史册。

行文至此，可以预见一旦祝融故事与南方楚人在春秋时期被外力因素和历史因素的共同作用下联动交汇后，那么留给战国诸子、阴阳、方士之流想象发挥的空间也会随之呈体系化。后世神话中，祝融众多神格中居核心地位的无疑是火与火神元素，祝融形成火神神格的文化源头正是基于前述祝融故事与楚人历史的深度融合。先要确定的一点是，目前多方材料均表明早至殷商时期，中原文化的记忆中楚人便以族群形式混居长江中下游地区，或曾一度建立国家，与商人多有冲突。《诗·商颂·殷武》："维女荆楚，居国南乡。"[4] 武丁南征事件也见于今本《竹书纪年》："三十二年，伐鬼方。次于荆。"[5] 尹弘兵结合考古材料，亦揭示出殷商时期楚蛮的活动范围大致不出丹江、汉东一带。[6] 由是，中原文化记忆中的楚人被深深刻上"南方"印记。尽管今天有研究证明，楚人的确可能源自中原，这也同与楚人相关的早期古史传说相印证，但可以明确的是，在春秋时人眼中，"楚人象征南方"的看法已深入人心。这种看法也体现在诸夏与周室的追忆中，如《左传》僖公四年："昭王南征而不复，寡人是问。"[7] 又昭公九年，曰"巴、濮、楚、邓，吾南土也"[8]。楚成王时甚至得到周天子"赐

---

[1] [日] 平势隆郎：《从城市国家到中华：殷周春秋战国》，周洁译，第155页。

[2] 徐少华：《夔国历史地理与文化遗存析论》，《中国史研究》2012年第2期。

[3] (北魏) 郦道元撰，陈桥驿校证：《水经注校证》卷三四《江水》，中华书局，2007，第792页。

[4] (清) 王先谦撰，吴格点校：《诗三家义集疏》卷二八《殷武》，中华书局，1987，第1117页。

[5] 方诗铭、王修龄校注：《古本竹书纪年辑证》，《今本竹书纪年疏证》卷上，上海古籍出版社，2005，第232页。

[6] 尹弘兵：《商代的楚蛮与西周初年的楚国》，《华夏考古》2013年第1期。

[7] 杨伯峻编著：《春秋左传注》僖公四年，第317—318页。

[8] 杨伯峻编著：《春秋左传注》昭公九年，第1450页。

胙"，曰："镇尔南方夷越之乱，无侵中国。"[1] 同样，楚国上层贵族阶级亦视江汉流域为楚国统治的核心地带，《左传》哀公六年载楚昭王之语："三代命祀，祭不越望。江、汉、睢、漳，楚之望也。"[2] 楚昭王此语还得到《左传》书写者借"孔子曰"形式的肯定："楚昭王知大道矣。"[3] 于是"楚地千里"的同时，"南方"也变成祝融故事广泛传播的"代名词"之一，习见于战国文献。典型的说法，见《管子·五行》：

> 昔者黄帝得蚩尤而明于天道，得大常而察于地利，得奢龙而辩于东方，得祝融而辩于南方，得大封而辩于西方，得后土而辩于北方。黄帝得六相而天地治，神明至。蚩尤明乎天道，故使为当时。大常察乎地利，故使为廪者。奢龙辩乎东方，故使为土师，祝融辩乎南方，故使为司徒。大封辩于西方，故使为司马。后土辩乎北方，故使为李。是故春者土师也，夏者司徒也，秋者司马也，冬者李也。[4]

（二）祝融"火神"文化要素溯源

明乎祝融被追溯至南方之神的文化渊薮，还需辩说祝融火神神格的起源根基。有种说法认为祝融火神神格脱胎于五行观念，但结合前文分析来看，这种观点其实颠倒了五行观念与火正之职的起源先后顺序。郭沫若说："火正之说乃后人所传会，其事当在五行之说盛行以后，盖以楚居南国，故以其先世司火也。"[5] 沈长云也认为："五行一词在春秋晚期成立，其后发展成五官、五祀，战国之世，又与五方、五色、五帝、五声、五味等等相配。南方属火，那时已成为南方唯一大国的楚奉祝融为祖先，用五官分主五方，火正自属祝融。"[6] 不难看出，疑古风气在古史辨派学者的努力下的确深入人心。不过火正属于五行系统，就一定意味着是五行系统孕育出火正吗？我们当然需要承认一个事实，即经典化的"金、木、水、火、土"五行系统的出现时代其实较晚，但正如彭华所说，"反观阴阳说和五行说，它们本身其实就是一种观念、一种思想"[7]，如何定义五行观念的形成？难道

1　《史记》卷四〇《楚世家第十》，第 1697 页。
2　杨伯峻编著：《春秋左传注》哀公六年，第 1826 页。
3　杨伯峻编著：《春秋左传注》哀公六年，第 1826 页。
4　黎翔凤：《管子校注》卷一四《五行第四十一》，梁运华整理，第 865 页。
5　郭沫若：《金文所无考》，载氏著《金文丛考》，第 56 页。
6　沈长云：《评鬻熊为火师说》，《江汉论坛》1984 年第 1 期。
7　彭华：《阴阳五行研究（先秦篇）》，吉林人民出版社，2011，第 152 页。

仅凭相关文献的成书年代就能定位五行观念的形成时间吗？恐怕答案是否定的。张正明曾与沈长云有过系列讨论，[1] 就这一问题而言，他说："五行说固然少不了火，但不能倒转过来说凡带着'火'字的就一定是五行说在作怪。"[2] 其说可参。沈、张二人皆注意到一条出土材料，即陕西岐山凤雏村出土的西周甲骨刻辞中的H11：4号："其微、楚□毕寮，师氏受寮。"[3] 关于这里的"师氏"，沈说认为其是《周礼》所见"师氏"一职，《史记·楚世家》"吾先鬻熊，文王之师也"[4] 中的"师"，即指"师氏"，是为"在王举行的祭祀典礼上做仪仗守卫一类的工作"之职。[5] 张说则将刻辞中的"受"字理解为"授"，"师氏"仍为王之"仪仗守卫"，而微、楚为火师，师氏不过负责传递燎祭所需用品之人。[6] 两说相较，张说论证得力，更解其意。沈长云说："'火师'之名，起于春秋战国之间，是与五行说相附会的一种神道设教，它并不是西周实有的官职，故商周甲骨金文所载官名不见有'火师'之名。"[7] 沈说取《周礼》职官系统解释上古先民在生产劳动中逐渐固定下来的火正、火师之职，从逻辑上讲恐怕难以疏通。须知正如"五行观念"一样，《周礼》本就成书较晚，沈先生也认识到"《周官》为战国时人摭拾前代官制附会成书"，那么在此基础上，用晚出之职官系统强行理解火正、火师的本意，难免造成历史语境的缺失。

其实纵观世界各民族的早期发展阶段，"火"带给先民的感情远不止生产工具这一简单属性所能包括的。英国人类学家马林诺夫斯基说："火成为一个不容亵渎的权威，在某些原始文化甚至高度发展的文化中，某些类型的火甚至成为宗教崇拜的中心。"[8] 希腊神话中著名的"普罗米修斯盗火"故事，从文化隐喻的角度来看，可以解读为在先民心目中"火"的本源始自上天。

中国古代文献中记载的"火"同样与上天关联，不过较之某种"隐喻"，显得更加具象化一点。《周礼·夏官·司爟》："季春出火，民咸从之；季秋内火，

1　李瑾曾撰文综述沈、张二人的讨论，见李瑾《论我国古代"火正"职官之来源及其发展》，《史学月刊》1989年第1期。
2　张正明：《读〈评鬻熊为火师说〉有感》，《江汉论坛》1984年第3期。
3　陈全方：《陕西岐山凤雏村西周甲骨文概论》，载四川大学学报编辑部、四川大学古文字研究室编《古文字研究论文集》，四川人民出版社，1982，第311页。
4　《史记》卷四〇《楚世家第十》，第1695页。
5　沈长云：《"鬻熊为文王之师"解》，《江汉论坛》1983年第6期。
6　张正明：《〈"鬻熊为文王之师"解〉辨误》，《江汉论坛》1983年第9期。
7　沈长云：《评鬻熊为火师说》，《江汉论坛》1984年第1期。
8　[英]马林诺夫斯基：《自由与文明》，张帆译，世界图书出版公司北京公司，2009，第78页。

民亦如之。"郑玄注："火所以用陶冶，民随国而为之。郑人铸刑书，火星未出而出火，后有灾。"[1] 郑玄所说"郑人铸刑书"事，发生在鲁昭公六年（前536），《左传》昭公六年记士文伯之语："火见，郑其火乎！火未出，而作火以铸刑器，藏争辟焉。火如象之，不火何为？"[2] 孔颖达《正义》曰："是火星未出，不得用火。今郑火未出，而用火以铸鼎，及火星出，则相感以致灾。"[3] 句中"火星"，指大火星，即心宿二（今称天蝎座 α 星），其色火红。很明显的是，到春秋时期，知识阶层已然将天文星象与人世政治挂钩，借星象变动隐喻君王更替几成共识，隐约可见这类专门知识在后世一度神秘化、流俗化之滥觞。又《左传》襄公九年："古之火正，或食于心，或食于咮，以出内火。是故咮为鹑火，心为大火。"杨伯峻注："柳宿即鹑火，心宿即大火，为夏夜亮星之一。大火实指此星。"[4]《尸子》亦曰："燧人上观辰星，下察五木以为火。"朱海雷注："辰星：大火星。即心宿。"[5]

《汉书·五行志》："古之火正，谓火官也，掌祭火星，行火政。"[6] 我们看到，火正一职不仅负责观测大火星的运行与相关祭祀仪式，更主要的职责是根据大火星运行情况的观测结果来"行火政"。关于何谓"火政"，须联系早期农业社会的农时与农耕。《诗·小雅·大田》："田祖有神，秉畀炎火。"[7]《礼记·郊特牲》："季春出火，为焚也。"郑玄注："谓焚莱也。"[8] 冯时已经作出清楚的解释：

> 原始农业以焚田为生产工作的第一步，这个时间一定要有准确的把握，过早烧田，种子发芽之后，如果没有雨水就会枯死；过晚烧田，又会受到雨水的干扰。古人通过长期的观象授时活动发现，这个时间确定在心宿二昏见于东方的时候最为适宜，而心宿二恰巧为一颗红色的一等亮星，它的颜色与焚田的烈火又如此契合，这很可能成为古人最初将心宿二名为

---

1 （清）孙诒让撰，王文锦、陈玉霞点校：《周礼正义》卷五七《夏官·司爟》，第2397页。
2 杨伯峻编著：《春秋左传注》昭公六年，第1414页。
3 （汉）郑玄注，（唐）孔颖达疏：《春秋左传正义》，载李学勤主编《十三经注疏》，北京大学出版社，1999，第1230页。
4 杨伯峻编著：《春秋左传注》襄公九年，第1057—1058页。
5 此条辑自《艺文类聚》《太平御览》。（战国）尸佼著，（清）汪继培辑，朱海雷撰：《尸子译注》，上海古籍出版社，2006，第53页。
6 《汉书》卷二七上《五行志第七上》，第1325页。
7 （清）王先谦：《诗三家义集疏》卷一九《大田》，第765页。
8 （汉）郑玄注，（唐）孔颖达正义：《礼记正义》卷三五《郊特牲第十一》，第1059页。

大火星的两个根本原因。[1]

上古时期火正的观象授时活动也得到考古学上的支持。据王震中的研究，陆续发现于山东大汶口、莒县陵阳河、大朱村、杭头、诸城前寨、安徽蒙城县尉迟寺、湖北天门石家河等史前文化遗址中的陶器或玉器上的"🝱""🝲"符号，实际"表达了当时的'火正'对于大火星的观察、祭祀和观象授时"[2]。而后王震中又通过考察安徽蒙城尉迟寺聚落遗址发现的"🝳""🝴"图像文字，进一步揭示出"担任对大火星进行观察和祭祀的所谓'火正'职务是与生俱来的，是在一个特殊家族或宗族中传承和世袭的"[3]。这也与文献中祝融一职可以世袭轮替的记载相吻合，同时说明"祝融八姓"很可能源于某一上古族群对"祝融"职位的垄断与族群特征所带来的强烈认同感和凝聚力。

（三）"南方"与"火"对祝融神格形象的统摄与定基

最后不应忽视的是，除春秋时期楚人对祝融故事的主动承接与整合外，早期相对简单朴素的方位观念，亦是祝融神格形成的重要文化元素。根据冯时的判断，系仰韶文化遗存的河南濮阳西水坡 45 号墓中墓主人的身体朝向与整个墓室的结构均揭示出，史前时代的中原地区已存在"天南地北"的天文认知，[4] 早期方位观念或以丧葬形式表现出来。至殷商时期，因甲骨卜辞的出土与释读，专家得以认识到商人的方位观念中有着明显的"四方"或"五方"观念，并形成相配的祭祀系统。[5] 从宏观上讲，即"殷商的精英们利用一系列宗教和政治上重叠和强化的概念去建立围绕着其礼祭中心周边的世界，并赋予其意义"[6]。

周人则整理旧有却零散的方位观念，将之逐步体系化而形成固定搭配，直观的例子即方位与色彩的搭配。如《逸周书·小开武》："五行：一黑，位水；二赤，位火；三苍，位木；四白，位金；五黄，位土。"[7]《作雒》："其壝东青（青）土、南赤土、西白土、北骊土，中央叠

---

[1] 冯时：《中国天文考古学》，社会科学文献出版社，2001，第 130 页。

[2] 王震中：《试论陶文"🝱""🝲"与"大火"星及火正》，《考古与文物》1997 年第 6 期。

[3] 王震中：《从尉迟寺婴儿瓮棺上刻画"🝳"、"🝴"图像文字看火正世官的起源》，《南方文物》2014 年第 4 期。

[4] 冯时：《河南濮阳西水坡 45 号墓的天文学研究》，《文物》1990 年第 3 期。

[5] 胡厚宣：《释殷代求年于四方和四方风的祭祀》，《复旦学报》（社会科学版）1956 年第 1 期；李学勤：《商代的四风与四时》，《中州学刊》1985 年第 5 期；冯时：《中国天文考古学》，第 167—190 页；胡厚宣：《论殷代五方观念及中国称谓之起源》，载氏著《甲骨学商史论丛初集（外一种）》，河北教育出版社，2002，第 277—281 页。

[6] [美] 吉德炜（David N. Keightley）：《祖先的风景：商代晚期的时间、空间和社会：约公元前 1200—前 1045 年》，陈嘉礼译，上海古籍出版社，2021，第 53 页。

[7] 黄怀信、张懋镕、田旭东：《逸周书汇校集注》卷三《小开武解第二十八》，上海古籍出版社，2007，第 275 页。

(堲）以黄土。"[1]《周礼·春官·大宗伯》："以玉作六器，以礼天地四方，以苍璧礼天，以黄琮礼地，以青圭礼东方，以赤璋礼南方，以白琥礼西方，以玄璜礼北方，皆有牲币，各放其器之色。"[2] 上引几则材料所出之文献，其编订成书年代或偏晚，但思想观念层面大体能反映出西周时的精神风貌。材料中"四方""五方"的说法不一，但总体上东配青、南配赤、西配白、北配黑的搭配形式基本固定。这样的方位观念至《管子》处始与后世熟悉的"金、木、水、火、土"五行元素相配，至《吕氏春秋》方才引入五行相胜的概念，成为政治思想史中五德终始说的开端。[3]

其中就南方与赤色的搭配来说，应当源自先民对南方的早期印象与记忆残存。《礼记·郊特牲》："兆于南郊，就阳位也。"[4] 南方居于阳位，盖因先民主要活动范围皆在北回归线以北，对观测者而言，一天中太阳最耀眼强盛之时就位于南方，此时"在以太阳为核心建立的观测体系下，将太阳所在的南方视为天极实在是当然之事"[5]。加之我国南方气候较北方而言更为温暖，夏季炎热时长也更为持久，《说文》："赤，南方色也。从大火。"段玉裁注："火者，南方之行。故赤为南方之色。"[6] 另南方丘陵山地土壤亦多呈红色，即今所谓"红土"，也许同样给先民留下"南方赤色"的深刻印象。至春秋之世，楚国作为南方领土面积最大的诸侯国，自然承续"南方赤色"，楚地尚赤的习俗流传到汉初而未被遗忘。[7]

赤色亦是"火"的象征，见《吕氏春秋·应同》："火气胜，故其色尚赤，其事则火。"高诱注："法火色赤。"[8]《汉书·五行志》："火，南方，扬光辉为明者也。其于王者，南面乡明而治。"[9] 这也得到史实佐证，《左传》昭公九年："陈，水属也；火，水妃也。而楚所相也。"[10]《国语·晋语》："昔成王盟诸侯

---

[1] 黄怀信、张懋镕、田旭东撰：《逸周书汇校集注》卷五《作雒解第四十八》，第534页。

[2] （清）孙诒让撰，王文锦、陈玉霞点校：《周礼正义》卷三五《春官·大宗伯》，第1389—1398页。

[3] 安子毓：《从五方五色到五德终始——论五行说核心之变迁》，《南京大学学报》（哲学·人文科学·社会科学）2021年第4期。

[4] （汉）郑玄注，（唐）孔颖达正义：《礼记正义》卷三五《郊特牲第十一》，2008，第1062页。

[5] 安子毓：《方位尊崇渊源考》，《社会科学战线》2017年第10期。

[6] （清）段玉裁：《说文解字注》，中华书局，2013，第496页。

[7] 关于汉初一度继承楚地尚赤传统的考释，见杨权《新五德理论与两汉政治——"尧后火德"说考论》，中华书局，2006，第103—113页；陈侃理《如何定位秦代——两汉正统观的形成与确立》，《史学月刊》2022年第2期。

[8] 许维遹撰：《吕氏春秋集释》卷一三《应同》，中华书局，2009，第284页。

[9] 《汉书》卷二七上《五行志第七上》，第1320页。

[10] 杨伯峻编著：《春秋左传注》昭公九年，第1452—1453页。

于岐阳，楚为荆蛮，置茅蕝，设望表，与鲜牟守燎，故不与盟。"[1] 以上两则言论皆非出于楚人之口，前者为郑国裨灶所说，后者为晋国叔向之言。由是观之，楚国与"火""赤色"元素也紧紧结合在一起，并得到中原诸夏国家的一定认可。进一步讲，楚人所崇奉的祝融在种种历史条件的复合作用下实现了由"职名"到"神名"的转变，而在祝融及其相关神话中，"南方"与"火"便是基底性色彩。由此衍生出的神异化、复杂化的叙事情节，实是战国士人方家之流恣意发挥想象的结果。

五 "文化要素"视野下的祝融故事

经过前文的大致爬梳，构成后世所熟悉的祝融神格中最关键的两个文化要素，即"南方"与"火"所产生的渊源已经清晰。在此基础上，回视战国秦汉时期甚至更后之世的文人方士为祝融构建出的种种神异面相，当更有利于理解祝融故事从历史走向神话的深刻脉络。

祝融较早以方位神的身份明确出现在文献中，当是《礼记·月令》所载：

> 孟夏之月，日在毕，昏翼中，日婺女中。其日丙丁。其帝炎帝，其神祝融。[2]
>
> 仲夏之月，日在东井，昏亢中，旦危中。其日丙丁。其帝炎帝，其神祝融。[3]
>
> 季夏之月，日在柳，昏火中，旦奎中。其日丙丁。其帝炎帝，其神祝融。[4]

这一五行色彩浓郁的政令系统基本承袭自《明堂月令》，后被《吕氏春秋》摘录，内容基本一致。[5]《淮南子·天文》所记与之大同小异："南方火也，其帝炎帝，其佐朱明，执衡而治夏。其神为荧惑，其兽朱鸟，其音徵，其日丙丁。"[6] 据学者判断，《月令》中"五行系统与主体内容有明显的龃龉之处，显然是后加的"[7]，故其文本成型年代应定于战国后期。《月令》所见祝融以炎帝属神身份出现，与夏季相配，其后附列时令禁忌与礼

---

[1] 徐元诰：《国语集解·晋语八第十四》，第430页。
[2] （汉）郑玄注，（唐）孔颖达正义：《礼记正义》卷二三《月令第六》，第655页。
[3] （汉）郑玄注，（唐）孔颖达正义：《礼记正义》卷二三《月令第六》，第663页。
[4] （汉）郑玄注，（唐）孔颖达正义：《礼记正义》卷二四《月令第六》，第677页。
[5] 张小稳：《月令源流考》，《中国史研究》2020年第4期。
[6] 何宁：《淮南子集释》卷三《天文训》，中华书局，1998，第186页。
[7] 张小稳：《月令源流考》，《中国史研究》2020年第4期。

仪规范等。

神话中，逢祝融以天帝属神一类的身份降世时，常伴随着嘉佑福临的预示，如《国语·周语上》："昔夏之兴也，融降于崇山；其亡也，回禄信于聆隧。"[1] 今本《竹书纪年》："夏道将兴，草木畅茂，青龙止于郊，祝融之神降于崇山。"[2] 长沙子弹库出土楚帛书更记载了一则属于楚人的创世神话："炎帝乃命祝融以四神降，奠三天；维使敷，奠四极。"[3] 祝融在神话中的"降世"也并非全以吉兆示人。《墨子·非攻下》："少少，有神来告曰：'夏德大乱，往攻之，予必使汝大堪之。予既受命于天，天命融隆火于夏之城间西北之隅。'"[4] 祝融"助正除暴"，参与革故鼎新的故事，同样不少见，如袁珂总结，"见于《尚书大传》及《太公金匮》等书者，有祝融等七神雪天远来，助周灭殷事"[5]。概言之，早期神话中的祝融多为天神或天帝的佐神，不过却很少见到对祝融外貌的描写，或因文献本身体量不大，无法承载之故，但更可能的原因也许正如常金仓所言："祝融、玄冥在《山海经》以前文献中未见其形，说明人们还未及给他们设计出相应形象来。"[6]

《山海经》确是一部反映上古传说走向缥缈与神话化的重要古书，许多后世熟悉的瑰丽神话便从中汲取养分。祝融的形象即首见于《山海经》，且与蓐收、禺强、句芒一同整齐：

《海外南经》："南方祝融，兽身人面，乘两龙。"[7]

《海外西经》："西方蓐收，左耳有蛇，乘两龙。"[8]

《海外北经》："北方禺强，人面鸟身，珥两青蛇，践两青蛇。"[9]

《海外东经》："东方句芒，鸟身人面，乘两龙。"[10]

1　徐元诰：《国语集解·周语上第一》，第 29 页。
2　方诗铭、王修龄校注：《古本竹书纪年辑证》，《今本竹书纪年疏证》卷上，第 212 页。
3　帛书内容主要综合李零、董楚平、陈斯鹏的研究成果，尽量以通行字写出。参见李零《长沙子弹库战国楚帛书研究》，中华书局，1985，第 69—72 页；董楚平《中国上古创世神话钩沉——楚帛书甲篇解读兼谈中国神话的若干问题》，《中国社会科学》2002 年第 5 期；陈斯鹏《楚帛书甲篇的神话构成、性质及其神话学意义》，《文史哲》2006 年第 6 期。
4　（清）孙诒让撰，孙启治点校：《墨子间诂》卷五《非攻下第十九》，中华书局，2017，第 148—149 页。
5　袁珂校注：《山海经校注》海经新释卷一《海外南经》，第 190 页。
6　常金仓：《〈山海经〉与战国时期的造神运动》，《中国社会科学》2000 年第 6 期。
7　袁珂校注：《山海经校注》海经新释卷一《海外南经》，第 189 页。
8　袁珂校注：《山海经校注》山经新释卷二《海外西经》，第 206 页。
9　袁珂校注：《山海经校注》海经新释卷三《海外北经》，第 222 页。
10　袁珂校注：《山海经校注》海经新释卷四《海外东经》，第 235 页。

图 1　武梁祠西壁"上古帝王群像"（局部）

（据榜题可知，人物从右往左依次为伏羲、女娲、祝融、神农、黄帝、颛顼、帝喾、尧、舜、禹、夏桀。图出金维诺总主编，信立祥卷主编《中国美术全集·画像石画像砖》，黄山书社，2009，第184页）

图 2　瞿中溶摹武梁祠"上古帝王群像"之祝融
（右题"祝融散发蓬首"。图出瞿中溶《汉武梁祠画像考》，第356页）

四神中蓐收、句芒的形象曾在更早文献中被提及，故这里祝融"兽身人面"的形象，或是在对四神形象整合设计之时，参顾先出形象的结果。至于祝融"乘两龙"之原委，常金仓推测为"由乘马传讹而成"[1]，可备一说。唐代张守节《史记正义》言："祝融，南方炎帝之佐也。兽身人面，乘两龙，应火正也。"[2] 当是沿袭《海外南经》中祝融的形象。另，作为上古帝王的祝融，东汉时期民间便有对其形象的刻画。山东嘉祥武梁祠现存多方汉画石刻，其中不少反映了当时对"上古帝王祝融氏"形象的认知（见图1、图2）。其榜题为："祝诵（融）氏，无所

---

[1] 常金仓：《〈山海经〉与战国时期的造神运动》，《中国社会科学》2000年第6期。
[2] 《史记》卷一一七《司马相如列传第五十七》，第3059页。

造为，未有耆欲，刑罚未施。"[1] 巫鸿推测，这句榜题与《大戴礼记·盛德》"刑罚之源，生于嗜欲好恶不节"一句有关。[2]

祝融另一突出的神格还有灶神。2009年北京大学入藏一批汉简，整理所得《苍颉篇》千余字，其中有这样一句："颛顼祝融，招摇奋光……阅䎒灶趣，滕先登庆。"[3] 有学者据此推断，"灶神与祝融虽同属一个五行系统，但不可忽视的是，祝融属于官方文化系统中的'社稷五祀'，灶神属于民间文化系统中的'家室五祀'"[4]。这同时是国家祭祀传统"下沉"的表现，与民间祭祀文化逐渐聚合的过程，故这样的推断是合理的。不过应当指出，郑玄曾言："祝融乃古火官之长，犹后稷为尧司马，其尊如是，王者祭之，但就灶陉，一何陋也！祝融乃是五祀之神，祀于四郊，而祭火神于灶陉，于礼乖也。"[5] 此虽辨明祝融的正典祭祀与灶神神格地位不符，但却未曾说明为何原本自发于民间的灶神信仰能攀附至官方崇奉的祝融，尽管这种攀附未尝紧密。北大汉简《苍颉篇》的问世即帮助学者打开思路，"东周秦汉至唐代是灶神文化的形成时期。在这一历时长久的过程中，灶神文化由神圣变为神圣性和世俗性兼具"[6]，而这里"神圣性"的文化源头，正是祝融神话中"火元素"之余绪。

丁山另考证出祝融亦有"城隍"神格，氏谓："'祝融'之原始神格，为水庸，为城隍；而后世习以为火神者，或以都邑遇了火灾，必祈禳于城墉之故。"[7] 将火灾后"祈禳于城墉"的行为与祝融建立联系，以民俗视角解读带有神话成分的古史，自是丁山功力深厚的体现。但此说误在颠倒"火神"与"城隍"两种神格产生的因果关系。《礼记·月令》："门闾毋闭，关市毋索。"[8]《吕氏春秋·勿躬》中也有"祝融作市"的说法。[9] 夏季本就是民间市场贸易的旺季，丁山也注意

---

[1] 瞿中溶：《汉武梁祠画像考》，北京图书馆出版社，2004，第44页。

[2] [美]巫鸿：《武梁祠：中国古代画像艺术的思想性》，柳扬、岑河译，生活·读书·新知三联书店，2015，第266页。

[3] 据杨振红、贾丽英的释读写出。见杨振红、贾丽英《北大藏汉简〈苍颉篇·颛顼〉校释与解读》，杨振红、邬文玲主编《简帛研究》2016年春夏卷，广西师范大学出版社，2016，第222—250页。

[4] 李现红：《从北大藏汉简〈苍颉篇·颛顼〉看祝融与灶神关系》，《古代文明》2020年第2期。

[5] (清)孙诒让撰，王文锦、陈玉霞点校：《周礼正义》卷五七《夏官·掌固》，第2401页。

[6] 李现红：《从北大藏汉简〈苍颉篇·颛顼〉看祝融与灶神关系》，《古代文明》2020年第2期。

[7] 丁山：《中国古代宗教与神话考》，第61页。

[8] (汉)郑玄注，(唐)孔颖达正义：《礼记正义》卷二三《月令第六》，第666页。

[9] 许维遹：《吕氏春秋集释》卷一七《勿躬》，第450页。

到,"市与城的建筑往往相因"[1],既然"城""市"实在难以分开,那么主夏季、为商贾小贩所信仰的祝融,逐渐披上"城隍"的外衣,自然不难理解。

在战国秦汉时期文学意味较强的作品中,祝融神格在想象世界中更显浪漫宏大。《楚辞》作为楚地瑰丽艺术思想的文学结晶,祝融在楚人上古传说与历史记忆中又占据重要席位,诗人不免对其神迹大书特书:

《远游》:"祝融戒而还衡兮,腾告鸾鸟迎宓妃。"[2]

《九怀》:"使祝融兮先行,令昭明兮开门。"[3]

《九叹》:"绝都广以直指兮,历祝融于朱冥。"[4]

颇承《楚辞》言风的汉赋,对祝融神迹同样有所钩沉与发挥:

《史记·司马相如列传》:"祝融惊而跸御兮,清氛气而后行。"[5]

《汉书·扬雄传》:"丽钩芒与骖蓐收兮,服玄冥及祝融。"[6]

《后汉书·张衡列传》:"前祝融使举麾兮,纚朱鸟以承旗。"[7]

可以看到,这一时期儒林士人对于祝融描写的风格取向已完全趋于文学化和艺术化,且基本定格为上古神人,其想象色彩之浓厚与汉赋宏阔进取之风相得益彰。而在西汉中后期逐渐兴起的尊经崇古风气与朝堂暗流涌动的政治局势合流之后,祝融信仰不仅得以正式进入汉代国家最高规格的祭祀仪式中,更随着皇权对于社会文化、思想等诸多层面的渗透与影响,加之汉末道教思想在民间流传迅猛,不可避免地流于神仙化、宗教化。

王莽曾提出以《周礼》为基础的南郊郊祀改革模式,"严格按照'兆五帝于四郊',在长安城外分立五畤"[8],重设五畤,其中"南方炎帝赤灵祝融畤及荧惑星、南宿南宫于南郊兆"[9],祝融与后土、勾芒、蓐收、玄冥一同列入郊祀。如论者

---

[1] 丁山:《中国古代宗教与神话考》,第59页。
[2] (宋)洪兴祖撰,黄灵庚点校:《楚辞补注》卷五《远游章句第五》,上海古籍出版社,2015,第273页。
[3] (宋)洪兴祖撰,黄灵庚点校:《楚辞补注》卷十五《九怀章句第十五》,第452页。
[4] (宋)洪兴祖撰,黄灵庚点校:《楚辞补注》卷十六《九叹章句第十六》,第518—519页。
[5] 《史记》卷一一七《司马相如列传第五十七》,第3059页。
[6] 《汉书》卷八七上《扬雄传第五十七上》,第3539页。
[7] 《后汉书》卷五九《张衡列传第四十九》,第1922页。
[8] 田天:《西汉末年的国家祭祀改革》,《历史研究》2014年第2期。
[9] 《汉书》卷二五下《郊祀志第五下》,第1268页。

总结:"王莽的五畤,将长安城环绕于其中,完美地实现了《周礼》对都城的设计。"[1] 这一郊祀搭配作为王莽"元始仪"中的核心内容,在后世也得到基本固定并延续,见《续汉书·祭祀中》:"迎时气,五郊之兆。自永平中,以《礼谶》及《月令》有五郊迎气服色,因采元始中故事,兆五郊于雒阳四方。"[2] 至于社会文化层面,始于西汉、盛于东汉的佩饰以求厌胜辟邪的风俗则进一步促成祝融神灵形象深入大众信仰之中。流行于汉室的刚卯、严卯,其刻辞曰:

> 正月刚卯既决,灵殳四方,赤青白黄,四色是当。帝令祝融,以教夔龙,庶疫刚瘅,莫我敢当。疾日严卯,帝令夔化,慎尔周伏,化兹灵殳。既正既直,既觚既方,庶疫刚瘅,莫我敢当。[3]

这在出土实物上亦能得到证实。[4] 从刻辞行文来看,显然已颇具程式化的特点。祝融作为厌胜祷辞中的神灵,其主刑罚、掌杀伐的文化渊源或与《山海经·海内经》中一句有直接关联,是云:"鲧窃帝之息壤以堙洪水,不待帝命。帝令祝融杀鲧于羽郊。"[5] 这也直接体现在汉晋道教典籍中,祝融之名作为某种避兵术而为葛洪记载,《抱朴子内篇·杂应》:"或佩西王母兵信之符,或佩荧惑朱雀之符,或佩南极铄金之符,或戴却刃之符,祝融之符。"[6] 要言之,祝融故事在多方力量拷塑下,分别存在于官方祭祀和大众信仰两种叙事模式中,二者并行不悖,根植于"南方"与"火"两个基底性文化要素,共同构成祝融故事走向更加多元化、神话化的复杂貌相。如后世熟知的共工与祝融争,怒撞不周山的故事,出自唐代司马贞所补《三皇本纪》:

> 当其末年也,诸侯有共工氏。任智刑,以强霸而不王。以水承木。乃与祝融战,不胜而怒。乃头触不周山。崩。天柱折,地维缺。女娲乃炼五色石以补天,断鳌足以立四极,聚芦灰以止滔水,以济冀州。于是地平天成,不改旧物。[7]

---

1 田天:《西汉末年的国家祭祀改革》,《历史研究》2014 年第 2 期。

2 《续汉书》志第八《祭祀中》,《后汉书》,第 3181 页。

3 《续汉书》志第三〇《舆服下》,《后汉书》,第 3673 页。

4 徐琳:《两汉用玉思想研究之一——辟邪厌胜思想》,《故宫博物院院刊》2008 年第 1 期。

5 袁珂校注:《山海经校注》海经新释卷一三《海内经》,第 395 页。

6 王明:《抱朴子内篇校释》卷一五《杂应》,中华书局,1980,第 270 页。

7 (汉)司马迁撰,[日]泷川资言考证,[日]水泽利忠校补:《史记会注考证》附校补《三皇本纪》,上海古籍出版社,1986,第 2—3 页。

"以水承木"一句清楚表明,这一故事背后仍是"五德终始"与"五行相胜"思维在发生作用,共工、祝融相争即"水火相争"的文学表达。民间亦有祝融为南海之神的说法,见韩愈所题《南海神庙碑》:"自三代圣王莫不祀事,考于传记,而南海神次最贵,在北东西三神、河伯之上,号为祝融。"[1] 这同样是祝融故事中"南方"文化要素的又一演化结果。[2]

有种说法认为,"传说中的'祝融'确有几个不同的系统","不能一见到'祝融'或'祝融氏'便以为是颛顼之后楚人之祖"[3]。也有学者持类似观点,提出"'祝融'实有两族"[4]。今案,古书所见祝融事迹诚然纷纭不清,不过皓首穷经于其中,难免会"不识庐山真面目"。持上述观念的学者,立论依据在于《山海经》所载祝融世系的偏差,以此得出"(祝融)一支出于炎帝集团,一支出于黄帝集团"的结论,[5] 但《山海经》各篇章间本就因成书年代与地域的不同而存在许多内容上的断裂,[6] 怎能视各篇章间的区别而不见,却将《山海经》理所当然般当成一部成于"一时一人"的古书?论者更引《三皇本纪》试图证明"两支祝融尚属敌对集团"[7],全然不顾《三皇本纪》为唐代司马贞所补,如此求证,岂非先入为主?当我们试着跳出"神话历史化"的固有思维模式,以收束而非发散的眼光打量掩藏在这些传说、神话之后的种种共性,众说不一的祝融故事其实有着相同的文化余脉。[8] 古人固然文情飞扬,但文本的再创造终究难以脱离对原型文化的二次加工。今天的学者面对此类情况,更应谨慎处理这般复杂的问题,须知"草蛇灰线、伏脉千里"之笔法早已为古人纯熟运用,今人若一味强行增添研究方向,横生枝杈,则不免失之毫厘而谬以千里。

---

1 (唐)韩愈:《韩昌黎文集校注》卷七《南海神庙碑》,马其昶校注,马茂元整理,上海古籍出版社,1986,第486页。

2 黄景春、皮宇航:《祝融神话及其神格演变》,《韶关学院学报》(社会科学版)2021年第4期。

3 何浩:《祝融、火正与火师》,《求索》1992年第3期。

4 张德苏:《"祝融"两族的存在及其混同考》,《德州学院学报》2021年第3期。

5 王光镐:《楚文化源流新证》,武汉大学出版社,1988,第12页。

6 陈连山:《〈山海经〉学术史考论》,北京大学出版社,2012,第12—28页。

7 王光镐:《楚文化源流新证》,第12页。

8 需要解释的是,笔者所说"收束而非发散"的眼光,仅就祝融故事与其他古史传说在进入战国造神浪潮之后呈现千姿百态的面貌而言,意在证明"南方"与"火"在众多版本不一的祝融故事的形成过程中居源流地位,并非"单线式"回溯祝融及其相关历史的产生。

余 论

1923 年，顾颉刚《与钱玄同先生论古史书》一文首次较系统地归纳解释何为"层累地造成的中国古史"[1]，这无疑从方法论层面上大开治史之新风。但在考证具体古史传说或上古人物在文献中的演变情况时，顾先生及古史辨派学者常在论证细节处不够谨慎，早为同时代学者所质疑，张荫麟即提醒顾先生要注意"默证之应用及其适用之限度"[2]。尽管后世学者围绕"默证"及相关问题反复申说，[3] 不过面对相对零散且充斥着神异色彩的上古传说人物的材料，一方面积极采撷新出材料以之补充，另一方面对于既有材料也"应该触类旁通地对相关文献以及'佚失'文献作合理的考量"[4]，尽可能从零散材料中找寻合乎历史语境的主体逻辑，终是稳妥的治学方式。回归本文所论，祝融故事尽管存在诸多变本，但仔细爬梳史料，可以发现早期语境下的"祝融"只有职名之意，是火正、火师的尊称，其主要职能为观测星象并据此指导农事。正是"观天授时"职能的特殊属性决定了"祝融"从进入历史书写的范畴之日起，便多少沾染神话色调，但若由此以为"祝融本为日神火神……五行之说实本导源于神话"[5]，则失之大矣。

春秋时鲁国大夫展禽曰："夫圣王之制祀也，法施于民则祀之，以死勤事则祀之，以劳定国则祀之，能御大灾则祀之，能捍大患则祀之。"[6] 这段话分明点出"历史神话化"的文化基因。"祝融"一职既然是火正的尊称，其对于上古民事的重要意义自然不言而喻，无疑符合展禽所说祭祀的标准，以"光融天下"之尊进入三代以来的历史记忆。曾任"祝融"的重、黎二族合流后，同族吴回继任"祝融"，历史上的楚祖陆终即属这一族群之后裔，其后"陆终六子"中的芈姓一支在江汉一带与荆蛮合作，建立楚国。而楚国借祝融故事中的神话色彩与中原色彩极力造势，祝融故事亦随之衍生出更多的创作余地，终在战国秦汉士人群体的书写中成为神灵，纳入神仙谱系。

---

1 顾颉刚：《与钱玄同先生论古史书》，载《顾颉刚全集》，第 181 页。

2 张荫麟：《评近人对于中国古史之讨论》，载《古史辨》第二册，上海古籍出版社，1982，第 272 页。

3 彭国良：《一个流行了八十余年的伪命题——对张荫麟"默证"说的重新审视》，《文史哲》2007 年第 1 期；宁镇疆：《"层累"说之"默证"问题再讨论》，《学术月刊》2010 年第 7 期；乔治忠：《张荫麟诘难顾颉刚"默证"问题之研判》，《史学月刊》2013 年第 8 期；周书灿：《"默证法"与古史研究》，《史学理论研究》2014 年第 2 期。

4 宁镇疆：《"层累"说之"默证"问题再讨论》，《学术月刊》2010 年第 7 期。

5 杨宽：《中国上古史导论》，上海人民出版社，2016，第 219 页。

6 徐元诰：《国语集解·鲁语上第四》，第 154—155 页。

其实上古传说中的人物具有多重身份、兼摄神性的现象固然难以下一时之判别，但若一开始便认定凡此种种"神人杂糅现象"皆是"神话历史化"的体现，则未免过于主观。在考古发现与出土文献资料日渐丰富的今天，经历一番抽丝剥茧后，上古人物许多被后世重新赋予意义的身份都能够归于某一两个核心文化要素。这些衍生故事也绝非向壁虚构，毫无疑问，现实性和政治性诉求应是它们得以载于史书的根本缘由。陶磊曾就这一现象提醒读者，"古史传说流变的内因是政治或思想的差异，不同族群具有不同的政治主张或思想背景的传播者，表述的传说时代的人物与故事会不同"[1]。诚然，对于上古人物的记载，神话色彩总是如影随形，可如果相关故事发生的时间远远早于学界的既有认知，早在春秋甚至西周时期，时人就已经意识到"历史"是可资建构起"天命在我"的绝佳材料，或刻之于珍贵且表付威仪的青铜器，[2] 那么我们还能简单称此过程为"神话历史化"或"历史神话化"吗？五帝时期尚属氏族血缘组织为主的时期，当中原各氏族血缘组织发展抟聚成为结构较完善的国家形态时，其崇奉的先祖便会随之被纳入同一条谱系中去。这条先祖谱系存在的重要原则之一就是需兼顾各部族势力的先祖，而在此过程中，地缘因素对政治考量的影响自然不可忽视。由此联想到，以《公羊传》《史记》以来"大一统"的历史思维为某种后见之明，涉及黄帝、炎帝、颛顼等上古圣王及围绕他们所展开的世系，在历史研究中就须怀着审慎周密的态度。就楚人历史发源和荆楚国家立国年代等问题来说，至少现今所见文字材料并不支持学者直接溯及颛顼甚至更古，从祝融开始谈起应当是较可靠的做法。

1　陶磊：《古史传说与政治文化：对古史传说流变本质之新阐释》，《史学月刊》2019 年第 5 期。

2　如著名的遂公盨（又名豳公盨、𤔲公盨），此器铭文一经公布便引起学界的热烈讨论。其重要意义在于，将大禹事迹的出现年代大大提前至西周中期甚至更早。相关讨论见李学勤《论𤔲公盨及其重要意义》，《中国历史文物》2002 年第 6 期；裘锡圭《𤔲公盨铭文考释》，《中国历史文物》2002 年第 6 期；朱凤瀚《𤔲公盨铭文初释》，《中国历史文物》2002 年第 6 期；李零《论𤔲公盨发现的意义》，《中国历史文物》2002 年第 6 期；李锐《由新出文献重评顾颉刚先生的"层累说"》，《人文杂志》2008 年第 6 期；谢维扬《从豳公盨、〈子羔〉篇和〈容成氏〉看古史记述资料生成的真实过程》，《上海文博》2009 年第 3 期。

金沙遗址出土蛙形金箔与壮族背带蛙纹对比研究*

■ 陈逸阳（北京服装学院）

引 言

蛙纹是我国传统文化中最古老的纹样之一，蕴藏着丰富的文化信息。在广阔的地理范围、悠久的历史时序和不同的民族文化中都有蛙纹出现。从古老的马家窑遗址、三星堆遗址和金沙遗址等出土的远古蛙形纹样或器物，到现代的少数民族刺绣和织锦纹样中，都存在着蛙纹的踪迹。关于蛙纹的研究也十分丰富，多集中在溯源和文化内涵的解读方面。溯源方面的研究，对蛙纹的起源大致有生殖崇拜说、洪水记忆说、祭蛙求雨说等几种说法；对文化内涵的解读主要有人们对子嗣绵延、风调雨顺、五谷丰登的美好祈愿等说法。笔者注意到壮族背带上的刺绣蛙纹与四川金沙遗址出土蛙形金箔在造型上有着高度的相似性，因此尝试对二者进行对比研究，梳理其中的关联。

一 蛙形金箔概述

在金沙遗址出土的众多器物中，有两件蛙形金箔十分独特，其形制特点、尺寸大小和制作工艺基本相同，一件较为完整，一件头部略残（如图1）。该器物表现的是一种抽象变形的动物，从总体造型与细部特征判断，以青蛙或者蟾蜍的可能性最大，也说明了古蜀人制作这两件器物采用了抽象变形的艺术手法。[1] 从图像中可以看出，该蛙形金箔是以顶视图的视角对蛙的形象进行描绘，形态生动，造型考究，最典型的特征是蛙的四肢蜷曲，呈卷云状，蛙的头部呈葫芦形，有目纹，嘴部呈稍稍尖出状，腰部位置有左右对称的尖

---

* 国家社科基金艺术学重大项目"中华民族服饰文化研究"（项目编号：18ZD20）、教育部服务国家特殊需求博士人才培养项目"中国传统服饰文化抢救传承与设计创新人才培养"（项目编号：NHFZ20230011）资助。

1 黄剑华：《古蜀金沙：金沙遗址与古蜀文明探析》，巴蜀书社，2003，第146—147页。

角状凸起，尾部也呈尖角形。此外，蛙形金箔内部依稀可见从中心脊背处向两侧四肢延伸的凸起的连珠状乳丁纹和弦纹，类似青蛙身上的斑点，生动形象。从图2的线描中可以清晰地看到内部的乳钉纹和弦纹装饰及其走向。

图1　金沙遗址出土蛙形金箔
（引自成都金沙遗址博物馆网站，黄剑华《古蜀金沙：金沙遗址古蜀文明探析》，第6页）

图2　蛙形金箔线描图
（笔者绘）

图3　花山岩画
（引自广西民族博物馆网站）

图 4　壮族羽鹭纹铜鼓及蛙形装饰
(笔者摄于广西民族博物馆)

　　有学者在对该蛙形金箔进行探析时，从中国古代人们对蛙类或蟾蜍的崇拜原因入手分析，提到广西左江花山岩画中壮族先民们模拟青蛙姿态的舞蹈，以及岩画中出现的象征着蛙腹的铜鼓，并推测岩画中的场景可能是一种"蛙祭"，而金沙遗址的蛙形金箔与壮族的蛙祭都是盛行于远古时期的一种祭祀习俗，蛙形金箔表达的很可能是祭蛙求雨的寓意。[1] 但是花山岩画（图 3）中的"蛙人"与蛙形金箔在视觉形象上的关联性并不强烈。而铜鼓上的蛙则主要是以立体浮雕的形象出现（图 4），造型特征与蛙形金箔差异甚多。如果将花山岩画和壮族铜鼓中蛙的寓意与蛙形金箔的文化意义相关联，似乎缺少了一些视觉形象上的佐证。

　　在壮族文化中，除了岩画和铜鼓之外，在与壮族服饰相关的刺绣、织锦领域中，蛙的形象也有大量的体现。甚至至今在壮族民间仍流传着纪念青蛙的蚂𧊅节，可见蛙文化对于壮族人民有着特殊的意义。在云南文山壮族背带的刺绣纹样中，蛙是一个常见主题并流传至今。背带是背负婴儿所用的布兜，亦称背扇、娃崽背带。文山壮族背带上常见的纹样有"群龙舞云纹""乾坤孕蛙纹"和"云蛙纹"等。而壮族服饰中的蛙纹，却恰巧是容易被学者忽略的领域，尚未有学者注意到壮族服饰中的蛙纹与金沙遗址出土的蛙形金箔之间的联系。因此，笔者从服饰中的蛙纹为切入点，与金沙遗址蛙形金箔进行对比分析，管窥所及，以期得出新的认识。

1　黄剑华：《金沙遗址出土金蛙之寓意探析》，《东南文化》2004 年第 1 期。

表1　蛙形金箔造型的6项特征指标

编号	特征描述
指标1	顶视图视角
指标2	四肢蜷曲
指标3	上、下肢蜷曲方向相对
指标4	头部为凸起的葫芦造型
指标5	蛙形内部有由脊背向四肢延伸的纹样
指标6	腰部两侧有成对的尖角状凸起

图5　文山壮族背带中的蛙纹
（笔者摄于广西民族博物馆）

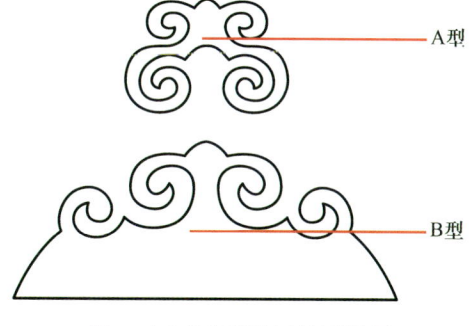

图6　文山壮族背带中蛙纹线描图
（笔者绘）

二　壮族蛙纹中隐藏千年的传承密码

笔者将通过四组案例，对蛙形金箔与壮族背带蛙纹的同一性和异质性进行比对。为便于比较，笔者依据图2中的线描图，将金沙遗址的蛙形金箔造型特点归纳为6个主要指标（见表1）。在对比研究中，将归纳壮族背带蛙纹的造型特征，并与6项特征指标一一对比。

（一）案例一：造型相似性之初探

文山壮族背带蛙纹（图5），其造型抽象，有大量蜷曲的形态，初看之下，与金沙遗址的蛙形金箔的造型特征相似。图5所示的蛙纹主要由暗红色和蓝色区域的两个蛙形纹样组成，为便于进一步分析，笔者将其中的蛙纹提取出来，分别命名为A型和B型，并制作成线稿（见图6）。将A型蛙纹与图2中的蛙形金箔线稿相互对比，可以看出至少以下几个共同点：第一，二者都是以顶视图的视角描绘蛙形；第二，二者同为四肢蜷曲；第三，二者头部都为凸起的造型。同时，也可以看出二者有以下几点不同之处：第一，A型蛙纹头部更为概括，而蛙形金箔头部为葫芦造型；第二，A型蛙纹下肢变形更为夸张；第三，A型蛙纹下肢向下蜷曲，蜷曲方向与金蛙相反；第四，A型蛙纹尾部下体处凹陷，缺少尾部；第五，A型蛙纹腰部缺少尖角状凸出。

将B型蛙纹与蛙形金箔像对比，可见以下相同之处：第一，二者同为顶视图视角；第二，二者同为四肢蜷曲，且上下肢相对；第三，二者头部都为凸起的造型。不同之处如下：第一，B型蛙纹头部更为概括；第二，B型蛙纹下肢受构图影响，变形更为夸张；第三，B型蛙纹腰部缺少尖角状凸起。此外，A型和B型两种蛙纹中虽然内容都有纹饰，但与蛙形金箔内部纹饰的形式和构图都不一致，因此不多赘述。

通过上述案例的两组对比可以看出，壮族背带蛙纹在造型上确实具有很强的一致性，A型蛙纹满足六项指标里的第1项和第2项。B型蛙纹满足6项特征指标的第1、第2、第3三个项目。虽然A型蛙纹的下肢蜷曲方向与蛙形金箔不一样，但是B型蛙纹却与蛙形金箔保持一致。据此，可以初步说明壮族背带蛙纹与金沙遗址出土的蛙形金箔在造型上有可能属于同一类型，且壮族的蛙纹在形式上变化更多样。

（二）案例二：内、外造型的相互佐证

"群龙舞云纹"是壮族服饰纹样中的另一个代表性的蛙纹纹样（图7）。[1] 该纹样的不同名称很多，在有些地方被称为水云纹，但是该纹样实际是以蛙纹和龙纹为母题的，因此也被称为"蛙龙舞云纹"。纹样以正中央的三只上下串在一起的蛙纹为核心，四周分布着蜷曲的似龙又似云的纹样。为便于对比，笔者将该纹样中的蛙纹提取出来，命名为C型，并绘制成线描（见图8）。将该纹样中的蛙造型与蛙形金箔进行对比，可以看出，蛙的头部都是呈现葫芦形，弥补了上一个案例中第4项指标的缺失。下肢同为蜷曲的造型，不同的是群龙舞云纹中的蛙下肢比例更大，而上肢被简化为半月形，尾部也被概括成类似的葫芦头。

值得注意的是，在本例中，C型蛙纹的内部也有纹样装饰，在这一点上与蛙形金箔吻合。从内部纹样的造型上看，蛙形金箔的内部纹样的造型是圆形的乳钉纹，而C型蛙纹的内部纹样的造型更为复杂，但是在脊背处是同样类似圆形的金钱纹与如意纹的结合，在四肢内部则装饰以折线纹。更重要的是，二者内部的纹样都是由脊背向四肢延伸的方向，在这一点上高度契合，不似偶然。

---

1 李元君主编，胡德智撰，梁汉名、胡庆升摄：《美丽的锦绣·壮族服饰》，接力出版社，2012，第219页。

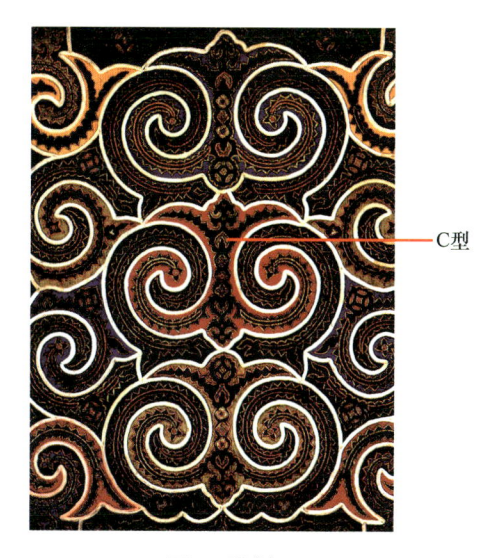

图7 群龙舞云纹
（引自李元君《美丽的锦绣·壮族服饰》，第219页）

图8 群龙舞云纹中的蛙纹线描图
（笔者绘）

（三）案例三：关键特征的支撑

在文山壮族背带中，一种深受群众喜爱的"乾坤孕蛙纹"（图9）[1]，成为进一步解开二者相关性的关键。笔者将该纹样中的三个蛙纹提取出来，分别命名为D型、E型和F型，并依次绘制对应的线描图（见图10）。

D型和E型蛙纹在外轮廓造型上与前文提到A型和B型十分类似，D型下肢蜷曲方向与蛙形金箔相反，但E型下肢蜷曲方向与蛙形金箔一致。但比案例一更能说明问题的是，D型和E型两种类型也存在内部纹饰，并且内部纹饰与蛙形金箔一样，是沿着脊背向四肢延伸。因此，D型蛙纹分别满足1、2、5三项指标；而E型蛙纹分别满足1、2、3、5四项指标。

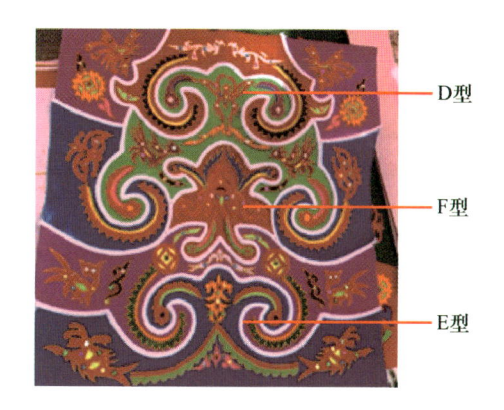

相对于A型和B型，案例二中的C型蛙纹与蛙形金箔在特征上的6项特征指标的对比中，从满足前3项增加至满足前5项。已经足以证明二者在形式上具有高度同一性。尽管C型蛙纹的上肢蜷曲度不如蛙形金箔，但这种简化并不是显著的差异，可以视为为了适应构图而做出的改良。

图9 "乾坤孕蛙纹"
（引自林瑶瑶《文山壮族濮侬蛙纹样在家居饰品中的设计应用研究》，第28页）

---

[1] 林瑶瑶：《文山壮族濮侬蛙纹样在家居饰品中的设计应用研究》，硕士学位论文，广西师范大学，2021，第28页。

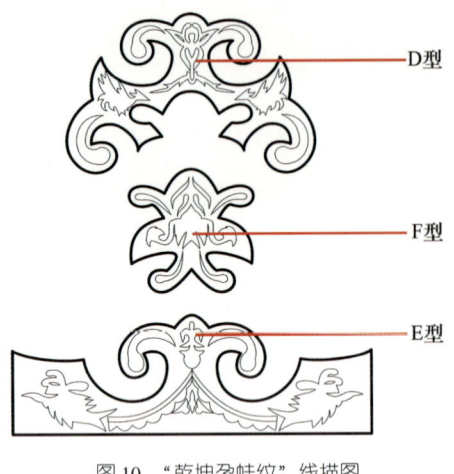

图10 "乾坤孕蛙纹"线描图
（笔者绘）

图11 清代云南砚山壮族侬支系"神灵之韵纹"
（引自龙纪峰《壮族"莱瓦"艺术研究》）

出 F 型蛙纹其造型特征与 1、2、3、5、6 五个指标项相符合。

（四）案例四：清代藏品中的蛙纹

由于纺织物不易保存，因此考古实物中的纺织文物存世较少。在上述三组对比案例中，用于对比的壮族背带实物都是现代刺绣纹样，缺少古代文物的证据。在云南砚山壮族侬支系中，有私人所藏的清代壮族背带中的"神灵之韵纹"（见图11）。[1] 该纹样也是以水、云和蛙为元素的"水云交媾"主题。将图中的蛙纹元素命名为 G 型，提取成线描并上下翻转。通过对比线描图可以看出，G 型蛙纹与蛙形金箔造型的 6 项特征指标完全相符。二者造型上仅有的区别在于 G 型蛙纹体型稍显纤细，在下肢两端多了两处凸起的形状，但这两处区别也无法掩盖二者的相似性，尤其是腰部两侧成对的尖角状凸起，相比于 F 型，G 型蛙纹的这一特点更接近

在蛙形金箔的造型特征中，最独特的关键性特征便是第 6 项指标，即蛙的腰部两侧有成对的尖角状凸起，在前述案例中，虽然有些纹样与蛙形金箔契合度很高，但尚未发现腰部的这一显著特征。然而"乾坤孕蛙纹"最大的价值在于，该纹样中间最小的蛙形纹样中，恰巧就存在着腰部两侧成对的尖角状凸起，弥补了前述各个案例中最显著的不足。

F 型蛙纹与蛙形金箔对比可以看出，二者同为顶视图，四肢蜷曲且方向相对，内部有由脊背向四肢延展的纹样，腰部两侧对称的尖角状凸出清晰可见。区别在于 F 型蛙纹的头部虽然凸出，但没有制作成葫芦型，四肢较短，蜷曲的程度稍弱。此外，腰部的尖角比蛙形金箔更为凸出，比例更夸张。基于以上对比，我们可以判断

---

[1] 龙纪峰：《壮族"莱瓦"艺术研究》，云南大学出版社，2012，第 253 页。

于蛙形金箔。该款纹样年代更早，与蛙形金箔造型几乎一致，可以视为有力的证据。

图12 "神灵之韵纹"中蛙纹元素线描
（笔者绘）

如果用于相互对比的两个对象都是写实的图像，则由于是对相同对象的写实描摹，更容易导致造型相似，那么这种相似性的对比可能并不说明问题。但需要注意，在本文中的案例，壮族现存的背带蛙纹和四川金沙遗址的蛙形金箔都是采用了抽象的表现手法，抽象的表现中包含了观察方式、元素提炼方法、塑造手法等不同的流程，这样高度复杂地塑造后，相距千里又时隔千年的图像仍具有高度的相似性，足以说明二者在文化基因上有着共通之处。

通过对比可以看出，壮族蛙纹的造型和蛙形金箔的相似之处很难仅以巧合来解释，更像是一种传承和改良，两者的不同之处又更多的是艺术上的变形，而并非本质的区别。更进一步来看，在现代的壮族刺绣作品中，尽管并不是每一个壮族的蛙纹都能单独地保留下蛙形金箔的全部造型特征，但是蛙形金箔的造型特征被分散，但又完全包含到了不同的蛙纹元素中；而在清代的刺绣藏品中，又可贵地保留下了蛙形金箔的全部造型特征。因此，我们可以初步断定在广西、云南等地流传至今的壮族背带中的蛙纹与古蜀金沙遗址出土的蛙形金箔，在造型上存在很强的关联性。此前学者对蛙形金箔所表现的究竟是何动物有所争议，壮族背带中类似的纹样传承至今，且当地人仍称之为"蛙"，可见蛙形金箔确实表达的是蛙的意象。进而可以推测出古代的壮族文化与古代蜀地文化之间一定有所联系，并产生了影响。这种异地文化的相互影响又必然与民族交往甚至民族的迁徙有关。

三 古蜀人与壮族先民在文化上交融的痕迹

从上述对比中可以看出，云南文山壮族背带蛙纹与四川成都金沙遗址蛙形金箔在造型上的相似性绝非偶然，可以推论二者在文化上有着深度的关联。从文献中，我们也可以发现两地人民文化交流和关联的印记。

（一）文献中的蜀人南迁

在古代文献中，有很多对古蜀人从成都平原向南迁移事迹的记载，其中比较典型的代表是蜀王子安阳王率众南迁，并在越南北部建国的事迹。

《水经注·叶榆河》："《交州外域记》曰：交趾昔未有郡县之时，土地有雒田。其田从潮水上下，民垦食其田，因名为雒民。设雒王、雒侯，主诸郡县。县多为雒将，雒将铜印青绶。后蜀王子将兵三万来讨雒王、雒侯，服诸雒将，蜀王子因称为安阳王。"[1] 交趾的地理位置在今天越南北部地区。[2] 该文献较早地记载了蜀王子向南迁徙并建立政权的事迹。文献中没有记载明确的时间，只提到了"交趾昔未有郡县之时"，交趾郡是秦亡后，南越赵佗置，西汉武帝元鼎六年（前111）归汉。[3]

《史记·南越列传》唐代司马贞《索隐》："《广州记》云：'……后蜀王子将兵讨骆侯，自称为安阳王，治封溪县。'"[4] 另据《旧唐书》："《南越志》：交趾之地，最为膏腴。旧有君长曰雄王，其佐曰雄侯。后蜀王将兵三万讨雄王，灭之。蜀以其子为安阳王，治交趾。"[5]《岭南摭怪》记载："瓯雒国安阳王，巴蜀人也，姓蜀名泮。因先祖求雄王之女媚娘为婚，雄王不许，怨之。泮欲成前志，举兵攻雄王，灭文郎国，改号瓯雒国而王之。"[6] 上述文献都有关于蜀人南迁建国事迹的记载，所描述的内容和情节稍有差异，但主体内容基本一致，文献之间相互佐证，说明蜀人南迁之事并非空穴来风，大体上确有其事。

《大越史记全书》也有相关记载："安阳王，在位五十年。姓蜀，讳泮。巴蜀人也。都封溪。甲辰元年（周赧王五十八年，前257），王既并文郎国，改国号曰瓯貉国。初，王屡兴兵攻雄王。雄王兵强将勇，王屡败。雄王谓王曰：'我有神力，蜀不畏乎。'遂废武备而不修，需酒食以为乐。蜀军逼近，犹沉醉未醒，乃吐血坠井薨，其众倒戈降蜀。王于是筑城于越裳，广千丈，盘旋如螺形，故号螺城。……癸巳五十年（前208），……佗发兵攻王……右安阳王，起甲辰，终癸巳，凡五十年。"[7] 从该书的记载中可以看出，蜀王子是在周朝末期南迁，并出兵占领了文郎国，并在此之上建立了瓯雒国（也作瓯貉国），最终在名为螺城的地点定居。螺城在今越南河内市北近郊的东英

---

1 （北魏）郦道元：《水经注》卷三七《叶榆河》，商务印书馆，1958，第62—63页。

2 史为乐：《中国历史地名大辞典》（上），中国社会科学出版社，2017，第1130页。

3 同上注。

4 （汉）司马迁撰，（南朝宋）裴骃集解，（唐）司马贞索隐，（唐）张守节正义：《史记》卷一一三《南越列传》，中华书局，2014，第3596页。

5 （五代）刘昫：《旧唐书》卷四一《地理四》，乾隆四年武英殿刊本。

6 戴可来：《岭南摭怪等史料三种》，中州古籍出版社，1991，第27页。

7 [越南]吴士连等原著，孙晓主编：《大越史记全书》外纪全书卷之一《蜀纪》，西南师范大学出版社、人民出版社，2015，第43—44页。

县古螺村，是越南红河下游地区。[1] 瓯雒国最终在秦末时被赵佗趁乱吞并而亡。

上述文献交互参证，可以得出以下结论：先秦时期，在后来被称为交趾的位置，曾经有着一个由雒王、雒侯和雒将组成政权的文郎国。在周朝末期，文郎国被从巴蜀地区南迁而来的蜀王子率兵三万占领，并建立瓯雒国，自称安阳王。而后，瓯雒国在秦末被南越赵佗所灭，最终在汉武帝时期归汉，称为交趾郡。瓯雒国的位置在今天越南北部，属于红河下游地区。壮族蛙纹背带盛行的地区，也在红河流域附近。

有学者考证南迁蜀人的身份，认为南迁的蜀人是统治蜀地的开明氏，而开明氏之所以南迁是秦灭巴蜀导致其亡国，氏族中的一支被迫南迁。[2] 开明氏王朝治下的蜀国位置可以从文献中大致推测出来。《太平御览·妖异部四》："《蜀王本纪》曰……蜀王据有巴蜀之地，本治广都，徙居成都。"[3]《水经注·江水》："县治青衣江会，衿带二水矣，即蜀王开明故治也。"[4] 根据上下文可知，这里提到的"蜀开明故治"之县指的是南安县。南安县，秦置，属蜀郡，治所即今四川乐山市。[5]《舆地纪胜》："开明王城在芦山县西七里上有王庙，《旧经》云：'开明所筑'。"[6] 综合以上文献可知，开明王朝统治区曾涉及成都、乐山、芦山等周边地区，而蛙形金箔的出土地是位于成都的金沙遗址，正是曾经开明王朝统治的范围内。

（二）蜀人南迁路线与壮族先民的膏腴之地

关于蜀人南迁的路线，有不少学者已经论证过。《华阳国志·蜀志》："樊道有故蜀主兵阑。"[7] 兵阑即兵栏，应当是蜀王开明氏之前在此设置的军事据点的遗迹。说明蜀王子应是在古蜀国破之后逐渐向南，依托军事据点，且战且退，才最终逃往越南。[8] 因此，樊道也是众多学者推测的蜀人南迁路线的起点。

孙华详细论证了蜀人南迁的路线，[9]

---

1 史为乐：《中国历史地名大辞典》（上），第 2632 页。
2 孙华：《蜀人南迁考》，《成都大学学报》（社会科学版）1991 年第 1 期。
3 （宋）李昉：《太平御览》卷八八八《妖异部四·变化下》，中华书局，1960，第 3945 页。
4 （北魏）郦道元：《水经注》卷三三《江水》，第 6 页。
5 史为乐：《中国历史地名大辞典》（上），第 1899 页。
6 （宋）王象之：《舆地纪胜》卷一四七《雅州·古迹》，清影宋抄本。
7 （晋）常璩：《华阳国志》卷三《蜀志》，四部丛刊景明钞本。
8 王凯：《"雒人"及其南迁路线考》，《中华文化论坛》2018 年第 2 期。
9 孙华：《蜀人南迁考》，《成都大学学报》（社会科学版）1991 年第 1 期。

从学者的考证可以看出，古蜀人是从成都平原出发，沿岷江南下到达古僰道，即现今的宜宾，再由僰道沿着金沙江向西南到达云南姚安、大姚一带，最后从洱海附近的元江（元江流入越南境内又称作红河）向东南方向沿江而下，直达古螺城附近。古螺城在红河下游距离入海口不远的位置。从蜀人南迁路线的相关考证可以看出，元江（红河）是南迁路线的重要一环，它的上游抵近巴蜀，下游是壮族先民的主要聚居区，云南文山即在元江江畔附近。此外，安阳王建立的瓯雒国当时统治的领域主要包括今天越南北部片区，统治强盛时期曾一度扩张到中国云南、广西的部分地区。[1] 文山位于中越边境，在当时与瓯雒国有文化上的交融并不奇怪。

综上所述，在壮族背带中的蛙纹盛行的云南文山，与古蜀国文化极有可能有着很强的联系。第一，从地理上看，文山本身就是在成都的正南方，蜀人南下无论是经何路径，都极大可能经过文山；第二，文山的位置在元江江畔附近，也是目前其他学者已考证出的蜀人南迁路线上的必经之地；第三，文山距离蜀王子安阳王统治的瓯雒国不远，存在着在文化上受其影响的可能性。

另外，蜀王子安阳王在遇到战乱选择向南中逃亡，可以推测其对逃亡地点和路线是有所了解的，之所以选择向该地迁徙，很可能说明当时的蜀地与南中有着深刻的交流和充分的认识。安阳王能成功占领文郎国，也反映了古蜀国在政治和军事层面上对当时越南统治政权的情况是有所了解的。

文献的记载只是为地区之间文化交流的可能性提供了证据，现实中真实的文化交流并不一定只发生在大规模的人口迁移中，而可能是不同地区之间长期潜移默化的影响之下的结果。古蜀人与南方壮族先民的文化交流，或许不是一蹴而就的，而是经历了漫长的过程。但是大规模蜀人南迁，则可能是在秦统一天下之后，秦皇汉武，经略南方，促进了南方经济发展，也促进了蜀人南迁安居和文化交融，并留下了传承至今的文化遗产。

四　壮族早期岩画中类似蛙的纹样

在云南文山丘北县，有一处普格岩画遗迹（见图13），该岩画的年代断定为春秋战国至秦汉之际，创造者是属于百越集团的句町族，也是壮族先民。[2] 这一组岩画中也存在着与蛙形金箔类似的蜷曲特征。该岩画上方有左右两个卷云纹，画面的主体由三个部分组成，左侧的图形较为抽象，像是上下相对的两个生物，头部相接；中间的图形类似人形，胯下有一个卵

1　周钟铭：《试论安阳王的南迁与建立瓯雒国》，硕士学位论文，四川省社会科学院，2014，第4页。
2　文山壮族苗族自治州文化局：《文山岩画》，云南人民出版社，2005，第127—128页。

状物体；右侧由一组较小的人形组成。对于该岩画内容的解读有不同的观点，有学者认为画面左侧的图形是男女交媾图，中间是女性卵生产子，右侧的人形则代表女性产下的后代。[1] 也有学者认为左侧的图形是上下相对的两只鳄鱼或某种蜥蜴，头部重叠，正在交配；中间是女性及生殖的意象，而右侧的人形则是在进行某种朝拜或祈求的仪式。[2]

图 13　丘北县普格岩画
(引自文山壮族苗族自治州文化局《文山岩画》，第69页)

但是该岩画左侧的图形在造型上不似人形，更像是动物，而且没有尾巴，与鳄鱼或者蜥蜴也不相似。如果将该岩画左侧中的图形与蛙形金箔的造型特征进行对比，可以看出岩画中的图形也是四肢蜷曲，有菱形的头部；区别是岩画中的图形的上下肢蜷曲方向与蛙形金箔不同，无内部纹饰；腰部虽然没有成对的尖角状凸起，但下方图形的腰部有一个圆形点状造型与之相呼应。因此，笔者认为，从造型

的相似性角度推测，岩画中左侧的图形也可能是蛙纹，而且是上下相对的两只蛙。两只蛙的头部相接代表着正在交配，位于下方的蛙腰部的圆形，是其受孕的象征，也是区分二者性别的标志。

中间和右侧的图形则是左侧蛙纹意象的延伸，为我们理解蛙的含义提供了线索。中间的图像形似人形，但手臂又有着蛙的四肢蜷曲的特征，可能是古人将蛙与人合为一体构造出的"蛙人"形象，这种形象传递出了"蛙人"可能是左侧两只蛙的后代的含义，巨大的身型也可能代表着其身份应是右侧体型较小的人群的首领或者是他们公认的祖先。"蛙人"身下的卵状物，可能是传递出其女性意象和族群始祖的身份，也反映了创造岩画的创作者对其族群卵生的认知。而右侧的稍小的人形则是中间"蛙人"的后代，聚集在一起祭拜祖先。因此，该岩画可能是反映了壮族祖先的蛙崇拜信仰。

普格岩画中的蛙纹在造型上与蛙形金箔的相似性，可以作为古蜀人与壮族先民文化交流的旁证。岩画中丰富的细节也为解释蛙纹最初的文化意象提供了线索。

五　蛙纹及其文化意象

通过对蛙形金箔与壮族背带蛙纹在造

---

[1] 王明富、金洪：《云南壮族"莱瓦"艺术图像集成》，云南人民出版社，2013，第66页。
[2] 龙纪峰：《壮族"莱瓦"艺术研究》，云南大学出版社，2012，第27页。

型上的相似性的分析和对蜀人南迁的文献梳理，可以看出古蜀人与壮族先民在文化上的交流，这种文化交流也带来了新的思考方向。

（一）壮族文化的内生与外借

壮族的蛙崇拜起源可以追溯到原始社会末期，从蚂蚜节、铜鼓蛙纹、普格岩画等文化遗存中可以看出，壮族人民对蛙的崇拜经历了从人与蛙的血缘认同关系到蛙图腾的氏族认同关系的转变。[1] 很多证据都指向壮族的蛙崇拜中有很多其民族的原生文化的迹象，同时我们也可以从金沙遗址的蛙形金箔与壮族背带蛙纹与蛙纹之间在造型上的相似关系中，窥见壮族文明在发展历程中受到其他民族文化影响的痕迹，进而足以说明壮族文化是由内生和外借融合而成。

现代壮族背带上"乾坤孕蛙纹""群龙舞云纹"中的蛙纹符号，很可能都是来源于清代壮族背带上的"水云交媾"主题，并从中衍生而来，而清代的"水云交媾"主题，由于构成其纹样的主体要素在形式上与蛙形金箔高度一致，可以推断二者可能同源。

（二）以今推古：蛙纹金箔意象的推测

金沙遗址中的蛙形金箔究竟有何文化意象？我们可以从流传至今的壮族背带蛙纹以及壮族的蛙文化中窥见一斑，以今推古。壮族蛙文化的内涵多样，寓意层次丰富，其中最主要的含义是生殖崇拜和祭蛙祈雨。

首先，蛙有生殖崇拜的含义，表现在四个方面。第一，早期壮族先民有着人与蛙的血缘认同并演化为氏族图腾，本身就说明蛙崇拜与生殖崇拜密切相关。第二，蛙的生命力强，它有着可以在陆地和水中生存的两栖属性，为原始人类所羡慕。第三，蛙是卵生动物，而且一次产卵可以达到几千粒，在古人看来是多子多福的象征。《大越史记全书》记载："君（雒龙君）娶帝来女，曰妪姬。生百男，俗传生百卵。是为百粤之祖。"[2] 虽然早期的历史记载有着浓重的神话色彩，但是"生百卵"的传说可以看作古代百粤之地先民内心祈愿的映射。古人很可能正是将蛙的卵生现象挪借到了神话传说中并流传至今。第四，蛙的肚子凸起与孕妇相似，从壮族背带中"乾坤孕蛙纹"的名称中，和普格岩画中"蛙人"传递出的意象，也都能看出这种关联性。

其次，人类进入农耕文明之后，雨水成为影响农业收成的重要因素，对雨水的渴望和操控降雨的愿望，成为蛙纹进一步衍生出的内涵。蛙的鸣叫声与天气的晴雨变化密切相关。《南越笔记》记载："蛤生田间，名田鸡。冬藏春出。籍火作声，

1　李湊：《论壮族蛙神崇拜》，《广西民族研究》2002 年第 1 期。

2　吴士连等原著，孙晓主编：《大越史记全书》外纪全书卷之一《鸿庞纪》，第 40 页。

呼之可获。三月三日农以其声卜水旱。"¹ 蛙被视为可以呼风唤雨的神物，《武鸣县志》载："癞蛤蟆（蟾蜍）为天神雷王的儿子（一说女儿），专门了解人间旱雨情况，雷王根据他们的叫声行云播雨。"² 壮族的铜鼓上所铸的青蛙形象的主旨正是祈求风调雨顺，农业丰收。³

壮族背带中蛙纹的使用主体是背带，纹样既是对背带的装饰，也是对作为其载体的背带的功能阐释和象征意义的延伸。因此，背带中的蛙纹自然是与生殖崇拜相关，象征着对生育的崇拜，而与祈雨的关联性并不强。

此外，还有一处细节也体现出了背带蛙纹与生殖崇拜的联系。在马家窑出土的半山型和马厂型彩陶中，有造型类似蛙纹的人形纹饰（也被称为神人纹或折肢纹），在该类型纹样中，躯干之下与两腿之间大多都有"垂直的一道"，但是少部分纹样中则没有（见图14）。⁴ 有学者认为这"一道"的有无并非随意画的，而是表明性别的符号。⁵

图14 半山、马厂类型彩陶

（引自张朋川《中国彩陶图谱》，壶561、壶767）

---

1 （清）李调元：《南越笔记》卷一一，清绵州李氏万卷楼《函海》刻本。
2 武鸣县志编纂委员会：《武鸣县志》，广西人民出版社，1998，第884页。
3 覃彩銮：《蛙纹铜鼓的文化内涵及社会功能初探》，《广西民族研究》1997年第3期。
4 张朋川：《中国彩陶图谱》，文物出版社，1990，壶561、767。
5 邱立新：《彩陶蛙纹、神人纹歧议评考》，《西北民族学院学报》（哲学社会科学版）1996年第3期。

壮族背带蛙纹中也存在类似问题，图5中的A型蛙纹与蛙形金箔有一处显著不同，即A型蛙纹的下肢蜷曲方向朝下，而且在躯干之下两腿之间的位置呈向内凹陷的形状；而蛙形金箔的下肢蜷曲方向朝上，躯干之下两腿之间的位置则呈现凸起状。位于A型蛙纹正下方的B型蛙纹的下体受到构图影响，并不完整，但是我们可以从同样是下肢朝上的C型蛙纹中看出，其躯干下两腿之间的形状是凸起的，与蛙形金箔一致。而且B型蛙纹和C型蛙纹的下肢朝向一致，说明了二者的关联性。因此，笔者推测，蛙纹躯干之下两腿之间的位置的凸起与内凹，与人形彩陶纹类似，也是表明性别的符号，这也进一步说明了壮族背带中的蛙纹与生殖崇拜的关联。

综上所述，壮族蛙纹主要的两大意象分别是生殖崇拜和祭蛙祈雨。祈雨的主旨主要体现在铜鼓的蛙形装饰中，而壮族背带中蛙纹的主要文化含义与生殖崇拜密切相关，象征着多子多福、人丁兴旺，并寄托了长辈对婴儿的美好祝愿。金沙遗址中的蛙形金箔与壮族背带中的蛙纹在类型学的视角下有很强的联系性，据此可以推测，相对于祈雨说，蛙形金箔的含义与生殖崇拜相关的可能性更大。

（三）蛙纹流传中的变化

从蛙形金箔和壮族背带蛙纹的不同之处，可以看出在历经千年后，蛙纹发生了怎样的流变。

首先，蛙纹的运用场景向日常生活的下沉。尽管蛙形金箔的用途是推测的，但是从其形制和材质来看，不似日常用品，更像是用于祈祷或祭祀的器物；而在壮族，这种蛙纹则演变为作为日常生活用品的背带，材质也由贵重的金箔变为纺织品。

其次，蛙纹形象的由简入繁。壮族背带相对于蛙形金箔更为复杂，不仅出现了多个蛙形状相互叠加的形象，蛙纹内部纹饰也趋向复杂化，而且在蛙纹的整体构图中还添加了许多其他纹样，如龙、蛇、云、花朵、金钱、如意等，不同的元素相互组合，并引申出多层次的美好寓意。

结　语

四川金沙遗址蛙形金箔与远在千里之外、时间跨越千年的云南文山壮族背带上的纹样有着视觉形象上的联动，看似不可思议，实则反映了埋藏在纹样背后波澜壮阔的民族文化交融的历史。两地的蛙形纹样的关联性，也为推测蛙形金箔的用途与寓意提供了新的思考方向，对壮族文明的内生与外借，以及西南地区的民族文化交融问题的探讨提供了一些线索。

从六博到樗蒲
——秦汉魏晋间博戏宇宙论意味的淡化与消解

■ 谢一峰（湖南大学岳麓书院）

"博"，《说文解字》作"簙"，"局戏也，六箸十二棊也，从竹，博声"[1]。《楚辞·招魂》中，亦有"蔽象棋，有六簙些"[2] 之语。早在先秦秦汉时期，六博便已成为广泛流行的重要博戏之一。对于六博的记录和研究，最早是从后世学者所谓博局纹镜的著录开始的，日本古镜研究者中山平次郎1918年便指出此种镜纹可能为六博局，较早的探索还有1937年出版之杜亚泉的遗作——《博史》。[3] 20世纪中叶，杨宽、劳榦等学者对六博的博具组成、形制、博采、博法等进行了更为精细的考索；英文学界方面，则有杨联陞对TLV镜与六博的关系进行了具有开拓性的分析和阐述。[4] 依笔者之见，前人对于六博的研究主要集中于其基本形态、规则及发展，考古出土六博棋局、模型和与之相关的压胜钱、博局占、博局纹镜等的考察与分析，汉画中的"六博"图像等数个领域；而在其宇宙论的意涵方面，相关研究则注意到其与式（或称式盘）、日晷、博局纹镜之间的内在联系，及其在人神沟通和墓主升仙过程中的作用和象征意味。[5]

1　（汉）许慎：《说文解字》五上竹部，中华书局，1963，第98页。

2　（宋）洪兴祖：《楚辞补注》卷九《招魂》，白化文等点校，中华书局，1983，第211页。

3　参见［日］中山平次郎《支那古式镜鉴沿革》，东京：聚英堂书店，1919，第34—45页；杜亚泉著，田建业校《博史》（初版于1937年），载《杜亚泉著作两种》，新星出版社，2007，第179—182页。

4　参见杨宽《六博考》，《中央日报文物周刊》第70期，1948年1月21日，后收入氏著《杨宽古史论文选集》，上海人民出版社，2003，第441—446页；劳榦《六博及博局的演变》，《"中研院"历史语言研究所集刊》第35本（1964），第15—30页；Yang Lien-sheng, "A Note on the So-called TLV Mirrors and the Game LIU-PO", *Harvard Journal of Asiatic Studies*, Vol. 9, No. 3/4 (Feb. 1947): 202-206; "An Additional Note on the Ancient Game LIU-PO", *Harvard Journal of Asiatic Studies*, Vol. 15, No. 1/2 (Jun. 1952): 124-139.

5　相关研究极为丰富，此不一一罗列，可参考陈静《汉代两京地区出土博局纹镜浅析》，硕士学位论文，郑州大学，2006，第6—8页；唐宇《汉代六博图像研究——以墓葬材料为中心》，硕士学位论文，中央美术学院，2013，第2—6页；刘丽婷《汉代六博及相关问题研究》，硕士学位论文，南京大学，2017，第9—14页；刘俊艳《"TLV"图像的发展演变研究》，硕士学位论文，西北大学，2019，第3—10页。暂时列入上述综述的最新研究，可参考王煜、康轶琼《抽象宇宙：汉代式盘类图像的图式观察》，载赵俊杰主编《春山可望——历史考古青年论集》第三辑，上海古籍出版社，2021；何一昊《六博行棋规则研究》，《中原文物》2022年第4期。

然秦汉以降广泛流行的博戏非仅六博一种，而是包含了樗蒲、塞戏、双陆等。《宋书·乐志》中即有"樗蒲六博，对坐弹棋"[1]的记载。在樗蒲的研究方面，目前的讨论多聚焦于其基本形态、中西来源、历史沿革和规则变迁等方面。由于出土实物资料的匮乏，学界对于樗蒲的研究仍在很大程度上依赖文献层面的分析和推敲，或稍有论及魏晋墓葬中之壁画遗存者，远不及六博之研究丰富、全面而富有创见。[2]

从二者的发展渊源来看，六博应为华夏本土之博戏传统，樗蒲则传为老子入胡所创，有源于六博之说，或受西域、印度之外来影响；[3] 又从其普遍流行的时段而论，六博兴起和衰亡的时间均早于樗蒲；而在与之相关的核心数字方面，借用庞朴所谓六、五之争的说法，[4] 六博的关键数字是六，樗蒲则是五（又称"五木"）。然此二者之行棋规则、胜负条件多有相似，流行时段亦相错杂，后世多有并称以致混淆者，却鲜有学者将其联系起来进行讨论。至其宇宙论之意涵，学者亦多聚焦于六博而不及樗蒲，亦未能充分注意到其背后思想观念的变迁。故笔者不揣冒昧，拟从（1）博局的图示构成，（2）行棋步数的确定规则和象征意味，（3）行棋路径，（4）出现场域四个方面，对六博和樗蒲进行系统的比较分析；并以之为例，探讨秦汉魏晋间博戏宇宙论意味的淡化与消解。这一研究的基本定位，并非传统意义上之博戏研究，而是希望以之为支点，寻找考古学、艺术史和思想史、哲学史之间的结合部分，探索中国古人思维观念的变迁。

一 博局的图式构成及其与樗蒲的比较

首先来看博局的图式构成，李零在《"式"与中国古代的宇宙模式》一文中已经较为充分地讨论了六博和"式"之间的内在关系。据其所言，出土棋局在形式上模仿的是式的地盘，其平面分为内外两层，分别象征十二度和四方八位；又其曲道一般都作右旋（即逆时针方向），可

1　（南朝梁）沈约：《宋书》卷二一《乐志三》，中华书局，1974，第620页。

2　较具代表性的研究，可参考李洪岩《樗蒲考略》，《体育文史》1989年第4期；宁稼雨《〈世说新语〉中樗蒲的文化精神》，《盐城师范学院学报》（哲学社会科学版）2000年第1期；张有《丝绸之路河西地区魏晋墓彩绘砖画——六博新考》，《敦煌研究》2011年第2期；张有《甘肃魏晋墓遗存的"博戏"图辨析》，《成都体育学院学报》2011年第3期；薛新刚、林飞飞《中国古代休闲体育及社会之对待——以六朝之樗蒲为例》，《体育科学》2012年第10期；董丽霞《樗蒲史料钩沉》，《体育文化导刊》2014年第9期；黄志立、林岗《"樗蒲"述考——以〈世说新语〉为中心》，《哈尔滨工业大学学报》（社会科学版）2015年第4期；黄志立《"樗蒲"资料补正》，《平顶山学院学报》2015年第6期；赵来春《〈梵网戒本疏日珠钞〉所载博戏新考》，硕士学位论文，华中师范大学，2017，第25—37页。

3　参见赵来春《〈梵网戒本疏日珠钞〉所载博戏新考》，第26—28页。

4　参见庞朴《中国文化十一讲》，中华书局，2008，第45—46页。

能是表示"地道右行"[1]。但在一些特殊的场域中，这一原则却未必适用。广西玉林西汉墓所出铜博局即是左旋（即顺时针方向），济南章丘市博物馆藏西汉陶六博砖也是左旋，且有四个方向各不相同的鸟兽形装饰，加强这一左旋的态势。

按照《周易·说卦》"天道左旋，地道右旋"[2] 的原则，这些左旋的博局或可理解为左旋之天盘与静态之地盘的同向结合。而所谓"地道右旋"，实际上可以视作是天道左旋所致的相对运动，故可视为天盘运动轨迹在地盘上方向相对的镜像投影。无论如何，秦汉博局及与之相关的规矩纹镜和厌胜铜钱中位于四边（而非四角）的四个反"L"形钩识，已经打破了博局图式的轴对称性和静态感（见图1）。[3] 若无此四个反"L"形钩识，博局棋盘上的图式结构应与式之地盘相同，既是轴对称（有四条对称轴，构成所谓的二绳和四维），又是中心对称（以棋盘中心方形的中心点为对称中心）。然而，在加上了这四个反"L"形钩识之后，地盘原有的轴对称性和静态感都被打破了，博局虽仍处于静态，未如式之天盘可以旋转移位，却充满了向右或者向左旋转的动势。由是而论，我们似乎不应将博局棋盘和与之相关的博局镜（即 TLV 镜）等理解为一种静态的宇宙模型，而是合天、地二盘为一体，对于式之动态的静态呈现。如此，便弥合了式和六博棋盘、博局纹镜之间的最大差别（即四边之反"L"形钩识），实现了动态之式与静态之博局的图式融合。

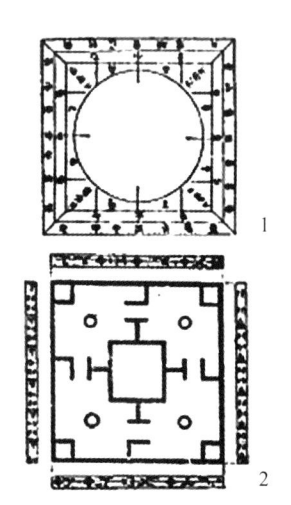

图 1 式与博局和博局镜的比较
1. 式（双鼓堆 M1 出土第一种漆木式的地盘）；2. 博局（湖北云梦大坟头 M1 出土）；3. 博局镜（西田狩大文插图）

1　参见李零《"式"与中国古代的宇宙模式》，《中国文化》1991 年第 4 期。

2　周振甫译注：《周易译注》，中华书局，1991，第 282 页。

3　李零：《"式"与中国古代的宇宙模式》，《中国文化》1991 年第 4 期；孔祥星等编著：《中国铜镜图典》（修订本），上海古籍出版社，2020，第 361 页。

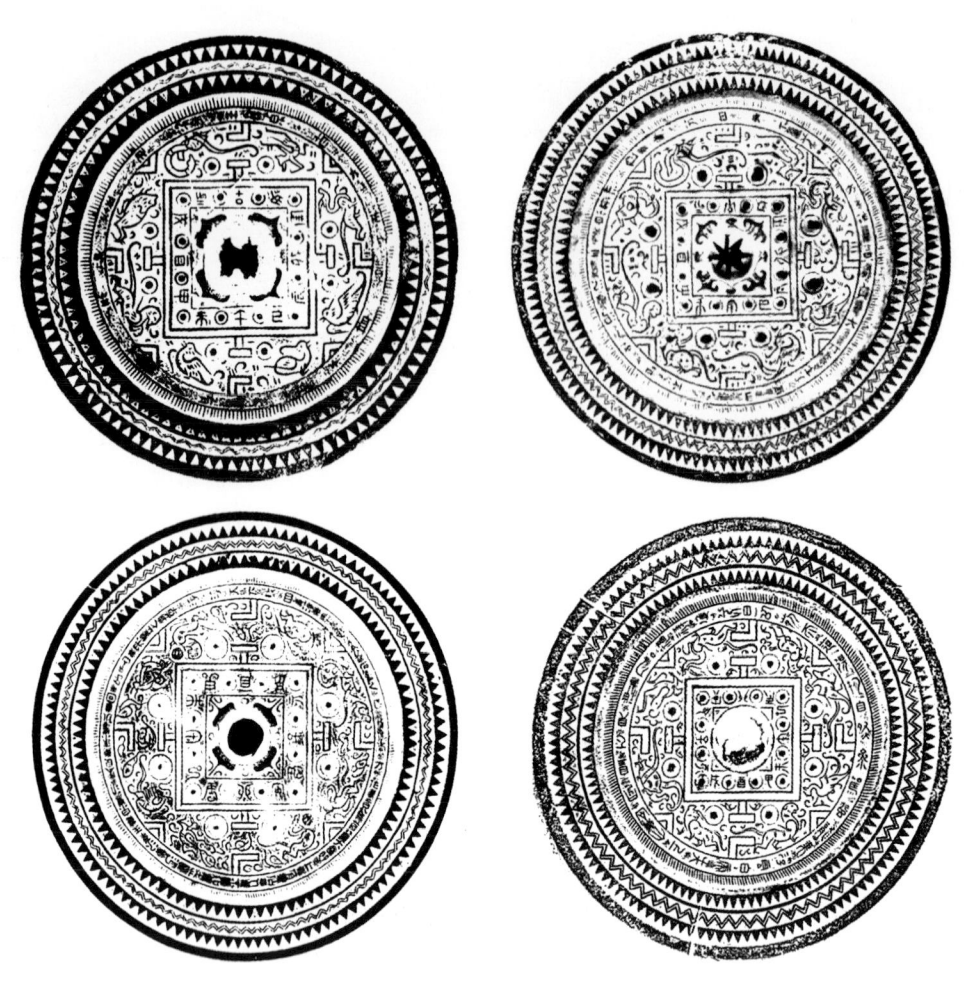

图 2 尚方四神博局镜（左上、右上、左下）和福禄四神博局镜（右下）

图 3 善铜恙言四神镜（左）和铜华四神博局镜（右）

图 4 新兴几何简化博局镜（左）、几何纹简化博局镜（中）和云纹简化博局镜（右）

图 5 彩绘樗蒲砖画
（高台县许三湾苦水口 1 号墓）

　　另一个值得注意的现象，是部分博局镜中外圈之四神方向与内圈之地支方位的对位问题。检《中国铜镜图典》中所收集实物拓片可知，在汉代的博局镜中，多有在方形内圈中布列十二地支，而在圆形外圈中环绕朱雀、玄武、青龙、白虎四神兽者。如尚方四神博局镜、福禄四神博局镜（见图 2）[1] 等，均以子午位同北南轴线相配，分别对应玄武、朱雀；卯酉位与东西轴线相应，分别对应青龙、白虎。这一配位原则，符合中国古代配位传统中以

---

[1] 孔祥星等编著：《中国铜镜图典》（修订本），第 368—371 页。

子为正北、午为正南的基本观念。然令人乍看来有些不解的是，在善铜柰言四神镜和铜华四神博局镜（见图3）[1] 中，本应对应南北轴线之朱雀、玄武的内圈子位和午位，却出现在了与外圈之青龙、白虎所对应的东西方向；卯位和酉位则反之，与南北轴线朱雀、玄武相对，出现了 90 度的错位。依笔者之见，这种现象的出现恐怕很难用匠工的失误所造成的巧合来解释。结合上文中以博局模仿式之天盘、地盘交错运动之势的分析，这里的所谓方向错位，也须从动势的角度来加以理解。在此图像的表述逻辑中，外圈的四神体现的是静态的方向，内圈中看似错位的十二支则是天盘动势，即所谓天道左旋的又一表现形式，同具有上文中富有动势的"L"形标识相映成趣。

甚为有趣的是，进入东汉时期以后，出现了若干简化形式的博局镜，如新兴几何简化博局镜、几何纹简化博局镜、云纹简化博局镜等（见图4）[2]。在此类已非经典意义上的博局镜中，代表天盘之动势的"L"形图示消失不见，其所象征的动势也随之消解，具有活力的中心对称图像被沉闷静止的轴对称（同时也是中心对称）图像所取代，在一定程度上丧失了

其与式之间的逻辑联系，以及天道左旋、地道右旋的宇宙论意味。

至于樗蒲，由于相关考古实物材料的缺失，似很难确定其棋盘的形态。赵来春认为，所谓"枰"即樗蒲行棋的棋盘，[3] 笔者则以为非。马融《樗蒲赋》云："抨（枰）则素旆紫罽，出乎西邻，缘以缋绣，紩以绮文。"[4] 故所谓"枰"，当系绮丽瑰秀的软质材料。又李重蓉言，大英博物馆藏东汉六博陶俑间亦有一件横置的长方形博枰，分为两部分，其中一半纵向排列六根长条形箸，另一半则用以承载博局、棋子和茕。[5] 故此类枰恐非棋盘、博局，而是承载此类博戏用具的博席。又据薛新刚、林飞飞考证，樗蒲行棋所依据之路线，由筹码性质、类似竹签形状的"矢"排列表示，这些矢排成均等的三节，节与节之间的空隙称为"关"，关前或关后的一矢叫作"坑"或"堑"。根据不同玩法，矢的数目也有区别，主要有一百二十枚和三百六十枚两种。[6] 由此而论，樗蒲之戏并无须六博中的所谓博局，亦无曲折复杂之环绕型棋道，而是由若干矢在枰或平地上平行排列，构成或长或短的直线棋道。这一特点，在河西地区魏晋

---

[1] 孔祥星等编著：《中国铜镜图典》（修订本），第362、367页。

[2] 孔祥星等编著：《中国铜镜图典》（修订本），第437、439、442页。

[3] 参见赵来春《〈梵网戒本疏日珠钞〉所载博戏新考》，第31页。

[4] （唐）欧阳询等撰，汪绍楹校：《艺文类聚》卷七四《樗蒲赋》，上海古籍出版社，1965，第1278页。

[5] 参见李重蓉《大英博物馆藏东汉六博釉陶俑考辨》，《中国国家博物馆馆刊》2017年第4期。

[6] 参见薛新刚、林飞飞《中国古代休闲体育及社会之对待——以六朝之樗蒲为例》，第93页。

墓彩绘砖画中的博戏图像中也得到了较为明确的验证。（见图5[1]）综上所论，樗蒲恐无六博中极具宇宙论意味的博局图示，而是代之以简明的直线式棋道，并无象天法地之意蕴。

二　行棋步数的确定规则和象征意味

其次来看"六博"中所使用的箸和煢。《颜氏家训·杂艺》篇云："古为大博则六箸，小博则二煢。"[2] 从其功能而言，投箸和投煢皆是为了获得相应的行棋点数。箸一般为六枚，亦偶有二箸、八箸之记载，[3] 出土之实物则均为六箸。又从出土之箸的样式来看，是一面髹漆、截面呈半圆状的竹片，含正反两面；而所谓"煢"，则是一种分别刻有"一"至"十六"、"骄"和"𩥇"二字的十八面骰子。虽然我们目前并无明确证据证明投箸之大博必出现于投煢之小博之前，但就获得点数的方便性和直观性而言，投煢之法当更为简单易行。值得注意的是，投煢之法虽早在西汉前期便已流行（如马王堆汉墓出土十八面骰子）[4]，然汉墓画像中的六博却全为投箸，依王煜之见，当有其深层含义，蕴含了《周易》阴阳六爻的哲学和宗教思想。[5]

而据笔者之见，所谓大博投箸，应是对六十四卦卜算过程的简化和模拟。如果我们将箸的正反两面视为阴、阳二爻的话，每一箸掷出的结果便有如得到了一条阴爻或者阳爻。当然，这一卜算结果并未经历"分而为二以象两，挂一以象三，揲之以四以象四时，归奇于扐以象闰"[6] 等甚为复杂的过程，而是直接将此一系列烦琐的推演过程并作一步，直接得到一爻。又掷出六箸系同时进行，故其过程实际上是将《周易·系辞》中每一卦之得出所需的十八个步骤（所谓"十有八变而成卦"[7]）在一瞬间完成，用一种最为简易却又不失其核心意旨的方式迅速得出某种卦象。若仅从数字或点数的角度考虑，似只有六黑、五黑一白、四黑二白、三黑三白、二黑四白、一黑五白、六白这七种可能的情况。但实际上，如果将其上述七种

1　参见董婧怡《河西魏晋墓彩绘砖艺术对当代中国画创作的启示》，硕士学位论文，西安美术学院，2022，图3-7《彩绘六博图》苦水口1号墓。但据张有《丝绸之路河西地区魏晋墓彩绘砖画——六博新考》（第76页）应定名为《彩绘樗蒲砖画》。

2　王利器：《颜氏家训集解》（增补本）卷七《杂艺》，中华书局，1993，第591页。

3　参见傅举有《论秦汉时期的博具、博戏兼及博局纹镜》，《考古学报》1986年第1期。

4　参见熊传新《谈马王堆三号西汉墓出土的陆博》，《文物》1979年第4期。

5　参见王煜《四川汉墓画像中"钩绳"博局与仙人六博》，《四川文物》2011年第2期。

6　周振甫译注：《周易译注》，第241页。

7　周振甫译注：《周易译注》，第242页。

情形的出现概率考虑在内，出现六黑的可能性便不是 1/7，而是 1/64；六白亦然。出现五黑一白、四黑二白、三黑三白、二黑四白和一黑五白的概率则分别为 3/32、15/64、5/16、15/64 和 3/32。故此，其构拟的仍是六十四卦的卜算推演，只是将其过程和结果均大为简化而已。

王煜在《四川汉墓画像中"钩绳"博局与仙人六博》一文中，已经提出了类似的观点。但笔者的意见与王文的解释有一处明显的不同。具体而言，在王煜看来，时人以"五白"而非"六白"或者其他为贵，是《周易·乾卦》思想的反映，即以五阳为上，所谓"飞龙在天，利见大人"，六阳则"亢龙有悔"，反而不好了。[1] 然而，如果这一解释成立，便会和王文之前有关"六博"投箸是对《周易》阴阳六爻之模拟的说法相抵牾。如果说这里的正反两面对应的是阳、阴二爻，"六白"才是"乾"卦，"五白一黑"则应对应六十四卦中仅有一条阴爻的其他六卦，即小畜、履、同人、大有、夬和姤卦。因此，我们还是应该从对于卦象的简化模拟来分析投箸和演卦之间的对应关系，不能违背卦象，仅以爻辞判断"五白"对应的即是乾卦。实际上，如果考虑到"六白"和"五白"的出现概率，后者是前者的六倍。故《楚辞·招魂》"成枭而牟，呼五白些"[2] 中的"五白"，

应是出于概率层面的考虑，并非与乾卦的爻辞相对应。

又其使用的十八面茕，亦为六之倍数。如用一茕，则有十八种情况；若同掷两茕，则合并点数后可得双骄、骄+1 至 16、戬+1 至 16、双戬、骄戬、2 至 32 共 66 种不同情况。就点数之丰富性而言，较之只有七种情况的投箸，无论是一次投一茕还是投两茕，都会出现更多的情形和变化。但就其构拟八卦推演过程的宇宙论含义而言，此类投茕小博显不如大博明显，在相当程度上丧失了其与《周易》演卦之间的逻辑联系。

此外，还有一种从六博脱胎而来的"塞戏"。《庄子·骈拇》成玄英疏云："行五道而投琼曰博，不投琼曰塞。"[3] 所谓"琼"，即茕，是为六博之骰子。塞戏沿用六博棋盘，却不使用茕以确定其行棋点数，虽行棋规则不详，但显然已经摆脱了偶然性因素，成为纯粹的智力博弈。概言之，塞戏虽然在博局上保留了具有宇宙论象征意味的平面图式，却并无类似《周易》卦象推演的投箸过程，故其宇宙论意味较之六博，尤其是投箸之大博已有所淡化。即便如此，我们还是能够从汉代边韶所作的《塞赋》中，看出其宇宙论方面的象征意蕴。据其言曰："始作塞者，其明哲乎……然本其规模，制作有

1　参见王煜《四川汉墓画像中"钩绳"博局与仙人六博》，《四川文物》2011 年第 2 期。

2　（宋）朱熹，蒋立甫校点：《楚辞集注》卷七《招魂》，上海古籍出版社、安徽教育出版社，2001，第 138 页。

3　（晋）郭象注，（唐）成玄英疏：《庄子注疏》卷四《骈拇》，中华书局，2011，第 178 页。

式。四道交正，时之则也。棋有十二，律吕极也。人操厥半，六爻列也。赤白色者，分阴阳也。乍亡乍存，像日月也。行必正直，合道中也。趋隅方折，礼之容也。迭往迭来，刚柔通也。周则复始，乾行健也。局平以正，坤德顺也。然则塞之为义，盛矣大矣，广矣博矣。质象于天，阴阳在焉。取则于地，刚柔分焉。施之于人，仁义载焉。考之古今，王霸备焉。览其成败，为法式焉。"[1] 由此之论，在边韶眼中，塞戏虽然不再通过投箸构拟卦象的推演过程，但其棋局设计、行棋规则仍旧体现出明确的宇宙论色彩，甚至具有合乎天地之道、礼乐之教的德性。

上述六博，尤其是投箸之大博行棋步数的确定方法，与号为"五木"的樗蒲有着明显的差别。顾名思义，所谓"五木"，即是用五枚骰子来确定行棋步数。据李肇《唐国史补》所载："其骰五枚，分上为黑，下为白。黑者刻二为犊，白者刻为雉。"[2] 又李翱《五木经》言："取二投，于白上刻为鸟。其刻其鸟二投背上并刻牛，故曰背也。"[3] 综上可知，樗蒲之骰子（即五木）虽色分黑白，实际上却包含了黑、白、雉、犊四种不同花色，两枚骰子的黑白两面分刻犊、雉。五枚骰子的组合方式共计32种，可归纳为12种不同的情形，如五白（雉雉白白白）、四白一黑（雉犊白白白）、三白二黑（犊犊白白白）等，分别对应白、开、塔、犊、撅、枭（或捣）、雉、秃、塞、卢十采，被赋予二至十六不等的不同点数。[4] 又据《唐国史补》，上述诸采概可分为贵采和杂采两大类，[5] 卢、雉、犊、白四者为贵采，出现概率均为 1/32，共计 1/8；其余为杂采，出现概率为 7/8。

依此而论，樗蒲的投掷规则虽然与"六博"有着相当高的相似性，但其与《周易》六爻卜算之间的构拟关系则并不存在；又其黑、白、雉、犊四种花色，也不符阴阳之道，突破了非黑即白、非阴即阳的二元格局，各采概率亦与卦象六十四之数不合，形成了更为丰富多变的组合形式。但与投箸小博不同的是：这些组成形式对应的采数另有规定，并非是直接与骰子的数字或者数字之和相应。综上，若从六博和樗蒲所使用的骰子和与之相关的行棋步数来看，樗蒲的宇宙论和抽象象征意味显不如六博明确而清晰。

1　（唐）欧阳询等：《艺文类聚》卷七四《塞赋》，第 1280 页。

2　（唐）李肇：《唐国史补》卷下，上海古籍出版社，1957，第 61—62 页。

3　（清）董诰等编：《全唐文》卷六三八，中华书局，1983，第 6441 页上。

4　详参薛新刚、林飞飞《中国古代休闲体育与社会之对待——以六朝之樗蒲为例》；赵来春：《〈梵网戒本疏日珠钞〉所载博戏新考》，第 32—33 页。

5　参见（唐）李肇《唐国史补》卷下，第 62 页。

三　行棋路径之比较

再来看六博的行棋路径。据《招魂》《说文解字》《博经》[1]等文献可知，六博棋子一般为十二枚，每方六枚。从目前出土的博具实物看，每组的六颗棋子又可分为等大和一大五小两种。后者以大者为枭、小者为散，前者则是每组中的某一颗棋子在特定情况下竖起，成为枭棋。在傅举有看来，枭棋不同于一般的散棋，是众棋的首领，有如现在象棋中的"将"或"帅"，决定着博局的胜负，即所谓杀枭为胜。[2]《史记·魏世家》载："王独不见夫博之所以贵枭者，便则食，不便则止矣。"[3] 这一说法，不仅凸显出枭棋在六博中的重要性，亦揭示出另一甚为关键的信息，既所谓便与不便之说，已经明确揭示出六博中行棋之棋子的可选择性，即可以在适当时机选择击杀枭棋，亦可另走它棋、待机而动。换言之，虽然投箸和投茕所得之点数是固定的、偶然形成的，对局者却可以通过自主选择运行何棋来制定合理的制胜策略。

班固《弈旨》所谓"夫博悬于投，不专在行，优者有不遇，劣者有侥幸"[4]，正体现出投和行二者之偶然性与必然性、客观数字和主观选择的协调统一。

但因行棋路径所限，选择其中一子行棋，极有可能会出现所谓"争道"的情形。《史记·刺客列传》《娄春秋旧事》《魏略》等对此多有记载。[5] 在上述事件中，后果最为严重的一次"争道"，是汉景帝刘启为皇太子时与吴王刘濞太子六博对局中发生的争道杀人事件。在这场皇太子与吴太子的博弈中，吴太子因为争道不恭，而被皇太子引博局击杀，吴王由此怨望，稍失藩臣之礼、称疾不朝，终在景帝时发生了耸动天下的吴楚七国之乱。[6] 当然，七国之乱的原因甚为复杂，远非一场因博局而起的凶案所能解释。但所谓"争道"与"争天下"之间象征性的隐喻，即在一定程度上将小小的博局之争视为后来天下大争的预演。又依笔者之见，争道的出现或许确同投箸、投茕所得点数方面的限制有关，却非"只能按投箸的结果进行"[7]之必然产物，而恰是自主选

1　《招魂》《说文解字》参前文，鲍宏《博经》参见（南朝宋）范晔撰，（唐）李贤等注《后汉书》卷三四，中华书局，1965，第1178页。

2　参见傅举有《论秦汉时期的博具、博戏兼及博局纹镜》，《考古学报》1986年第1期。

3　（汉）司马迁撰，（南朝宋）裴骃集解，（唐）司马贞索隐，（唐）张守节正义：《史记》卷四四《魏世家》，中华书局，1959，第1854页。

4　汪荣宝，陈仲夫点校：《法言义疏》卷四，中华书局，1987，第66页。

5　详细之史料参见傅举有《论秦汉时期的博具、博戏兼及博局纹镜》，第32—33页。

6　参见（汉）班固撰，（唐）颜师古注《汉书》卷三五《荆燕吴传》，中华书局，1962，第1904页。

7　傅举有：《论秦汉时期的博具、博戏兼及博局纹镜》，《考古学报》1986年第1期。

择的结果。只有承认这一点，我们才能够解释为何争道的出现会与吴太子的轻悍、不恭有关。换言之，正是由于吴太子没有选择不争道而避让防守、另行它棋，而是通过争道采取了主动进击的态势，才遭致了汉景帝的雷霆之怒。《刺客列传》《娄春秋旧事》和《魏略》中所记荆轲、勾践、倪宽、杜畿、卫固博等人所谓争道事，也只有明确了这一原则方能解释圆通。如果争道系规则所限，无法避免，又何至于因此而致怒甚至杀人呢？在樗蒲的行棋过程中，如前文所论，因为没有曲折往复之棋道，而是在一条由若干矢组成的直线式临时棋道进行角逐，故行棋时可以自主选择何棋前进的规则依然适用，形成你追我赶、争相竞逐之势，却很难出现所谓的"争道"。这一术语，也确未在记载樗蒲之戏的存世文献中出现。

至于六博具体的行棋路线，并无系统而明确的记载，从《西京杂记》所记许博昌回文式的口诀来看，至少包含了方、畔、揭、道、张、究、屈、玄、高九个不同的点位。[1] 尹湾汉墓出土《博局占》木牍的占验文字中，纵列开头的九个字也是与之相类的方、廉、揭、道、张、曲、诎、长、高，表示其在博局上的位置。[2] 曾蓝莹、李解民、罗见今和李零均对此九字的含义、博局中天干地支的位置和次序等进行了详细的考证。[3] 综合而论，博局的中心应是所谓"方"，TLV纹的其他部分亦与上述九字中的另外八字相对应。既如此，六博行棋的路径是否从周边（即所谓"高"）开始，至中央（即所谓"方"）结束呢？从大的原则上而言，似应如此。但需注意的是：从投箸和投荥所得的点数来看，上述九个基本点位显然太少，不具备相应的可玩性。所幸《博局占》所提供的干支配位，为此问题的讨论提供了进一步的线索。在此方面分析得最为细致深入的当属罗见今，据其《博局占》复原图和理想图[4]（图6、图7）可知，占中的天干地支系统从博局的东北角开始，大体依照边缘到中心，中心到边缘的顺序曲折迂回，形成一个以"方"为中心，包含四条分支的连续线路，呈中心对称，而非镜面反射所得，即不包含相应的对称轴。前已述及，六博棋盘本身即为中心对称而非轴对称格局，在静态中包

---

[1] 参见（汉）刘歆撰，（晋）葛洪辑，向新阳、刘克任校注《西京杂记校注》卷四，上海古籍出版社，1991，第203页。

[2] 参见连云港市博物馆《江苏东海县尹湾汉墓群发掘简报》，《文物》1996年第8期，彩色插页壹。

[3] 参见曾蓝莹《尹湾汉墓〈博局占〉木牍试解》，《文物》1999年第8期；李解民《〈尹湾汉墓《博局占》木牍试解〉补订》，《文物》2000年第8期；罗见今《尹湾汉墓简牍博局占图构造考释》，《西北大学学报》（自然科学版）2000年第2期；李零《跋中山王墓出土的六博棋局——与尹湾〈博局占〉的设计比较》，《中国历史文物》2002年第1期。

[4] 罗见今：《尹湾汉墓简牍博局占图构造考释》，第183页。原"复原图"中出现两处标号为13的位置，经笔者研究，左侧之13应修订为23。

含了右旋（极少数为左旋）的动势。目前学者虽已就《博局占》的干支分布进行了详细推断，却并未明确将其与六博的行棋路径直接联系起来。据笔者推断，既然所谓"博局占"当以和行棋相同的投箸、投茕等方式进行，亦极有可能就是六博的行棋路径，至少是其中最为流行的一种：其路线从西北角的甲子位开始，至位于"方"北面T形图示与方框交点的癸亥位结束，四次经过博局的中心区域，遍历四角、四边（即四维八方），完成一轮干支循环。这种循环往复而又十分复杂的行棋路线，构成了一种动态的宇宙图示，在一定程度上体现出天地间能量的周流，使六博的行棋路径具有了深刻的宇宙论意涵，也成为许博昌等人用口诀形式方便参与者记忆的重要原因。马王堆3号汉墓出土博局[1]（图8）上云气的周流方向，也在一定程度上印证了上述判断。

而观樗蒲的行棋路径，则是典型的直线赛跑式，理论上不需棋盘，更无曲折之行棋路径，只须留出增加可玩性和戏剧性的关、坑即可。较之六博，这种简单明了的行棋路径显然要容易上手得多。故此，我们在关于樗蒲的文献中也未见任何有关许博昌口诀之行棋路径的说明。

综上所述，樗蒲行棋中虽也有关、坑等特殊位置和打马（即将对方棋子打回起点，有类今之飞行棋）、叠马（即两个或两个以上的棋子一同前行）[2]等特殊行棋规则，却并无行棋线路冲突导致的"争道"之说，亦不具有边缘—中心—边缘循环往复的行棋径路，其宇宙论意味已随之消解。

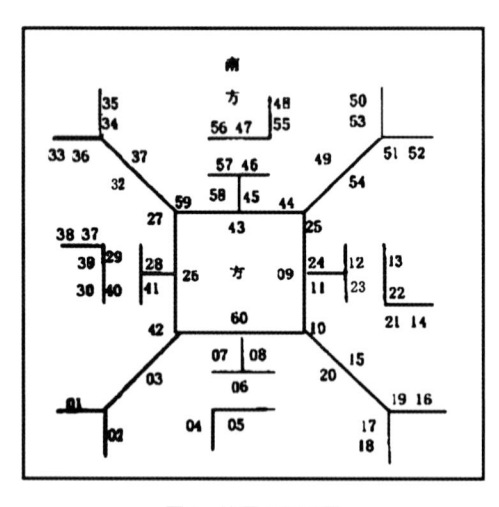

图6 博局占复原图

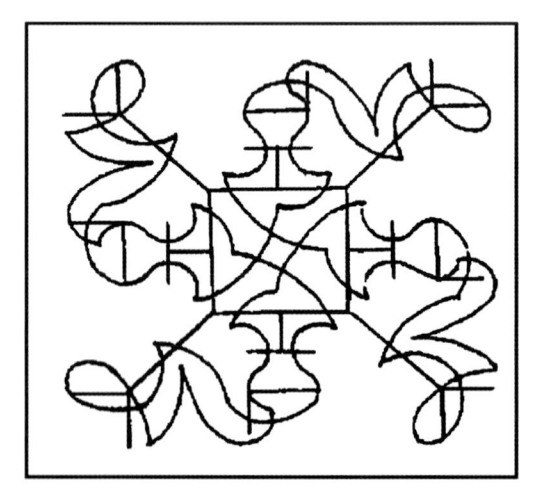

图7 理想博局占图

---

[1] 湖南省博物馆、湖南省文物考古研究所：《长沙马王堆二、三号汉墓》第一卷《田野考古发掘报告》，文物出版社，2004，第165页。

[2] 相关解释参见薛新刚、林飞飞《中国古代休闲体育及社会之对待——以六朝之樗蒲为例》，第93—94页。

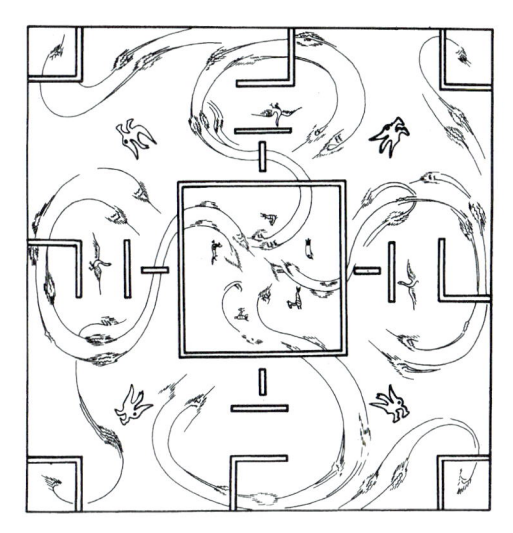

图8 马王堆3号汉墓博局

四 出现场域的分析与比较

最后需要分析和比较的是六博和樗蒲出现的场域。不容否认的是，二者作为秦汉魏晋时期所流行的博戏，当然是一种上至王公贵族、下至黎民士庶的游艺活动和赌博方式。但无论是从相关史料还是出土实物方面而论，六博所出现的场域还包含了明显超越于日常生活世界之外的人神对局、仙人互博场景。

据《史记·殷本纪》载："帝武乙无道，为偶人，谓之天神。与之博，令人为行。天神不胜，乃僇辱之。"[1] 又《韩非子·外储说》言："秦昭王令工施钩梯而上华山，以松柏之心为博，箭长八尺，棋长八寸。而勒之曰：'昭王尝与天神博于此矣。'"[2] 应劭《风俗通义·正失》亦云："武帝与仙人对博，碁没石中……"[3] 而在曹植所撰的《仙人篇》中，则有"仙人揽六箸，对博太山隅"[4] 之句。这些先秦、秦汉时期的重要史料，都体现出人神，尤其是帝王与天神互博的主题。其所载史事本身虽然具有很大的虚构成分，却不难揭示出六博所具有的宇宙论意涵，视其为天人沟通、人神互动的重要手段。

再及于六博实物、模型或其图像所出现的场域，多作为随葬品出现在墓葬中，或以图像（包括单独的博局图像和仙人六博形象）的方式出现在汉代的画像石和画像砖上。据姜彦文的考察，四川汉代石棺六博画像的位置，遵循着一种相对稳定但又不绝对的配置规律，即基本上均位于棺身的侧面，表现"神仙仙境"或其组成部分。[5] 更为有趣的是，在一些汉画像的六博图中，尽管画中的人物（或仙人）均以正侧面或3/4侧面表示，然其所示六博棋盘却多以汉画中较为特殊的正投

---

[1] （汉）司马迁撰，（南朝宋）裴骃集解，（唐）司马贞索隐，（唐）张守节正义：《史记》卷三《殷本纪》，第104页。

[2] （清）王先慎，钟哲点校：《韩非子集解》卷一一《外储说》，中华书局，1998，第276页。

[3] （汉）应劭，王利器校注：《风俗通义校注》卷二《正失》，中华书局，1981，第69页。

[4] （三国魏）曹植，赵幼文校注：《曹植集校注》卷二《仙人篇》，人民文学出版社，1984，第263页。

[5] 参见姜彦文《四川汉代石棺六博画像艺术初步研究》，载中国汉画学会、四川博物院编《中国汉画学会第十二届年会论文集》，中国国际文化出版社，2010，第231页。

影俯视角呈现。依此而论，刻绘者对于六博棋盘极具宇宙论色彩的抽象图形（即 TLV 图形）是极为重视和自觉的。这一特殊的画面配置，使六博棋盘和其两侧的人物（仙人）构成了画面的核心和两翼，再加上上大下小之仙山的表现，将抽象和具象的宇宙形象结合，体现出明显的宇宙论意趣。而在西汉晚期至新莽时期前后，西王母形象成为汉画像的重要题材之一，六博也出现在了同西王母相关的盛大场面之中。这种将六博置于重楼仙阁之中，"设张博具，歌舞祠西王母"[1] 的做法，显然不是简单地以博局为戏，甚至以博局娱神，而是将其视为通向西王母治下天庭之路的重要媒介。如果借用人类学的术语，将墓主"由生到死、死而复生"的过程理解为由一种状态（如死亡）进入另一种状态（如得道成仙，即所谓"尸解"）的仪式，六博棋局极具象征意味的宇宙论特征和其亦动亦静的状态所彰显出来的强大动力，确实可能发挥了某种类似于"生命转换器"的作用，[2] 或成为沟通仙界祥瑞神灵和有助升仙的"中介设施"[3]，成为其死后分离、阈限和再整合之仪式过程的重要一步。[4]

除此之外，汉墓中还出土了大量刻有铭文的博局纹镜，从其"左龙右虎掌四彭（方），朱爵（雀）玄武顺阴阳，八子九孙治中央，刻娄（镂）博局去不羊（祥）""刻治六博中兼方，左龙右虎游四彭……应随四时合五行，浩如天地日月光"之类的铭文来看，[5] 此类博局纹铜镜的宇宙论含义亦十分明显，或可视为一个大神所治的宇宙模型。而在《中国铜镜图典》中，笔者还注意到三件西王母禽兽博局镜[6]（图 9）。这一西王母与四神、瑞兽、羽人等一同出现于博局纹铜镜中的形式，也在相当程度上彰显出博局镜与神仙信仰之间的密切关系。需要注意的是，此处之西王母并非与东王公相对出现，而是单独出现，体现出较高的神格。

而观樗蒲，虽然在汉魏晋南北朝时期亦广为流行，却未作为重要的陪葬器物出现，亦未出现在石棺、画像石和画像砖上，而与升仙信仰的关系甚为疏离。据《晋书》《世说新语》《宋书》《魏书》

1　《汉书》卷二七下之上《五行志第七》，第 1476 页。

2　相关讨论参见姜生《六博图与汉墓之仙境隐喻》，《史学集刊》2015 年第 2 期。

3　相关讨论参见杨燕、高明《成仙迁转的"设施"——汉画像六博升仙仪式图像研究》，《世界宗教研究》2022 年第 6 期。

4　相关概念参见［法］阿诺尔德·范热内普《过渡礼仪》，张举文译，商务印书馆，2010；［英］维克多·特纳《仪式过程：结构与反结构》，黄剑波、柳博赟译，中国人民大学出版社，2006。

5　相关材料参见王纲怀《清华铭文镜——镜铭汉字演变简史》，清华大学出版社，2011，第 110 页；连云港市博物馆《江苏东海县尹湾汉墓群发掘简报》，《文物》1996 年第 8 期，彩色插页壹。

6　孔祥星等编著：《中国铜镜图典》（修订本），第 409—411 页。

《南齐书》等传世史料之记载，[1] 其是为广泛流行于社会各阶层的博戏，虽偶有获胜而后为官为帝的政治隐喻，却仅仅是因掷出卢采所致，不若六博同八卦推演存在密切的构拟关系，属于比较简单的运命性质，并不具有明确而深刻的宇宙论意味。张有文中所论甘肃高台魏晋墓葬中的樗蒲对局形象，[2] 明显是墓主人生前娱乐场景的反映，不具有仙人或人神对博的性质，亦不可同汉代石棺和画像石、画像砖中六博博局或者仙人对博的象征性母题相提并论。因此，除个别记载仙人（老翁）对局的传奇故事外，[3] 樗蒲在其出现的场域方面已经基本上退出了死后的信仰世界，而仅仅是社会日常娱乐的重要组成部分。

综上所述，秦汉时期的六博在棋盘布局、行棋点数的确定方式、行棋路径和相关图像出现的场域等方面，均体现出丰富、完备而深刻的宇宙论色彩。故其虽然是一种博戏，却与式、《周易》演卦、权力争夺、飞升仙境等存在着抽象和具象的内在联系，非可以单纯之赌博和游戏视之。魏晋之后，典型意义上的六博又与稍晚出之樗蒲相混，甚至为其所取代。随着樗蒲、双陆等更具游戏性、刺激性和简明性之博戏的流行，传统的六博逐渐遭人冷落，甚至其规则都已逐渐失传。这一转折，不仅关涉六博、樗蒲等博戏的盛衰移易；体现出秦汉魏晋间博戏宇宙论意味的淡化与消解；更可管中窥豹，成为我们探讨汉魏思想变迁的重要切口。

图 9　西王母禽兽博局镜

1　相关史料和考证参见李洪岩《樗蒲考略》，第 18—19 页；宁稼雨《〈世说新语〉中樗蒲的文化精神》，第 61—63、100 页；董丽霞《樗蒲史料钩沉》，第 160—163 页；黄志立、林岗《"樗蒲"述考——以〈世说新语〉为中心》，第 110—112 页；黄志立《"樗蒲"资料补正》，第 69—71 页。

2　参见张有《丝绸之路河西地区魏晋墓彩绘砖画——六博新考》，第 74—77 页。

3　"昔有人乘马山行，遥望岫里有二老翁相对樗蒲，遂下马造焉，以策注地而观之。自谓俄顷，视其马鞭，摧然已烂，顾瞻其马，鞍骸枯朽。既还至家，无复亲属，一恸而绝。"参见（南朝宋）刘敬叔，范宁点校《异苑》，中华书局，1996，第 48 页。

正如李零所言："六博的风靡，六博艺术主题的风靡，从根本上讲是式所代表的宇宙观念的风靡。"[1] 而以笔者未必全面的观察，汉晋之际六博的消逝，及与其相关之视觉文化——如汉画像中的六博形象、石棺中的博局图案、博局纹镜等的退场，同樗蒲等与之存在承续和相似性之博戏的大规模流行，标志着一个时代和一种思维方式的远去。直至数百年后的唐宋时代，密教曼陀罗、周敦颐《太极图》、朱熹等人对于所谓《河图》《洛书》等平面抽象宇宙图示的绘制，才用新的方式将这一沉睡已久的传统重新唤醒。在汉宋间持续千年的历史变迁之中，中国古代思想世界的"风景"早已千回百转，大为不同。

附记

本文在写作过程中得到哈佛大学汪悦进（Eugene Wang）、中央美术学院贺西林、湖南大学岳麓书院邓国军、向明文和张科等先生的指导和建议，并于2018年6月11日在湖南大学岳麓书院举办的"中国古代湘楚地区的视觉文化与思想观念"论坛上进行了汇报，得到与会学者的诸多建议，谨致谢忱。

---

1 李零：《"式"与中国古代的宇宙模式》，《中国文化》1991年第4期。

(四)

图像研究

从"仙人御龙以行"到"凡人乘龙升仙"的战国秦汉绘画观察

■ 王传明（山东大学历史文化学院、长沙市文物考古研究所）

西汉武帝元鼎四年，方士公孙卿对汉武帝首言黄帝乘龙升仙的故事，是为燕齐方士对于凡人乘龙升仙的最早的想象与描绘。而楚地的文献资料则显示，早在战国中期就有了对仙人御龙以行的记载，且御龙以行是仙人身份的象征与标志，人间的凡人不可。但这种情形在黄帝乘龙成仙的故事出现后发生了变化，出现了许多关于仙人和凡人升仙的描述。并且，凡人乘龙升仙观念与死后尸解成仙信仰和至上神西王母信仰相互纠缠，使得生时不死升仙和死后乘龙升往西王母的神仙世界成为凡人可以企望与表达的事情。这些对于仙人出行与升仙方式的想象都在战国秦汉时期的绘画材料中有着非常明确的表达。另外，需要言明的是，不论楚地的"仙人御龙以行"，还是武帝元鼎四年以降两汉时期的"凡人乘龙升仙"，他们所骑乘的动物并非只有龙，只是龙在这些叙事中最具典型，故以此命名。

一　楚地"仙人御龙以行"的记载与图像表达

楚地关于仙人的记载最早见于《庄子·逍遥游》："藐姑射之山，有神人居焉，肌若冰雪，绰约若处子。不食五谷，吸风饮露，乘云气，御飞龙，而游乎四海之外。"[1] 由此，我们不仅知道仙人所居何处、形象为何以及所食所饮，也可知他们的出行方式为御龙或乘云气以行。另外，《楚辞》也多有对仙人御龙以行的描述，如《九歌》就有"（云中君）龙驾兮帝服，聊翱游兮周章""（湘君）驾飞龙兮北征，邅吾道兮洞庭""（大司命）乘龙兮辚辚，高驼兮冲天""（东君）驾龙辀兮乘雷，载云旗兮委蛇"和"（河伯）

1　（清）王先谦：《庄子集解》卷一《逍遥游》，中华书局，1987，第5页。

乘水车兮荷盖，驾两龙兮骖螭"[1]。这都表明，御龙以行是仙人身份的象征和标志，普通之人不可行。

《远游》所描写的屈原登昆仑、经天门、入帝宫并周历天地的过程中，他升天成仙前后出行方式的变化更加明确地表达了御龙以行是仙人的专属。该篇并未提及屈原进入天门之前的骑乘之物，在他成为仙人后，则可"驾八龙之婉婉兮，载云旗之逶迤""风伯为余先驱兮，氛埃辟而清凉。凤皇翼其承旂兮，遇蓐收乎西皇"以及"左雨师使径待兮，右雷公而为卫"等。[2] 而他所役使诸物，本为天帝太一之属。因此，屈原升天成仙前后骑乘之物的差异性，更加明确了御龙以行是仙人的身份象征，人间的普通之人不可及。据此，再来审视楚地的相关材料，会确定御龙之人的身份都为仙人。

1　《人物龙凤帛画》　　　　　2　《人物御龙帛画》

图1　长沙出土的两幅战国帛画

---

[1] （宋）朱熹集注：《楚辞集注》卷二《九歌》，上海古籍出版社，1979，第31、33、39、41、43页。

[2] （宋）朱熹集注：《楚辞集注》卷五《远游》，第105—113页。

（一）《人物龙凤帛画》与《人物御龙帛画》

这两幅帛画均出土于湖南长沙。《人物龙凤帛画》系从陈家大山楚墓盗掘而出，帛画被盗出后，为蔡季襄所得。后蔡氏将帛画交湖南省文物管理委员会，再后转藏湖南省博物馆至今。该帛画长31厘米，宽22.5厘米。其上部有一龙一凤，龙凤之下有一侧身而立双手相合的女子。该女子着广袖长裙，裙角飞扬，脚下踩有一弯新月。《人物御龙帛画》出土于长沙子弹库1号楚墓，该墓的墓主为一位40岁左右的男性，葬具为一椁重棺。帛画出土时平放于椁盖板下面的隔板之上，画面向上。帛画长37.5厘米，宽28厘米，最上横边裹着一根很细的竹条，上系有棕色丝绳。其正中有一侧身而立头戴高冠、腰佩长剑的男子，他手持缰绳御一巨龙而行，巨龙昂首弓身，尾巴上翘，仿佛一条龙舟。上有一华盖，边沿系有三条丝带。龙尾立一鹤，龙身下方有一条鱼。（图1）[1]

图2　荆州天星观二号楚墓漆羽人

---

[1]　湖南省博物馆：《长沙子弹库战国木椁墓》，《文物》1974年第2期。

关于两幅帛画中女子和男子的身份，早在《人物龙凤帛画》为蔡季襄所得时，他便指出帛画中的女子为墓主像。[1] 但是，至于帛画中的墓主之像是孙作云所言的死者的灵魂，[2] 还是金维诺所认为的死者的遗容，[3] 抑或是贺西林所言的墓主再生形象，[4] 学界一直存在争议。根据前述楚地文献，笔者认为画中女子和男子的身份都为仙人，确切地说是墓主生时升天成仙后的新生形象。两幅帛画意欲表现的正是墓主成仙后御龙或乘云气以行的场面。

（二）漆羽人

荆州天星观二号楚墓的东室出土有一件漆羽人。该漆羽人，木胎，由上部的羽人和下部的凤鸟组成，通高 65.6 厘米，其中羽人高 33.6 厘米，凤鸟高 20.13 厘米（图2）。[5] 上部的羽人裸露上身，体型肥壮，人面，鸟喙，头顶应有一物，可能为冠，但缺失不可知。双手前伸持物，所握之物缺失，臀部中央凿一长方形榫槽，槽内插一扇形鸟尾。腿部粗壮，膝盖微前曲，足为鸟爪，踩在凤鸟头上。同时东室还出土有一对鸟翅，应为羽人的翅膀。下部的凤鸟为圆头、勾喙，双目圆形略鼓，曲颈，双翅平伸，展翅欲飞，尾羽弯曲下垂，腿部弯曲呈蹲卧状，双足踏在一方形木座之上。木座下方为一方形长榫头，榫头插在何物之上不可知（一说为该墓出土的漆蟾蜍器座，但不确定）。

从羽人的人面鸟喙、鸟尾和背生翅膀等身体特征来看，其为仙人无疑。所以上部羽人和下部的凤鸟所呈现的正是仙人乘凤鸟以行的样子。

（三）"人首蛇身"人物

马王堆汉墓一号、三号汉墓的内棺盖板之上均发现有一幅T形帛画，两幅帛画上部日月之间或日月之下的纵向中轴线上均有一"人首蛇身"人物。其中一号墓帛画中的"人首蛇身"人物披发无冠，长辫垂于蛇身之上，着交领广袖衣，面容清秀姣好，神情淡然、不喜不悲。三号墓帛画中的"人首蛇身"人物侧身而立，身着青袍，衣服合体裁剪，左手叉腰，右手指向前方，给人一种干练异常、孔武有力的感觉（图3）。

关于他们的身份，学界可谓众说纷

1　蔡氏所撰《晚周帛画家的报告》现已无存，唯郭沫若《关于晚周帛画的考察》一文可见零星的记载。郭氏之文发表在《人民文学》1953年第11期。

2　孙作云：《长沙战国时代楚墓出土帛画考》，《人文杂志》1960年第4期。

3　金维诺：《从楚墓帛画看早期肖象画的发展》，《美术》1977年第5期。

4　贺西林：《从长沙楚墓帛画到马王堆一号汉墓漆棺画与帛画——早期中国墓葬绘画的图像理路》，《艺术史研究》（第五卷），中山大学出版社，2003，第143—168页。

5　湖北省荆州博物馆：《荆州天星观二号楚墓》，文物出版社，2003，第181—184页。

纭。笔者受鲁惟一[1]和姜生[2]观点的启发，根据两幅帛画中"人首蛇身"人物面容衣着和体貌特征的差异性、与墓主性别的一致性、在天上世界位置的不同以及《远游》篇所记楚地的升天成仙信仰，将他们考证为墓主生时升天成仙后的新生形象。[3] 两位墓主的仙人形象都没有骑乘它物，而是以其身下的蛇尾实现了自我的悬浮。

笔者一再强调两幅战国帛画和马王堆汉墓T形帛画天上世界的人物形象为墓主生时升天成仙后的新生形象，因为他们所反映的是楚地所流行的不死升天成仙信仰，而非燕齐方士鼓吹的死后尸解成仙和今人所认为的引魂升天之说。从先秦文献来看，这一时期楚地并无引死者魂灵升天的观念。对此，许多学者都有过分析，[4]不予赘述。细观一些引魂升天之论，不过是糅合了"魂气归于天，形魄归于地"魂魄二元观[5]和黄帝乘龙升天故事，从而混淆了生时成仙和人死后灵魂不灭观念的错误认知。

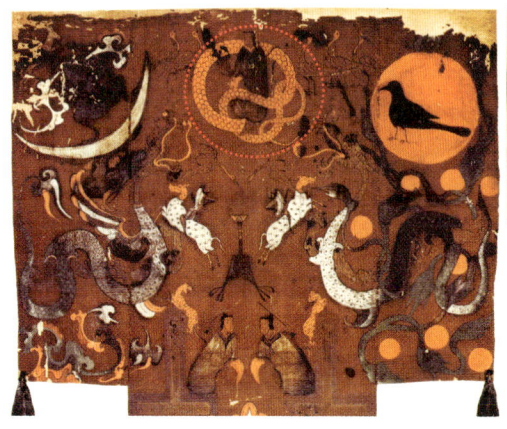

1 马王堆一号墓T形帛画　　2 马王堆三号墓T形帛画

图3　两幅T形帛画的天上世界

1　Michal Loewe, *Ways to Paradise: The Chinese Quest for Immortality*, Boston: Allen & Unwin, 1979, pp.35-37.

2　姜生：《马王堆帛画与汉初"道者"的信仰》，《中国社会科学》2014年第12期。

3　王传明：《马王堆汉墓出土T形帛画"人首蛇身"人物形象考——兼谈楚地与燕齐升仙信仰于帛画中的表现》，《四川文物》2021年第6期。

4　参见俞伟超等《关于帛画》，《文物》1972年第9期；韩自强《马王堆汉墓出土帛画与屈原〈招魂〉》，《江淮论坛》1979年第1期；李建毛《也谈马王堆汉墓T形帛画的主题思想——兼质疑"引魂升天"说》，《美术史论》1992年第3期；高崇文《非衣乎？铭旌乎？——论马王堆汉墓T形帛画的名称、功用与寓意》，《中原文化研究》2019年第3期。

5　（汉）郑玄注，（唐）孔颖达疏：《礼记注疏》卷二六《郊特牲》，载阮元校刻《十三经注疏》，中华书局，1980，第229页。

二 汉武帝元鼎四年黄帝乘龙升仙故事与凡人乘龙升仙的表达

元鼎四年，方士公孙卿对武帝言："黄帝采首山铜，铸鼎于荆山下。鼎既成，有龙垂胡须下迎黄帝，黄帝上骑，群臣后宫从上者七十余人，龙乃上去。余小臣不得上，乃悉持龙须，龙须拔，坠，坠黄帝之弓。百姓仰望，黄帝上天，乃抱其弓与胡须号，故后世因名其处曰鼎湖，其弓曰乌号。"[1] 在此之前，虽有李少君对武帝言黄帝以封禅不死，但却无黄帝升仙方式的细致描述。少君有言："祠灶则致物，致物而丹砂可化为黄金，黄金成以为饮食器则益寿，益寿而海中蓬莱仙者可见，见之以封禅则不死，黄帝是也。"[2] 李少君和公孙卿之言都表明，黄帝是生时成仙，而非死后。但这似乎并未让武帝完全相信，所以有了他祭祀黄帝冢时的发问："吾闻黄帝不死，今有冢，何也？"有人以"黄帝已仙上天，群臣葬其衣冠"答之。[3] 这一回答也表明黄帝是生时升天成仙，而非死后的尸解成仙。这开启了古人对于凡人升天成仙的想象。之后，方有淮南王刘安"得道仙去，鸡犬升天"[4] 和"仙人唐公房碑"所记公房妻子、房屋、六畜与公房俱去的升仙故事。[5]

除了龙之外，天马也是凡人乘之可以升仙的神异动物。故汉武帝作《天马歌》和《西极天马歌》，以希冀乘之升仙。《天马歌》有云："太一况，天马下……霑赤汗，沫流赭……今安在，龙为友。"《西极天马歌》则云："天马徕，从西极……天马徕，龙之媒，游阊阖，观玉台。"[6] 这种企望也在东汉时期的铜镜画像上得到表现。

（一）杜师天马白虎神人画像镜

浙江绍兴出土的杜师天马白虎神人画像铜镜左刻青龙，右为白虎，上有一仙人乘天马，下有一骑士骑马。骑士所骑之马的上方有"天马"榜题，马蹄下方有"杜师"榜题。[7] 对比上、下两幅骑马画像，会发现下方骑吏和马都没有羽翼。若无榜题，马只不过是人间的马，该画像也

---

1. （汉）司马迁：《史记》卷二八《封禅书》，中华书局，1959，第1394页。
2. （汉）司马迁：《史记》卷二八《封禅书》，第1385页。
3. （汉）司马迁：《史记》卷二八《封禅书》，第1396页。
4. 黄晖：《论衡校释》卷七《道虚》，中华书局，1990，第325页。
5. 陈显远：《汉"仙人唐公房碑"考》，《文博》1996年第2期。
6. （汉）班固：《汉书》卷二二《礼乐志》，中华书局，1962，第1060—1061页。
7. 梁上椿辑：《岩窟藏镜》第二集下，北京大业印刷局暨育华印刷所，1942，图30。

只是人间的普通之人骑马的画像。但由于"天马"榜题的出现,此画像便隐然有了骑吏乘天马升天的表达。

(二) 白虎天马神人画像铜镜

中国国家博物馆举办的"镜里千秋——中国古代铜镜文化"展出一枚白虎天马神人画像铜镜。其上刻有白虎、天马和二神人,白虎的尾巴下方和天马的左前足上方分别有"白虎"和"天马"榜题。天马的背上没有骑者,想来可能是它的主人乘其升天成仙后,舍弃它邀游天地去了。

1 杜师天马白虎神人画像镜　　2 白虎天马神人画像铜镜　　3 仙人掷博镜

图 4　天马或仙马画像铜镜及细部

1 洛庄汉墓青铜鎏金当卢　2 保安山二号墓青铜鎏金当卢

图 5　天马当卢

图 6　海昏侯墓错金神兽纹青铜当卢

（三）仙人掷博镜

湖北鄂州出土的仙人掷博镜纹饰带的七乳间有七组画像，其中有一马儿被拴于一柱子上，马尾后有"仙马"榜题，铜柱下方有"铜柱"榜题。[1] 此仙马背上同样没有骑者，且它是被拴着而非奔跑的状态。该画像所表达的可能也是它的主人乘其升天成仙后，舍弃它遨游天地去了。（图4）

无论汉武帝所作天马歌，还是铜镜上的天马，他们对于乘天马升仙的表达都是非常直白的。而有一些表达，则是比较隐晦的。如山东济南洛庄汉墓[2]和河南永城保安山二号墓[3]出土的青铜鎏金叶状当卢之上均镂刻有一马，马的头部向上，整个身体呈反向的S形，背部生翼，四蹄翻飞，给人以奔驰腾空而去的感觉。（图5）固然天马和当卢都是来自汉朝域外，但是在汉代的上层人士中间装饰天马等其他神异动物的当卢被赋予了神异属性。它们与其他车马器一起将人间的凡马转化为天马，将车转化为云气车，以助力其主人升天成仙。《史记》所记齐人少翁对武帝言神物不至的原因和对策，可窥一斑。书云："文成言曰：'上即欲与神通，宫室被服不像神，神物不至。'乃作画云气车，及各以胜日驾车辟恶鬼。又作甘泉宫，中为台室，画天、地、泰一诸神，而置祭具以致天神。"[4] 此云气车是可以正常进行的实体车，而非画像，所以自然是由人间的马与车"装扮"成的，故而马车上的所有饰件都参与了天马与云气车的构建。位于马首正中的天马当卢，应该更加引人注目吧。另外，中山王刘胜夫妇墓[5]、九龙山鲁王墓[6]和海昏侯墓[7]出土的几件叶状当卢虽不见天马，但多有青龙、白虎、朱雀等神异动物和云气纹，显现出更加本土化的构图与表达。（图6）

三 墓室与墓前祠堂画像中的墓主乘龙升仙

关于对汉武帝言黄帝以封禅不死的李少君，还有一个小插曲：为武帝寻求仙人

1　鄂州市博物馆编：《鄂州铜镜》，中国文学出版社，2002，第127页。

2　济南市考古研究所等：《山东章丘市洛庄汉墓陪葬坑的清理》，《考古》2004年第8期。

3　河南省商丘市文物管理委员会等：《芒砀山西汉梁王墓地》，文物出版社，2001，第55—56页。

4　（汉）司马迁：《史记》卷一二《孝武本纪》，第458页。

5　中国社会科学院考古研究所、河北省文物管理处：《满城汉墓发掘报告》，文物出版社，1980，第198—201、327—330页。

6　山东省博物馆：《曲阜九龙山汉墓发掘简报》，《文物》1972年第5期。

7　江西省文物考古研究所、南昌市博物馆、南昌市新建区博物馆：《南昌市西汉海昏侯墓》，《考古》2016年第7期。

和不死之药的少君自己居然死了。对此，太史公写道："居久之，李少君病死。天子以为化去不死。"[1] 武帝所认为的化去不死，当为燕齐方士所言的尸解成仙。对此，太史公亦有所记："自齐威、宣之时，驺子之徒论著终始五德之运，及秦帝而齐人奏之，故始皇采用。而宋毋忌、正伯侨、充尚、羡门高最后皆燕人，为方仙道，形解销化，依于鬼神之事。"[2] 根据余英时研究，这是一种与求仙的基本立场不合拍的成仙方式，但却为化解求仙活动质疑提供了一个方便的退路。[3]

古人尸解成仙的转化之地正是黄泉卜的墓葬。在此，不仅墓主人完成了他的复生，更是实现了古人对于神仙世界的构建和墓主升天成仙场面的描绘。墓主升仙场面见于两汉时期的壁画墓、石椁墓、画像石墓和祠堂。

（一）壁画墓

（1）河南洛阳卜千秋西汉晚期壁画墓主室脊顶彩绘一幅升仙图。脊顶西侧所绘人首蛇身的伏羲身后上部有一怀抱三足乌的女子乘三头凤鸟，下部有一持弓男子乘蛇（或为龙）以行。[4] 这对男女当为墓主夫妇，画像所描绘的正是墓主夫妇乘蛇和凤鸟升仙场面。（见图7-1）

1 卜千秋壁画墓主室脊顶（局部）　　2 营城子壁画墓主室后壁

图7 壁画墓中的墓主升仙图

---

1 （汉）司马迁：《史记》卷二八《封禅书》，第1386页。
2 （汉）司马迁：《史记》卷二八《封禅书》，第1368—1369页。
3 余英时：《东汉生死观》，侯旭东等译，上海古籍出版社，2005，第96页。
4 洛阳博物馆：《洛阳西汉卜千秋壁画墓发掘简报》，《文物》1977年第6期。

（2）辽宁大连营城子东汉壁画墓的主室后壁上部中间有三个人物，中间的高大男子头戴三山冠，腰佩长剑，脚下踩有云气，当为墓主人。他的身后跟随一名捧物的童子，前有一方士引导，对面为一名拿芝草、踏云气而来的羽人。童子身后有一青龙。下部前方有一案，案上有一樽，樽内有一勺，案旁有三耳杯。有三人或叩拜，或跪拜，或拱手而拜。[1] 该画像所表现的是墓主乘云气升仙的场景。（见图7-2）。

（二）石椁墓和画像石墓

（1）山东滕州官桥镇后掌大村出土石椁侧板下层刻西王母和东王公的神仙世界。西王母端坐于一高座上，在她的前方有一蟾蜍御五龙拉云气车以行，车上端坐有一人。[2] 该人后背并无羽翼，所以不是仙人，应是墓主。故该幅画像所描绘的是墓主乘五龙所拉的云气车升入西王母神仙世界的场景。（见图8-1）

（2）陕西神木大保当东汉中期画像石墓 M16 的墓门门楣上层左侧为端坐于云气之上的西王母，右侧最前有一仙人持节乘龙，后有一人御三飞鸟拉车以行，车上端坐有一人，最后为一仙人持麾骑鹿。[3] 笔者推测车上端坐之人为墓主，该画像表现的是墓主乘三飞鸟所拉云气车升入西王母神仙世界的场景。（见图8-2）

（3）绥德四十里铺镇前街村发现的东汉永元四年田鲂画像石墓，其前室横楣石的内栏右侧有二仙人分别乘鹿以行，后有一仙人御三飞鸟拉云气车以行，车上端坐有一人，应为墓主。在他们的前方，有乐舞表演和西王母的神仙世界。[4] 所以，画像所表现的也是墓主乘三飞鸟所拉云气车升入西王母神仙世界的场景。（见图8-3）

（4）绥德征集一门楣石的内栏最右侧也刻有一仙人御三飞鸟拉云气车以行，车上端坐有一人，前方为西王母的神仙世界。该画像表现的也是墓主乘三飞鸟所拉云气车升入西王母神仙世界的场景。[5]（见图8-4）

（5）山西柳林杨家坪墓室横额石的左侧有二仙人在高台上六博，台下有两名首蛇身之人，高台前有八人骑马而行，前有六骑，一人居中，右前四人持节，左前一人持幡，后有二人搭弓射箭，右侧有二仙人持竿而对，形成一通道。[6] 这幅画像中墓主并不太明确，可能为前方居中骑马之人。不过，这幅画像的主题为墓主乘马

---

1. 金维诺总主编：《中国美术全集·墓室壁画一》，黄山书社，2009，第44页。
2. 滕州市汉画像石馆编：《滕州汉画像石精品集》，齐鲁书社，2011，第76—77页。
3. 陕西省考古研究所编：《陕西神木大保当汉彩绘画像石》，重庆出版社，2000，第73—74页。
4. 康兰英、朱青生主编：《汉画总录·4 绥德》，广西师范大学出版社，2012，第172—174页。
5. 中国画像石全集编辑委员会编：《中国画像石全集》第5卷《陕北、山西汉画像石》，山东美术出版社，2000，图153。
6. 中国画像石全集编辑委员会编：《中国画像石全集》第5卷《陕北、山西汉画像石》，第228—229页，图308。

升仙应该还是可以确定的。(见图8-5)

(6) 离石马茂庄 M2 前室南壁左侧上部刻端坐于高台之上的东王公和西王母，高台下有一队行列驶向高台，最前的左右有二人持节乘龙以行，中间有一仙人御三龙拉车以行，车上端坐有一人，后有一仙人乘龙以行。前室南壁右侧上部也刻端坐于高台上的东王公和西王母，高台下方也有一队行列，最前方有二人持节乘兽以行，后有一人御二兽拉云气车以行，车上端坐有一人，右侧有一人乘云气以行，最后有二人持节乘兽以行。[1] 云气车上端坐之人应为墓主，所以该画像所描绘的也是墓主乘二兽所拉云气车升仙的场景。(见图8-6)

1 滕州后掌大村石椁侧板

2 神木大保当 M16 墓门门楣

3 田鲂画像石墓前室横楣石

---

[1] 山西省考古研究所、吕梁地区文物工作室、离石县文物管理所:《山西离石马茂庄东汉画像石墓》，《文物》1992年第4期。

4 绥德征集一门楣石

5 柳林杨家坪墓室横额石

6 离石马茂庄 M2 前室南壁左侧石

图 8 石椁墓和画像石墓中的墓主升仙图

（三）祠堂

山东嘉祥武氏祠左石室屋顶前坡东段石（原石编号"后石室二"）的右下有三个圆丘，有云气从中冒出并扩散开来，云气上方有男子或女子所驾两辆马车停靠在东王公或西王母之前（图9）。[1] 从马背部和车后方的羽翼来看，两匹马当为天

---

[1] 蒋英炬、吴文祺：《汉代武氏墓群石刻研究（修订本）》，山东美术出版社，2013，第104页。

马，车为云气车，车内为墓主夫妇。所以该画像所描绘的是墓主夫妇乘天马所拉云气车升仙的场景。

从这些墓主或墓主夫妇升仙画像来看，它们所表现的都是墓主死后的升仙之旅，其所乘之物也多样，有龙、凤、云气、天马或云气车等，他们欲升往之地也基本为西王母的神仙世界。诚如汪小洋所言的"汉墓壁画中大多数升仙图所表现的是升仙完成的阶段"[1]，缺乏对墓主升仙过程的描绘。所以，武帝以降两汉时期更多见的是"仙人御龙以行"的形象。

四 汉武帝以降的"仙人御龙以行"形象

汉武帝以降两汉时期"仙人御龙以行"的形象非常多见，但是仔细辨析这些仙人，会发现他们只是西王母和东王公神仙世界的一分子，不再是墓主的形象或与墓主发生直接关联。这种仙人见于玉雕、壁画、石椁、画像石、画像砖、祠堂、石阙、铜镜和车马器。

图9 武氏祠左石室屋顶前坡东段石

---

[1] 汪小洋：《汉墓壁画的宗教信仰与图像表现》，上海古籍出版社，2012，第115页。

图10　羽人乘天马玉雕

（一）玉雕

西汉昭帝平陵东北出土有一件羽人乘天马玉雕。[1] 该玉雕通高7厘米，长8.9厘米。系用白玉雕刻而成，天马张嘴露齿，双耳直立，目视前方，胸生羽翼，右前足抬起，后足曲踏，作欲奔跑状。天马背上有一羽人，他手扶马颈，背部亦生羽翼。马蹄下为一长方形托板，托板底部刻有云纹。（图10）

（二）壁画墓

壁画墓中仙人御龙或它物以行画像，主要发现于河南洛阳、陕北榆林和山西夏县。其中洛阳的壁画墓时代较早，为西汉晚期至东汉早期，其余两地的发现时代较晚，为东汉时期。

1. 洛阳地区

（1）河南洛阳浅井头西汉晚期壁画墓的脊顶伏羲前方有二龙相对，其中一龙身上有一羽人，羽人手中虽无缰绳，但前伸作御龙状。[2]

（2）洛阳金谷园新莽壁画墓后室西壁柱头斗拱间有四幅画像，由南向北的第一幅绘一身穿白衣、头戴红色尖顶帽的男

---

[1] 咸阳市博物馆：《咸阳市近年发现的一批秦汉遗物》，《考古》1973年第3期。

[2] 洛阳市第二文物工作队：《洛阳浅井头西汉壁画墓发掘简报》，《文物》1993年第5期。

子持缰御一白虎而行，第二幅为一羽人持缰御一青龙以行。[1]

（3）洛阳道北石油站东汉壁画墓中

室穹顶绘有四组画像，其中南部为一男子持缰御一龙拉车而行，北部为一男子御二鹿拉车而行。（以上见图11）[2]

图11 洛阳壁画墓中的仙人御龙以行画像
1. 浅井头壁画墓 2. 金谷园壁画墓 3. 道北石油站壁画墓

---

[1] 洛阳市第二文物工作队：《洛阳金谷园西汉墓发掘简报》，《中原文物》1987年第3期。

[2] 洛阳市文物工作队：《河南洛阳北郊东汉壁画墓》，《考古》1991年第8期。

图12 陕北壁画墓中的仙人御龙以行画像
1. 定边郝滩壁画墓　2. 靖边杨桥畔壁画墓

2. 陕北地区

(1) 陕西定边郝滩汉东汉壁画墓中有多幅仙人御物出行场景。其中墓室拱顶东南部的月相下方为仙人御白虎以行画像,一御者持缰御虎,一头戴三山冠的男子拱手端坐于虎尾的云气之上。墓室东壁南部绘仙人御鱼、龙或乘鹤向西王母行进画像,行列最前方有一白衣之人双手前伸作御鱼状,一红衣男子执便面端坐于鱼尾的云气之上;后有一青衣之人御四龙,一高大红衣男子端坐于龙尾的云气之上,旁有二童子;再后有二红衣男子乘鹤。[1]

(2) 陕西靖边杨桥畔东汉壁画墓也有多幅仙人御物出行场景。其中前室东壁下层南段右上有一带华盖的云车,上有三位仙人;后有一仙人向后站立于一人面虎身兽的背上;再后有一仙人御二白虎而行;下方有四仙人御二象以行,云气上立

---

1 陕西省考古研究所、榆林市文物管理委员会:《陕西定边县郝滩发现东汉壁画墓》,《考古与文物》2004年第5期。

一悬鼓；后有一仙人御二龙而行；最下方有三仙人分别乘鹤、龙和鹿以行。前室西壁上层北段有一红衣仙人乘云气以行。前室顶部天象图的天市下方有一羽人御四龙，一红衣男子端坐龙尾的云气之上。后室东壁上层绘有六仙人分别御鹿、二鹤、乘鹤、御兽、龙和四飞鸟以行。后室西壁上层绘有六仙人分别御二龙、三鱼、乘鹤、御鹤、虬和鹿以行。后室券顶东部正中的日相北侧有司禄、司命二人，司禄乘象、司命乘龟以行。后室券顶西部正中的月相南侧有一仙人御白虎以行。（以上见图12）[1]

3. 山西地区

山西夏县王村东汉壁画墓的横前室东券顶下部绘一仙人乘鹤、一仙人乘鱼以行。（见图13）[2]

图13 夏县王村壁画墓横前室东券顶画像（局部）

---

[1] 陕西省考古研究院、靖边县文物管理办：《陕西靖边县杨桥畔渠树壕东汉壁画墓发掘简报》，《文物与考古》2017年第1期；陕西省考古研究院编著：《壁上丹青：陕西出土壁画集（上）》，科学出版社，2008，第83—113页。

[2] 陕西省考古研究所、运城地区文化局、夏县文化局博物馆：《山西夏县王村东汉壁画墓》，《文物》1994年第8期。

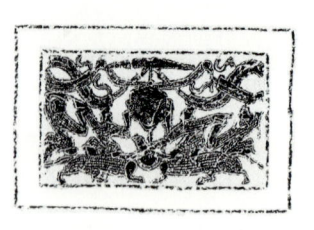

1　南落陵村一石椁侧板

2　后社楼石椁墓 M24 右椁板（局部）
图 14　石椁墓中的仙人御龙以行画像

（三）石椁墓和画像石墓

1. 石椁墓

石椁墓中的仙人御龙以行画像较少，仅发现于山东邹城和河南洛阳两地。

（1）山东邹城南落陵村出土的西汉晚期一石椁侧板的左格刻仙人出行画像，其间有一人御三鱼拉车以行，车上端坐一人，后有一人乘马以行。[1]

（2）河南洛阳后社楼西汉晚期的石椁墓 M24 右椁板上层后部石板外侧下层刻二龙穿璧图，龙身上有一羽人持缰御龙。（见图 14）[2]

2. 画像石墓

画像石墓中的仙人御龙或御它物以行画像数量较多且分布较广，在鲁中南、苏北、皖北、豫东、南阳、陕北、晋西北和

---

[1] 中国画像石全集编辑委员会编：《中国画像石全集》第 2 卷《山东汉画像石》，山东美术出版社，2000，图 77。

[2] 杨会霞、徐婵菲：《洛阳偃师后杜楼村西汉画像石椁墓》，《中国国家博物馆馆刊》2013 年第 2 期。

四川地区都有发现。

（1）山东地区

1）临沂吴白庄汉画像石墓前室西过梁西面刻西王母的神仙世界，其间有一仙人御三龙拉的云气车以行，车上端坐有一仙人；一仙人御三虎拉的云气车以行，车上也端坐有一仙人。[1]

2）临沂费县刘家疃汉画像石墓的中室北壁横梁刻出行图，其间有一人御三龙拉云气车以行，车上端坐有一人。车后有一只有前半身的龙。[2]

3）潍坊安丘董家庄画像石墓后室东间室顶西坡一面刻仙人出行场景，居右有二仙人各自乘虎以行，后有一仙人御三龙拉车以行，车上端坐一人，后有六虎，其中三虎身上乘有仙人。[3]

除了这些科学发掘的画像石墓，还要一些早些年发现的画像石墓散石。

4）滕州黄安岭出土一画像石的上格右侧有一人御二龙拉车，车上端坐二人；下格右侧最前有一仙人乘鹿而行，后有二鹿车，均为一仙人御一鹿拉车，车上端坐有二人。[4]

5）滕州征集一残石可见一人御二鱼拉车，车上有一人端坐，后有三鱼拉车，因残断，车不可见。[5]

6）微山县两城乡出土一石的上层刻四仙人各自乘一龙以行。[6]

7）微山县两城乡出土另一石的上层刻三仙人各自乘一龙以行。[7]

8）临沂五里堡出土一残石的一面刻仙人出行，左上部有二仙人各乘一龙以行，后有三龙拉车，因石被毁坏，车不可见；下方有一人御三龙拉车以行，车上端坐有一人；再下有二鱼拉一云气车，后方有一人乘马而行。另一面的上层有二仙人分别乘龙和虎以行。[8]

9）临沂郯城庙山乡出土一石刻仙人出行画像，该石中部有一龙车和一凤车相向而对，龙车为一人御一翼龙拉车而行，车上端坐一人；凤车为一人御一凤鸟拉车以行，车上端坐一人。龙车后有一虎车，一人御一翼虎拉车，车上也端坐有一人。凤车后有一鸟车，一人御三鸟拉车，车上

---

[1] 临沂市博物馆编：《临沂吴白庄汉画像石墓》，齐鲁书社，2018，第182—183页。

[2] 山东博物馆、费县博物馆编：《费县刘家疃汉画像石墓》，文物出版社，2019，第17页。

[3] 安丘县文化局、安丘县博物馆：《安丘董家庄汉画像石墓》，济南出版社，1992，第17页。

[4] 《山东石刻分类全集》编辑委员会编著：《山东石刻分类全集》第6卷《汉代画像石（一）》，青岛出版社，2013，第280页。

[5] 中国滕州汉代画像石馆：《汉人之魂：中国滕州汉画像石》，美国威廉帕特森大学中国艺术中心，2017，第94—95页。

[6] 马汉国主编：《微山汉画像石选集》，文物出版社，2003，第200—201页。

[7] 马汉国主编：《微山汉画像石选集》，第218—219页。

[8] 临沂市博物馆编：《临沂汉画像石》，山东美术出版社，2002，第47页。

亦端坐一人。(以上见图15)[1]

(2) 江苏地区

1) 徐州洪楼村出土一石的上方有一人御三鱼拉云气车以行，车上端坐一人；下方有一人御三龙拉云气车以行，车上有一建鼓，后蹲坐一怪兽。[2]

2) 铜山县洪楼地区搜集一石的右侧有一羽人御三鹿拉车以行，车上端坐有一人，后有一羽人乘鹿以行。[3]

3) 徐州汉画像馆征集一石的右格刻一人御三鱼拉车以行，车上端坐有一人，车下方有一龙，上方有二鱼象征伞盖。(以上见图16)[4]

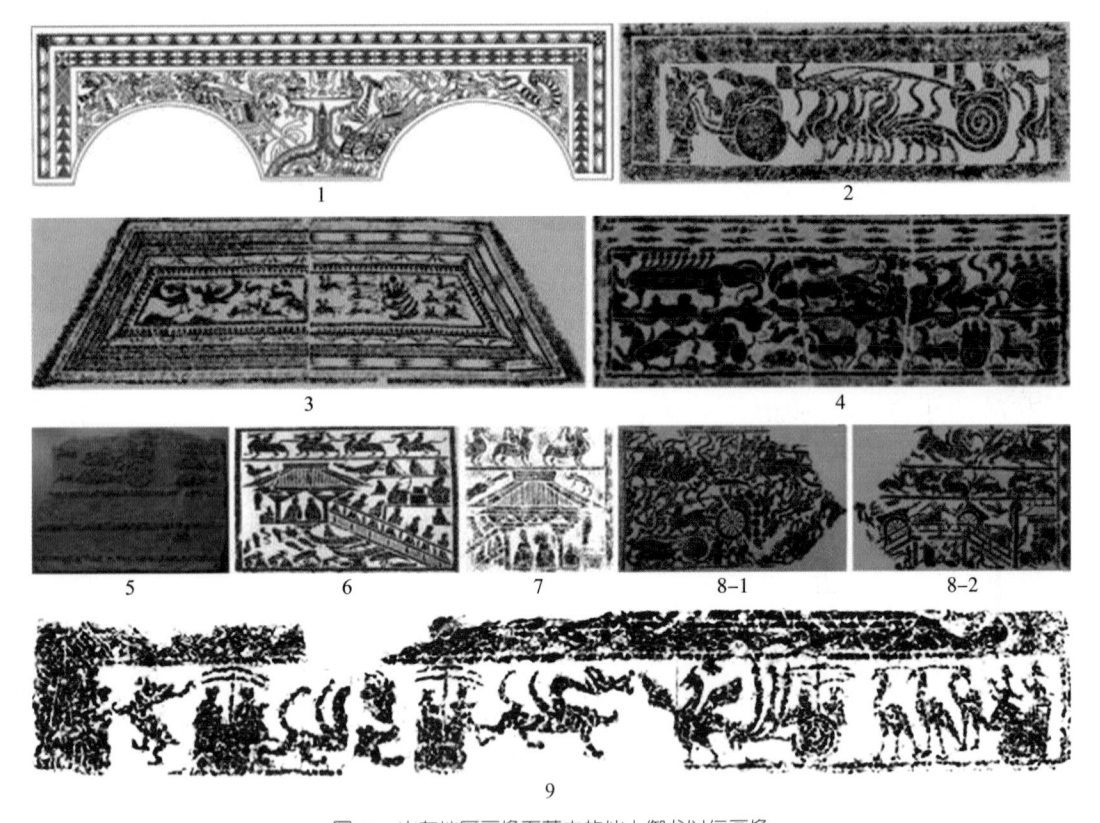

图15 山东地区画像石墓中的仙人御龙以行画像
1. 吴白庄画像石墓前室西过梁西面 2. 刘家疃画像石墓中室北壁横梁 3. 董家庄画像石墓后室东间室顶西坡 4. 黄安岭一画像石 5. 滕州征集一残石 6. 两城乡一石 7. 两城乡另一石 8. 五里堡一残石 9. 庙山乡一石

---

1 临沂市博物馆编：《临沂汉画像石》，第148页。

2 王德庆：《江苏发现的一批汉代画象石》，《文物参考资料》1958年第4期。

3 江苏省文物管理委员会编著：《江苏徐州汉画像石》，科学出版社，1959，图57。

4 武利华：《徐州汉画像石通论》，文化艺术出版社，2017，第108页。

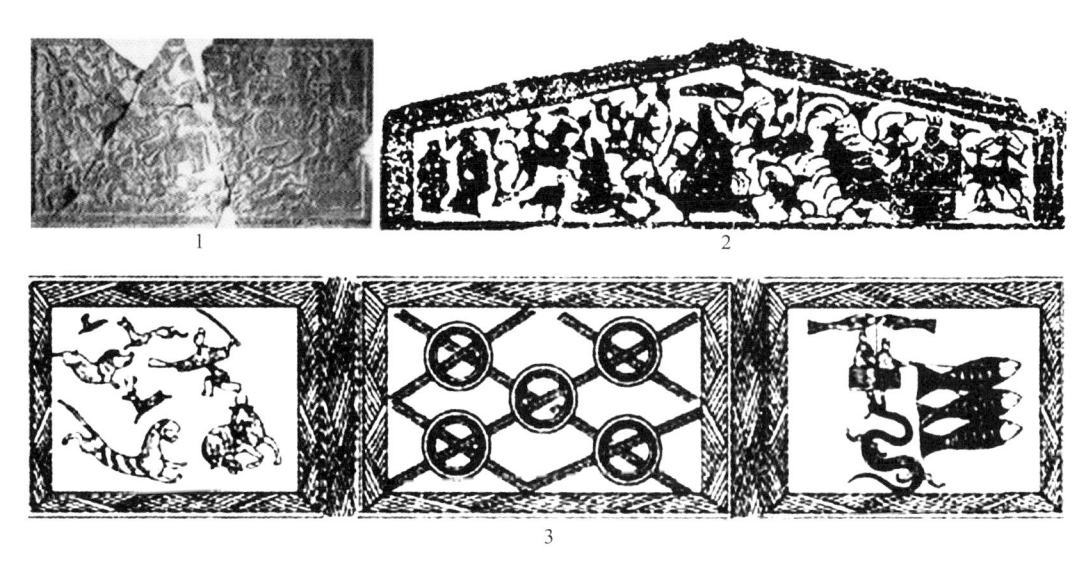

图 16 江苏地区画像石墓中的仙人御龙以行画像
1. 洪楼村一石 2. 洪楼地区搜集一石 3. 徐州汉画像馆征集一石

图 17 安徽地区画像石墓中的仙人御龙以行画像
1. 曹村一石 2. 曹村另一石 3. 陈沟村一残石

（3）安徽地区

1）宿县曹村出土一石的上层刻一羽人御一鹿拉云气车以行，车上端坐有一仙人，后有一兽首怪人御三鱼拉车以行，车上端坐一人。曹村出土另一石上层刻有二仙人各自乘一龙以行。[1]

2）萧县陈沟村出土一残石刻有一人乘龙以行，前有一人扯龙须。（以上见图17）[2]

（4）河南地区

1）南阳麒麟岗汉画像石墓中主室南壁东假门门楣下面刻一仙人乘一异兽以行；中主室南壁中假门后壁刻一仙人持芝草乘一龟以行。[3]

2）南阳王庄汉画像石墓的一盖顶石刻有一人御四鱼拉车以行，车上端坐有一人，后有二人各自乘一鱼以行；另一盖顶石刻有一人御三羽人拉车以行，车上端坐一人。[4]

3）南阳英庄汉画像石墓前室一盖顶石上刻一羽人御三翼虎拉车以行，车上端坐一羽人。[5]

4）南阳唐河针织厂汉画像石墓北主室顶部一石刻一人御三鱼拉车以行，车上端坐一人，车后有四鱼跟随。[6]

除了这些画像石墓，河南地区也发现有一些刻仙人御龙以行的散石。

5）南阳熊营出土一竖石的最上刻有一仙人乘兔以行。[7]

6）南阳县政府门外街上画像石的最左刻一仙人乘虎以行。[8]

7）南阳出土一石的左侧刻有二仙人分别乘龙、虎以行。[9]

8）南阳出土一石刻一羽人御二鹿拉云气车以行，车上端坐一仙人，车后有二仙人、一鹿跟随。[10]

9）南阳出土一石的左侧刻有一仙人乘龙以行。[11]

10）南阳出土一石的最右刻一仙人御三鱼拉云气车以行，车上端坐一仙人。[12]

11）永城酂县墓出土一石刻有八仙人各自乘一异兽以行，可辨有虎、鹿等。

1　高书林编著：《淮北汉画像石》，天津人民美术出版社，2002，第20、200页。

2　高书林编著：《淮北汉画像石》，第200页。

3　黄雅峰、陈长山编著：《南阳麒麟岗汉画像石墓》，三秦出版社，2008，第22页。

4　南阳市博物馆：《南阳市王庄汉画像石墓》，《中原文物》1985年第3期。

5　南阳博物馆：《河南南阳县英庄汉画像石墓》，《文物》1984年第3期。

6　周到、李京华：《唐河针织厂汉画像石墓的发掘》，《文物》1973年第6期。

7　王清建、朱青生主编：《汉画总录·20 南阳》，广西师范大学出版社，2013，第247页。

8　牛天伟、朱青生主编：《汉画总录·21 南阳》，广西师范大学出版社，2013，第55—56页。

9　牛天伟、朱青生主编：《汉画总录·22 南阳》，广西师范大学出版社，2013，第292页。

10　中国画像石全集编辑委员会编：《中国画像石全集》第6卷《河南汉画像石》，河南美术出版社，2000，图219。

11　牛天伟、朱青生主编：《汉画总录·23 南阳》，广西师范大学出版社，2013，第81页。

12　牛天伟、朱青生主编：《汉画总录·23 南阳》，图212。

(以上见图 18)[1]

（5）陕北地区

1) 米脂县官庄横楣石刻仙人出行画像，画中有六仙人分别御三兔、二鱼、三天马、三虎、六龙或三飞鸟拉云气车以行，前五车上都端坐一人。[2]

2) 绥德辛店乡郝家沟门楣石刻仙人出行画像，其中有八仙人分别御五仙鹤、三兔、五虎、五鱼、三鹿、八龙、三羊或一天马拉云气车以行，车上都端坐有一人。并且，在这些车的前后或两侧还伴有乘相应动物以行的仙人，数量为一至四位不等。此外，在羊车和天马车之间还有一乘云车以行的鸟首人身之人和一天马。[3]

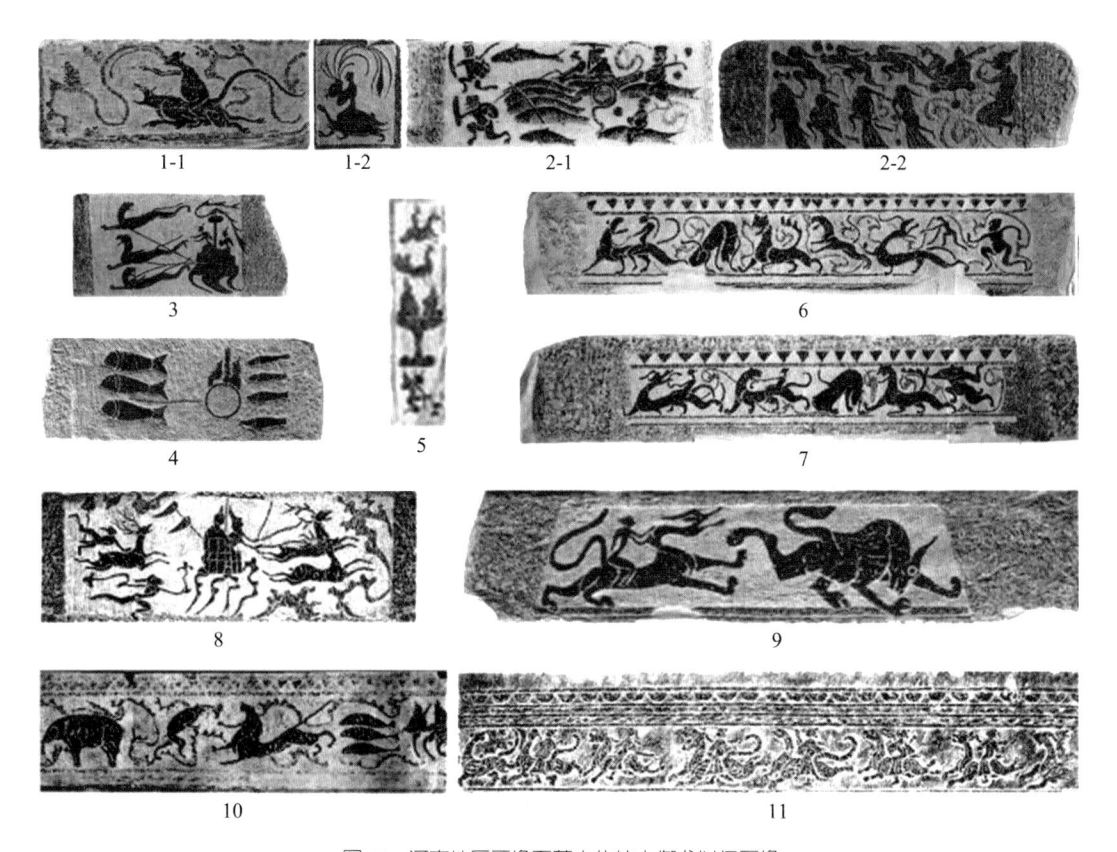

图 18　河南地区画像石墓中的仙人御龙以行画像

1. 麒麟岗画像石墓中主室二石　2. 王庄画像石墓盖顶二石　3. 英庄画像石墓前室盖顶石　4. 唐河针织厂画像石墓北主室顶部一石　5. 熊营一竖石　6. 南阳县政府门外街上画像石　7—10. 南阳出土四石　11. 鄢县墓一石

1　牛天伟、朱青生主编：《汉画总录·23 南阳》，图 64。
2　康兰英、朱青生主编：《汉画总录·2 米脂》，广西师范大学出版社，2012，第 162—163 页。
3　康兰英、朱青生主编：《汉画总录·5 绥德》，广西师范大学出版社，2012，第 222—223 页。

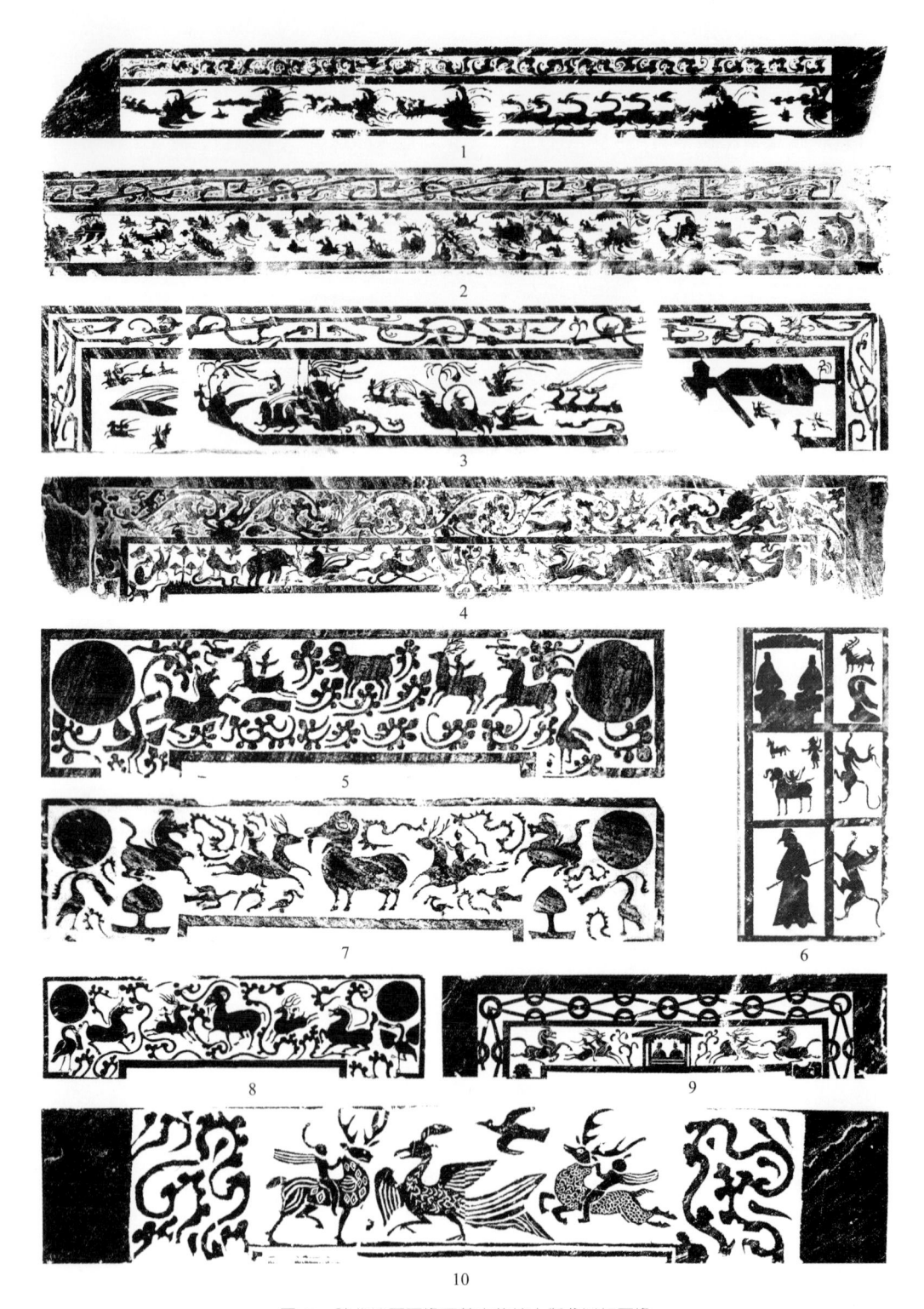

图 19　陕北地区画像石墓中的仙人御龙以行画像

1. 官庄横楣石　2. 辛店乡郝家沟门楣石　3. 辛店乡延家岔门楣石　4. 张家砭乡黄家塔门楣石　5. 辛店乡裴家峁墓门楣　6. 崔家湾镇苏家圪坨右门柱　7. 张家砭乡门楣石　8. 绥德画像石　9. 绥德一门楣石　10. 绥德另一门楣石

3）绥德辛店乡延家岔门楣石也刻仙人出行画像，最前方有一仙人御一大鱼拉云气车以行，车上端坐有一人，旁有二仙人乘天马、一仙人乘鹿以行；后有一仙人御三虎拉云气车以行，车上有一建鼓和二击鼓之人；再后有一怪兽御三兔拉云气车以行，车上也端坐有一人；再后有被缰绳牵引的四龙，推测为仙人御四龙拉云气车以行，但是由于该石残缺不可知；最后有一庭院，内有二仙人。[1]

4）绥德张家砭乡黄家塔门楣石内栏刻有一仙人持缰绳御一天马。[2]

5）绥德辛店乡裴家峁墓门楣中部所刻羚羊的前后各有一仙人乘鹿以行。[3]

6）绥德崔家湾镇苏家圪坨右门柱的左栏第二格下方有一仙人乘盘羊以行。[4]

7）绥德张家砭乡门楣石中部所刻盘羊的前后也各有一仙人乘鹿以行。[5]

8）绥德画像石墓中部所刻羚羊的前后也各有一仙人乘鹿以行。[6]

9）绥德一门楣石中部所刻房屋的左右也各有一仙人乘鹿以行。[7]

10）绥德另一门楣石中部所刻凤鸟的左右也各有一仙人乘鹿以行。（以上见图19）[8]

（6）山西地区

1）离石马茂庄 M3 前室东壁横额石的下格可见仙人出行场面，最前有一仙人乘虎以行，后有六仙人分别御一虎、二飞鸟、三狐、三豹、三鱼或四鹿拉云气车以行，车上都端坐一人，后有一人乘二龙所拉云气车以行，再后有一龙和持节乘马以行的二骑吏。前室东壁右侧石最上有二人分别乘马以行，下方有一人御四鹿拉云气车以行，车上端坐一人，再下三人乘鹿、二人乘飞鸟以行，再下一人御五兔拉云气车以行，车上端坐一人。前室东壁左侧石的最上有二人持节乘马以行，下有一人御三马拉云气车以行，车上端坐一人，再下有一仙人乘龙以行。前室西壁右侧石的中下部刻有一人御五龙拉云气车以行，车上端坐一人，另画中有三人分别乘马以行。前室西壁左侧石的中下部刻有一人乘马以行。[9]

1　康兰英、朱青生主编：《汉画总录·6 绥德》，广西师范大学出版社，2012，第 138—140 页。

2　康兰英、朱青生主编：《汉画总录·7 绥德》，广西师范大学出版社，2012，第 124—126 页。

3　康兰英、朱青生主编：《汉画总录·6 绥德》，第 58—59 页。

4　康兰英、朱青生主编：《汉画总录·4 绥德》，第 102—103 页。

5　康兰英、朱青生主编：《汉画总录·8 绥德》，广西师范大学出版社，2012，第 68—70 页。

6　中国画像石全集编辑委员会编：《中国画像石全集》第 5 卷《陕北、山西汉画像石》，图 108。

7　中国画像石全集编辑委员会编：《中国画像石全集》第 5 卷《陕北、山西汉画像石》，图 112。

8　中国画像石全集编辑委员会编：《中国画像石全集》第 5 卷《陕北、山西汉画像石》，图 154。

9　山西省考古研究所、吕梁地区文物工作室、离石县文物管理所：《山西离石马茂庄东汉画像石墓》，《文物》1992 年第 4 期。

198　图像研究

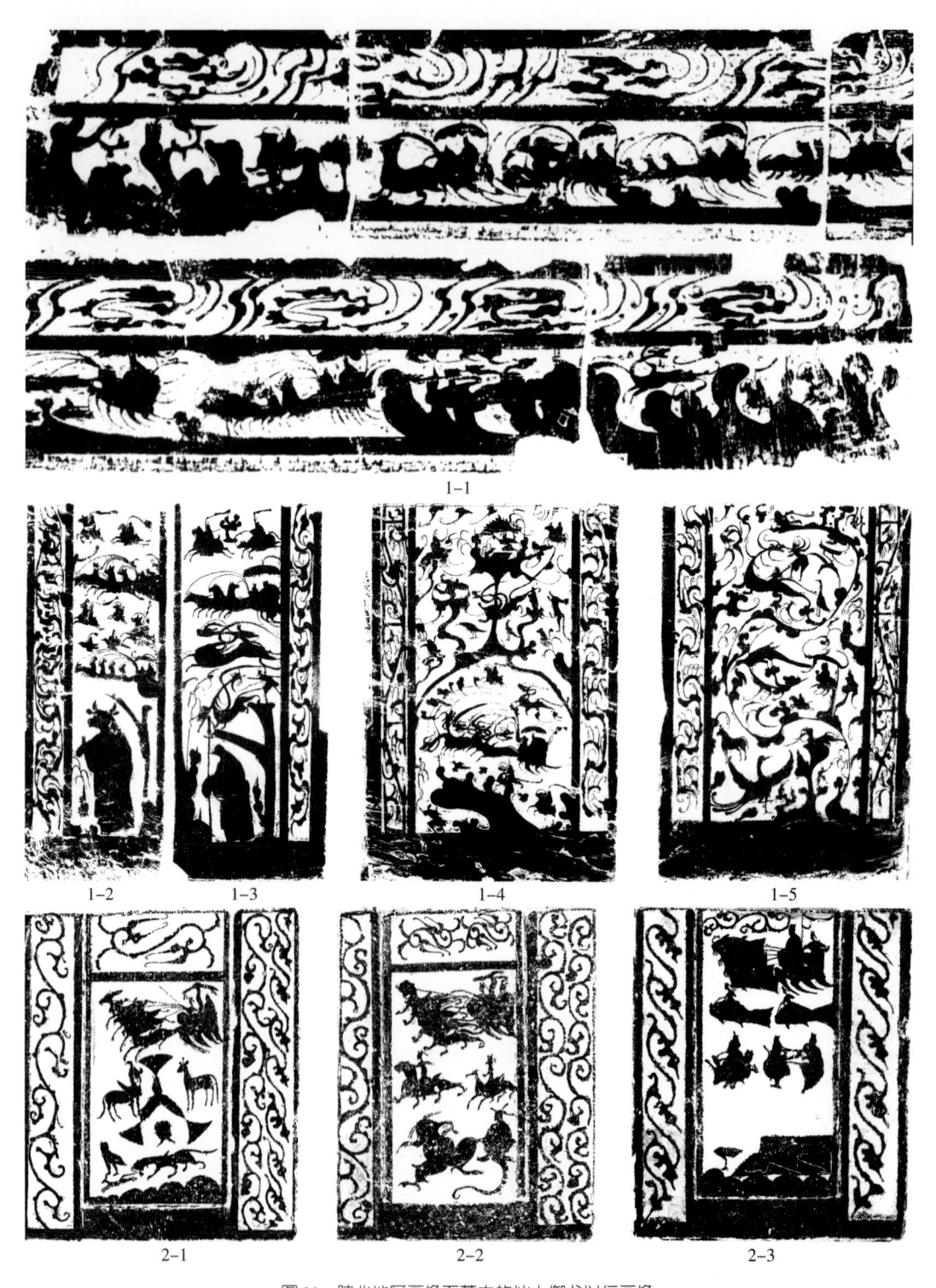

图 20　陕北地区画像石墓中的仙人御龙以行画像
1. 离石马茂庄 M3 前室五石　2. 离石马茂庄左表墓室门侧三石

从"仙人御龙以行"到"凡人乘龙升仙"的战国秦汉绘画观察 199

图 21 彭山二号石棺左侧板

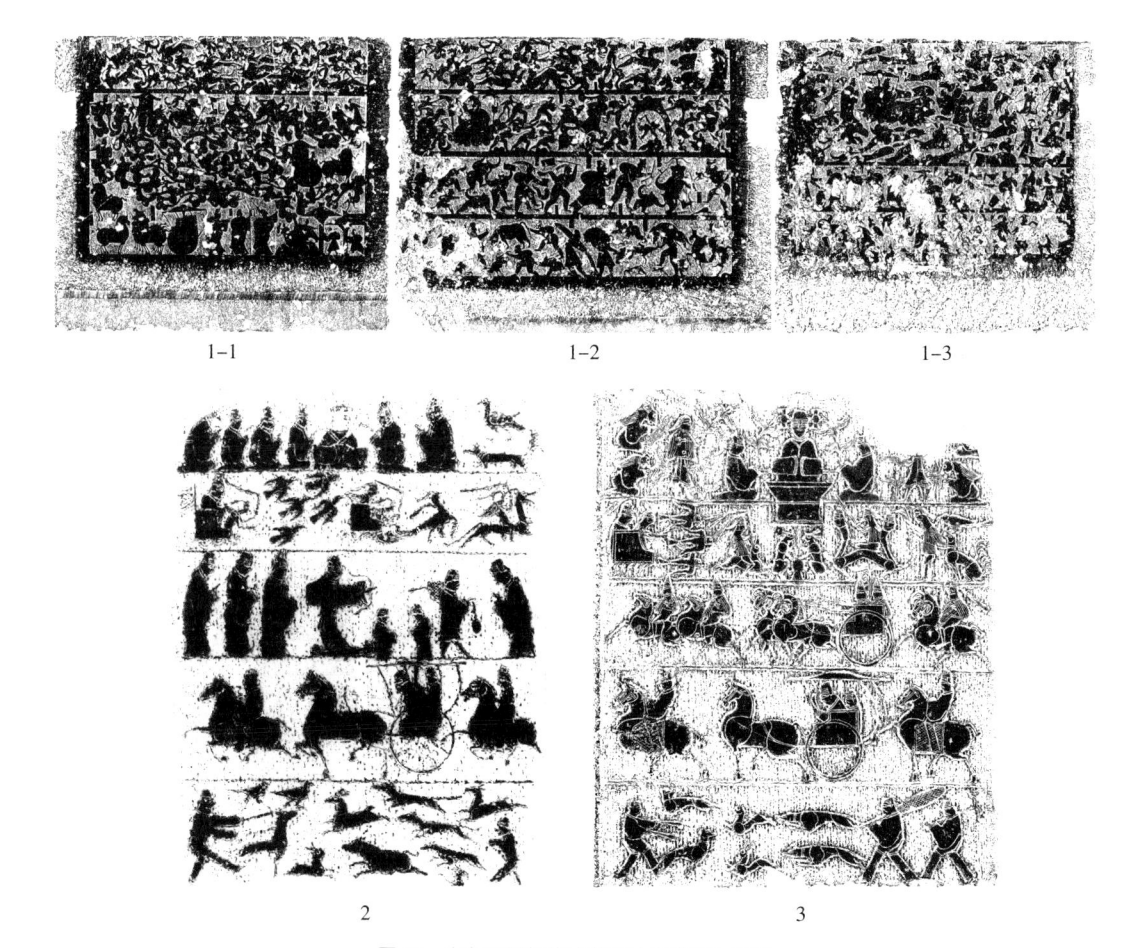

1-1   1-2   1-3

2   3

图 22 山东地区祠堂中的仙人御龙以行画像
1. 武氏祠左石室屋顶三石 2. 纸坊镇敬老院小石祠西壁石 3. 嘉祥村小石祠西壁石

2）山西离石马茂庄左表墓室门侧下格上部刻一仙人御四鹿以行。另一门侧的下格上部刻一仙人御四虎拉云气车以行，车上端坐有一人，下方有一仙人乘虎、一仙人乘鹿以行。还有一门侧的最上刻有一人御四鱼拉云气车以行，车上端坐有一仙人，下方有二仙人分别乘一鱼以行。（以上见图20）[1]

（7）四川地区

彭山二号石棺左侧板的左侧刻一仙人乘鹿以行。（见图21）[2]

（四）祠堂和石阙

1. 祠堂

祠堂之上的仙人御龙以行画像发现于山东、江苏和安徽地区。

（1）山东地区

1）嘉祥武氏祠左石室屋顶前坡东段上层刻仙人出行画像，其间有小羽人或乘龙，或乘云气以行，而肩生双翼的主神乘一小羽人御三龙所拉的云气车以行。屋顶前坡西段上层也刻仙人出行画像，其间的小羽人同样或乘龙，或乘云气以行，而肩生双翼、头梳高髻的女主神则乘一小羽人所御三龙拉的云气车而行。屋顶后坡东段上层同样刻仙人出行画像，其间有多个神人乘鱼以行，头带斜顶冠、执便面的主神乘三鱼所拉的辎车以行。[3]

2）嘉祥纸坊镇敬老院小石祠西壁石的第二层刻仙人出行画像，最前为一仙人乘龙以行，后有一仙人乘凤鸟所拉的云气车以行，最后有一高大男子乘五飞鸟所拉的云气车以行。[4]

3）嘉祥县嘉祥村小石祠西壁石的第二层左侧刻仙人出行画像，最前有一披发仙人持幡乘兔而行，后有一披发仙人乘三飞鸟所拉的云气车以行。（以上见图22）[5]

（2）江苏地区

1）徐州铜山县吕梁出土一祠堂顶盖石的中格刻一人御二龙以行；徐州邳县占城果园出土一祠堂顶盖石的中格所刻彩虹下方有一人御三鱼拉车以行，车上端坐一人；徐州铜山县散存一石的右侧上部刻一人御三鱼拉车以行，车上端坐一人，后有一人御二龙拉车以行，车上亦端坐一人，下方有一人御物（好像飞鸟）拉车以行，车上也有一人端坐，后有一人乘一鱼以行，再后有一人御二鹿拉车以行，车上也

---

[1] 中国画像石全集编辑委员会编：《中国画像石全集》第5卷《陕北、山西汉画像石》，山东美术出版社，2000，图283—284、287。

[2] 高文编著：《四川汉代石棺画像集》，人民美术出版社，1997，图110。

[3] 蒋英炬、吴文祺：《汉代武氏墓群石刻研究（修订本）》，山东美术出版社，2013，第104—105页。

[4] 《山东石刻分类全集》编辑委员会编著：《山东石刻分类全集》第6卷《汉代画像石（一）》，青岛出版社，2013，第183页。

[5] 《山东石刻分类全集》编辑委员会编著：《山东石刻分类全集》第6卷《汉代画像石（一）》，第189页。

端坐有一人。[1]

2) 铜山大庙祠堂顶盖石所刻彩虹的右侧有一人御四鱼拉车以行，上端坐一人。车上二人的上半身因石头残断不见。（以上见图23）[2]

（3）安徽地区

宿县褚兰镇宝光寺出土祠堂后壁石的上层刻有一仙人乘鹿以行，后有一仙人御三鱼拉云气车以行，车上端坐有一仙人，后有二翼虎。（图24）[3]

1-1

1-2

1-3

1　郝利荣：《徐州新发现的汉代石祠画像和墓室画像》，《四川文物》2008年第2期。
2　武利华：《徐州汉画像石通论》，文化艺术出版社，2017，第68—69页。
3　中国画像石全集编辑委员会：《中国画像石全集》第4卷《江苏、安徽、浙江汉画像石》，山东美术出版社，2000，图172。

202　图像研究

2

图 23　江苏地区祠堂中的仙人御龙以行画像
1-1. 铜山县吕梁祠堂顶盖石　1-2. 邳县占城果园祠堂顶盖石　1-3. 铜山县散存一石　2. 铜山大庙祠堂顶盖石

图 24　褚兰镇宝光寺祠堂后壁石

2. 石阙

山东和四川地区的石阙上发现有仙人御龙以行画像。

（1）山东地区

1）临沂平邑皇圣卿西阙南面第三层左侧刻一人御三飞鸟以行。[1]

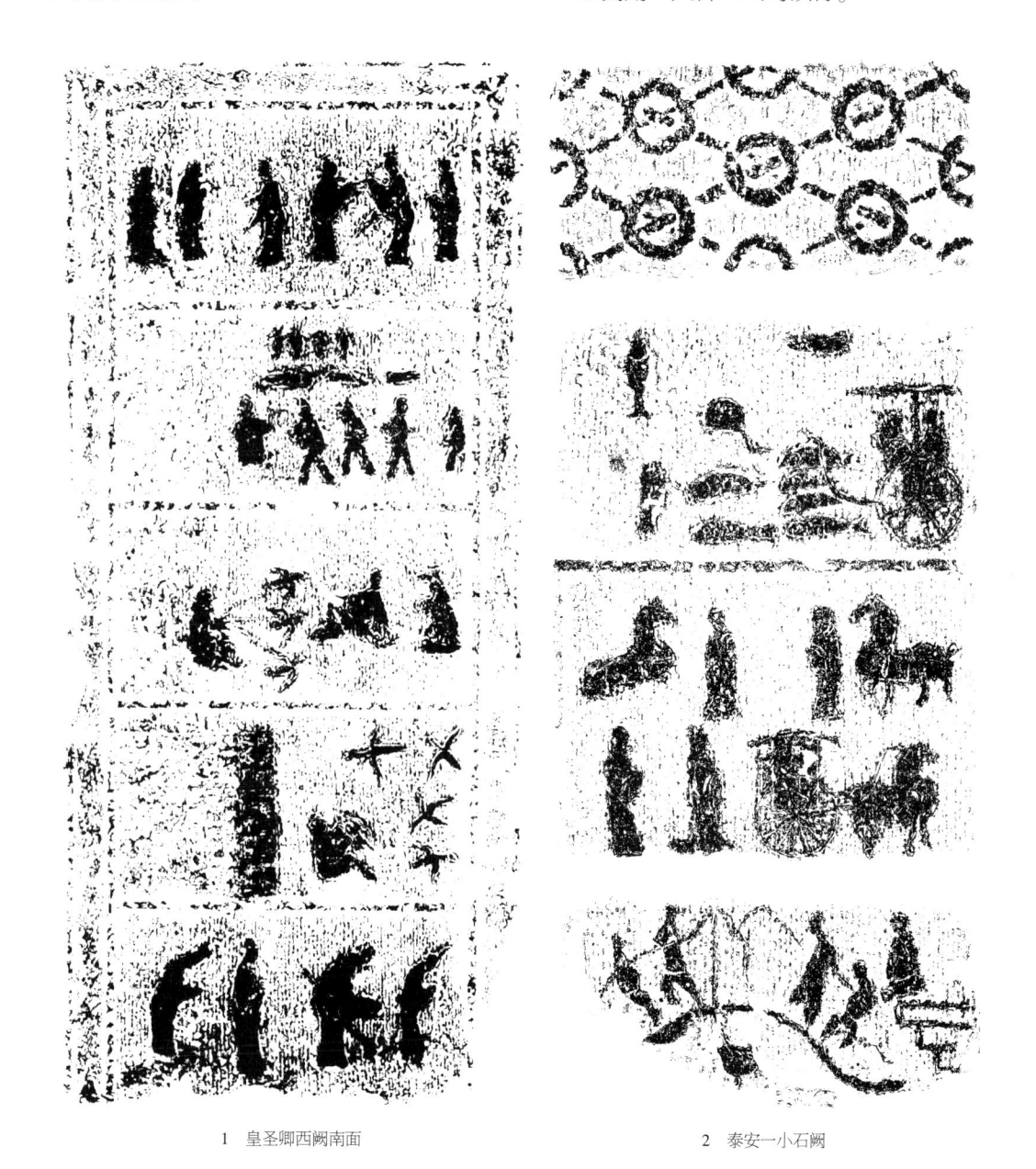

1　皇圣卿西阙南面　　　　　　2　泰安一小石阙

图 25　山东地区石阙上的墓主御龙以行画像

---

[1] 王相臣、唐仕英：《山东平邑县皇圣卿阙、功曹阙》，《华夏考古》2003 年第 3 期。

2）泰安出土一小石阙的第二层刻有一人御四鱼拉车以行，车上端坐有一人。（以上见图25）[1]

（2）四川地区

1）渠县沈氏阙左阙主阙楼部正面第二层下段拱间正中浮雕一仙女乘鹿以行；右阙主阙楼部正面第二层下段拱下亦有一仙女乘鹿以行。[2]

2）渠县蒲家湾无名阙左阙主阙楼部第三层正面拱间刻一仙人乘鹿以行[3]。

3）渠县赵家村贰无名阙右阙主阙楼部第二层上段正面拱间刻一仙女乘鹿以行[4]。

4）渠县王家坪无名阙左阙主阙楼部第二层上段正面拱间刻一仙女乘龙以行。（见图26）[5]

图 26　四川地区石阙上的墓主御龙以行画像
1. 沈氏阙　2. 蒲家湾无名阙　3. 赵家村贰无名阙　4. 王家坪无名阙

1　《山东石刻分类全集》编辑委员会编著：《山东石刻分类全集》第 7 卷《汉代画像石（二）》，青岛出版社，2013，第 127 页。

2　徐文彬等编著：《四川汉代石阙》，文物出版社，1992，第 40—41 页。

3　徐文彬等编著：《四川汉代石阙》，第 41—42 页。

4　徐文彬等编著：《四川汉代石阙》，第 43—44 页。

5　徐文彬等编著：《四川汉代石阙》，第 44—45 页。

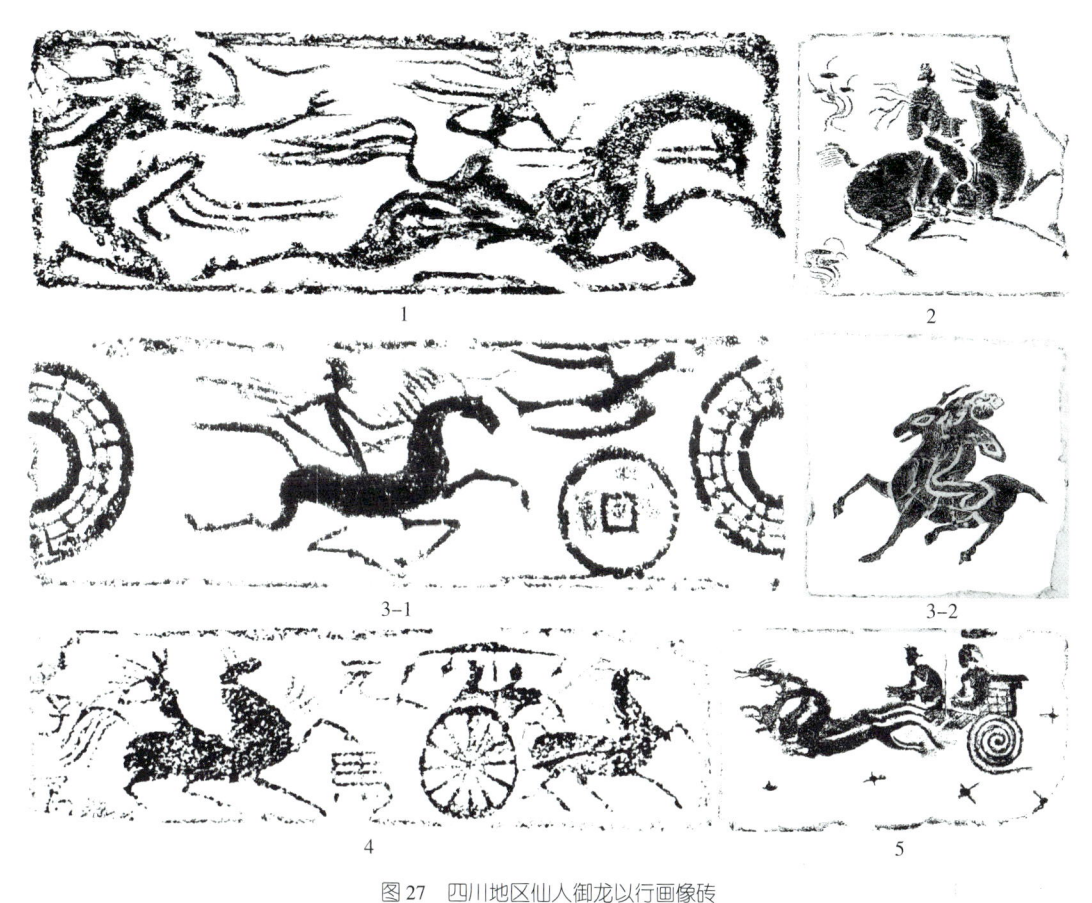

图27　四川地区仙人御龙以行画像砖
1. 什邡市搜集一砖　2. 个人搜藏一砖　3. 成都市郊二砖　4. 金堂县一砖　5. 新都一砖

（五）画像砖

四川地区的小型画像砖和郑州地区的空心砖上发现有仙人御龙以行画像。

1. 四川地区

（1）什邡市搜集一砖上亦有一仙人乘马以行。[1]

（2）个人搜藏一砖上有一仙人持嘉禾乘鹿以行。[2]

（3）成都市郊出土一砖的中部刻一仙人乘天马以行；另一砖刻仙人乘鹿以行。[3]

（4）金堂县出土一砖的左侧也刻一仙人乘天马以行。[4]

---

[1] 中国画像石全集编辑委员会编：《四川汉画像砖》，四川美术出版社，2005，图195。

[2] 中国画像石全集编辑委员会编：《四川汉画像砖》，图181。

[3] 龚廷万、龚玉、戴嘉陵编著：《巴蜀汉代画像集》，文物出版社，1998，图131、图258。

[4] 龚廷万、龚玉、戴嘉陵编著：《巴蜀汉代画像集》，图144。

（5）新都出土的一砖刻一人御三龙拉云气车以行，车上端坐有一人。（以上见图27）[1]

2. 河南地区

郑州出土一空心砖中部画像的左上和右上各有一仙人御龙以行画像；另一空心砖上层内框的蝉纹中间有两组一仙人御龙以行画像；一上部残断的空心砖上部所刻画像的右侧中部有一仙人御龙以行画像；另一残断空心砖的中部偏下有一仙人御龙以行画像；还有一残断空心砖的内边框有多组一仙人御龙以行的画像。（见图28）[2]

（六）铜镜和错金银铜车伞铤

两汉时期的铜镜和车伞铤上也见有仙人御龙以行画像，铜镜的时代较晚，为东汉时期；车伞铤的时代较早，为西汉时期。

1. 铜镜

（1）蔡氏神人车马镜

河南洛阳邙山出土的东汉蔡氏神人车马镜，上有一马拉车以行，车上端坐有一人。[3]

（2）神兽带镜

浙江绍兴出土的一神兽带镜的纹饰带中有两匹被拴着正低头吃东西的马，一马的前方有"王乔马"榜题，另一马的前方有"赤诵马"榜题。[4] 这两匹马应为仙人王乔和赤松子日常出行所乘之马，也是对仙人乘天马以行的表现。

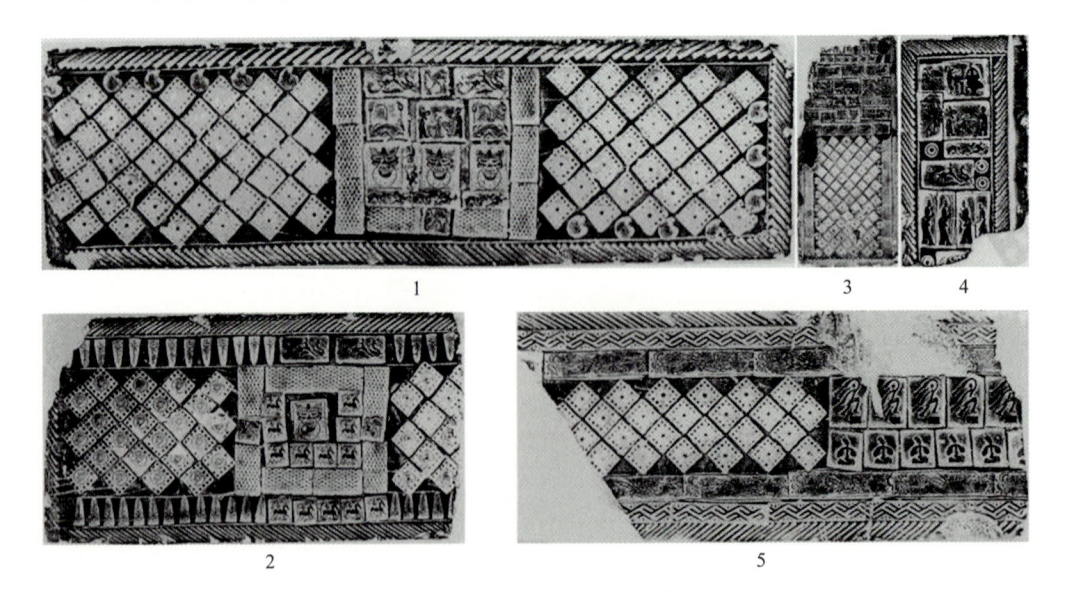

图28 郑州地区仙人御龙以行画像空心砖

---

1 龚廷万、龚玉、戴嘉陵编著：《巴蜀汉代画像集》，图290—图291。
2 中国画像石全集编辑委员会编：《河南汉画像砖》，四川美术出版社，2005，图42—图43、图45—图47。
3 中国青铜器全集编辑委员会编：《中国青铜器全集16·铜镜》，文物出版社，1998，图80。
4 王士伦编：《浙江出土铜镜选集》，中国古典艺术出版社，1957，图27。

（3）柏氏神人车马镜

传浙江绍兴出土的东汉柏氏神人车马镜，上有四马拉车以行，车内有一人。[1]

（4）仙人骑马神兽镜

浙江绍兴赵建村出土的东汉仙人骑马神兽镜，上有一仙人乘天马以行。[2]

（5）四乳神人车马画像铭文镜

安徽寿县北门废品仓库拣选的东汉四乳神人车马画像铭文镜，上有一天马拉车以行，车上端坐有一人。[3]

（6）四乳神人驯兽画像铭文境

安徽寿县北门废品仓库拣选的东汉四乳神人驯兽画像铭文境，上有一仙人乘马以行。[4]

（7）"尚方"铭神人车马画像镜

六安市先王店乡出土的东汉"尚方"铭神人车马画像镜，上有一人御天马拉云气车以行，车内端坐有一仙人。（见图29）[5]

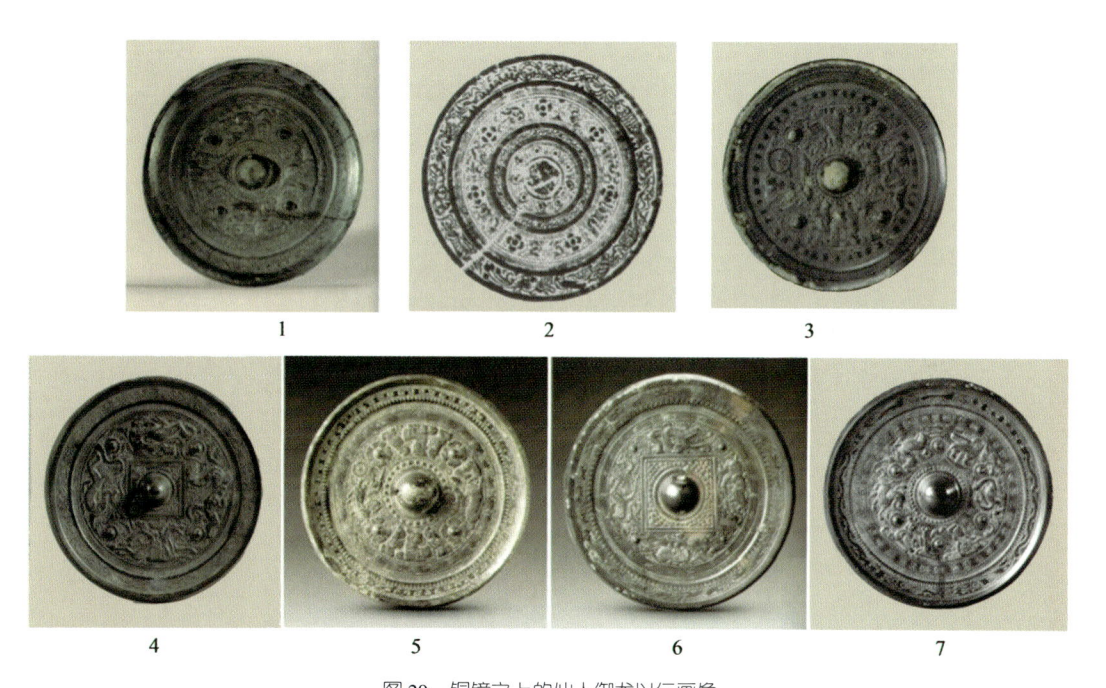

图29　铜镜之上的仙人御龙以行画像

1. 蔡氏神人车马镜　2. 神兽带镜　3. 柏氏神人车马镜　4. 仙人骑马神兽镜　5. 四乳神人车马画像铭文镜　6. 四乳神人驯兽画像铭文境　7. "尚方"铭神人车马画像镜

---

[1] 王士伦编：《浙江出土铜镜选集》，图83。

[2] 王士伦编：《浙江出土铜镜选集》，图90。

[3] 徐建强主编：《寿县博物馆藏镜集萃》，安徽美术出版社，2017，图96。

[4] 徐建强主编：《寿县博物馆藏镜集萃》，图98。

[5] 安徽省文物考古研究所、六安市文物局：《六安出土铜镜》，文物出版社，2008，图122。

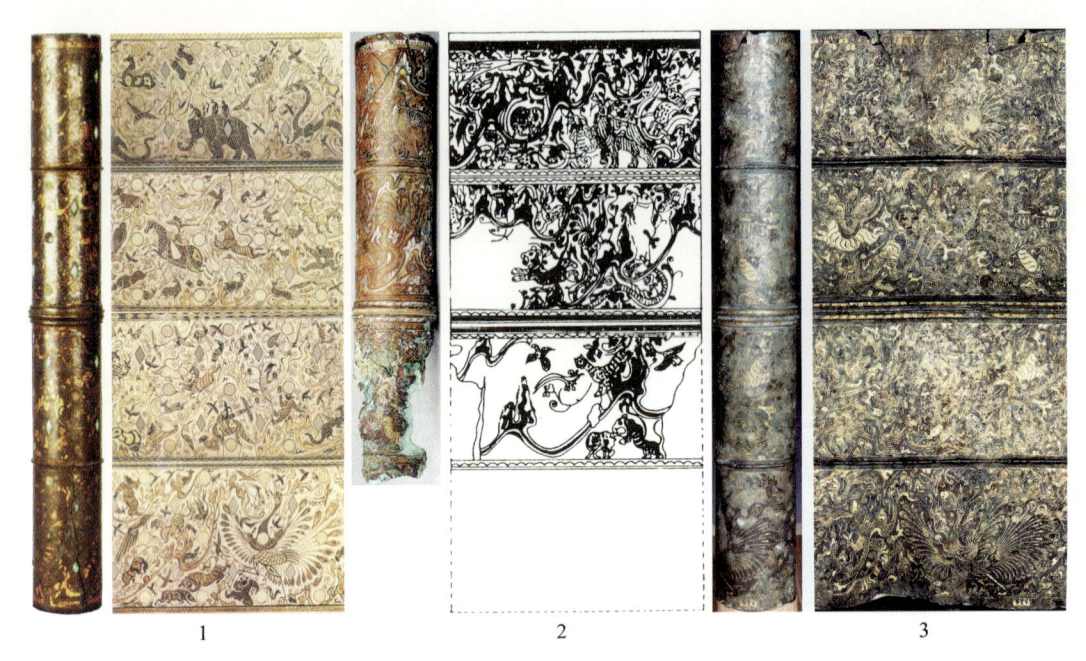

图 30　错金银铜车伞铤上的仙人御鹿以行之像
1. 三盘山 122 号墓狩猎纹错金银铜车伞铤　2. 黄土山 2 号墓错金银铜车伞铤　3. 东京艺术大学美术馆藏错金银铜车伞铤

2. 错金银铜车伞铤

目前，这类车伞铤共发现有 5 件。郑岩曾撰文对这 5 件器物进行分析和讨论，[1] 且惠赠笔者它们的高清照片。观察这五件错金银铜车伞铤，我们在其中的 3 件上发现了羽人御二鹿以行的画像。

（1）河北定县三盘山 122 号墓的前室西部有实用车马 3 辆，其中 3 号车有着多件错金银铜车饰，狩猎纹错金银铜车伞铤便是其中之一。[2] 该车伞铤共有四节，在第一节的上部可见一羽人手持二缰绳御二鹿以行。

（2）河南永城黄土山 2 号墓的东车马室出土有两件错金银铜车伞铤，其中编号 M2：559 的一件下部二节朽蚀严重，在第一节的上部也见有一羽人手持二缰绳御二鹿以行。[3]

（3）东京艺术大学美术馆藏西汉错金银铜车伞铤，由郑文可知 20 世纪出土于朝鲜平安南道大同江古墓，为西汉乐浪郡的遗物。该车伞铤也有四节，在第一节

1　郑岩：《关于东京艺术大学藏西汉金错铜管的观察与思考》，《艺术探索》2018 年第 1 期。
2　郑绍宗：《定县三盘山 122 号汉墓》，载河北省文物研究所编著《河北重要考古发现 1949—2009》，科学出版社，2009，第 162—165 页。
3　河南省文物考古研究所、永城市文物旅游管理局：《永城黄土山与酇城汉墓》，大象出版社，2010，第 56—57 页。

的上部亦见有一羽人手持二缰绳御二鹿以行。（以上见图30）

如前所述，与楚地的"仙人御龙以行"形象比较，汉武帝以降两汉时期御龙以行的仙人都不再指向墓主，而只是西王母和东王父神仙世界的一分子。这显现出楚地仙人观念的消解，此无疑与黄帝乘龙升仙故事的出现、燕齐尸解成仙观念和西王母至上神信仰的流行有着很大关系。

五 御龙以行形象的时代性与地域性

战国中期南方的楚地流行登昆仑、经天门、入帝宫的升天成仙信仰。在这一信仰之下，御龙以行是仙人专属的出行方式。湖南长沙出土的两幅战国帛画《人物龙凤帛画》和《人物御龙帛画》、湖北天星观二号楚墓的漆羽人正是这些信仰和观念的产物，描绘了仙人的独特风姿。所以，虽然它们都出土于墓葬之中，但表达的却是楚人对生时升天成仙的渴望。楚地升天成仙信仰和对仙人认知的影响延续至西汉早期，长沙马王堆汉墓一、三号汉墓出土的两幅T形帛画正是再现了当时的宇宙观和生死观念，一号墓帛画天上世界端坐于日月正中的轪侯夫人仙人形象——"人首蛇身"女子，也是楚地升天成仙信仰和仙人乘云气观念的产物，三号墓帛画天上世界日月下方的轪侯之子仙人形象——"人首蛇身"男子则兼受燕齐神仙思想的影响。[1]

战国时期北方燕齐地区方士的求仙之地是东海的蓬莱、方丈和瀛洲三仙山，秦始皇和汉武帝早期主要是受燕齐方士的影响。元鼎四年方士公孙卿所言黄帝乘龙升天故事的出现，标志着御龙以行者的身份发生重大变化。在这之后，御龙以行不再只是仙人的专利，人间的凡人也可以乘龙升仙。正因如此，方有了淮南王刘安、唐公房升仙故事和刘向《列仙传》的著作。不死成仙固然让人向往，但现实却是残酷的，伟大如秦皇汉武都不得不去面对自己身体的衰老与死亡。燕齐方士所鼓吹的尸解成仙观念，为缓解这种无奈提供了一种出路。如前述余英时所言"这是一种与求仙的基本立场不合拍的成仙方式，但却为化解对求仙活动质疑提供了一个方便的退路"。虽然尸解成仙的观念起源于燕齐之地，但观前述洛阳、辽东地区壁画墓，鲁中南地区石椁墓，陕北、晋西北地区画像石墓和鲁南地区的祠堂画像，墓主或墓主夫妇死后所升往的都是西王母的神仙世界，而非燕齐方士所鼓吹的东海三仙山。这背后是西王母由半人半兽的地域神向至上神的转变。对此，巫鸿先生有着非常精

---

[1] 王传明：《马王堆汉墓出土T形帛画"人首蛇身"人物形象考——兼谈楚地与燕齐升仙信仰于帛画中的表现》，《四川文物》2021年第6期。

彩的论述，[1] 此不赘言。

当然，武帝以降两汉时期也存在着许多仙人御龙以行的形象，只是它们与战国帛画、西汉早期 T 形帛画的指向墓主不同，这些仙人的身份都比较普通，且不与墓主发生直接关联。另外，虽然战国中期的两幅《人物龙凤帛画》和《人物御龙帛画》和西汉早期的马王堆一、三号汉墓 T 形帛画都描绘有时人想象中的凡人生时升天后的仙人形象，但是从这类覆棺帛画的功用来看，它们是为招死者魂灵归家依附其上以免受天地四方之害的招魂仪式所作的，并在丧礼上起到标识死者的作用，最终在葬礼上与死者尸体同埋墓中。并且，马王堆一、三号汉墓 T 形帛画还描绘有墓主在人间和黄泉下的形态。这都表明，古人对不死升天成仙的渴望和对死后世界的安排是相互纠缠的。

结　语

《庄子》和《楚辞》关于仙人出行方式以及屈原升天成仙前后出行方式变化的记载都表明，御龙以行是仙人身份的象征，非仙人不可。所以两幅战国帛画和马王堆一、三号汉墓 T 形帛画天上世界的核心人物为墓主升天成仙后的新生形象。汉武帝元鼎四年黄帝乘龙升仙故事的出现，则表明凡人也可以乘龙升仙，而不再只是仙人所独有。同时，汉武帝时期生时御龙升天成仙又与死后尸解成仙观念相纠缠，墓葬成为延续古人不死成仙未竟之梦的场所，故墓室绘画也见有描绘墓主死后升仙的画面。当然，仙人御龙以行形象在汉武帝以降的两汉时期仍大量出现，只不过这些仙人已非主角，而只是西王母和东王父神仙世界的一分子。

1　［美］巫鸿著，柳杨、岑河译：《武梁祠：中国古代画像艺术的思想性》，生活·读书·新知三联书店，2006，第 125—160 页。

新见银质佛像纹晋式带具的年代及其意义*

■ 朱 浒(华东师范大学美术学院)

2020年,笔者获悉一套较为完整的晋式带具新材料。(见图1)经过考证、分析,本文初步认为这套带具是目前已知晋式带具中较复杂者,并饰有明确的佛像,当属三国吴时期的制品,具有重要的学术价值。本文撰写的主旨只是抛砖引玉,欢迎相关领域的研究专家质疑、讨论,以期对学术有所推进。

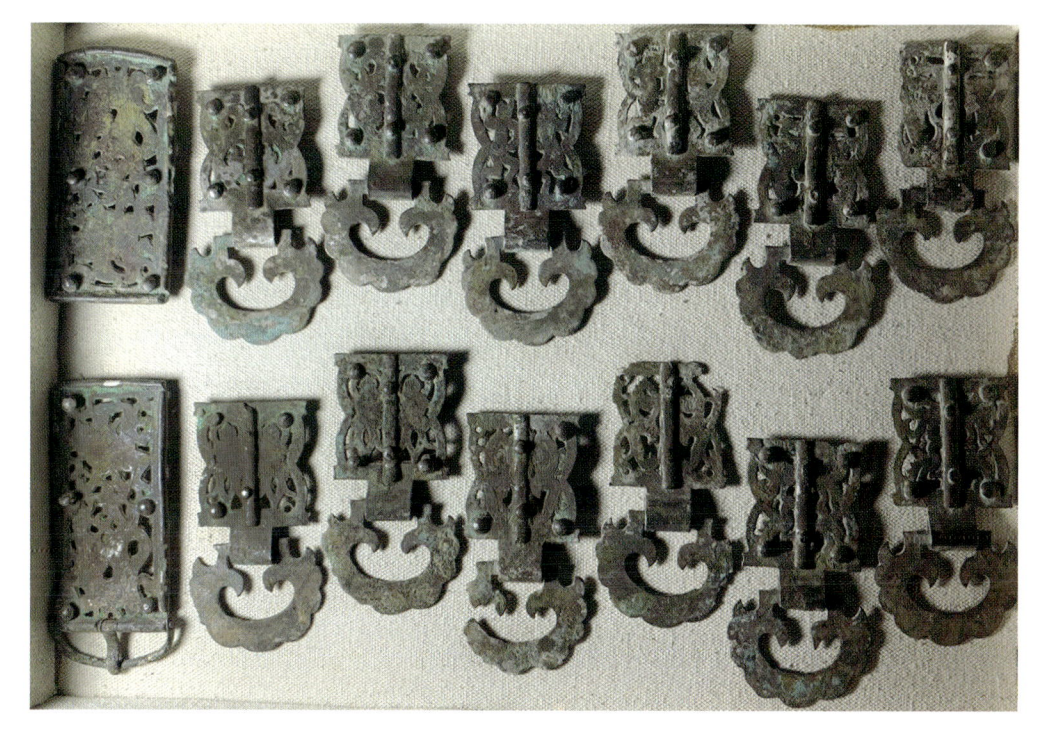

图1 银质晋式带具全套

---

* 本文系上海市曙光计划"魏晋南北朝胡人图像研究"(19SG24)阶段性成果。

图2 力士搏虎纹带扣

图3 力士搏虎纹带扣线图
（徐喆绘图）

一 带具基本情况

此带具共十四枚，由两个带扣和十二个带銙构成，铊尾今已不存。所有带具均为银质镂空[1]，两两成对，可归为七对。其中，带扣为方形，其一有舌，其一无舌。带銙由上下两个活环构成，上环呈"胜"形，下环呈桃心形。（见图1）其具体信息如下。

第一对，力士搏虎纹带扣。（见图2）

一式两件。左侧带扣带舌，雕刻镂空力士搏虎图像，力士大眼圆睁，颔首，袒胸露乳，左腿屈膝，右膝跪地，似乎正在发力。力士左手翻曲，撑住地下云气，右手牵住缰绳，缰绳另一端联结一虎。力士肩部似乎还有一条披帛。虎身呈大S形，肩部有阴刻羽翼，虎尾似鱼尾，虎头下方有一鸟，鸟足恰立在虎身上。带扣四周均匀镶嵌六颗银钉。右侧带扣无舌，其形状呈左方右弧，与前者镜像对称。该带銙保存较为完整，线图见图3。

---

1 据手持式XRF合金光谱仪检测，结果如下。第一份检材：含银90.684%、含铜6.853%、含铁2.263%；第二份检材：含银91.121%、含铜8.408%、含铁0.298%，可初步将其断为银铜合金，主要为银质。

图 4　双虎纹带銙

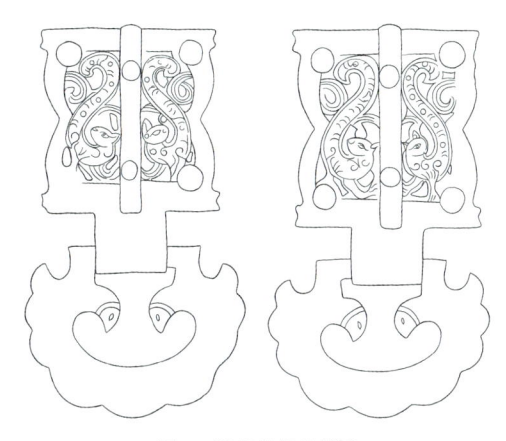

图 5　双虎纹带銙线图
(徐喆绘图)

图 6　双凤纹带銙

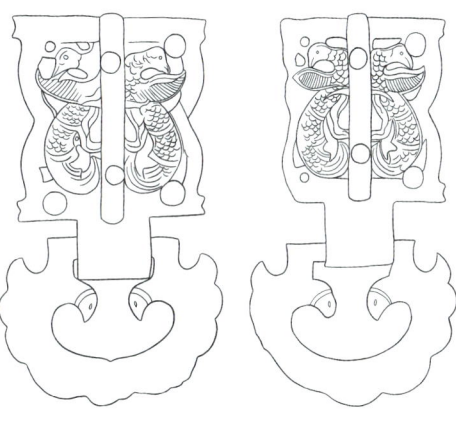

图 7　双凤纹带銙线图
(徐喆绘图)

图 8　兽面纹带銙

图 9　兽面纹带銙线图
(徐喆绘图)

第二对，双虎纹带銙。（见图4）一式两件。带銙由上下两环构成，上环四角各有一颗银钉。上环中央嵌有一竖隔梁，梁上有两颗银钉。主体图案均匀对称分布在隔梁两侧，为一呈S形对称的两只白虎。白虎呈倒立姿态，双爪扶地，虎首回望，尾巴卷曲，身上有圆圈和线条装饰的斑纹。尾部旁有一卷云纹与之相对。下环整体呈桃心形，细审外缘呈多曲形状，内圈有双鸟头，阴线刻出鸟颈与鸟目。该带銙保存较为完整，线图见图5。

第三对，双凤纹带銙。（见图6）一式两件。其带銙形制与第二对几乎相同，唯独双虎被双凤取代。双凤侧面呈S形，无冠，以侧面示人，凤首相对向外，翅膀张开，尾羽长且卷曲，凤足抵在中央隔梁上。该带銙保存较为完整，线图见图7。

图10　四鸟纹带銙

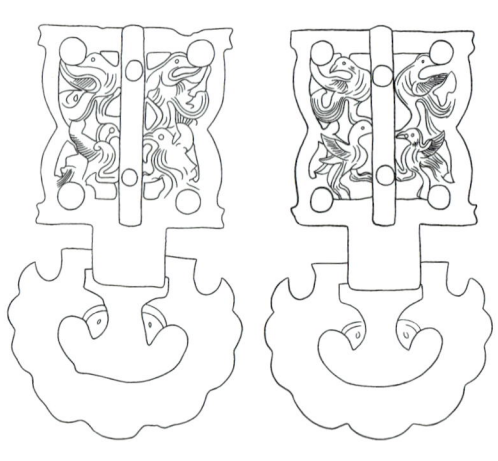

图11　四鸟纹带銙线图
（徐喆绘图）

图12　双羽人纹带銙

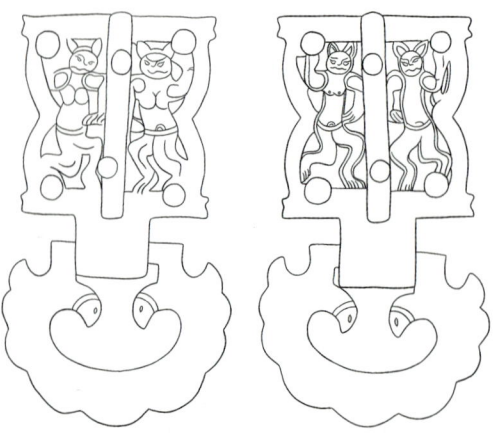

图13　双羽人纹带銙线图
（徐喆绘图）

图 14　双佛像纹带銙

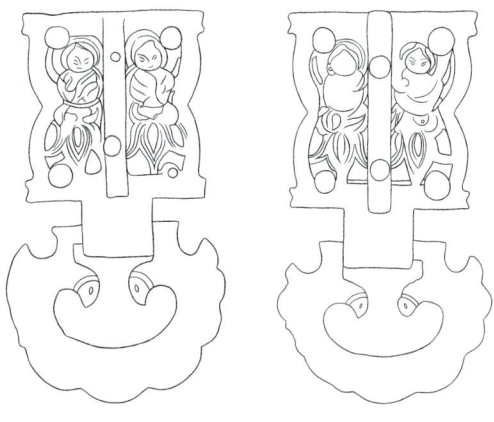

图 15　双佛像纹带銙线图

（徐喆绘图）

　　第四对，兽面纹带銙。（见图 8）一式两件。其带銙形制与前者相同，纹饰为兽面。兽面杏眼圆睁，上尖下圆，内有圆形瞳孔，睫毛细密。大嘴怒张，露出四颗虎齿，鼻子被中央隔梁挡住，看不太清。兽面纹带銙保存不佳，两件均有少许破损。其中一件下环左侧残损，另一件上环边缘腐蚀较重，下环右侧也有少许残损。线图见图 9。

　　第五对，四鸟纹带銙。（见图 10）一式两件。其带銙形制与前者相同，纹饰为上下左右相对的四只鸟。四鸟均作展翅状，无冠，上下叠立。左侧两只鸟，上者面朝左，下者面朝右，下者鸟喙被中央隔梁遮挡。右侧两只鸟的图案与左侧呈镜面对称。鸟身上有细密阴线刻。该带銙保存较为完整，线图见图 11。

　　第六对，双羽人纹带銙。（见图 12）一式两件。其带銙形制与前者相同，纹饰为左右相对的两位羽人。羽人上身赤裸，袒胸露乳，肚脐清晰可辨。羽人双耳高过头顶，一手抚腰，另一手向上挥舞。双腿分开，略微弯曲，似在舞蹈。腰带处有较为清晰的阴线刻。该带銙保存较为完整，线图见图 13。

　　第七对，双佛像纹带銙。（见图 14）一式两件。其带銙形制与前者相同，纹饰为左右相对的两尊佛像。佛有圆形项光，头戴尖帽，系腰带，面露微笑。其双手置于胸前，遗憾的是手印看不清楚。身下有若干莲瓣，构成莲花座样式。该带銙保存较好，其中一件右下角银钉遗失。另一件表面土锈较重，没有清理，下部銙环左侧有少许腐蚀。线图见图 15。

　　综上，此带具由七组不同题材的图像构成，分别是"力士搏虎纹""双虎纹""双凤纹""兽面纹""四鸟纹""双羽人纹"与"双佛像纹"，成对出现。其中，"力士搏虎"为带扣，图像呈镜像对称，其余均为带銙，一式两件，但有细微差别。整体保存较好，采用镂空金属工艺，手工錾刻，加铆钉镶嵌，艺术、工艺价值均较高。

带扣　　　　带扣　　→ 鉈尾　　　　　　　　带銙

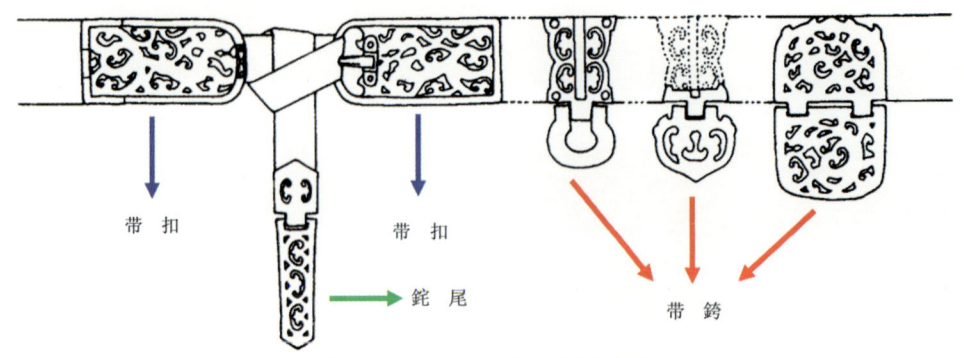

图16　晋式带具的形制及其使用方法

1　韩国窥岩面废寺出土画像砖

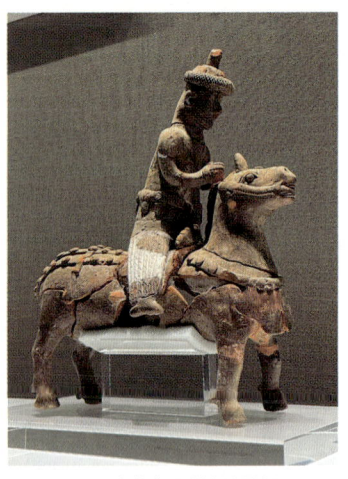

2　丁奉墓出土胡人骑马俑
（笔者摄于六朝博物馆）

3　丁奉墓出土胡人骑马俑晋式带具细节
（笔者摄于六朝博物馆）

图17　晋式带具的使用方法

二 考古类型学分析

孙机先生是研究中国古代带扣最重要的学者之一。他提出了"晋式带具"的概念:"带扣又称带卡、带铰、带鐍或扣绊,……归纳起来不外三种类型:Ⅰ型,无扣舌;Ⅱ型,装固定扣舌;Ⅲ型,装活动扣舌。……富丽的金银腰带扣之结构与之相仿,但比它们大得多,这是汉晋时代特有的贵重工艺品。按照使用情况,也可分成二式:Ⅲ型1式,单独使用;Ⅲ型2式,成对使用。"[1]

依照孙机先生的分类,本文披露的晋式带具应为"Ⅲ型2式"。(见图16)一些美术考古资料上也忠实表现出此类晋式带具的使用方法。韩国忠清南道扶余郡窥岩面废寺出土有系晋式带具的畏兽纹画像砖。[2] 2021年6月15日,笔者率研究生赴南京考察六朝博物馆,在"江表虎臣——丁奉家族墓地出土文物展"中的一件胡人武士骑马俑的腰间发现一组晋式带具的形象,当属意外收获。(见图17)对比可知,本例中的"力士搏虎"带扣位于腰带中央,十二块带銙左右分布在腰带一圈。

根据考古材料,依照时代的演进,我们大致将晋式带具的发展演变分为以下几个时代。

(一)东汉

东汉时期系晋式带具的萌芽期,考古发现实物罕见,目前已知发现两例,墓主分别为中山穆王刘畅与魏武王曹操。

图18 中山穆王刘畅墓出土银带銙

第一例,1969年,河北定县博物馆对定县43号墓进行了清理,其墓主经考证是东汉中山穆王刘畅。[3] 该墓出土银器25件,其中包含一件晋式带具,可惜未被识别,称为"兽面银铺首一件"[4]。

---

[1] 孙机:《先秦、汉、晋腰带用金银带扣》,《文物》1994年第1期。

[2] 张林堂、孙迪:《响堂山石窟——流失海外石刻造像研究》,外文出版社,2004,第90页。

[3] 定县博物馆:《河北定县43号汉墓发掘简报》,《文物》1973年第11期。

[4] 同上注。

2019年10月，"三国志"大展在东京国立博物馆展出，这枚晋式带具在展览铭牌与随展出版的《三国志》图录中将其更正为"带金具，银质，纵7.4cm，横3.4cm，后汉时代，二世纪"[1]，并附有一张彩色照片。（见图18）其造型与孙机先生所述晋式带銙一致，分上下两部分，上部胜形，下部銙环为桃型。纹饰较为简单，仅有四个镂空的云气纹。另有中央隔梁及四颗银钉，其中左上角银钉缺失。图录称，此带具的上部造型受到西王母发饰的影响，开启了"胜形带金具的先例"[2]。

第二例，河南省文物考古研究院于2019年清理发掘了安阳安丰乡西高穴村二号墓，后被认定是曹操高陵。M2中出土了一些银质和铜质的带具，可归为晋式带具的主要有叶状银饰件与C型铜带扣。其中，叶状饰片出土两件，"银质，其中一件完整，另一件破裂。均出土于前室扰土中。标本M2：57-1扁平叶状，前部为锐三角形，尖部锐利，颈部连接在一弯曲的叶干上，叶干较窄，两边为卷齿状，一边卷齿6个，另一边卷齿5个，器身修长，整体前窄后宽，呈三角状。（见本文图19）……标本M2：163，形状与前者完全相同，卷齿卷曲方向相反，二者图案对称"[3]。报告未准确识别出其用途。此叶状银饰件实为位于晋式带具中央的铊尾。另有一件銙环，其造型与中山穆王刘畅墓出土银带銙之下部銙环接近。（见图20）报告称其为铜质，出土于前室南侧室扰土[4]，但"据安阳媒体及'文博山西'"资讯，称其为银饰件。[5] 其具体材质有待进一步科学检测。

图19 安阳高陵出土晋式带具银铊尾

图20 安阳高陵出土晋式带具銙环

---

1 [日]东京国立博物馆：《三国志》，美术出版社，2019，第72页。
2 同上注。
3 河南省文物考古研究院：《曹操高陵》，中国社会科学出版社，2016，第199页。
4 河南省文物考古研究院：《曹操高陵》，第184页。
5 李梅：《曹操墓文物将首次全面亮相，高陵遗址博物馆部分进入布展阶段》，《澎湃新闻》2020年8月12日，网址：https：//www.thepaper.cn/newsDetail_forward_8678891。

图21 折锋校尉薛秋墓出土晋式带具（三国吴）

鉴于曹操高陵严重被盗，两件带饰又均出土于前室扰土中，其材质也有争议，不知是否为同一套晋式带具的两个组件。曹操高陵出土银质铊尾造型复杂，工艺烦琐，加上其银钉的造型、工艺与中山穆王刘畅墓出土银质带銙一致，我们认为这套银质晋式带具极有可能为曹操本人所使用。曹操下葬时的身份为魏王，与中山穆王刘畅身份类似，均为诸侯王。但《三国志·武帝纪》称"（建安十九年）三月，天子使魏公位在诸侯王上，改授金玺、赤绂、远游冠"[1]，又"（建安二十二年）夏四月，天子命王设天子旌旗，出入称警跸。……冬十月，天子命王冕十有二旒，乘金根车，驾六马"[2]。曹操虽享

---

[1] （晋）陈寿撰，（南朝宋）裴松之注：《三国志》卷一《魏书·武帝纪》，中华书局，1982，第43页。

[2] （晋）陈寿撰，（南朝宋）裴松之注：《三国志》卷一《魏书·武帝纪》，第49页。

用天子级别的冠冕、车马，但文献未提及其带具的规格、材质。由于曹操本人推行薄葬，要求陵墓中"无藏金玉珍宝"[1]，其使用银质带具是符合历史情境的。

综上，东汉时期银质晋式带具为皇家高等级贵族享用，已知主人身份极高，为刘姓诸侯王与"位在诸侯王上"的魏武王。胜形銙上的纹饰以云气纹为主，造型朴实，纹饰简约，鉈尾相对复杂。

（二）三国

三国时期晋式带具的考古发现依然不多，且主要发现在吴地。比较重要的考古发现有南京大光路孙吴薛秋墓、南京江宁上坊孙吴墓以及近年发掘的南京伍佰村丁奉家族墓，出土带具均为银质。另外，洛阳孟津三十里铺曹魏大司马曹休墓也有铜质晋式带具的发现。

第一例，2004 年，南京市博物馆考古部在南京市大光路基建工地发掘出孙吴折锋校尉薛秋墓，其中出土一套完整的晋式带具。报告称："银带具一组 12 件（M1：63）。包括带扣 1 件、与带扣相对的饰牌 1 件、悬圆角方牌之銙 4 件、悬心形环之銙 5 件、鉈尾 1 件。……牌身透雕人戏龙纹。悬圆角方牌之銙，圆角方牌透雕龙纹，銙身透雕人形、动物纹。悬心形环之銙，銙轻巧精致。鉈尾，为两片对折的银片，一头呈三角形，用铆钉固定。"[2]（见图 21）报告推断"薛秋墓的年代为孙吴中晚期"[3]。

该墓出土带扣两件、带銙九件、鉈尾一件。其数量共计为十二件。此套晋式带板比较复杂，在东汉胜形銙的基础上发展出方形銙，即报告中所谓"悬圆角方牌之銙"。这表明，晋式带具发展至三国中晚期时，其形制已经成熟。

图 22 上坊孙吴墓出土银晋式带饰（三国吴）

1　（晋）陈寿撰，（南朝宋）裴松之注：《三国志》卷一《魏书·武帝纪》，第 53 页。
2　周保华、王志高、阮国林等：《南京大光路孙吴薛秋墓发掘简报》，《文物》2008 年第 3 期。
3　同上注。

薛秋墓出土晋式带具的艺术价值较高。其带扣的艺术主题为人物戏龙，几何纹样略显程式化。方形銙上部为双羽人透雕，分布在银质隔梁左右两侧，下部为羽人骑龙透雕。胜形銙上部为卷云纹，相对简约，云头幻化为鸟头。胜形銙下部采用双重心形镂空纹样，中央亦幻化出卷云纹与鸟头。铊尾亦素简。与汉代相比，薛秋墓晋式带具的艺术性有较大进步，镂空部分的纹饰更加复杂，呈现出类似剪纸的艺术效果。但工艺简约，无阴线刻。

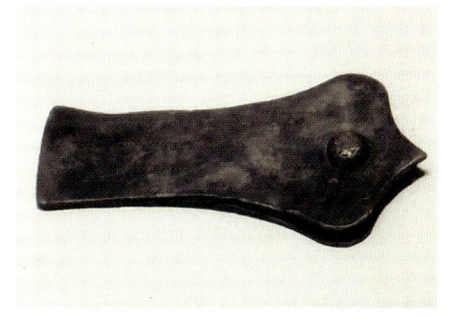

图 23　丁奉家族墓 M4 出土晋式带具（三国吴—西晋）

第二例，2005 年，南京市考古工作者在江宁区科学园道路施工中发现大型砖室墓，被称为"上坊孙吴墓"，其墓主人级别非常高，据推测应是孙吴政权的宗室，但其墓主人归属至今未有定论。其尺寸规模甚至超过了推测为吴景帝孙休的当涂天子坟。上坊孙吴墓 M1 中发掘出银带饰一件，造型较特殊，报告称"一端呈圭形，上下各有一圆孔，孔内铆条形板以连接镂空云纹銙。銙外缘呈锯齿状，内等分 6 个圆孔。长 5.5、宽 18 厘米"[1]。此带具上部较特殊，下部呈现出"云鸟幻化"的造型。（见图 22）审其銙环，虽比薛秋墓简单，但与本例接近，多了六个孔，外缘处少了两个曲。

第三例，2019 年，南京市考古研究院在南京市五佰村发现并清理了四座孙吴砖室墓。根据 M3 出土的砖地券，明确墓主为三国孙吴名将丁奉，其官至右大司马、左军师，封安丰侯，建衡三年（271）下葬。M4 中出土了一组银质晋式带板。该墓考古报告尚未发表，但中国社会科学院考古研究所官网报道了其发掘情况。[2] 笔者赴南京近距离观摩了这套带具并拍摄了照片。（见图 23）据领队周保华先生介绍，从墓葬形制判断，M4 时代比 M3 晚一些。考虑到公元 265—280 年之间三国吴与西晋曾同时并存，其墓葬年代或已经进入西晋。其墓主可能是丁奉的家族成员。

丁奉家族墓 M4 出土的晋式带具为银质，残缺较多。现存带扣一件，鉈尾一件，带銙五件。带銙中，四件完整，一件仅存上部胜形。这套带具均为镂空透雕，呈剪纸效果，无阴线刻。带扣纹饰为龙纹，鉈尾简约。所有銙形均为胜形，无方形銙。胜形銙上部的镂空部分有两类。其一以云气纹为主体，又似植物的枝蔓。其二是柿蒂纹，似四朵方花。胜形銙的下部，呈现出多曲卷云与鸟的幻化，与薛秋墓出土带具接近。

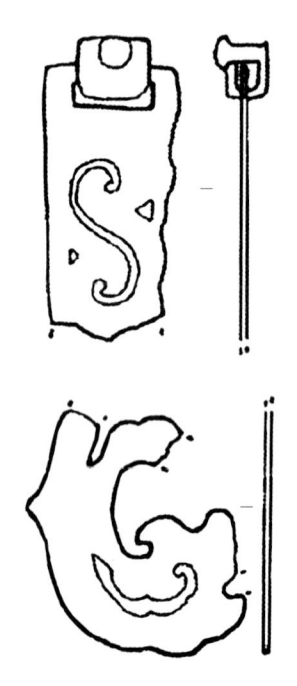

图 24　孟津曹休墓出土晋式带具（曹魏）

第四例，曹魏墓葬也有晋式带具的发现。洛阳孟津曹休墓中出土一件胜形銙，

---

[1] 王志高：《南京江宁上坊孙吴墓发掘简报》，《文物》2008 年第 12 期。

[2] 周保华等：《南京考古发现"江表之虎臣"之一丁奉及其家族墓地》，中国社会科学院考古研究所官网，2021 年 1 月 21 日，网址：http://kaogu.cssn.cn/zwb/xccz/202101/t20210121_5246510.shtml。

报告误称"活页"[1]，上下銙环均残缺不全。从图片看，其镂空纹饰为卷云纹，沿袭了汉代纹样。（见图24）曹休官至大司马，与丁奉同，但带具材质为铜质，与曹操墓出土銙环材质相同。曹休卒于魏明帝太和二年（228）。

综上，三国时期的晋式带具发现不多。考古发现四例，分别出土于吴折锋校尉薛秋墓、帝王级的上坊孙吴大墓、吴右大司马丁奉家族墓M4和魏大司马曹休墓。从墓主级别看，其身份系显赫的皇家宗室或重要的门阀贵族。此时，晋式带具出现了新的器型"方形銙"，带具的工艺仍以镂空、铆钉嵌合为主。艺术性较高，出现了羽人骑龙、羽人戏龙、云鸟幻化等新的艺术题材，整体上呈现出剪纸的艺术效果。

（三）西晋

西晋时期的晋式带具发现不多，最重要的考古发现系前将军周处墓。周处为三国吴名将周鲂之子，周鲂官至裨将军、鄱阳太守，归晋之后，周处官至建威将军、新平太守、广汉太守、御史中丞，卒于西晋元康七年（297），追赠平西将军、前将军。周处家族墓地1953年发掘于江苏省宜兴市，其中一号墓主人系周处。报告称该墓发现金属带饰"共17件，发现于一号墓后室人骨架的中部，皆有镂空的花纹。它们与广州西郊大刀山东晋明帝太宁二年（324）墓中出土的鎏金铜带饰的形式、花纹和出土位置完全相同，当为死者束腰的大带上的饰件"[2]。该墓发掘年代较早，带具的图片质量较差。（见图25）[3] 可以看出其基本完整，带扣、胜形銙、方形銙、铊尾等一应俱全。带扣纹饰是龙纹；胜形銙纹饰是素简的云气纹。方形銙的纹饰模糊不清，应是龙纹或羽人乘龙。报告所称17件的数量是不准确的，因其将一些胜形銙的上下两块重复统计，其实际数量应少于17件。遗憾的是，已知报告均未列出全套图像资料。

这套带板还引发了一场科技考古领域的辩论。该墓发掘不久，南京大学化学系分析，其含85%的铝，被认为是中国冶金技术的重要发现。[4] 1972年，时任中国科学院考古研究所所长的夏鼐先生撰文否认了其铝的质地，经过重新检测，将其材质断为银基合金，"银90%—95%、铜5%—10%、铅0.3%—1%、锰0.1%、锡0.01%"[5]。需要指出的是，周处墓银带具的金属比例与本文涉及的佛像纹银质晋式带具基本一致。（见本文注释1）

---

1 严辉、史家珍、王咸秋：《洛阳孟津大汉冢曹魏贵族墓》，《文物》2011年第9期。

2 罗宗真：《江苏宜兴晋墓发掘报告——兼论出土的青瓷器》，《考古学报》1957年第4期。

3 夏鼐：《晋周处墓出土的金属带饰的重新鉴定》，《考古》1972年第4期。

4 罗宗真：《江苏宜兴晋墓发掘报告——兼论出土的青瓷器》，《考古学报》1957年第4期。

5 夏鼐：《晋周处墓出土的金属带饰的重新鉴定》，《考古》1972年第4期。

224 　图像研究

图 25　周处墓出土银晋式带具（西晋）

　　除周处墓外，西晋时期的晋式带具还有零星发现，[1] 如洛阳考古二队在 1953—1955 年发掘的 54 座晋墓中，第 24 号墓发现了两件鎏金铜带具，其一为胜形銙，其二为带扣。[2] 胜形銙有云气纹镂空装饰，带扣为常见的镂空龙纹。（见图 26）该胜形銙的造型与周处墓例非常接近，只是多了一些圆圈錾刻。

　　孙机先生指出："晋代还有不少Ⅲ型 2 式带扣，在江苏宜兴元康七年（297）周处墓、辽宁朝阳袁台子东晋墓、日本奈良新山古坟等处均曾成对出土。周处墓与袁台子墓所出者为银质，新山古坟所出者为铜质鎏金。扣身在平面上透雕出大体对称的龙、虎等纹饰，其上再施毛雕。除出土品外，荷兰阿姆斯特丹亚洲艺术博物馆和日

1　北京琉璃河晋墓有晋式带具的发现，其带扣的纹饰为镂空龙纹，但由于没有带銙与之同出，这里不加赘述。
2　蒋若是、郭文轩：《洛阳晋墓的发掘》，《考古学报》1957 年第 1 期。

本东京出光美术馆也藏有完整的实例。"[1]

图 26　洛阳晋墓出土铜鎏金晋式带具（西晋）

总之，西晋存在时间较短，晋式带銙发现并不多。周处墓带具保留了较多三国吴的传统，但从工艺和艺术风格看，洛阳西晋墓出土的胜形带銙似乎更接近汉代样式。带扣的主要纹饰是龙纹，未发现羽人纹，带銙依然采用胜形銙与方銙的组合，但逐渐程式化。材质可分为银、铜鎏金两种。

（四）东晋十六国时期

此时的晋式带具有了较大的发展，在东北三燕地区有较多发现。据统计，本期晋式带具的考古发现主要有东北的北票喇嘛洞 IIM275、朝阳袁台子壁画墓、腰而营子 M9001 墓、章吉营子西沟村墓等，南方地区则有广州大刀山晋墓、武汉熊家岭晋墓等，前人多有论述。[2]（图 27）朝鲜、韩国、日本等国也有这类晋式带具的发现，此不赘述。这些带銙的年代相对较晚，其纹饰也愈加程式化。这类带具最终在北朝以后逐渐与来自北方草原的蹀躞带混流，消失在历史的长河中。

1　喇嘛洞 IIM275　　2　腰而营子 M9001　　3　章吉营子西沟村墓　　4　武汉熊家岭晋墓

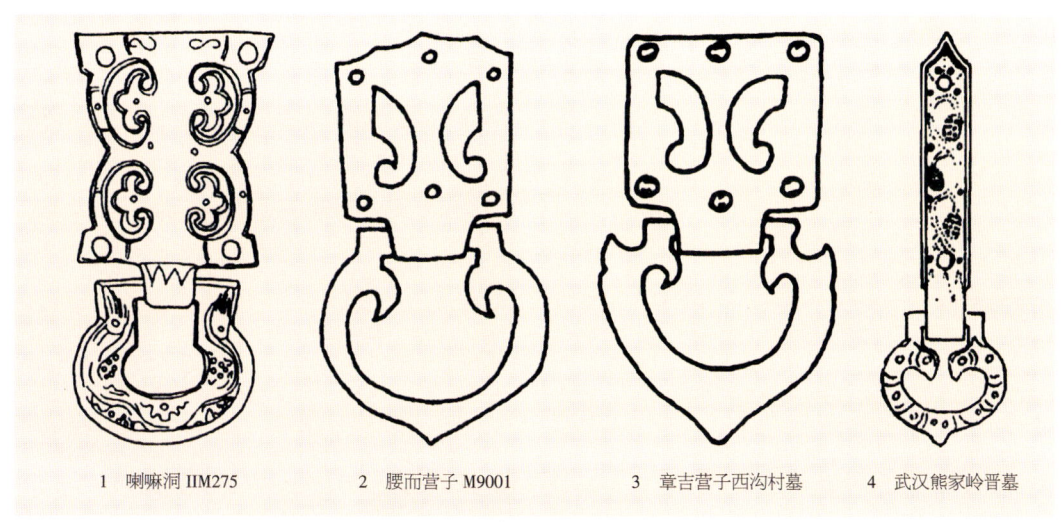

图 27　东晋十六国时期的晋式带銙

---

[1] 孙机：《先秦、汉、晋腰带用金银带扣》，《文物》1994 年第 1 期。

[2] 刘德凯：《魏晋南北朝銙带的考古学研究》，硕士学位论文，武汉大学，2018。

综上，我们将东汉至西晋考古发现的晋式带具梳理如表 1。[1]

分期	墓主人	时代	级别	带铐样式	艺术纹样
东汉	刘畅	174 年	中山穆王	胜形铐	卷云纹
	曹操	220 年	魏武王	胜形铐环、铊尾	卷齿纹
三国	曹休	228 年	大司马	胜形铐	卷云纹
	薛秋	孙吴中晚期	折锋校尉	带扣、胜形铐、方形铐、铊尾	云鸟幻化纹、羽人纹、羽人乘龙纹
	丁奉家族	271 年	大司马、左军师家族	带扣、胜形铐、铊尾	龙纹、柿蒂纹、云鸟幻化纹
	不详（上坊大墓）	孙吴晚期	诸侯王或帝王	胜形铐环（上部圭形）	云鸟幻化纹
西晋	周处	297 年	平西将军、前将军	带扣、胜形铐、方形铐、铊尾	卷云纹、龙纹、羽人乘龙纹、云鸟幻化纹
	不详（洛阳晋墓）	不详	不详	带扣、胜形铐	龙纹、卷云纹

图 28　上坊孙吴墓与佛像纹晋式带具铐环比较

---

[1] 鉴于东晋十六国时期的晋式带具与本例存在较大差异，故不列入表中。

从晋式带具的发展源流出发，我们采用考古类型学的方法，可大致排列出样本的年代。新发现银质晋式带具胜形銙的上部由六种较复杂的图案构成，采用雕镂加阴线刻的方法制作。在之前的考古发现中，胜形銙的上部多为简约的几何纹样，未见有如此复杂者，亦可推测其使用者级别较高。本例胜形銙的下部主要采用"云鸟幻化纹"加多曲的銙环样式，主要见于三国吴高等级贵族墓。其中最接近者当属江宁上坊孙吴墓出土胜形銙环（图28）。因此，本文倾向于将此佛像纹银质晋式带具的年代定为三国时期，并有较大可能是吴国的制品。

三 代表性纹饰分析

鉴于此套晋式带具的纹饰复杂，艺术母题较多，以下对"力士搏虎纹""双羽人纹""兽面纹"等题材进行图像学分析和年代分析。

（一）力士搏虎纹

此套带具中的带扣为镜像对称的两件"力士搏虎"题材的镂空画像。这一主题在汉代画像石、铜镜纹饰中常见。其较早出现的图像为西汉初年宛朐侯刘埶墓中出土的一面铜镜（图29-1），1994年出土于江苏徐州。这组画像有三组驯虎图，分别刻画了人物抚摸虎头、饲虎、骑虎的图像。李银德等认为这一图像为神话故事，"据《山海经·海外东经》记载：'……君子国在其北，衣冠带剑，食兽，使二大虎在旁，其人好让不争'"[1]。李凇认为，"其上图像有人抚虎、饲虎、骑虎的情景，人与虎和睦相处"[2]。笔者认为其表现的应是"东海黄公"角抵戏故事。[3] 张衡《西京赋》记载汉武帝时在平乐观中观看百戏时，有"东海黄公，赤刀粤祝，冀厌白虎，卒不能救，挟邪作蛊，于是不售"，薛综注："东海有能赤刀禹步，以越人祝法厌虎者，号黄公，又于观前为之"[4]。东晋葛洪《西京杂记》与干宝《搜神记》卷二"鞠道龙"条也有类似的记载。[5] 东汉时期的汉画像石中，这一图像又多次出现。祠堂中的代表作品有徐州洪楼祠堂画像"力士图"（图29-2）、滕州后掌大祠堂画像"五力士图"（图29-3）等。墓葬中此类图像较多，以河南唐河郁平大尹冯君孺人墓"驯虎图"为代表（图29-4）。

---

[1] 李银德、孟强：《试论徐州出土西汉早期人物画像镜》，《文物》1997年第2期。

[2] 李凇：《中国道教美术史》（第一卷），湖南美术出版社，2012，第67页。

[3] 朱浒：《被误解的主题——汉代祠堂画像〈力士图〉考辨》，载中山大学艺术史研究中心《艺术史研究》第26辑，中山大学出版社，2021，第41—68页。

[4] （梁）萧统编，（唐）李善注：《文选》卷二，上海古籍出版社，1986，第75—76页。

[5] 向新阳等校注：《西京杂记校注》，上海古籍出版社，1991，第115页。

1　宛朐侯刘埶墓人物驯虎铜镜　　　　　　　　　2　徐州洪楼祠堂画像

3　滕州后掌大祠堂画像　　　　　　　　　4　河南唐河郁平大尹冯君孺人墓"驯虎图"

图29　汉代人物搏虎、驯虎题材画像

"东海黄公"故事是秦汉的传统皇家角抵戏，在汉武帝时期成为宫廷角抵戏的重要剧目，通过"黄公"的夸张动作，进行"御虎"表演，表现出方士的法力。林富士认为，"巫者因为娴熟鬼神世界，能和鬼神交通，能施咒术，并且知道这种禁忌，应该有资格担任书写镇墓文，并且举行相关仪式的工作"[1]。"东海黄公"的表演，其实成为一种"巫"的仪式。因此，"东海黄公"故事出现在此套晋式带具的核心位置——带扣上，当是升仙信仰的产物。审视细节，虎不仅有翼，其身躯上还立有一只鸟，共同营造了浓郁的宗教氛围。

（二）双羽人纹

羽人是汉晋时期中国传统神仙信仰中的一种仙人。《论衡·无形》篇云："图仙人之形，体生毛，臂变为翼"[2]，描绘的即是羽人。《长歌行》曰："仙人骑白鹿，发短耳何长！导我上太华，揽芝获赤

1　林富士：《汉代的巫者》，（台北）稻乡出版社，1999，第85页。
2　（汉）王充：《论衡校释》卷二，黄晖校释，中华书局，1990，第66页。

幢。来到主人门，奉药一玉箱。主人服此药，身体日康强。发白复更黑，延年寿命长。"[1] 西安出土了一件铜质羽人像，代表了汉人对羽人形象的想象（图30-1）。汉画中常见西王母或凤凰前有羽人侍奉，或手捧仙药，或进行六博游戏（图30-2），应与长生信仰有关。这些羽人一般表现出两耳高耸的特征。著名的嘉祥武梁祠画像中就有不少羽人的图像，如祥瑞图中有"渠搜献裘"的榜题，刻画了一名骑在鹿上、长耳的羽人"献裘"而来（图30-3）。在武梁祠"后石五"三层四层画像中，可见羽人手持旌幡，乘龙在天上奔走的场景（图30-4）。

1　西安出土汉代铜羽人

2　四川新津汉画像石仙人六博图

3　嘉祥武梁祠"渠搜献裘"图
（见《金石索》）

4　嘉祥武梁祠"羽人乘龙"图
（见《金石索》）

图30　汉代羽人图像

---

[1] 黄节：《汉魏乐府风笺》卷二《汉风》，中华书局，2008，第21页。

1　当涂天子坟出土金质"持节羽人"饰片 　　2　陈旭伟藏三国飞天铜镜 　　3　薛秋墓晋式带具羽人

4　佛像纹晋式带具羽人 　　5　薛秋墓晋式带具羽人乘龙 　　6　陈旭伟收藏三国飞天铜镜羽人乘龙

图31　三国吴羽人图像

　　三国时人沿袭了汉代的羽人崇拜，在于吉等人的推动下，三国吴地的神仙信仰依旧炙热。三国时期的羽人图像，依旧保持着双耳高于头顶这一特征，手里多持节。节是使者的象征，或为拜谒西王母或佛的使者。《神仙传》载："须臾，忽有三仙人在前，羽衣持节。"[1] 当涂天子坟曾出土了一件"持节羽人"金饰，其双耳高过头顶（图31-1）。[2] 此外，在三国吴地出土的佛饰镜（图31-2）、南京长岗村五号墓出土带盖佛像纹盘口壶上均可见这类持节羽人。薛秋墓晋式带具上的羽人数量较多，不仅在胜形銙上部隔梁两侧各有一位羽人（图31-3），下部还有羽人乘龙的图像（图31-5）。三国吴的羽人乘龙图像不仅出现在带具上，还出现在铜镜上。陈旭伟收藏的一面吴镜的外圈刻画了八位具有佛教色彩的"飞天"，其内圈柿蒂纹中就

---

[1]（晋）葛洪撰，胡守为校释：《神仙传校释》卷三《沈羲》，中华书局，2010，第69页。

[2] 叶润清：《安徽当涂"天子坟"东吴墓》，《大众考古》2016年第7期。

刻有羽人骑龙的内容（图31-6）。[1] 由此可见，佛像纹晋带具中出现羽人形象（图31-4），符合三国吴时代羽人图像的典型特征。

1　沂南汉墓墓门立柱兽面
2　沂南汉墓前室过梁和立柱兽面 
3　佛像纹晋式带具兽面 
4　敦煌佛爷庙湾M133号墓彩绘砖画兽面 
5　南朝贾家冲墓彩绘砖兽面 
6　大同金港园北魏墓出土铺首兽面 
7　美国大都会博物馆藏北魏铺首兽面（缺环） 

图32　汉晋兽面纹图像演变对比图

---

[1] 王同海：《汉画"鱼车图"再释》，载中国汉画学会、河南博物院《中国汉画学会第十三届年会论文集》，中州古籍出版社，2011，第167页。

1　连云港孔望山 X2 佛像 　　　　　　　2　彭山出土摇钱树座佛像

3　南京出土凤凰二年釉陶佛像（273） 　　4　金坛出土青瓷佛饰堆塑罐上佛像

图 33　早期佛像的胡状外貌和 U 字形衣纹对比

（三）兽面纹

此套晋式带具中的兽面纹比较特殊，带铆钉的隔梁将兽面的鼻子遮挡，左右各露出一只眼睛，睫毛上绘有细密的阴线，嘴的造型夸张，露出虎齿。

汉代画像石中的兽面纹以山东沂南北寨村汉墓中出现的兽面为代表。在沂南汉墓墓门立柱上有一正面兽面，其鼻吻处与此晋式带具的兽面相似，但眼睛和耳部有一定的差异（图32-1）。[1] 沂南汉墓前室过梁和八角擎天柱上的散斗和栱上刻画的兽面纹更加精细，毛发增多，其睫毛处有细密短线，斜向两侧发散（图32-2）。[2] 稍晚的西晋佛爷庙湾M133中出土有兽面纹彩绘画像砖，其眼睛、鼻子、口吻部与此例颇为相似，但睫毛不明显（图32-4）。[3] 这一风格的兽面纹延续时间很久，一直延续到南朝、北魏，并逐渐与畏兽合流。南朝襄阳贾家冲画像砖墓中出土一块正面兽面彩绘砖，兽呈蹲踞状，睫毛上有毛，向上飞扬（图32-5）。[4] 2017年考古工作者在大同金港园北魏墓发现一对铺首，其圆环上部亦为蹲踞状兽面，睫毛有竖直向上的细密纹（图32-6）。该墓葬的报告尚未发表，实物于2020年在安徽博物院"融·合——4—5世纪北魏平城文物展"中已经展出。[5] 美国大都会博物馆收藏有同类兽面纹铺首上部，年代被误定为汉（图32-7）。

综上，我们认为这一兽面的特征符合汉晋之间正面兽面纹的典型特征，其年代应介于东汉末年与北魏之间。

通过对"力士搏虎""双羽人""兽面"等纹饰的研究，我们认为这套佛像纹晋式带具的题材和风格大致位于汉末至魏晋之间，具有较高的艺术价值。这与我们之前通过考古类型学得出的结论是一致的。

四　佛教因素分析

此套晋式带具最重要的价值当属四尊佛像的发现。自20世纪麻浩崖墓、柿子湾崖墓陆续发现佛像以来，四川、云南、汉中等地的摇钱树、摇钱树座上佛像的新发现也层出不穷，引起了诸多学者的关注。[6] 笔者关注汉代佛像多年，其"东部者主要见于东汉徐州刺史部，即今日的鲁南地区和苏北的徐州、连云港一带；另一处则主要分布在东汉益州刺史部，即今日的陕南、川渝乃至云贵等地，晚期二者均有沿着长江向江南吴地发展的趋势"[7]。三国时期的佛教美术遗存主要集中在吴国

1　中国画像石全集编辑委员会：《中国画像石全集》第一卷《山东汉画像石》，山东美术出版社，2000，第34页。

2　曾昭燏、蒋宝庚、黎忠义著：《沂南古画像石墓发掘报告》，文化部文物管理局，1956，第120页，图版41。

3　戴春阳主编：《敦煌佛爷庙湾西晋画像砖墓》，文物出版社，1998，第93—94页。

4　崔新社、潘杰夫：《襄阳贾家冲画像砖墓》，《江汉考古》1986年第1期。

5　《从壁画到人物俑，安徽博物院平城文物展勾勒北魏都城繁华往昔》，《澎湃新闻》2020年5月15日，网址：https://m.thepaper.cn/baijiahao_7407942。

6　朱浒：《东汉佛教入华的图像学研究》，科学出版社，2020，第1页。

7　朱浒：《东汉佛教入华的图像学研究》，第6页。

疆域内，其图像载体也主要是陶瓷、小型金属器、画像砖等。[1] 近年来，随着当涂天子坟、丁奉家族墓等重要墓葬的发掘，新的佛教美术资料逐年增多，也显露出一些规律。细审此晋式带具，我们大致可以总结出其以下几个特征：头部有项光，肉髻不明显，似胡人尖帽。大眼，嘴角上扬，面露微笑。其双手在胸前，手印不清。上衣有双圈 V 字形衣领。坐姿为结跏趺坐，但双脚未交叠。身下有三瓣镂空莲花，莲瓣上有阴线刻。以下逐一展开分析。（见图 34-1、图 34-2）

1　佛像纹晋式带具

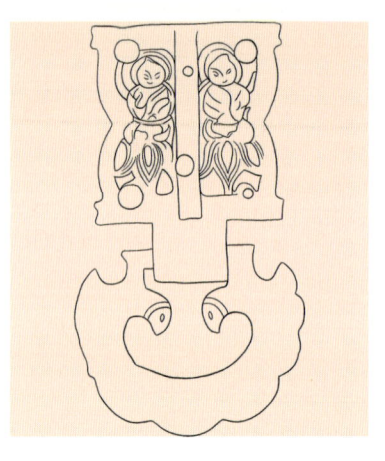

2　佛像纹晋式带具线图
（徐喆绘）

3　武昌莲溪寺菩萨纹鎏金铜牌

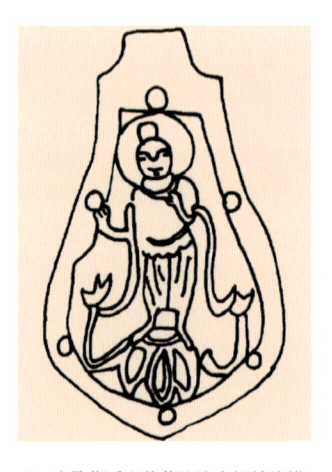

4　武昌莲溪寺菩萨纹鎏金铜牌线描
（阮荣春绘）

5　武汉博物馆藏柿蒂纹佛饰铜镜上的"一佛二胁侍"

图 34　三国吴带具、铜镜上的莲花座对比

1　参见贺云翱、阮荣春等编著《佛教初传南方之路文物图录》，文物出版社，1993。

首先，该佛像流露出比较典型的胡人特征。胡人外貌是早期佛像的一大特征，主要是因为汉代佛教的发展同寓华胡人对佛教的宣扬密切相关。在这种背景下，佛陀是汉人心中的"胡神"，甚至到了十六国时期，汉人依旧有"佛，外国之神，非诸华所应祠奉"[1] 的看法，石虎也认同"佛是戎神"[2]。汉代胡人的特征有头戴尖帽、深目高鼻、身穿胡服等特点。[3] 此处佛像延续了汉代佛像的造型，肉髻与尖顶帽不易区分，上衣紧窄贴身，非褒衣博带。在连云港孔望山摩崖石刻中，立佛像X2的高肉髻接近尖帽（图33-1）。[4] 四川彭山出土的摇钱树座上的佛像[5]（图33-2）和南京江宁赵士岗M7出土凤凰二年（273）釉陶佛像[6]（图33-3）肉髻也具有尖帽的特点。后者还有三四层平行弦纹装饰。

其次，该佛像没有U字形衣纹。三国吴地的早期佛像，身上多有连绵的U字形衣纹。三国吴佛像上的U字形衣纹多与"双狮座"搭配出现，而此例未出现"双狮座"。

最后，该佛像的莲花座比较清晰，由三片莲瓣构成。在三国吴至西晋的大多数青瓷佛像上，双狮中央往往有单层三瓣或者双层六瓣的莲花装饰。如金坛出土的三国吴青瓷佛饰堆塑罐的佛像上，就表现出双层六瓣莲花，只是造型比较稚拙（图33-4）。[7] 而新见晋式带具佛像身下莲花座的造型与1956年武昌莲溪寺校尉彭庐墓（永安五年，263）出土的鎏金铜牌菩萨像[8]脚踩的莲花座几乎完全一致，只是后者在莲花座两侧又各伸出一束花苞（图34-3、图34-4）。这一莲花座样式并不见于陶瓷器，而是主要见于金属器。武汉博物馆收藏了一面柿蒂纹佛饰镜（图35）[9]，在柿蒂纹的四个桃心区域中，一处铸有"一佛二胁侍"的内容。此佛有项光，结跏趺坐，身下也有完全一样的三瓣莲花（图34-5）。

通过上述分析，我们认为此晋式带具上的佛像具有三国吴佛像的典型特征，属于三国时期佛教美术的新发现，其研究价值应不低于武昌莲溪寺菩萨纹鎏金铜牌。同时，基于对晋式带具的理解，我们认为武昌莲溪寺菩萨纹鎏金铜牌应为某件晋式带具的一部分，很可能是一种銙环，或者铊尾。

1　（唐）房玄龄等：《晋书》卷九五《佛图澄传》，中华书局，1974，第2487页。

2　（唐）房玄龄等：《晋书》卷九五《佛图澄传》，第2488页。

3　朱浒：《汉画像胡人图像研究》，生活·读书·新知三联书店，2017，第143页。

4　中国国家博物馆田野考古研究中心等：《连云港孔望山》，文物出版社，2010，第193页。

5　南京博物院：《四川彭山汉代崖墓》，文物出版社，1991，第37页。

6　贺云翱、阮荣春等编著：《佛教初传南方之路文物图录》，图36。

7　贺云翱、阮荣春等编著：《佛教初传南方之路文物图录》，图60。

8　湖北省文物管理委员会：《武昌莲溪寺东吴墓清理简报》，《考古》1959年第4期。

9　武汉博物馆编：《古镜涵容：武汉博物馆藏铜镜》，文物出版社，2019，第92页。

图35 武汉博物馆藏柿蒂纹佛饰铜镜拓片

1　　　　　　　　　　　2

图36 南京长岗村五号墓出土青瓷羽人纹佛饰盘口壶及其纹饰

从图像配置看，此晋式带具上的佛像纹样与羽人纹、白虎纹、凤鸟纹、鸟纹、兽面纹等内容形成固定的组合关系。同一组合还见于南京六朝博物馆的镇馆之宝——青瓷羽人纹佛饰盘口壶（图36-1）。该瓷器出土于南京长岗村五号墓，[1] 是南京地区发现的最具代表性的三国吴时期的佛饰青瓷器。其主体纹饰是两尊高浮雕的佛像，两个系饰有两只凤凰，系带可以从凤凰的颈部穿过。两个佛像与两个系之间装饰有四个高浮雕的兽面纹铺首，壶盖上则饰有一只回首鸟。瓷器的釉下彩绘也很精彩，壶身处共绘制了二十一位持节羽人，壶颈部绘制了七只白虎（图36-2）。这件盘口壶与佛像纹晋式带具虽材质各异，功能不同，但却采用了完全一致的纹饰，当不是偶然。上述纹样的组合使用与三国时期吴地的宗教信仰与艺术观念息息相关。

结　论

通过对此套银质佛像纹晋式带具的考古类型学与图像学分析，我们可初步得出以下结论。

此件银质带具是三国吴时代的镂空晋式带具，其上镂刻的纹饰有"力士搏虎""双虎""双凤""兽面""四鸟""双羽人""双佛像"七种主题。从晋式带具的发展演变看，其与东吴中晚期的薛秋墓出土银质带具、东吴晚期的上坊孙吴大墓出土银质銙环的形制接近。从艺术主题上看，"力士搏虎"纹主要流行在汉代，"羽人"和"兽面"纹也具有典型汉晋之间的过渡特点。两块带銙上鏨刻有四尊居于莲花座上、头戴尖顶帽的胡人化佛像，通过与永安五年（262）武昌莲溪寺菩萨纹鎏金铜牌饰、武汉博物馆藏佛饰铜镜的对比，我们认为其采用相同的莲花座，符合三国时期佛像的典型特征。其六种纹饰的组合方式，与东吴晚期的南京长岗村五号墓出土青瓷羽人纹佛饰盘口壶一致。考虑到"赤乌十年（247），康僧会到建康采用'设像行道'的方式传播佛教，在稍后的永安（约260）年间，长江中下游地区涌现出七种载体佛像"[2]，本文认为此银质佛像纹晋式带具的年代应为三国吴的晚期，约260—280年。

附记

本文在撰写过程中，得到信立祥、赵化成、汪小洋、罗二虎、何志国、吴桂兵、周保华、陶元骏、刘骎等同志的帮助，线图由徐喆绘制，特此致谢！

1　易家胜、王志高、张瑶：《南京长岗村五号墓发掘简报》，《文物》2002年第7期。
2　何志国、李建南：《试论唐僧会与长江中下游吴晋佛像的关系》，载成都博物馆编《天府文博论集》，四川人民出版社，2020，第74页。

叶茂台七号辽墓出土
《深山会棋图》性质与功能再探讨

■ 王雪苗（浙江大学艺术与考古学院）

引 言

1974年辽宁法库叶茂台发掘出一座辽代契丹贵族妇女墓葬，墓中主室安置一木构棺室，内东西横置石棺，棺室内东西板壁上挂有两轴绢画。棺室前有一张盛有供品的石供桌，主室东南与西南两角置木桌椅各一张，上有漆木"双陆"一副。根据考古报告的描述，两轴绢画出土时，画的天杆和天头绫裱通过原来的线绳，仍悬挂在先前的铁钉之上，故而基本可以判定两幅挂轴原来是悬挂于棺室内的。西面出土的为花鸟，被定名为《竹雀双兔图》；东面出土的为山水画，被定名为《深山会棋图》。[1]

关于这两幅画的年代、风格、主题以及画家族属，杨仁恺于1975年与叶茂台七号辽墓考古报告一同发表的《叶茂台辽墓出土古画的时代及其它》一文中已有详述。其中有两处问题有争议：第一，绘画的年代。[2] 第二，绘画的主题。

笔者于《辽宁法库县叶茂台辽墓出土〈竹雀双兔图〉主题研究》一文中对两张挂轴的年代之争进行了梳理，由于两画出土于契丹族私城，远离中原、地处偏远，其绘画传统的发展较于同时期的宋代画院存在一定滞后性，再加上墓葬绘画在风格、题材演进过程中程式化特征突出，故而葬画与传世作品直接进行对比并进行断代的做法还需要进一步考量。[3] 结合关于此墓的年代推论，这两张画应该出于辽代中期，对比同时期的辽代墓室壁画花鸟画风格和画法近似。或者更精确地说其创作时间的

---

[1] 辽宁省博物馆、辽宁铁岭地区文物组：《法库叶茂台辽墓记略》，《文物》1975年第12期。

[2] 具体内容见杨仁恺《叶茂台辽墓出土古画的时代及其它》，《文物》1975年第12期；曹汛《叶茂台辽墓中的棺床小帐》，《文物》1975年第12期；王莉《辽代四神图像的时代及相关问题》，载辽宁省博物馆、辽宁省辽金契丹女真史研究会编《辽金历史与考古》，辽宁教育出版社，2009，第52—56页；李清泉《叶茂台辽墓〈深山会棋图〉再认识》，《美术研究》2004年第1期。

[3] 王雪苗、陈谷香：《辽宁法库县叶茂台辽墓出土〈竹雀双兔图〉主题研究》，《南京艺术学院学报》（美术与设计版）2022年第4期。

上限必然是晚于辽代早期的，创作时间的下限与墓葬时间一致，不会早于辽圣宗。

就《深山会棋图》的主题而言，杨仁恺认为是"汉族士大夫'山林隐逸'那种情趣"[1]。李清泉则认为《深山会棋图》的题材反映了死者及其同代人的"洞仙信仰"，着重表现世俗中人去往洞府的过程，建立死者与仙界的联系。[2] 刘乐乐在李清泉观点的基础上，对画面的构图与风格进行分析，结合挂轴在墓葬中的放置和布局，提出画中背对观者的执杖者为主人公，暗示并引导着画面外的墓主人随画中人离去而进入永恒的仙境。[3] 值得注意的是，李清泉的研究将这幅山水画的落脚点放在了"仙弈"主题上，特别强调弈棋母题与道教的紧密联系，这一问题在另一篇文章《辽墓中的会棋图——以辽墓中的〈三教会棋图〉和〈深山会棋图〉为例》中有专门论述。[4] 两篇文章都强调棋具频繁地在墓葬系统中以实物、图像的形式出现，这在当时已经形成一种较为固定的丧葬习俗，显然与人的寿命、福祉有密切联系。

立足于对《深山会棋图》的母题分析，由此可以引出几个思考：其一，陪葬双陆棋与山水画之间的对应关系是否成立，陪葬棋具究竟是出于宗教需求，还是出于陪葬品对丧葬礼仪的服从？同时，还需要讨论陪葬棋具实物与其他墓葬中弈棋图像可比性的问题，尤其是《三教会棋图》。其二，将《深山会棋图》这样的山水画视为寄托古人洞仙信仰的绘画是否贴切？这涉及画面主题和意义的阐释方向。其三，在《竹雀双兔图》研究基础之上，两张画既然相对而挂，其功能必然是存在联系的，对其中一张画进行深层次解读，却没有将另一张《竹雀双兔图》一同纳入讨论，由此得出的结论可能是片面的。

一 《三教会棋图》与《深山会棋图》图式分析

有学者曾将河北宣化辽张文藻墓出土的《三教会棋图》与《深山会棋图》进行比较，以此来说明弈棋母题在墓葬中的流行，但就画面形式来说，二者完全不同。《三教会棋图》绘于张文藻墓甬道木门门额之上的半圆形堵头上，中间一人戴硬脚幞头，穿袍服，左侧为一束髻老者，右为一僧人模样，中间是棋盘，三老右侧有三个侍童，天空有飞鹤。[5]（图1）根据出土墓志，张文藻"咸雍十年（1074）二月二十五日……乃卒"，至大安九年（1093）四月十五日"改葬于州北之隅"，可以推断，《三教会棋图》的创作时间大致在1074—1093年间，略晚于《深山会棋图》。

1　杨仁恺：《叶茂台辽墓出土古画的时代及其它》，《文物》1975年第12期。
2　李清泉：《叶茂台辽墓〈深山会棋图〉再认识》，《美术研究》2004年第1期。
3　刘乐乐：《叶茂台辽墓中〈深山会棋图〉的风格、意义及功能探析——以景中人为中心》，《南京艺术学院学报》（美术与设计版）2016年第1期。
4　李清泉：《由图入史——李清泉自选集》，中西书局，2019，第143—164页。
5　郑绍宗：《河北宣化辽张文藻壁画墓发掘简报》，《文物》1996年第9期。

但是《三教会棋图》中所采用的三圣围坐图式并不罕见,其图式与金大定元年三教会棋瓷枕尤为相似(图2),只是三人位置排列发生了变化,正对画面的儒士变为和尚。燕文贵《三仙授简图》也采用了类似的构图,三仙端坐于松下的山洞中(图3);另有故宫博物院藏南宋绘画《松荫论道图》,同样描绘了三人围坐,一人穿儒服,坐在歪斜的树身上,一人穿僧袍翘二郎腿坐在中间,另一人穿树叶编织的衣服坐在石凳上,形象各异。(图4)以上案例大都是传世作品,但是将张文藻墓的《三教会棋图》与金大定元年三教会棋瓷枕进行图像比对的话,尤其能感觉到同一种图式和粉本流传的影响力。[1] 总而言之,《三教会棋图》在墓葬系统中的出现,既有宋代三教融合的文化背景,但更多地要考虑工匠图像程式的顽固性。

图1 河北宣化辽张文藻墓出土《三教会棋图》
(采自郑绍宗《河北宣化辽张文藻壁画墓发掘简报》,《文物》1996年第9期)

图2 金大定元年三教会棋瓷枕
(采自李清泉《由图入史——李清泉自选集》,中西书局,2019,第159页)

图3 宋燕文贵《三仙授简图》
(故宫博物院藏)

图4 宋佚名《松荫论道图》
(故宫博物院藏)

---

[1] 李清泉:《粉本——从宣化辽墓壁画看古代画工的工作模式》,《南京艺术学院学报》(美术与设计版)2004年第1期。

李清泉曾在其文章《辽墓中的会棋图——以辽墓中的〈三教会棋图〉和〈深山会棋图〉为例》中，尝试将不同的弈棋母题构建在同一个主题谱系之下，这个主题便是"升仙"。这种阐释方法，是通过历史文献来钩索绘画的含义，用以论证双陆棋与围棋宗教性的文献中，班固《弈旨》，[1] 薛孝通《谱》，[2] 甚至《汉书》中以博具祀西王母的事迹，[3] 其实都远远早于山水画《深山会棋图》所属的时代。"盖艺术中的定式，初起往往有含义……而到了后来，就多只有装饰的功能"[4]，道教文献和汉史、《汉书》中的材料能否直接证明辽代中期前后墓葬中弈棋图像的升仙愿望，仍然有继续探讨的空间。在对《三教会棋图》的阐释过程中，有张文藻墓中的其他出土材料作为辅证，例如木棺上的佛教经文与咒语，采用的佛教"荼毗礼"葬制等，均是体现墓主人宗教信仰之证据，故而张文藻墓中宗教属性的判断不存在争议，但若从弈棋母题出发，对《深山会棋图》进行解读时，这一方法在论证过程中存在的问题逐渐显现出来。

一般研究者们对于《深山会棋图》的第一印象主要为高士主题山水画：除了前文提到的杨仁恺之外，方闻将《深山会棋图》与卫贤《高士图》进行了比对。[5] 前者用"深远"构图之法突出层峦叠嶂的"高远"意境，后者用插入构图的庭院篱笆构成了理想的文人隐居环境，对文人斋舍的鸟瞰式取景表现出了隐居山林的主题。两幅画高峰的形态和画法具有相似之处，同时皴笔的使用不多。画中的隐士居于幽僻的山谷之中，伴随的是华丽的院落建筑。有趣的是，方闻又提到这种10世纪山水画中的山形，即中间山峰呈柱状和雕塑式的，与汉代的博山炉盖饰很相似，那是表现琼山仙岛的。[6] 由于方闻更加关注山水画的风格序列与形式，所以对于画面主题的描述是极为克制的。学者们隐隐感受到这幅画中所蕴含着的宗教气息，但是由于《深山会棋图》始终是一山水画，所以他们只能从画面中不同的母题出发，试图将这些母题与宗教进行联结：于是重叠的峰峦母题与代表仙山的博山炉产生了联系，山径中的门洞成为

---

1 《太平御览》卷七五三载："棋有黄黑，阴阳分也；骈罗列布，效天文也。四象既陈，行之在人，盖王政也。"

2 《太平御览》卷七五三载："双箭以象日月之照临，十二棋以象十二辰之躔次。则天地之运动，法阴阳之消息，表人事之穷达，穷变化之几微。"

3 《汉书》卷二七《五行志第七载》："哀帝建平四年正月，民惊走，持藁或棷一枚，传相付与，曰行诏筹。道中相过逢多至千数，或被发徒践，或夜折关，或踰墙入，或乘车骑奔驰，以置驿传行，经历郡国二十六，至京师。其夏，京师郡国民聚会里巷仟佰，设（祭）张博具，歌舞祠西王母。又传书曰：'母告百姓，佩此书者不死。不信我言，视门枢下，当有白发。'至秋止。"

4 缪哲：《以图证史的陷阱》，《读书》2005年第2期。

5 方闻：《艺术即历史：书画同体》，上海书画出版社，2021，第168页。

6 方闻：《心印：中国书画风格与结构分析研究》，上海书画出版社，2017，第46—47页。

"仙人洞",弈棋的隐士则是烂柯故事中的仙人,执杖者负责引导死者的灵魂,就连山峦上的松树也成了长寿的象征。然山水画中,利用层叠的山峦制造出曲径幽深的构图方式其实很常见,以《晴峦萧寺图》《松岩萧寺图》为例,画面的中心部分也有建筑物或是亭台,难道也要理解成"仙人洞"吗?(图7)西安郭庄唐代韩休墓也曾出土一唐代山水壁画,位于墓室北壁,画面荒无人迹,仅在两侧巨石山崖下各绘一座高圆台四面敞开的茅庵亭阁,也是墓主人醉心道山的证据吗?(图8)除了山水本身之外,执杖者与二人对棋也是常见母题,在塑造"高士"形象时常常被拿来使用,不仅仅传世作品,包括墓室壁画中也有出现,并不能说墓葬装饰出现了这些绘画母题,墓主人就怀有相关的信仰和个人追求。

图5　叶茂台七号辽墓出土《深山会棋图》
(辽宁省博物馆藏)

图6　五代卫贤《高士图》
(故宫博物院藏)

图7 宋李成《晴峦萧寺图》（局部）
（纳尔逊—阿特金斯艺术博物馆藏）

图8 西安郭庄唐代韩休墓出土山水图
（采自刘呆运、程旭、高明韬等《西安郭庄唐代韩休墓发掘简报》，《文物》，2019年第1期）

总而言之，《深山会棋图》与《三教会棋图》并不能仅仅从弈棋母题的角度进行意义的阐释，求仙与长生确实是解读墓葬艺术中不可缺少的主题，在探索作品内容与宗教的关联时，也要考虑到其受到程式影响的痕迹。这类富有隐逸色彩的山水画与佛教、道教思想及其图像系统都可以产生关联，但其属性不能直接归结为纯粹的佛教或道教，甚至与墓主个人特定的追求都没有必然的联系，而是当时上层社会的一种风尚。[1] 之所以要将《深山会棋图》重新放置到山水画的视域中重新阐释，主要是因为其挂轴的属性，明显有别于目前墓葬中出土的山水壁画，例如前文所说的韩休墓《山水图》、陕西富平朱家道村山水屏风以及惠妃武氏墓山水屏风等，但它摆脱了墓葬装饰的媒介，采纳传世绘画的挂轴形式，故而其"图"的性质被冲淡了，研究者始终不能忘却叶茂台辽墓出土挂轴画之所以受到重视的原因，也就是其"画"的本质。

图9 双陆棋
（辽宁省博物馆藏）

---

[1] 郑岩：《唐韩休墓壁画山水图刍议》，《故宫博物院院刊》2015年第5期。

二 双陆棋与宫廷游艺

在重新强调和明确《深山会棋图》山水画的性质之后,再来考虑这幅画与墓葬内部的关系问题。与叶茂台七号辽墓出土双陆棋相关的研究并不多,么乃亮《法库叶茂台辽墓出土漆木双陆考述》一文曾结合考古出土图像和实物进行对照,并且对双陆棋的发展、源流进行文献考证,同时还对(北)双陆的布局和行棋规则整理说明。[1] 梁淑琴《"双陆"杂考——从法库叶茂台辽墓出土的双陆棋谈起》一文梳理了双陆棋的起源以及在唐代至元代的流传情况,这种游戏在唐代盛极并在贵族和上层官员中风靡,对辽的影响颇深。[2] 但此类研究都更加偏向文献对照,与李清泉的研究不同,双陆棋所反映出的社会情况偏向于贵族娱乐生活方面,几乎都没有涉及道教的内容。这其实也提供了另一种思考的路径:陪葬双陆棋的行为是否就是出于对道教的信仰,能否仅仅视为宫廷贵族游艺生活的一种体现?在这一问题的基础之上,有必要对弈棋母题作出进一步的分类和阐释,即使陪葬了双陆棋,能否与山水画中的弈棋图像一概而论,都视作仙家之戏?墓中随葬的双陆棋明显并不能与画中的弈棋母题形成呼应关系,只是作为当时宫廷贵族娱乐活动中常见的游戏,可以象征死者的贵族身份。

图 10 唐周昉(传)《内人双陆图》(局部)
(台北"故宫博物院"藏)

双陆棋,与烂柯主题文本以及山水画中的围棋母题不能混为一谈。双陆棋的游艺性质非常强,曾出现在宋以前的仕女画中。以传为周昉的《内人双陆图》(图10)为例,画中宫人玩的就是双陆,在当时是宫廷中极为流行的游戏。[3]《图画见闻志》中载周昉曾绘有《杨妃架雪衣女乱双陆局图》,但却被郭若虚视为"靡

---

[1] 么乃亮:《法库叶茂台辽墓出土漆木双陆考述》,《辽金历史与考古》第4辑,辽宁教育出版社,2013。

[2] 梁淑琴:《"双陆"杂考——从法库叶茂台辽墓出土的双陆棋谈起》,载《辽宁省博物馆学术论文集第一册(1999—2008)》,辽宁省博物馆,2009,第509—514页。

[3] 传为唐代周昉所绘,台北"故宫博物院"与美国弗利尔美术馆各有一卷,内容、人物、布局等基本一致。台北"故宫博物院"编辑委员会:《故宫书画图录(十五)》,台北"故宫博物院",1995,第71—75页。

丽"之作。[1] 王建《宫词》中也写道："分朋闲坐赌樱桃，收却投壶玉腕劳。各把沈香双陆子，局中斗累阿谁高。"根据王建的诗文，也可以想见画中内容，并与《内人双陆图》形成对照。唐宋之间，双陆棋甚至常常作为讽刺政事的素材出现，尤以武则天时期为甚。其中有两则，一为狄仁杰借双陆提醒武则天还政于李唐；[2] 另一则为典故轶事，狄仁杰借双陆作赌嘲讽衣着华丽的张昌宗。[3] 文献中描述唐代长安风俗，尤其奢侈靡费之处，常提到当时的博戏："今之博戏，有长行最盛。其具有局、有子，子有黄黑各十五，掷采之骰有二。其法生于握槊，变于双陆。"[4] 其中最为盛行的"长行"，脱胎于双陆，也有研究称"长行"为双陆别称。[5] "鉴险易者，喻时事焉；适变通者，方《易》象焉。王公大人，颇或耽玩，至有废庆吊，忘寝休，辍饮食者。乃博徒是强名争胜。"这段文字虽然强调的是当时的"长行"博戏，但也可以提示双陆在正史与典故中的作用及定位，与其他博戏一样，在笔记小说甚至正史中，借用双陆塑造历史人物的形象，是因为其可以"鉴险易"，进而"喻时事"。以棋喻事在史料很常见，无论是围棋、六博还是双陆，棋中的协助与权衡也常常用来形容君臣之间的关系，甚至可以视作儒家论及道德尊卑的一种传统。

夫子曰："吾车中有双陆局，共汝博戏如何？"小儿答曰："吾不博戏也。天子好博，风雨无期；诸侯好博，国事不治；吏人好博，文案稽迟；农人好博，耕种失时；学生好博，忘读书诗；小儿好博，苔挞及之。此是无益之事，何用学之！"[6]

再看双陆的性质，更加接近于一种赌

1　（宋）郭若虚：《图画见闻志》，江苏美术出版社，2007，第11页。
2　《新唐书》卷一一五："久之，召谓曰：'朕数梦双陆不胜，何也？'于是，仁杰与王方庆俱在，二人同辞对曰：'双陆不胜，无子也。天其意者以儆陛下乎！且太子，天下本，本一摇，天下危矣。文皇帝身蹈锋镝，勤劳而有天下，传之子孙。先帝寝疾，诏陛下监国。陛下掩神器而取之，十有余年，又欲以三思为后。且姑侄与母子孰亲？陛下立庐陵王，则千秋万岁后常享宗庙；三思立，庙不祔姑。'"
3　《集翠裘》："则天时，南海郡献集翠裘，珍丽异常。张昌宗侍侧，则天因以赐之。遂命披裘，供奉双陆，宰相狄仁杰时入奏事，则天令对坐，因命仁杰与昌宗双陆。狄拜恩就局。则天曰：'卿二人赌何物？'狄对曰：'争三筹，赌昌宗所衣毛裘。'则天谓曰：'卿以何物为对？'昌宗指所衣紫䌷曰：'臣以此敌。'则天笑曰：'卿未知，此裘价逾千金，卿之所指，为不等矣。'狄起曰：'臣此袍乃大臣朝见奏对之衣，昌宗所衣乃嬖幸宠遇之服，对臣此袍，臣犹怏怏。'则天业已处分，遂依其说。而昌宗心赧神沮，气势索寞，累局连北。狄对御，就脱其裘，拜恩而出。至光范门，遂付家奴衣之，促马而去。"载（唐）薛用弱《集异记》，中华书局，1980，第9页。
4　（唐）李肇：《唐国史补校注》卷下，中华书局，2021，第290页。
5　王永平：《唐代的双陆与握槊、长行考辨》，《唐史论丛》第9辑，三秦出版社，2007。
6　潘重规：《敦煌变文集新书》，（台北）文津出版社，1994，第1220页。

输赢、角胜负的游戏，而非仙家之戏；而这一游戏，与历代仙弈神话中所蕴含着的宇宙观念也已经越走越远了。唐代律法甚至尝试对当时的风气进行一定程度的遏制，《唐律疏议》曾规定："诸博戏赌财物者，各杖一百（举博为例，余戏皆是）；赃重者，各依己分，准盗论。"[1] 尤以官员、军中管束森严，到宋代，双陆博戏之风便渐渐收敛，但是契丹却并没有如中原地区一样对双陆和博戏进行严加管束。

叶茂台七号辽墓的建造时间，根据两幅挂轴以及墓中其他陪葬品的特征判断，应该晚于辽圣宗在位时期（982—1031），那么墓中双陆棋的陪葬时间也应如此。《辽史》中就有当时宫廷贵族下双陆庆祝的记载，辽圣宗耶律隆绪统和六年（988）：

> 九月丙申，化哥与术不姑春古里来贡。休哥遣详稳意里献所获宋谍者。丁酉，皇太后幸韩德让帐，厚加赏赉，命从臣分朋双陆以尽欢。[2]

辽兴宗也曾迷恋于双陆，甚至将城邑百姓作为赌注，输掉数城，受到伶官提醒方才作罢：

> 上尝与太弟重元狎昵，宴酣，许以千秋万岁后传位。重元喜甚，骄纵不法。又因双陆，赌以居民城邑。帝屡不竞，前后已偿数城。重元既恃梁孝王之宠，又多郑叔段之过，朝臣无敢言者，道路以目。一日复博，罗衣轻指其局曰："双陆休痴，和你都输去也！"帝始悟，不复戏。清宁间，以疾卒。[3]

皇帝尚且如此，可以想见双陆在辽代宫廷和贵族之间的盛行，《契丹国志》中在描述国土风俗时也有强调，契丹民族渔猎时候"夏月以布为毡帐，籍毯围棋、双陆，或深涧洗鹰。"[4] 叶茂台七号辽墓的主人为契丹贵族，有可能就是一位辽国公主。[5] 建立在这一认识的基础之上，陪葬双陆棋完全符合当时辽代上层贵族的行为习惯，至少在对这种陪葬行为进行诠释时，应当优先考虑宫廷贵族的身份。将双陆布置在墓室之中，结合同在墓中的仿建筑木构棺室，显然成了一贵族死后的居所。

---

1 （唐）长孙无忌：《唐律疏议》卷二六，（上海）商务印书馆，1929，第34页。

2 （元）脱脱：《辽史》卷一二，中华书局，1974，第131页。

3 （元）脱脱：《辽史》卷一〇九，第1480页。

4 （宋）叶隆礼：《契丹国志》，中华书局，2014，第253页。

5 李宇峰：《辽宁法库叶茂台七号辽墓的年代及墓主身份》，《辽金历史与考古》第4辑。

图 11　河北宣化张世卿壁画墓后室南壁（局部）
（采自郑绍宗《河北宣化辽壁画墓发掘简报》，《文物》1975 年第 8 期）

图 12　新疆阿斯塔纳唐墓主室后壁壁画（局部）
[采自李征《吐鲁番县阿斯塔那—哈拉和卓古墓群发掘简报（1963—1965）》，《文物》1973 年第 10 期]

这种墓葬中陪葬双陆棋的行为，并不是为了"博戏选仙"。以宣化辽代张世卿墓后室南壁所绘的捧博具侍吏为例（图 11），使用图像证据，却不应忽略其本身的前后内在逻辑，张世卿墓后室壁画共有 12 组，共计 22 个人物，皆为侍吏，或为备经、持扇持巾、启箱，或为启门、温酒、持盂、持拂尘。并且在唐代，就已经在墓葬中出现捧博具侍吏，例如吐鲁番阿斯塔唐墓中就发现有这一图像（图 12），主室后壁有六条幅壁画，其中第二幅便绘有男侍手捧博具。[1] 这说明在唐代，处于边远地区的新疆就已经出现有男侍捧博具的题材，一直流传延续到了辽金时期。这样来看，手捧博具箱的侍吏又在多大程度上表现了墓主人"选仙"的愿望呢？同样从史料来理解陪葬双陆棋的时代含义，辽代史料中的双陆棋与求仙关系并不紧密。就目前所见文献来说，仍然是与贵族生活关系更密切。

1　李征：《吐鲁番县阿斯塔那—哈拉和卓古墓群发掘简报（1963—1965）》，《文物》1973 年第 10 期。

图13　叶茂台七号辽墓出土棺床

笔者之所以要提出双陆棋与山水画弈棋母题无关，弱化画中弈棋母题与陪葬双陆棋的关系，强调墓中棋具并非墓主人"选仙"的工具，是由于墓葬图像研究的一种趋势，凡论及墓葬图像的含义，必要谈论古人的灵魂观念与求仙之愿。然就单幅作品来看，将其内容上升到这种高度，一味地深求其意义，也就逐渐偏离了本意。目前学界有关此画的专题研究，主流的观点基本承认其葬画的属性，研究的落脚点均在阐释绘画的意义与功能。然《深山会棋图》在其他综合研究中所发挥的作用，又与一般文人画无异，由于其考古出土的性质，不涉及真伪问题，可以作为风格判断的标准件或是对比参照之一，此画的特殊性质，仍有论述的空间。[1]

三　小木作棺室与挂轴功能

既然陪葬双陆棋无法与挂轴画产生直接的关联，为了更深入地理解挂轴在墓葬

---

[1] 仍有学者认为这两张挂轴在陪葬之前为传世绘画，甚至有可能是唐代晚期古画。参见［美］巫鸿《墓葬考古与绘画史研究》，载［美］巫鸿、郑岩主编《古代墓葬美术研究（第四辑）》，湖南美术出版社，2017，第12页。

中的语境，应该重新梳理陪葬挂轴与墓葬内部的关系。虽然此类出土挂轴在目前的考古成果中极为罕见，不容易进行类比，但叶茂台七号辽墓本身所提供的线索可以作为参考，即与卷轴一同发现的木构建筑（图13），两张画悬挂于其中。无论这两张卷轴是特制葬画还是传世绘画，它们都已经被当作墓葬装饰而非单纯的陪葬品下葬，其性质和意义是无可争议的——死后世界的装饰。

叶茂台七号辽墓的两幅挂轴画是目前考古出土的唯一挂轴实例，元代以后，出土书画的形式成为卷轴，以明代朱檀墓、王镇墓出土的卷轴画陪葬形式为例。但此类出土书画是作为陪葬品，而非墓葬装饰系统的一部分。故而从功能和意义上来说，叶茂台七号辽墓的两幅挂轴是一道分水岭。这种形式不仅反映出唐代至宋代传世绘画的形制变化，还一定程度体现出绘画的"物"转向。所以讨论这两张挂轴的意义与功能时，不能抛开其形式不谈，甚至可以说，其特殊性主要体现在挂轴的形式上。

再看这两张画所悬挂的空间——小木作棺室。针对棺室的功能，学界有两种说法：其一，强调灵魂信仰。由于这种木制建筑借鉴传统家具形制，意在还原生前居所，故而反映出"事死如事生"观念的影响。[1] 其二，强调礼仪的需要。也就是不再将它作为一般的家具陈设来看待，而开始注意到了其在丧葬方面的特殊含义，将这类遗存视作丧葬仪式活动的结果。比如置于棺木一侧、前置祭器的帷帐应与文献记载的"下帐"仪式有关，帷帐从生人的居住、飨神、祭祀设施到被纳入丧葬环节，在墓葬中被赋予了祭祀礼仪空间的功能。[2] 但是在最新的研究成果中，有学者提出辽代墓葬中出现的房形木椁，与唐代的房形石椁才是一脉相承的，故而其名称不应为"小帐"，而应为"房形木椁"[3]。这一结论可以说打破了以往对所谓"下帐"仪式性的探讨。

西汉时期墓室宅第化后，墓室内出现了独立的祭祀空间，设在多室墓的前堂、中室，或在单室墓的棺床前面，下葬或再启墓室合葬时都会举行墓内祭祀。在这些墓内的祭祀活动中，有些祭祀空间是以帷帐来界定的，在帷帐内设置灵座或神位，象征墓主灵魂的存在。巫鸿曾将死者灵魂所在的空间称为"主体位置"，以一些家具陈设和其他物品精心布置的无形之灵座或神位，以及有形的死者画像，这是在墓

---

[1] 参见易水《帐和帐构———家具谈往之二》，《文物》1980年第4期；周一良《关于帐构》，《文物》1980年第8期；卢兆荫《略论两汉魏晋的帷帐》，《考古》1984年第5期；刘振东《新见汉晋南北朝时期的帷帐》，《文物》2018年第3期。

[2] 参见何月馨《隋唐墓葬出土帐构研究》，《中原文物》2016年第2期；李梅田、赵冬《帷帐居神——墓室空间内的帷帐及其礼仪功能》，《江汉考古》2021年第3期。

[3] 蔡瑞珍：《试论辽墓房形木椁》，《北方文物》2022年第2期。

内再现灵魂的方式。[1] 但要注意的是，叶茂台七号辽墓中并没有出现墓主人像，何来"灵座"之说呢？蔡瑞珍《试论辽墓房形木椁》提出质疑，认为这一木构建筑不能直接定名为"帐"。曹汛《叶茂台辽墓中的棺床小帐》曾对此问题进行专门论述，以为这一名称源于《营造法式》，由于此墓中出土的木构棺室，其帐座又是棺床，与《营造法式》中所载的九脊小帐十分相似，所以考古报告与当时一同发表的一系列文章都将此木构棺室定名为棺床小帐。但是，《营造法式》中的"小帐"具有强烈的宗教性质，甚至可以说就是佛道帐。将叶茂台七号辽墓出土的棺室与九脊小帐进行结构、规格的对比，两者之间差异较大。[2] 目前部分研究成果中，学者们对叶茂台七号辽墓墓主人宗教信仰的判断，一定程度上受到了这种认识的影响。

除了"小帐"的定名之争外，墓葬美术研究出现了一种趋势，将陪葬品视为一系列下葬仪式与活动的结果。《通典·墓中置器序》中载："辒出，持翣者入，倚翣于圹内两厢，遂以下帐张于柩东，南向。米、酒、脯陈于下帐东北，食盘设于下帐前，苞牲置于四隅，醯醢陈于食盘之南，藉以版，明器设于圹内之左右。"[3] 但是，《通典》中所谓"下帐"与"小帐"是不同的。"小帐"指的是木制葬具，"下帐"指的是施于棺侧的帷帐，祭祀活动在此陈设附近举行，强调仪式中的陈设方式，性质不同。叶茂台七号辽墓中出土的帷帐装饰与贡桌并不符合"下帐"仪式的记载，出土帷帐是作为小木作棺床的装饰，并未设置在木棺一侧，而祭祀贡品也未设置在帷帐之下，更不用说没有配置墓主人灵座、画像等。

总而言之，叶茂台七号辽墓出土的木制棺床，不具备帐龛的功能；而悬挂其中的两张画和陪葬的棋具，尤其《深山会棋图》，也就不具有墓主人升天指引的功能。

除了装饰棺床之外，据考古报告所述，木棺床内的石棺上，朱雀及妇人启门部分已雕出，两门侍尚未雕完，留有部分墨线，其余图像则全是墨画。木构棺室右窗槛板的内壁上还留有一副骑猎图墨线稿，似是随意着笔的一幅废品或画稿。左窗槛板内壁则未画，也就是说，木构棺室原本有着绘制或者雕刻装饰的计划。叶茂台七号墓壁画保存稍好的有四幅：主室门外两侧壁，以及东、西耳室门外北侧壁上。所画全为人物，侍立或捧物的大小男女仆婢，画法均为勾线填色，风格朴素。主室门外东侧，画四人，三小人在前，一大人在后。主室门外西侧，亦画四人，俱

---

1 [美] 巫鸿：《黄泉下的美术：宏观中国古代墓葬》，施杰译，生活·读书·新知三联书店，2010，第64—88页。

2 周汉信、哈斯：《科右中旗出土辽代木椁室及尸床浅析》，载内蒙古自治区文物考古研究所编《内蒙古文物考古文集（第2辑）》，中国大百科全书出版社，1997，第567—579页。

3 （唐）杜佑：《通典》卷一三九，中华书局，1988，第3543—3544页。

面向左。左耳室门外北侧画一女侍；右耳室门外南侧画一男侍。关于该墓的墓主人，有两种说法：其一，毫无争议的为七号墓墓主人是契丹贵族妇女，或者和皇室有一定关系；其二，由于墓中陪葬的石椁、木棺床、高翅帽以及金银器等，与陈国公主与驸马墓出土的两件几近一致，故而有学者认为此墓墓主人应为辽朝皇室公主。[1] 对比目前出土的其他辽朝公主墓，以陈国公主驸马合葬墓为例，木门以及主室施以建筑彩画，墓道、墓门、前室墙壁和券顶等处，都绘有壁画，包括牵马、侍从、花卉图案以及祥云仙鹤等。[2] 反观叶茂台七号辽墓，无论墓主人是否为公主，至少其葬制、等级基本与公主墓相同，但根据考古报告的描述，主室甚至没有绘制壁画，木构棺室右窗槅板内壁上又有未完成的墨线画稿，石棺也呈现尚未雕刻完成的状态。这些残留的底稿说明，包括壁画、石棺雕刻、木制棺床等构成的墓葬整体装饰工作，均未完成。墓主人下葬时，设计者需要弥补装饰的残缺，赋予整个装饰体系以完整性，但又要在有限的时间内完成，挂轴极有可能成为替代品。

杨仁恺在其报告中认为"辽墓出土的这轴花鸟画，技法比较稚拙，装饰性尚未洗净"，并在文章最后提出，《深山会棋图》系一汉族画师的作品，《竹雀双兔图》为契丹族画师的作品。但若两幅画是墓主人生前就已经持有的，那么《竹雀双兔图》作为辽朝皇室的收藏，相较于目前传世的辽代绘画品质过低；若两幅画都是专门绘制的装饰葬画，那又为什么要由两位族属完全不同、技术存在如此大参差的画师绘制呢？但若建立在时间有限的前提下，画师不得不快速地完成这两张作品，这种差别似乎也可以被解释。或是两张画都由一位画师匆匆作完，或是主画师为了节省时间，不得不将《竹雀双兔图》交给了另外一位水平不及自己的画师去完成，于是便出现了《深山会棋图》的品质优于《竹雀双兔图》的情况：兔子的毛发草草勾勒，并未像竹雀一般进行晕染，画面前幅硕大的野花占据了过多构图空间，且并未经过仔细的刻画。事实上，这种壁画或葬具中的"半成品"在墓葬艺术和工艺品中并不少见。

此时回头重新思考叶茂台七号辽墓的两张挂轴之性质，装裱、品质均不似辽国皇室的珍藏；但若为单纯寄托求仙信仰的作品过于牵强，抛开了其画性与装饰性，如此采用了传世绘画的形式，而非传统墓葬或其他宗教美术之题材。

---

1 参见辽宁省博物馆、铁岭地区文物组《法库县叶茂台辽墓记略》，《文物》1975 年第 12 期；曹汛《叶茂台辽墓中的棺床小帐》，《文物》1975 年第 12 期；李宇峰《辽宁法库叶茂台七号辽墓的年代及墓主身份》，《辽金历史与考古》第 4 辑。

2 孙建华、张郁：《辽陈国公主驸马合葬墓发掘简报》，《文物》1987 年第 11 期。

图14 叶茂台七号辽墓出土《竹雀双兔图》(局部)

辽代房形木椁,所继承的唐代石椁内部,便有装饰绘画传统。目前出土的大量唐代石椁线刻屏风画,包括李勣(徐懋功)墓[1]、燕妃墓[2]、陕西富平县节愍太子墓[3]、贞顺皇后墓[4]、李宪墓[5]、西安市长安区南王里村唐墓[6]等均采用了这种方式。有学者指出,贞顺皇后石椁内壁的仕女图,集中表现出唐代流行的"拂菻样"风格以及宫廷匠师新的艺术审美观。[7] 石椁内壁绘制的是当时传世绘画之本体,粉本由画家甚至当世之名家提供,这些内壁线刻,是可以还原唐代绘画史真实之面貌的。反观叶茂台辽墓,继承了唐代墓葬的构思与设计,在装饰方面,由于各种原因无法完成壁面和木椁内壁的绘制,于是安排画师同样按照当世之绘画来进行制作,用以丰富椁内装饰,弥补不足,同时也模仿和继承唐代高等级墓葬中石椁内壁装饰绘画之传统。

---

1. 昭陵博物馆:《唐昭陵李勣(徐懋功)墓》,《考古与文物》2000年第3期。
2. 昭陵博物馆编:《昭陵唐墓壁画》,文物出版社,2006,第179—184页。
3. 陕西省考古研究所:《唐节愍太子墓发掘简报》,《考古与文物》2004年第4期。
4. 陕西历史博物馆编:《皇后的天堂:唐敬陵贞顺皇后石椁研究》,文物出版社,2015。
5. 陕西省考古研究所:《唐李宪墓发掘报告》,科学出版社,2005。
6. 赵力光、王九刚:《长安县南里王村唐壁画墓》,《文博》1989年第4期。
7. 葛承雍:《唐代宫廷女性画像与外来艺术手法——以新见唐武惠妃石椁女性线刻画为典型》,《故宫博物院院刊》2012年第4期。

四 余论：作为一种形制的陪葬挂轴

以上讨论，皆建立在叶茂台七号辽墓出土挂轴的葬画性质之上，探寻其与墓葬整体结构的关系，并解释其意义与功能。目前对于这两张挂轴的葬画性质，判断依据有二：一是这两张画品质并不出色，并且无作者名款，也没有题识和收藏印记。二是建立在《深山会棋图》的宗教含义上，说明其并不是一般装点墓室的随葬品。题名款与题识用印的习惯在北宋以后才在文人画家之间成风，叶茂台作为契丹私城地处偏远，此画年代也难以精确，画家若是无名之辈，无题款印记合乎情理。前文已经对《深山会棋图》的宗教含义进行了解释与澄清，也就是说，目前并无铁证说明这两张画的性质，是为墓主人专作，还是墓主人生前持有的，抑或是墓室建造过程中临时加入的。

根据考古报告《法库叶茂台辽墓记略》和杨仁恺《叶茂台辽墓出土古画的时代及其它》对挂轴出土时原始形制的描述，画轴上有天头和天杆，下有地头和地杆，天地头的比例为 2∶1，但两篇文章均未提及画轴材质，只知天杆为竹料。杨仁恺认为，此画的形制应是宋代的"民间装"，而王以坤则提出这两张挂轴并无套边镶边，而北宋时期卷轴与挂轴均已加镶小边并加绢、绫隔水，故而与北宋宣和装的具体记载及形式相比，此画的装潢更加接近于唐代的挂轴形制。[1] 不仅如此，王以坤还在《书画装潢沿革考》中提及，"辽墓出土的古画安装的是象牙轴"，不知其说法来源，但若画轴轴头确为象牙，某种程度上可以说明此画入葬之前曾进行过细致装裱。

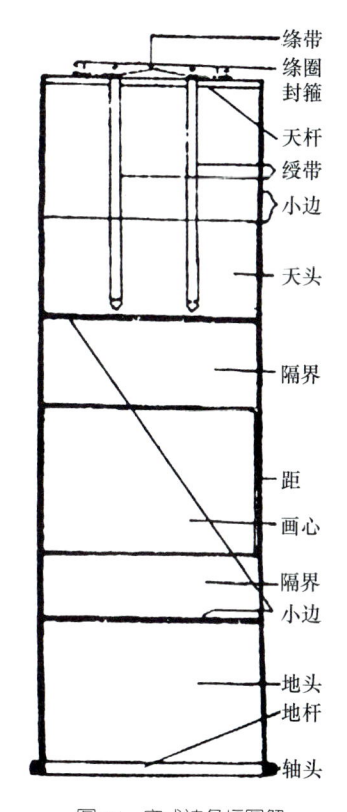

图 15 宋式裱条幅图解
（采自冯鹏生《中国书画装裱概说》，上海美术出版社，1980，第10页）

学界对于卷轴与挂轴形制的研究仍然是不足的，一般认为，挂轴作为一种绘画

---

1 王以坤：《书画装潢沿革考》，紫禁城出版社，1991，第18页。

的式样出现在 11 世纪前后，与叶茂台七号辽墓和两张挂轴的断代正好符合。关于挂轴样式的起源有几种说法：其一，源自于卷轴，是卷轴的竖挂形式。其二，源自于屏风与画障，画障一旦脱离屏风并用叉展挑，便成为独立的挂轴，然追究其根本都是由早期行障演变而来。[1] 其三，源自于旗幡帛画，上部都具有横杆并可以悬挂，且下部带有飘带和"绶带"[2]。

图 16　唐敬陵贞顺皇后石椁内壁线刻
（采自山西历史博物馆编《皇后的天堂：唐敬陵贞顺皇后石椁研究》，文物出版社，2015，第 90 页）

图 17　唐李宪墓石椁内壁线刻
（采自陕西省考古研究所编《唐李宪墓发掘报告》，科学出版社，2005，第 200 页）

---

[1] 扬之水：《行障与挂轴》，《中国历史文物》2005 年第 5 期。
[2] 谢继胜：《唐卡起源考》，《中国藏学》1996 年第 4 期。

再反观叶茂台七号辽墓，出自契丹高级贵族墓，又可能配有象牙轴头，何来的"民间装"一说呢？且无论其年代究竟相当于唐末还是北宋，形式、比例已经完全脱离了所谓的大山水行障，从两幅画的构图方式也能看出，是与其形制相适应的，可见这种长条幅挂轴形制的绘画已经发展得极为成熟。并且，这两幅挂轴未带有"惊燕"或绶带，而有学者在论证挂轴的形式是从帛画铭旌或佛教经幡所出时，常常将旗幡帛画的飘带与惊燕相提并论，那么辽墓出土挂轴某种程度上也能证明，至少从其演变过程来看，这种飘带早期并不一定出现在挂轴之上，极有可能是随着时间的演变逐渐发展而来。也就是说，挂轴形制出自帛画与佛教经幡一说仍需探讨。

前文已经谈及，蔡瑞珍《试论辽墓房形木椁》一文指出辽代墓葬中出现的房形木椁与唐代的房形石椁是一脉相承的。巧合的是，关于唐代房形石椁的研究中，最为突出的便是唐代墓葬中的屏风式壁画，以唐敬陵贞顺皇后墓和李宪墓为例，石椁均放置在墓室西侧，并且石椁内壁板上刻有屏风式仕女人物画。（图16、图17）李梅田在《唐代墓室屏风画的形式渊源与空间意涵》一文中指出，占据墓室大部分壁面的屏风画与早期墓葬石椁内壁的画像结构非常相似，这表明屏风画所围绕的空间相当于石椁内部空间，也就是说墓室在设计意图上等同于石椁。[1] 也就是说，叶茂台七号辽墓中的房形木椁继承的是唐代房形石椁之传统，木椁内壁装饰继承的就是唐代屏风式线刻之传统。无论挂轴是斟酌过后采纳的装饰形式，还是出于时间问题不得不选择的装饰形式，挂轴取代屏风式装饰之事实是不可动摇的。在这一现实的基础之上，或许可以从侧面印证扬之水对于屏风、画障及挂轴之间发展关系的梳理。

当然，挂轴的形式来源问题，并非是一单选题，各类的说法与来源可能是兼而有之，由于目前难以找到唐宋之间的挂轴实物，一时间也无法判断，叶茂台七号辽墓出土挂轴的装裱程度与真正的宋画装裱究竟关系如何。再加上其装饰墓葬的特殊功能，难免让人联想到汉代流行的盖棺帛画，若挂轴形制的出现确实受到了帛画旗幡的影响，则辽墓陪葬挂轴的现象是有着发展源流的。可恰恰因为这两张画带有浓郁的文人气息，与早期陪葬画的题材、画风迥然不同，故而也不能直接进行比较，作为一种形制的陪葬挂轴便成了孤例。

---

[1] 李梅田：《唐代墓室屏风画的形式渊源与空间意涵》，载贺西林编《汉唐陵墓视觉文化研究》，高等教育出版社，2021，第105—129页。

西藏西部直贡噶举派祖师直贡觉巴壁画研究*

■ 梁云云（四川大学艺术学院）

藏传佛教中各个教派的祖师对于该教派的重要意义毋庸赘述，祖师作为教派及寺院的创建者、教法的奠基者及传播者，被后辈不断描绘。尤其是对于传承不辍的直贡噶举派来说，开山祖师直贡觉巴吉天颂恭仁钦白（'Bri gung skyob pa 'jig rten gsum gyi mgon po rin chen dpal，1143—1217）的意义非凡。他不仅于1179年创建祖庭直贡梯寺，还因非凡的才学和广收门徒而被后辈铭记，甚至被奉为龙树、佛陀的化身。[1]

一 研究背景

近年来国外学者对直贡觉巴形象有所研究，如肖像唐卡、[2] 足印唐卡及早期壁画。[3] 本文研究前提是要明确直贡噶举派在西藏西部的发展历史。该历史已受到国内外学者的广泛关注。[4] 学者们依据史料主要为15世纪中期古格堪钦阿旺扎巴的《阿里王统记》、[5] 17世纪的《拉达

---

* 本文为四川大学专职博士后研发基金"西藏阿里普兰科迦寺壁画与本文研究"（项目编号 skbsh2023-14）阶段成果之一。感谢色达五明佛学院僧人扎西、青海民族大学青年教师才让卓玛博士、中央民族大学硕士研究生江白西绕在笔者翻译藏文过程中给予的帮助。

1 直贡·丹增百玛坚参著，克珠群培译：《直贡法嗣》，西藏人民出版社，1995，第2、74、75、76页。

2 Amy Heller, "A Thang ka Portrait of 'Bri gung rin chen dpal, 'Jig rten gsum mgon" *Journal of the International Association for Tibetan studies*，2005（1）：1-10.

3 David P. Jackson, Painting Traditions of the Drigung Kagyu School（Rubin Museum of Art），2015，pp. 75-99.

4 伯戴克著，王永红译：《西藏西部拉达克地区的直贡噶举派》，《国外藏学研究译文集》1992（9）：217-235；伯戴克著，张长虹译：《西部西藏的历史》，《藏学学刊》2013（8）：135-199；毕达克著，沈卫荣译：《拉达克王国史（950—1842）》，上海古籍出版社，2018：1-170；房建昌：《止贡噶举派在西藏的兴起及发展》，《西藏研究》1988（2）：63-70；黄博：《生命之树：西藏阿里王朝与止贡噶举派早期政教关系研究》，《世界宗教研究》2012（6）：168-177。

5 Gu ge mkan chen ngag dbang grags pas mdzad pa, mNga 'ris rgyal rabs bzhugs so. Ser gtsug nang bstan dpe rnging 'tshol bsdu phyogs sgrig khang, pp. 1-138.

克史》[1]、1803年直贡·丹增白玛坚赞的《直贡法嗣》[2]、1896年贡觉丹增的《冈底斯山志》[3]。概括地讲，直贡觉巴得到其上师帕木竹巴（1110—1170）的预言，他会成为身之所依冈底斯、语之所依拉齐曲洼、意之所依杂日三修行地之主。[4]因此直贡觉巴继承了噶举派到山中修行的方式，分别于1191年、1208年、1215年派送弟子到三圣地修行。[5] 此后始自直贡觉巴的这一传统在大部分直贡噶举派住持在位期间得以维系，也起到壮大直贡噶举派势力的目的。在向西部的冈底斯地区派送弟子过程中，来自卫藏的艺术，如表现上师形象、传记、教法传承的图像也来到此地。

二　第一阶段（13世纪）

笔者在卫藏直贡梯寺旧壁画不存的前提下，以西部喜马拉雅地区的直贡派祖师直贡觉巴壁画为研究对象，探讨此区域该祖师壁画的造型特点、图像类型、发展演变等问题。现按照古代意义上阿里三围的地理范围及年代序列，将相关寺庙的直贡觉巴壁画搜集整理（见附表）。

整体上藏西直贡觉巴壁画集中在13世纪、15世纪末至17世纪初两个阶段，这两个阶段与直贡噶举派在藏西发展的两次高潮重合。藏西直贡觉巴壁画类型有：①单尊；②噶举上师传承中的固定一尊；③以其为主尊配二菩萨；④以其为主尊配二弟子；⑤以其为主尊配二弟子，周围环绕生平传记；⑥以其为主尊配二弟子，周围环绕特定传法上师。此六种配置形式中，第①、②、⑤在两个阶段中均出现，第③仅在第一阶段出现，而第④、⑥见于第二阶段。笔者接下来在第一阶段分析直贡觉巴的特定形貌、目前所见最早的传记壁画；在第二阶段继续分析其传记壁画、以其为主尊的特定传法壁画。

（一）拉达克阿奇寺与万喇寺

直贡觉巴形象最早见于拉达克阿奇寺（A phyi）的大、小佛塔中，但对其形象的

1　《拉达克史（La dwags rgyal rabs）》，西藏人民出版社，1987。
2　直贡·丹增白玛坚参著，克珠群培译：《直贡法嗣》。
3　贡觉丹增（dKon mchog bstan 'dzin）：《冈底斯山志（Gangs ri'i gnas bshad shel dkar me long）》，西藏人民出版社，1992。
4　《直贡噶举古籍文献丛书》，第一百三十二部《法王曲吉洛珠语》，《拉齐雪岭历史（gSang lam sgrub pa'i gnas chen nyer bzhi'i ya rgyal go dawa ri om/'brog la phyi gangs kyi ra ba'i sngon byung gi tshul las brtsams pa'i gtam gyi rab tu byed pa nyung ngu rnam gsal）》，西藏藏文古籍出版社，2014，第20页。
5　Roberto Vitali, The kingdoms of Gu.ge Pu.Hrang: according to mNga'.ris rgyal.Rabs by Gu.ge mkhan.chen Ngag.dbang grags.pa. (New Delhi: Indraprastha Press, 1996), pp. 371-379.

判读尚有争议。艾米·海勒（Amy Heller）[1]、卢扎尼茨（Christian Luczantis）[2]在与早期直贡噶举派祖师唐卡对比后，认为这两处形象是直贡觉巴。王传播在讨论大、小佛塔内壁画时，承认阿奇寺小佛塔与早期直贡噶举派祖师唐卡的紧密关联，但更谨慎地将小佛塔内上师称为卫藏祖师。[3]

图1 阿奇寺小佛塔南壁

图2 万喇（Wan la）松载殿二层回廊的横梁上的噶举派上师传承图
（左起第八位为直贡觉巴）

---

1 Amy Heller, "A Thang ka Portrait of 'Bri gung rin chen dpal, 'Jig rten gsum mgon", *Journal of the International Association for Tibetan studies*, 2005（1）: 1-10.

2 Christian Luczantis, "A First Glance at Early Drigungpa Painting"《汉藏佛教艺术研究：第二届西藏考古与艺术国际学术研讨会论文集》，中国藏学出版社（2006）: 459-488; Christian Luczantis, "Alchi and the Drigungpa School of Tibetan Buddhism: the Teacher Depiction in the Small Chorten at Alchi." *Long Life, Festschrift in Honour of Roger Goepper*（2006）: 181-196.

3 王传播：《民族交融与文化消长：8—14世纪拉达克佛教艺术的潮流及转向》，《西藏大学学报》2021（2）: 119-127.

图3 岭协隐秘殿西壁（主壁）一佛二菩萨与北壁曲登巴
（13世纪下半叶）

小佛塔南壁主尊为年轻上师，两侧文殊和观音为胁侍，这一配置将主尊等同于佛（图1）。笔者倾向于此处上师是直贡觉巴，因为这一形象与万喇松载殿壁画中作为从金刚持传承的第八位上师的直贡觉巴相符（图2）：两处均将其表现为年轻僧人，侧身跏趺坐，双手当胸持说法印，未戴僧帽，露出后移的发际线。此外相较其他上师，他有着近乎白色的肤色，这一特点首先被卢扎尼茨注意。[1] 笔者认为这可能是对直贡觉巴真实外貌特点的再现，也可能呼应了他的居热家族的祖先"天所赐居惹九指太白（sKyu ra sor dgu pa ltag po che gnam sbyin dkar po）"的传说，[2] 是该祖先白肤色在吉天颂恭身上的延续。

第一阶段的直贡觉巴总被刻画成年轻僧人形象，采用此形象的原因：首先在噶举派祖师面前，其身份是传承弟子。其次在同时代或稍晚的弟子眼中，青年的直贡觉巴或许可代表此时正蓬勃发展的直贡噶举派。此外他在作为具休僧人的同时也兼具佛的特点，胁侍为具头光、身光的菩萨。因此这一时期的直贡觉巴形象兼具写实与神圣化的特点。该做法顺应了此期对西藏上师的塑造手法，可参考他的上师帕

---

1 Christian Luczantis, The Interior Decoration of Wanla, (2015), p.7.
2 直贡·丹增百玛坚参著，克珠群培译：《直贡法嗣》，第62页。

木竹巴、同门达隆塘巴（sTag lung thang pa bkar shis dpal，1142—1210）的肖像。通过强调上师们外貌特点来表现其形貌特别之处，也通过周围的配置来强调他作为觉悟的佛的化身。

（二）岭协的隐秘殿

位于拉达克和桑斯噶之间的岭协（Ling zhed），海拔 4000 米，距列城 225 公里，从列城出发向西，到万喇向南可到达。美国西北大学林瑞宾教授（Rob Linrothe）2006 年对岭协隐秘殿（Hidden Temple）调查，公布洞窟的部分图像[1]并作相关研究。[2]

该窟主壁（西壁）主尊为一佛二菩萨（图 3），将此壁与临近的直贡噶举寺庙万喇寺松载殿壁画对比，[3]该窟壁画在风格上更接近 13 世纪晚期。南壁主尊为直贡觉巴，周围环绕生平传记壁画。北壁主尊可能为曲登巴（Chos ldings pa，1192—1254），两位上师为师徒关系，同时对应直贡觉巴为龙树的化身，曲登巴为龙树菩萨弟子提婆菩萨的化身。除不存的普兰科迦寺表现直贡觉巴生平壁画外，此窟壁画连同 13 世纪的拉达克阿奇的匝匝普日寺（Tsatsapuri）、16 世纪平阳寺（Phyi dbang）的扎西却宗殿（bKra shis chos rdzong）均表现直贡觉巴生平故事，岭协的隐秘殿是目前所见最早表现直贡觉巴传记的壁画之一。

据载在直贡觉巴去世两年后的 1219 年，他的弟子直贡岭巴西绕迥乃（'Bri gung gling pa shes rab 'byung gnas，1187—1255）到藏西，在普兰科迦寺驻锡期间，在此绘制壁画来纪念他已过世的上师。壁画内容与他创作的表现上师生平的《十方三时》传记一致，之后组成了直贡噶举礼拜仪式。[4] 在直贡觉巴传记绘画的传统布局中，一系列小插图被安排在中心主尊左、右、上方。之后向东传播到卫藏直贡噶举祖寺，向西传播到拉达克，在拉达克被当作经典构图保存。

13 世纪以来流传的直贡觉巴传记版本有：《直贡岭巴西绕迥乃文集》收录的六份，[5] 其中第一份《光明慧灯中的法王

1　Northwestern University Library Digital Collections，https：//dc.library.northwestern.edu/collections. 感谢林瑞宾教授及中国藏学研究中心魏文博士惠赠该调查的论文。

2　Rob Linrothe，"A Winter in the Field"，*Orientation*（2007），38：40-54.

3　Christian Luczantis，*The Interior Decoration of Wanla*（2015），p. 127. Fig. 187.

4　David P. Jackson，Painting Traditions of the Drigung Kagyu School（Rubin Museum of Art），2015，pp. 103-104.

5　西绕迥乃，《西绕迥乃文集》（New Delhi. Drikungkagyu publications，2002），pp. 2-337. 1.《光明慧灯中的法王吉天颂贡传记·金刚宝焰》（Chos rje 'jig rten mgon po'i rnam thar rdo rje rin po che 'bar ba），第 2—186 页；2.《吉天颂恭传记·十方三时》（'Jig rten mgon po'i rnam thar phyogs bcu dus gsum ma），第 186—192 页；3.《吉天颂恭传记·十方三时注释》（'Jig rten mgon po'i rnam thar phyogs bcu dus gsum ma'i 'grel pa），第 192—293 页；4.《吉天颂恭传记·孔雀狮子》（'Jig rten mgon po'i rnam thar rma bya seng ge ma），第 293—304 页；5.《吉天颂恭传记·见即获益》（'Jig rten mgon po'i rnam thar mthong ba don yod ma），第 304—325 页；6.《吉天颂恭传记·无尽宝箧》（'Jig rten mgon po'i rnam thar zad mi shes pa'i za ma tog bkod pa），第 325—337 页。

吉天颂贡传记·金刚宝焰》在《直贡噶举古籍文献丛书》中被归为直贡觉巴和直贡岭巴西绕迥乃共同的弟子京俄·多吉西绕名下，[1] 此传记的上师生平最详细和生动；第二份《十方三时》也收录在该丛书中，[2] 均为简版，仅记录上师圆寂后去往十方净土；第三份《十方三时注释》为详尽版本；剩余三个版本较为简略。另有弟子瑜伽师协当多吉的《法王吉天颂贡传记·大宝饰》《法王吉天颂恭传记·敬信之光稀宝和吉祥荟萃》，[3] 此二篇较为简略。之后为直贡梯寺第十五任住持贡噶仁钦曲吉坚赞白桑布（1475—1527，1494—1527 年在位）作的《吉天贡布传记·二资粮宝库》。[4] 1803 年成书的《直贡法嗣》中的《直贡觉巴传》，由于被译为汉文而流传较广。[5]

尽管目前暂未获得岭协隐秘殿南壁全图，但是将该壁现有壁画拼合（图4），可证明上师传记图像确实围绕背光展开。笔者将此部分壁画分为六部分，其中①、②图像完整但题记损毁严重；③、④图像不全但题记可读；⑤题记、图像均完整；⑥仅有部分图像。林瑞宾教授对①、②、③、⑥作大致分析，认为图像对应释迦丹萨巴的文本。笔者在其研究基础上，结合壁画题记，利用同期传记《金刚宝焰》《十方三时注释》来解读壁画。

南壁场景①（图 5）表现一位僧人向绿度母礼拜。僧人右手持说法印，左手外展持供品。对面为处于岩间的绿度母，着红衣裙，右手施与愿印，左手持说法印，两手所持莲茎延伸至身体两侧，二者之间摆放供品。莲座下大段题记不清，仅见 mngon du 'gyur "现前"。此情景林瑞宾教授解读为礼拜绿度母。对应直贡觉巴的生平，应是他患麻风病时亲见至尊七度母，这一情节在《十方三时注释》有记载：

> 心想只要使气进入中脉，即使死不足惜。由于极力调伏止息的缘故，面前空中有圣七度母到来，并讲说甚

---

[1] 《直贡噶举古籍文献丛书》第三十八部《京俄·多吉西绕文集》第一卷，第 1—142 页。《光明慧灯中的法王吉天颂贡传记·金刚宝焰》（gGongs gcig 'grel ba spyan snga rdo rje shes rab kyi mdzad pa snang gsal ye shes sgron me las/ Chos rje 'jig rten mgon po'i rnam thar rdo rje rin po che 'bar ba）。

[2] 《直贡噶举古籍文献丛书》第七十部《古法行本和岗波曲坚文集》，第 96—99 页，《京俄·西绕迥乃著，觉巴传记·十方三时》。

[3] 《直贡噶举古籍文献丛书》第四十一部《瑜伽师协当多吉文集》第一卷，第 1—36 页，《法王吉天颂恭传记·大宝饰》（Chos rje 'jig rten gsum gyi mgon po rin po che'i rnam thar nor bu rin po che'i rgyan zhes bya ba rnal 'byor ba zhe sding rdo rjes mdzad pa）；第 36—41 页，《法王吉天颂恭传记·敬信之光稀宝和吉祥荟萃》（Ma par thar la mos gus gyi gsal byed dkon mchog rin chen ma/dge legs phun tshogs ma）。

[4] 《直贡噶举古籍文献丛书》第五十三部《法王贡噶仁钦文集》第一卷，第 68—84 页，《吉天恭布传记·二资粮宝库》（'Jig rten mgon po'i rnam thar tshogs gnyis kyi bang mdzod）。

[5] 直贡·丹增百玛坚参著，克珠群培译：《直贡法嗣》，第 61—91 页。

深法。那时看到至尊七度母现前，此　　　　　至尊圣度母执持青莲花的装饰。[1]

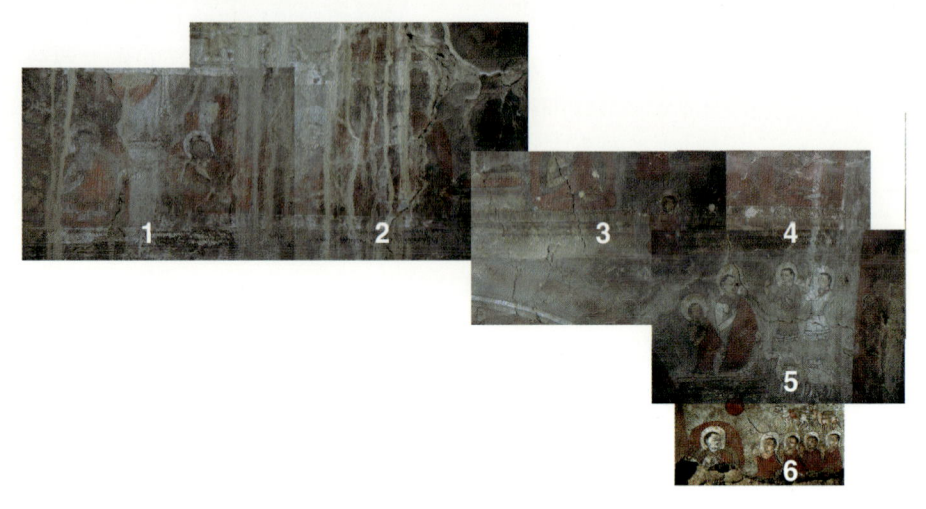

图4　岭协隐秘殿南壁主尊背光周围
（场景①—⑥）

图5　场景①直贡觉巴与绿度母

---

[1] "rLung dbu mar tshud na shi yang des chog snyam nas shi med ko med drag rlung gcun pas/ mdun gyi nam mkha 'rje btsun ma 'phags ma sgrol ma bdun byon nas shin tu zab pa'i chos gsungs/dus der rje btsun ma 'phags ma mdun du gzigs pas/ 'di rje btsun ma 'phags ma u ta+pa la bsnams pa bdun gyi rnam pa mtshon pa yin no." 参见西绕迥乃《西绕迥乃文集》（New Delhi. Drikung kagyu Publications, 2002），第2—325页。《吉天颂恭传记·十方三时注释》，第192—293页，其中第222—223页。

图6 场景②两位对坐上师帕木竹巴、直贡觉巴

图7 场景③灵塔、上师与两位礼拜弟子

文本中持青莲花的度母可对应壁画中的绿度母。此外直贡觉巴著有度母赞颂文。[1] 但按直贡觉巴传记的叙事顺序，此故事发生在帕木竹巴过世之后，而此处却安排在直贡觉巴向帕木竹巴求法之前。

南壁场景②（图6）为两位对坐上师，左侧上师肤色为黄，似祖右肩，所持手印不清。右侧上师有直贡觉巴的典型发际线，肤色白，右手持说法印，左手持禅定印。笔者推测此处是直贡觉巴向上师帕木竹巴学法场景。直贡觉巴在25岁时（1168）跟帕木竹巴学法，上师对这位弟子喜爱有加并传授教法，"你有很大希望，我把所有的灌顶传授于你。因为你的缘故，我承担痛苦（指上师来关照他）。由是学习百字明、大手印"[2]。"当他将进入涅槃时，一支五股黄金金刚杵，闪着光芒融入仁钦白胸间，所有人均看到。"[3]

南壁场景③（图7）莲座上有佛塔，佛塔一侧有一跏趺坐上师，右手持说法印，左手持禅定印。莲座外有两位跪拜僧人。莲座下题记：

rGyal ba'i mchod rten dpal kyi phag mo grur/sbyan drangs dbang bskur bzhugs par gyur pa'i tshe/mkhan chen zhang dang skal ldan la sogs pas/zhabs

---

1 《直贡噶举古籍文献丛书》第二十一部《法王吉天颂恭文集》第二卷，第4—28页，《赞至尊度母》（rJe btsun sgrol ma la bstod pa）。

2 "Zhal nas khyod rang la re ba che bar 'dug ste de thams cad kho bo'i byin rlabs yin/khyod kyi phyir kho bos dug ba sngal dpag tu med pa spyad gsung ngo/de nas yi ge brgya pa gnang nas/phyag rgya chen po btab ste." 参见《直贡噶举古籍文献丛书》第三十八部《京俄·多吉西绕文集》第一卷，第1—142页。《光明慧灯中的法王吉天颂贡传记·金刚宝焰》，第62页。

3 "gZims spyi la du byon pa la sku gshegs kar thugs ka nas gser gyi rdo rje gya' sung zad yod ba cig byon nas snging kar zhugs pa thams cad kyis mthong ba yin no." 参见《直贡噶举古籍文献丛书》第三十八部《京俄·多吉西绕文集》第一卷，第1—142页。《光明慧灯中的法王吉天颂贡传记·金刚宝焰》，第62页。

kyi pad mor gtugs la phyag 'tshal lo.

胜利塔迎请至吉祥帕木竹地，传授灌顶修行妙法时，堪钦翔与格丹等大师，前来拜师顶礼莲花足。

根据《金刚宝焰》，[1] 帕木竹巴的灵塔由直贡觉巴和达隆塘巴一同修建。壁画中两位跪拜僧人可对应题记中的贡塘喇嘛翔（bLa ma zhang，1122—1193）、喇嘛格丹，后者应是喇嘛格丹让迥（bLa ma skal ldan rang byung），他与直贡觉巴同期，在《金刚宝焰》中至少出现过三次。[2] 鉴于帕木竹巴已圆寂，那么此二位所顶礼的上师可能是直贡觉巴，为了凸显他作为帕木竹巴指定的丹萨梯寺继承者的身份。

南壁场景④（图8）两位上师结跏趺坐于莲座上，二者右手均持说法印，左侧上师左手施无畏印，右侧上师左手持禅定印。莲座下题记：

gNas kyi mchog 'gyur dpal 'gyi ri de la/chos kyi rgyal po 'jig rten mgon po des/ lo gnyis bzhugs nas 'gro ba ma lus btul/bder gshegs rin cen de la phag 'tshal lo/ gnas der thugs phag bzhugs par gyur da pa'i tshe/rmang lam zab gdan la bzhugs pa na/ ma bzhugs 'di nas song zhes lung bstan mdzad/rin cen bla ma de la phag 'tshal lo.

驻锡圣地吉祥山，法王吉天衮布在此地两年，调伏诸众生。向此善逝宝顶礼。在帕木竹寺驻锡时，梦中坐于法座上，（帕木竹巴）说，莫留此地并授记。向此珍宝上师顶礼。

该题记记录直贡觉巴生平两件大事：担任丹萨梯寺住持和离开此地。题记中的"圣地吉祥山"应指丹萨梯寺所在的桑日（bZang ri）地区。直贡觉巴35岁（1177）受比丘戒后，担任丹萨梯寺住持并驻锡二年。

至于帕木竹巴授记直贡觉巴离开丹萨梯的原因，《金刚宝焰》记载直贡觉巴受到米拉日巴徒孙的诘难，[3] 相似情节在《直贡法嗣》中记载有："当至尊担任住持，护理寺院时，某日来了几名自称是至尊米拉日巴之徒孙的僧人，他们在法会上

---

[1] "sPyil po'i rtsi ga rdo thams cad kyang stag lung thang pa dang rnam pa gnyis kyis khur ste/'bum pa la btang." "（直贡觉巴）将茅屋的石头，同达隆塘巴两人一起担负，修建了灵塔。"参见《直贡噶举古籍文献丛书》第三十八部《京俄·多吉西绕文集》第一卷，《光明慧灯中的法王吉天颂贡传记·金刚宝焰》，第1—142页，其中第62页，第4—5行。也见直贡·丹增白玛坚参著，克珠群培译《直贡法嗣》，第68页，"上师圆寂后，仁钦白把以前作为礼物献给上师而上师拒受的那匹母马，甚至连自己所住茅屋的石头都用于修建上师灵塔和经殿"。

[2] 《直贡噶举古籍文献丛书》第三十八部《京俄·多吉西绕文集》第一卷，《光明慧灯中的法王吉天颂贡传记·金刚宝焰》，第1—142页，其中第91、98、118页。

[3] "Ded rje btsun mi la'i tsha bo yin no zer bas/ zhal snga nas/bla ma rin po che'i mdzad pa dang dgongs pa ni tshul khrims yin na/ rje btsun chen po la phyag rgya mo mnga' pas/khyed kyang chung ma len 'dod de/rje btsun chen po'i de dang/ khyed kyi pho mtshan mo mtshan du gsur bde gsur lugs mi gcig pa yin." 参见《直贡噶举古籍文献丛书》第三十八部《京俄·多吉西绕文集》第一卷，《光明慧灯中的法王吉天颂贡传记·金刚宝焰》，第1—142、97页。

饮酒作乐。至尊仁钦白批评了他们，他们讽刺污蔑说，'你作僧人吧，长期作僧人吧，要作一个心地善良的僧人，不要加害于其他僧人'。此时，至尊帕木竹巴真实出现在前方天空，说，'你放弃这锦缎的旧坐垫，到乌如羌去，那儿可以为众生作广大事业。'按上师授记，至尊仁钦白来到北方羌地，受到念青唐布拉神的迎接。"[1] 此外《青史》也记载帕木竹巴授记直贡觉巴离开并到北方。[2]

南壁场景⑤（图9）最完整。两位僧人中主尊为直贡觉巴，他的白肤色依然被强调。右手持说法印，左手持与愿印，身后是弟子。两位带头光的俗人装形象向其礼拜，之下有三只白色动物。位于直贡觉巴和弟子足下题记：

Byang phyogs gshegs pa u'u'i sa 'byon dus/yul de'i dri zas ba gsum 'bul nas/gnas po □ ltar bcas pas/mdun nas bsus/gdul bya btul mdzad de la phyag 'tshal lo.

善逝行到北方羌地乌如时，此地乾达婆供养三头奶牛，如待主人般来迎请。顶礼调伏有缘众生尊。

图8 场景④两位并坐上师帕木竹巴与直贡觉巴

---

1 直贡·丹增白玛坚参著，克珠群培译：《直贡法嗣》，第70页。
2 "又从丁酉年起至己亥年，这三年中虽由枳空法王来作寺主，但由于财富受用微薄，堪布等僧众也就敬信小而希求偏大，以此无济于事。他只好虔诚祈祷于卓衮大师，见卓衮大师来对他授记说：'粮食下面有一旧软垫来拿给他们。你前往邬汝北方去吧。'"参见廓诺·迅鲁伯著，郭和卿译《青史》，西藏人民出版社，1985，第370页。

图9 场景⑤直贡觉巴与供养人

这一场景紧紧呼应上文帕木竹巴的授记。但在《金刚宝焰》中并未找到相应记载,而《十方三时注释》有直贡觉巴受到北方当地神迎请的相似记载,[1] "北方天龙众来迎请,语之主人拔拉、羌囊惹、念青唐布拉等北方的天龙等来迎请。主人拔拉神敲击天鼓并穿虎皮衣,主人拔拉神用坐垫来迎请;羌囊惹以美靴来迎请;念青唐布拉以冠冕来迎请"。《直贡法嗣》对此记载一致但更简略。[2] 对比文献,此处壁画情节似乎有所创造,但共同表达出直贡觉巴在藏北传法的顺利,为之后在附近直贡建造寺院营造条件。

尽管场景⑥(图10)下部残损,但林瑞宾教授对此做出合理解读。画面左侧为直贡觉巴,他至少有一手持说法印,除头光、身光,背龛的出现表明他可能为坐姿,其右上有一轮红日,对面有四位双手合十跪拜的僧人,僧人上部有两匹负重的马。《金刚宝焰》对此场景有记载:"当

---

[1] "Byang phyogs lha klu rnams kyis spyan 'dren bgyis/ gsungs pas gnas po bar lha dang/byang nam ra dang gnyan chen po thang lha sogs byang phyogs kyi klu rnas kyis bsu ba byas shing spyan drangs so/de mtshon par byed pa'i gnas po bar lha rnga chen brdung zhing stag slog gon pa yin no/gnas po bar lhas bzhugs gdan gdan drangs/byang nam ras chags lham gdan drangs/gnyan chen po thang lhas dbu shwa gdan drangs so." 参见西绕迥乃《西绕迥乃文集》(New Delhi: Drikungkagyu publications, 2002),第192—293页。《吉天颂恭传记·十方三时注释》,第239页。

[2] "按照上师授记,至尊仁钦白来到北方羌地,受到念青唐布拉神的迎接"。参见直贡·丹增百玛坚参著,克珠群培译《直贡法嗣》,第70页。

西藏西部直贡噶举派祖师直贡觉巴壁画研究　267

雄地方的人汇集起来，希望能长时间地迎请、赠礼，由是在回向施颂时，长久讲说许多甚深广大法。法座上有彩虹帐幕。所有人生起恭敬之心。坐于法座之时是白天，一起来天就黑了。有些人说，'这是子时'，有些人说，'这是亥时'。所有人能真实感知到（上师）控制太阳。在那天的残疾病人、背包袱的人都能立刻跑起来。"[1] 此外《直贡法嗣》中也有相似记载。[2]

岭协的隐秘殿南壁是目前所见整个藏区年代最早（13 世纪晚期）的直贡觉巴传记壁画。除了场景①直贡觉巴与绿度母的顺序靠前外，其余场景描绘直贡觉巴于 1168—1179 年之前的经历：向帕木竹巴学法、帕木竹巴圆寂、任丹萨梯住持并离开、在藏北羌地乌如、当雄传法。画面中对直贡觉巴白肤色塑造突出其独特性，并在故事中通过上师展示的神迹来塑造其神圣性。

图 10　场景⑥直贡觉巴、太阳与弟子

---

[1] "'Dam lung pa'i mi 'dus nas bsu ba byas/phyag rten btang gtam bshad yun ring po re byas/ de nas bsngo ba yon bshad zab cing rgya che ba'i chos yun ring du gsungs te/ khri la 'ja'i gur phub/thams cad gus pa chen po skyes shing/khri la bzhugs kyi bar du nyin mo yin pa la/bzhengs ma thag tu mtshan mor song/la la na re nam phyed zer/la la na re srod 'khor zer te/ nyi ma stod la mnan pa thmas cad kyis mngon sum mo/nyi ma de la nad pa zha bo khur ba rnams kyang de ma thug tu zha sos te rgyug pa dang/byin rlangs yul du phyin pa byung ste." 参见《直贡噶举古籍文献丛书》第三十八部《京俄·多吉西绕文集》第一卷，《光明慧灯中的法王吉天颂贡传记·金刚宝焰》，第 1—142、105 页。

[2] "某时来到当雄讲经说法，所得供养多得不可思议。讲经时能让白昼时间延长许多，如有时刚讲完经太阳就落山，没多久天就蒙蒙亮了，这就是至尊让白昼延长，制止太阳落山的结果。" 参见直贡·丹增百玛坚参著，克珠群培译《直贡法嗣》，第 70 页。

至于直贡觉巴传记壁画构图形式，应与从卫藏到藏西的直贡僧人有关，如前文提到直贡岭巴西饶迥乃。进一步追溯其构图来源，尽管目前尚未见到传世的直贡觉巴传记唐卡，但此处壁画可与卫藏13世纪大量模式化地表现帕木竹巴本生故事及生平的唐卡对比，[1] 帕木竹巴位于画面中心，两纵列各有六个他化身为不同身份的本生场景，一共构成十二本生故事，最下一排是生平传记。而岭协的壁画也在中心绘制直贡觉巴，周围按照从左至右再转向下的顺序安排其生平故事。对比两位上师图像的题材和构图，直贡觉巴生平传记壁画形式可能受到其上师帕木竹巴的影响，而西藏上师传记图像又最终可溯源到西藏佛传故事唐卡。

三　第二阶段（15世纪末至17世纪初）

（一）拉达克平阳寺扎西却宗殿

直贡梯寺第十五任住持衮噶仁钦坚赞的弟子丹玛贡噶扎巴（lDan ma kun dga' grags pa, 1503—1567）重振阿里16世纪下半叶的直贡派。他成为施主古格王济丹旺久、普兰第巴索南饶丹等的根本上师，献给他以前直贡的寺庙庄园和丢失的所有土地。还派遣普兰的许多僧人先后到直贡去。在此尊者的晚年，拉达克王扎西南杰和次旺南杰兄弟迎请他到玛域，成为国王的上师并且修建了岗温寺，[2] 该寺即现今平阳寺。

在扎西却宗殿西壁最北侧保存一铺以直贡觉巴为主尊、二弟子为胁侍、周围围绕十方三时传记的壁画（图11）。根据大卫·杰克逊的研究，[3] 主尊左侧由下至上为：②南方孜龙摩，③中心帕木竹，④西方也琼山岭，⑤东南方达拉岗波；主尊右侧由下至上为：⑦北方唐拉，⑧西北纳木措，⑨东北直贡，⑩涅槃时去往许多净土；主尊最上方：⑪作为现在佛的活动，⑫过去的活动，⑬未来的活动，缺少①东方丹域、⑥西南邬坚。但是此布局未能与《十方三时注释》的记载对应。[4]

1　David P. Jackson, Mirror of the Buddha: Early Portraits from Tibet (New York: Rubin Museum of Art, 2011), pp. 134–142.

2　"De rjes rgyal dbang Ranta'i dus rdo rje 'dzin pa nar ro'i rnam sprul ldan ma kun dga' grags pa byon zhing/ sbyin bdag gu ge rgyal po 'jig rten dbang phyug dang spu rang sde pa bsod nams rab brtan sogs kyis rtsa ba'i bla mar bzung nas sngar 'bri gung pa'i chos gzhis dang sa cha shor ba rnams legs par phul/ rdor 'dzin 'dis rgyang grags dgon pa gsar 'debs lta ba'i nyams gsos phul du byung ba dang/ spu rang pa'i grwa rgyun snga phyi mang po 'bri gung du rdzong mdzad/ rje nyid sku tshe'i smad la la dwags rgyal po bkra shis rnam rgyal dang/ tshe dbang rnam rgyal sku mched kyis gdan drangs nas mang yul du phebs te rgyal po'i bla ma mdzad cing/ sgang sngon dgon pa 'debs pa mdzad do." 参见贡觉旦增《岗底斯山志》，第62页。

3　David P. Jackson, Painting Traditions of the Drigung Kagyu School (Rubin Museum of Art), 2015, pp. 103–104.

4　"De la 'dir bris sku 'di ni 'gro ba'i mgon po 'bri gung pa'i mdzad pa rnam par thar par phyogs bcur bkod nas dus gsum mtshon pa zhes bya ba yin no/de yang gyon ngos kyi ling tshe ni og nas gyen du 'dan dang/e chung dang/ gnam mtsho'i do dang/thang lha'i skor dang bzhi mtshon pa yin no/gyas ngos kyi ling tshe 'di ni og nas gyen du/lho stod dang/phag mo gru dang/dwags lha sgam po dang/u rgyan dang bzhi mtshon pa yin no/steng gi ling tshe ni mya ngan 'das pa mtshon pa yin no/og gi ling tshe 'di ni og gi 'jig rten mngon du mdzad yin no/dbus kyi ling tshe 'di ni 'bri gung gi mdzad pa mtshon pa yin no." "正是此画像众生怙主直贡巴的传记十方三时，左侧方格由下到上是：丹、也琼、纳木错、唐拉周围四个地方来表示；右侧方格从下到上是：洛堆、帕木竹、塔拉岗波、邬坚四个地方来表示；上部的方格用涅槃来表示；下面的方格用过去化现的世界来表示；中间的方格用在直贡的事迹来表示。"参见西绕迥乃《西绕迥乃文集》（New Delhi: Drikungkagyu Publications, 2002），第192—293页。《吉天颂恭传记·十方三时注释》，第192—193页。

图 11 平阳寺扎西却宗殿西壁最北直贡觉巴与十方三时壁画

尽管描绘同一题材，平阳寺扎西却宗殿的壁画与岭协隐秘殿已明显不同。首先扎西却宗殿的直贡觉巴被刻画成戴僧帽的祖师形象，正面跏趺坐，左手托钵，右手持触地印。与该殿其他16世纪上师外形一致，说明晚期直贡噶举派上师形象已固定并呈模式化；其次对重视传记情节到重视布局和场景的转变，此铺壁画的十方三时场景均位于汉式建筑内，场景内的主尊右手均持触地印。此外直贡觉巴建成的直贡梯寺已是历代直贡僧人的祖寺,但平阳寺依然保留了 13 世纪直贡觉巴传记中十方以帕木竹为中心的传统。整体上平阳寺壁画证明了藏西地区三百年后,直贡噶举派绘制直贡觉巴传记壁画的传统再度复兴,表明直贡觉巴传记壁画在 16 世纪藏西的发展与演变。

图12 贵空寺杜康殿佛龛内东壁直贡觉巴
(王瑞雷拍摄)

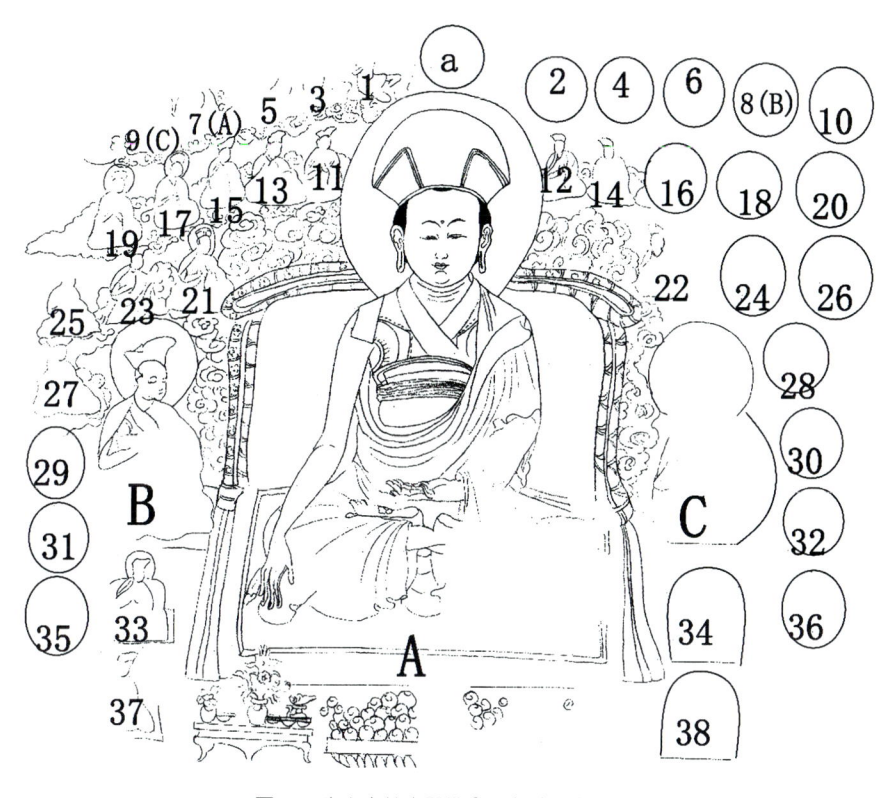

图 13 贵空寺杜康殿佛龛内东壁示意图

(笔者绘)

A. 觉巴吉天恭布（sKyob pa 'jig rten mgon po）；B. 胜者温（rGyal ba dbon）；C. 胜者迥（rGyal ba gcung）；a. 金刚持；1. 蒂洛巴（Ti lo pa）；2. 那若巴（Na ro pa）；3. 玛尔巴（Mar pa）；4. 米拉日巴（Mi la ras pa）；5. 冈波巴（sGam po pa）；6. 帕木竹巴（Phag mo grub pa）；7.（A）觉巴吉天贡布（sKyob pa 'jig rten mgon po）；8.（B）胜者温（dBon bsod nams grags pa）；9.（C）胜者迥（gCung rin po che rdo rje grags pa）；10. 妥卡瓦仁钦僧格（Thug kha ba rin chen seng ge）；11. 京俄仓解巴（sPyan mnga' 'tshams cad pa）；12. 觉依·多吉益西；13. 久尼巴（bCu gnyis pa）；14. 尼结巴·多吉杰布；15. 尼涅·曲吉杰布（Nyre gnyes chos kyi rgyal po）；16. 洛本果沃贡巴仁钦贝（sLo dpon go bo gung pa rin chen dpal）；17. 白玛得银协巴（pDam bde gzhin bshegs pa）；18. 索温日贝惹智（Sog dbon rig pa'i ral gri）；19. 通哇顿丹；20. 曲杰班觉顿珠；21. 杰旺·曲扎加措（rGyal dbang chos grags rgya mtsho）；22. 王仁钦曲吉杰波（dBang rin chen chos kyi rgyal po）；23. 衮噶仁钦坚赞；24. 仁钦平措（Rin chen phun tshogs）；25. 班钦却吉杰布（Paṇ chen chos kyi rgyal po）；26—32. 无法识别；33. 仁钦白（Rin chen dpal）；34. 丹玛贡噶扎巴（lDan ma kun dga' grags pa）；35—37. 无法识别；38. 大持律上首扎西班觉（'dul 'dzin chen po bkra shis dpal 'byor）

（二）阿里普兰县古宫寺杜康殿

目前西藏西部除直贡觉巴传记壁画外，在阿里地区普兰县古宫寺（Gung 'phur dgon）还保存着 17 世纪初以直贡觉巴为主尊的表现教法传承的壁画。此铺壁画位于古宫寺杜康殿佛龛内东壁（图 12），由于佛龛内供奉的金铜造像遮挡，笔者绘制出此铺壁画示意图，对每尊形象题记释读并排序（图 13）。[1]

---

[1] 感谢浙江大学汉藏佛教艺术研究中心王瑞雷研究员惠赠此铺壁画的图片及手抄题记。

此铺壁画主尊直贡觉巴坐于有靠背的法座上，绿色头光，戴噶举僧帽，着僧衣，右手持触地印，左手持禅定印。从额间白毫、拉长的耳垂到双手所结印契及手心相轮，表明他与降魔的释迦牟尼等同。此处形象几乎与平阳寺扎西却宗殿的直贡觉巴一致，也是传承至今的直贡觉巴的标准像之一。主尊一侧弟子 B 右手施无畏印，左手禅定印之上托宝，此位是温仁波且索南扎巴（dBon bsod nams grags pa，1187—1234，1122—1234 年在位，直贡梯寺第二任住持）。与他对称的是 C 迥·多吉扎巴（gCung rin po che rdo rje grags pa，1210—1278，1255—1278 年在位，直贡梯寺第四任住持）。

接下来分析环绕在主尊周围的上师传承。从 1 蒂洛巴至 6 帕木竹巴为噶举上师传承，从 7 直贡觉巴至 15 尼涅·曲吉杰布为直贡法嗣传承，但是 16 洛本果沃贡巴仁钦贝至 21 第七世黑帽上师杰旺·曲扎加措（1454—1506）的出现，表明此支传承突破直贡噶举派传播至噶玛噶举黑帽系。此传承的记载见于：

大乘佛法心要（中观见）传承是：法主直贡巴、班钦协当多吉、堪钦古热瓦、桑杰温、胜者迥、妥卡巴、仓解巴、觉侬益多、久尼巴多仁、尼结巴、尼涅巴曲杰、洛本果沃贡巴仁钦贝、噶玛巴得银协巴、索温日贝惹智、噶玛通哇顿丹、曲杰班觉顿朴、杰旺曲扎嘉措、曲杰贡仁波且、曲杰衮噶仁钦到杰王仁钦平措的传承。[1]

将两处传承上师对比后，笔者认为古宫寺此处壁画描绘的是以直贡觉巴仁钦白为主尊，环绕"大乘佛法心要"的传承上师。由于篇幅有限，此教法在诸位上师之间传承的具体历史不再赘述。简言之，出自直贡觉巴的此法先在直贡噶举派内部传承（7—15），后又在传至噶玛噶举黑帽系为主的上师（16—21）后，又传回到直贡噶举派内部（22—25），最后从卫藏直贡派住持处传播到藏西普兰地区（26—38）。其中 34 丹玛贡噶扎巴是此教法传播到藏西的关键人物，他之后的诸上师是传承此法的普兰本地上师，也与古宫寺壁画的绘制密切相关。

直贡觉巴的代表学说之一"大乘佛法心要"，被其弟子多吉西绕、协当多吉

---

[1] "Theg chen bstan pa'i snying po rgyud ni/chos rje 'bri gung pa/ Paṇ chen zhe sdang rdo rje/mKhan chen gu ra ba/Sangs rgyas dbon/ rGyal gcung thog kha ba/mTshams bcad pa/ Jo bsnubs ye rdor/bCu gnyis pa rdor rin/Nyer brgyad pa/Nyer gnyis pa chos rgyal /sLo dpon go bo gung pa rin chen dpal/Karma pa de gzhin gshegs pa/Sog dbon rig pa'i ral gri/Karma mthon ba don ldan/Chos rje dpal 'byor don grub/ rGyal dbang chos grags rgya mtsho/Chos rje dbang rin po che/Chos rje kun dga' rin chen/ rGyal dbang rin chen phun tshogs nas rim brgyud do." 参见贡觉嘉措《直孔法史》，民族出版社，2004，第 454 页。

集结后流传至今。[1] 根据我国台湾学者薛荣祥的研究，[2] 协当多吉将他的研修心得整理成完整的三十句偈诵，前二十句偈诵讨论经教乘的议题，特别关注七众别解脱戒及菩萨戒的愿行两部菩提心。而剩余十句则说明金刚乘灌顶之后修持本尊及密续原现与应遵守律仪等。作为龙树化身的直贡觉巴及"大乘佛法心要"，可对应处于佛教显教思想最高位置的龙树及其中观见。[3] 这一溯源的结果，一是托龙树之名提升直贡噶举派及祖师的宗教地位，二是其所讲说的"大乘佛法心要"是对从吐蕃时期以来藏地龙树中观见的传承和发展。在藏西 16 世纪直贡噶举派于藏西再次弘传的背景下，古宫寺杜康殿佛龛内东壁壁画证明了直贡觉巴的重要思想遗产"大乘佛法心要"已传播到该地区。

15 世纪晚期至 17 世纪初期的第二个阶段的直贡觉巴更多地被当作直贡噶举派的教派象征和精神符号来表现。时空间隔三百年后，后辈弟子试图再现该祖师形象，尽管还有一些壁画突出直贡觉巴的白肤色，但还是更多将其绘制得与其他直贡噶举派上师一致，说明了晚期直贡噶举派上师形象的模式化。

结 语

本文梳理了西藏西部目前所见直贡觉巴壁画遗存，除学界关注的与直贡觉巴相关的早期唐卡外，藏西大量壁画遗存在一定程度上丰富了该祖师的图像种类，也为我们提供了 13 世纪、15 世纪末至 17 世纪初直贡觉巴的形象发展、演变过程的轨迹，尤其是晚期图像是直贡噶举派流传至今的直贡觉巴图像的来源。以直贡觉巴形象为切入点，讨论了西藏艺术史中对祖师形象的塑造手段。

目前所见藏西两个阶段的直贡觉巴图像应来自卫藏僧人的活动，从物质层面印证卫藏的直贡噶举派在藏西的传播。第一阶段以年轻僧人形象和传记故事为主，尤其是直贡觉巴传记壁画应受到帕木竹巴传记唐卡的影响。第二个阶段以中年祖师形象为主，其中对"大乘佛法心要"传承的描绘传达出藏西地区对直贡觉巴的精神遗产的继承。两个阶段共同说明藏西地区的分支寺庙对该祖师从形象、传记到思想

---

1 《直贡噶举古籍文献丛书》第四十部《京俄·多吉西绕文集》第三卷，《大乘佛法心要精要注》（Theg chen bstan pa'i snying po bsdus mchan），第 500—517 页。第四十一部《瑜伽师协当多吉文集》第一卷，《大乘佛法心要章》（Theg chen bstan pa'i snying po sa bca），第 247—317 页。《大乘佛法心要正文》（Theg chen bstan pa'i snying po gzhung），第 319—325 页。第四十二部《瑜伽师协当多吉文集》第二卷，《大乘佛法心要注释·善言教授海》（Theg chen bstan pa'i snying po 'grel ba legs bshad lung gi rgya mtsho rnal 'byor zhe sdang rdo rjes mdzad pa），第 1—976 页。

2 薛荣祥：《噶举派在台湾的教学内容之研究》，《龙华学报》2004 年第 14 期。

3 徐东明：《论龙树〈中论〉的中观思想及对藏传佛教的影响》，《西藏民族学院学报》（哲学社会科学版）2008 年第 2 期。

的全面继承。

回到直贡觉巴吉天颂恭本人，他出生于康区，青年时到卫藏学习佛法并在直贡地区开宗立派，为直贡噶举派的发展奠定了基础。直贡觉巴严守戒律的僧侣生涯、睿智的思想、长远的目光和圆寂后转生佛国的记载，统一了对他作为非凡祖师和不同化身的多重塑造。

附表			藏西地区寺庙内的直贡觉巴壁画	
位置		时代	配置关系	形象特点
拉达克阿奇寺	大佛塔内的小佛塔西壁[1]	12世纪中—13世纪初	东壁为帕当巴桑杰，西壁为单尊上师（当地认为是仁钦桑布和那若巴）	青年僧人，肤色白，双手持说法印，跏趺坐，红色僧衣，外披棕色袍子，免冠
	小佛塔南壁[2]	12世纪中—13世纪初	直贡觉巴配文殊、观音菩萨，周围是大成就者	青年僧人，肤色白，双手持说法印，跏趺坐，红色僧衣，外披菱格纹袍子，免冠
	松载殿二层门口右侧[3]	13世纪	上帅传承中的最后一位	青年僧人，肤色白，双手持说法印，跏趺坐，红色头光，僧装，棕红色裟裳，之上题记：Ma bla ma 'bri gung pa la 'tshal zhing spyab su 'chi'o
	译师殿正壁左侧[4]	1220—1230	直贡觉巴+释迦牟尼+四臂观音	青年僧人，肤色白，双手说法印，跏趺坐，红色僧衣，外披棕色袍，免冠
阿奇匝匝普日	西侧建筑二层西北侧墙[5]	13世纪（题记中提到直贡岭巴）	单独成图	吉天颂恭生平（寺院场景，未见大的尊像）

1　Peter Van Ham, *Alchi: Treasure of the Himalayas. Ladakh's Buddhist Masterpieces* (Hirmer, 2018), p. 375.

2　Peter Van Ham, *Alchi: Treasure of the Himalayas. Ladakh's Buddhist Masterpieces* (Hirmer, 2018), pp. 382-383.

3　Peter Van Ham, *Alchi: Treasure of the Himalayas. Ladakh's Buddhist Masterpieces* (Hirmer, 2018), p. 350.

4　David P. Jackson, *Painting Traditions of the Drigung Kagyu School* (New York: Rubin Museum of Art, 2015), p. 12.

5　André Alexander, *Alchi Tsatsapuri, Preliminary Report by André Alexander* (Tibet Heritage Fund International, 2005), p. 5.

续表

位置		时代	配置关系	形象特点
拉达克万喇松载殿	二层回廊的横梁上1	1275—1300	一排噶举上师传承	面朝左,肤色白,年轻僧人,右手持说法印,左手持禅定印
	二层左侧墙壁的左侧2	1275—1300	单尊,有修复痕迹	面朝右,肤色白,年轻僧人,双手持说法印,披僧袍,跏趺坐
拉达克岭协隐秘殿南壁		13世纪下	主尊直贡巴图像暂无,周围环绕生平场景	生平故事,局部有题记
拉达克平阳寺护法殿3		16世纪50年代	帕木竹巴与吉天颂恭二上师并坐	直贡觉巴面带微笑,戴僧帽,双手持说法印。右侧立姿弟子温西绕迥乃、左侧为坚阿扎巴迥乃
拉达克平阳寺扎西却宗殿西壁		16世纪50年代	直贡觉巴与二弟子,周围环绕十方三时壁画	直贡觉巴正面跏趺坐,戴僧帽,左手托钵,右手持触地印,两侧弟子为坚阿扎巴迥乃、坚阿西绕迥乃
印度喜马偕尔邦那科迦帕巴(Gya pha pa)北壁4		16世纪下	位于主尊金刚持的右上方	单尊,戴僧帽,双手持说法印,题记:'Jig rten mgon po
阿里扎达托林寺白殿东壁5		15世纪末—16世纪初	直贡觉巴与二弟子	正面跏趺坐,戴僧帽,双手当胸持说法印并持莲梗,伸出的莲瓣上置金刚铃、金刚杵,二弟子身份不明
阿里札达古格故城红殿南壁6		15世纪中期	吉天衮布与二弟子	正面跏趺坐,戴僧帽,双手当胸持说法印,两侧跪拜弟子为法王古格阿旺扎巴、法王止贡南喀坚赞
阿里普兰县科迦寺7		1219	不存	十方三时生平壁画

1　Christian Luczantis, *The Interior Decoration of Wanla*（2015）, p. 149.

2　Christian Luczantis, *The Interior Decoration of Wanla*（2015）, p. 144.

3　David P. Jackson, *Painting Traditions of the Drigung Kagyu School*（Rubin Museum of Art, 2015）, pp. 35 - 36. FIG. 3.2. 该图大卫将其识别为直贡巴,但根据 Prem Singh Jina, Ven. KonchokNamgyal, *Phyang Monastery of Ladakh*. Indus Publishing Company. 1995, p. 98,衮康殿主壁的壁画分布图,此上师为帕木竹巴。

4　Melissa R. Kerin, *Art and Devotion at a Buddhist Temple in the Indian Himalaya*（Indiana University Press, 2015）, p. 50.

5　王瑞雷、贾维维:《西藏阿里托林寺白殿壁画配置与殿堂功能》,《考古与文物》2019年第1期。

6　本社壁画编写组:《西藏壁画全集1·阿里卷》,西藏人民出版社,2011,第72页。

7　David P. Jackson, *Painting Traditions of the Drigung Kagyu School*（Rubin Museum of Art, 2015）, p. 103.

续表

位置		时代	配置关系	形象特点
阿里普兰县古宫寺	佛龛内东壁	1602	吉天颂恭及二弟子，周围有"大乘佛法心要"传承上师	正面跏趺坐，戴僧帽，面容含笑，右手作触地印，左手作禅定印
	佛龛内西壁		主尊第十五任住持，环绕居惹家族传承	年轻僧人，面左，四分之三侧，僧装，戴僧帽，双手于胸前持说法印
	佛龛内主壁		直贡法嗣传承	脸色白，面右，其余同西壁
	龛外北壁与东侧交接处		主尊胜乐金刚围绕的上师传承	右手持说法印，左手持禅定印，面右，所戴僧帽与帕木竹巴相同但大很多

五

跨文化研究

从"衣冠缟素"到"神衣象服"
——汉地摩尼形象服饰表现的跨文化转译

■ 张　鹏（中央美术学院）

摩尼教作为自波斯经中亚传入汉地的世界性宗教，其白色特殊法服的形式变迁反映出明确的跨文化色彩。伴随着勒科克、格伦威德尔对高昌回鹘摩尼教绘画的发现[1]以及泉武夫、吉田丰、古川摄一等学者于21世纪对于江南摩尼教绘画的再发现，[2] 关于摩尼教服饰形制的讨论屡屡见诸于高昌回鹘物质文化及摩尼教艺术的先期研究中。[3] 限于地域的分散性与材料的碎片化，此前对于摩尼及其教众服饰的考证多局限于思考西域与汉地形象表现的单一状貌，缺乏系统的联动思考。汉地发

1　相关考察见格伦威德尔《1902—1903年亦都护城及周边地区考古工作报告》（*Bericht über archäologische Arbeiten in Idikutschari und Umgebung im Winter 1902-1903*）；《新疆古代佛教圣地——1906—1907年在库车、焉耆与吐鲁番绿洲的考古工作》（*Altbuddhistische Kultstätten in Chinesisch-Turkistan: Bericht über archäologische Arbeiten von 1906 bis 1907 bei Kuča, Qarašahr und in der oase Turfan*）；勒科克《高昌：东突厥斯坦地区首次普鲁士皇家远征队在吐鲁番的重要发现》（*Chotscho: Facsimile-Wiedergaben der wichtigeren Funde der ersten königlich preussischen Expedition nach Turfan in Ost-Turkistan*）；勒柯克、瓦尔德施密特《中亚古代佛教艺术》（*Die Buddhistische spaetantike in mittelasien*）第二卷"摩尼教艺术"（*Die Manichäischen Ministuren*）。

2　江南摩尼教绘画的研究始于21世纪初至今对于原藏于日本寺院、博物馆、私人的摩尼教绘画的重新发现。这些绘画为《冥王圣帧》（六道图）、《夷数佛帧》（《虚空藏菩萨画像》或《キリスト聖像》）、《圣者传图》（1，2，3?）、《摩尼教宇宙图》、《天界图》（A、B）、《摩尼像》[地藏菩薩像（マニ像）]、《摩尼诞生图》、《摩尼教曼陀罗残片》（*Fragment of a Manichaen mandala*）。相应研究江南摩尼教绘画的相关学术史吉田丰、古川摄一在其专著中已有表格形式的整理，故不赘述。详见［日］吉田丰、古川摄一编《中国江南マニ教绘画研究》，临川书店，2015，第82—86页。

3　有关摩尼教服饰研究最早在部分针对古代高昌回鹘的物质文化研究著作中有所涉及，如冯·佳班的《高昌回鹘王国的生活》及莫尼克·玛雅尔的《古代高昌王国物质文明史》。另外21世纪以来艾伯特的研究在总结摩尼教服饰特点的基础上，也针对摩尼教服饰的纹章及服饰形制可能的西亚来源进行了初步的追溯。[JorindeEbert, "Segmentum and Clavus in Manichaean Garments of the Turfan Oasis", Durkin, Desmond ed., *Turfan Revisited: the First Century of Research into the Arts and Cultures of the Silk Road Conference* (Berlin: Dietrich Reimer Verlag, 2004), pp.72-83.] 另近年来周菁葆《摩尼教在丝绸之路上的传播及其服饰艺术》一文亦对摩尼教服饰展开了初步的类型学分析。同时马小鹤《摩尼教宗教符号"妙衣"研究》结合从近东到高昌的摩尼教、景教文本讨论摩尼教中的"妙衣"的犹太—基督教渊源，芮传明《弥勒信仰与摩尼教关系考辩》比了摩尼教白衣传统与弥勒信仰"白衣"间的异同关系。

现的十余件南宋至元代创作于江南地区的摩尼教绘画与雕塑作品，如何反映在汉地摩尼及摩尼教（明教）的服饰风貌？其与摩尼及摩尼教在波斯肇始之初的文化传统及高昌回鹘时期的图像表现间有何异同？透过服饰内外结构、法服形式及装饰方式的来源及其在汉地嬗变三个方面的讨论，摩尼及其教众在服饰表现上跨越波斯、西域与汉地的跨文化转译方能清晰地展现出来。

一 汉地摩尼教艺术中的服饰表现

有关摩尼及摩尼教服饰的观察最早始于勒科克，在其针对高昌回鹘摩尼教绘画的观察中，首次注意到摩尼教法服及其装饰的特殊性，并受到学界的研究。[1] 而在摩尼教传入中国内地并广泛发展的宋元之际，摩尼教绘画雕塑中摩尼及其教众特殊的服饰表现在形式上相对统一。结合大和文华馆藏《冥王圣帧》、藤田美术馆藏《摩尼像》、栖云寺藏《夷数佛帧》以及晋江草庵的摩尼光佛像，总体可将摩尼及摩尼教在汉地的服饰特征归纳如下：

（1）服饰主体颜色以白为主；

（2）服饰结构上呈现出套头圆领服饰外加可披戴的对襟法服外袍；

（3）法服外袍存在具有底色的装饰镶边，且多为红底加描金纹样，弟子及教众服饰也有镶边，但呈现青、绿及黑色等，与主尊色彩不同；

（4）服饰在肩下及胸前存在四个方形纹章；

（5）出现该服饰结构的人物：摩尼、夷数（耶稣）及摩尼教高级选民。

除四件对人物形象描绘相对细致的作品外，日本私人藏《圣者传图》系列、摩尼教《宇宙图》中也出现了以点景人物描绘的摩尼及其教众。其中人物除前后四处的纹章难以表现外，余者同上述绘画中别无二致。这些特征在江南的摩尼教绘画和雕塑里的主尊、教众形象中反复出现，凸显出汉地摩尼教服饰在借鉴佛道之余自身的特殊文化特质，在所谓"道貌佛身"的特征概念之下，摩尼服饰从内到外事实上呈现出诸多尚待解读的文化信息。

二 回鹘遗影：江南摩尼偶像服饰内外结构辨析

摩尼及其教众服饰的内外结构皆呈现出套头圆领服饰外加可披戴的对襟法服外袍或披风的形式。这种表现形式看似普通，却同当时汉地的其他宗教服饰及世俗服装存在明显的差异。若从摩尼教汉化后结合教义最为密切的佛教角度加以思考，

---

[1] 勒科克的早期发现见［德］勒科克著，管平、巫新华译《新疆佛教艺术》，新疆教育出版社，2006，第133—134页。

虽然摩尼教经典中提及过佛教服饰的相关比喻，但实际绘画中的摩尼教服饰的结构同佛教要求的"坏色""三衣"（trinl civarani）与偏衫等项明显不合，[1]《圣者传图》[2]（图1）中，位于殿中的摩尼及弟子身前便有数名明显偏衫并穿着带水田纹的黑色及红色袈裟的佛装人物，与摩尼及其弟子的服饰存在明显的区别。

与此同时，部分国内学者将直裰或道袍作为摩尼服饰整体结构来源，认为摩尼呈现出"道貌佛身"的说法也与实际情况不甚契合。[2] 脱胎于中国传统服饰结构的道袍在隋唐时期便已形成相对固定的规制，并在五代之后全面流行于文人士夫的装束中。[3] 事实上，江南摩尼教绘画如《圣者传图》3中，摩尼背后着乌帽的听者在对襟法服外袍中便穿有交领右衽的直裰里衣（图2），据此将道袍作为摩尼教听者乃至选民所借鉴的服饰来源似乎颇为合理。但若结合宋朝至明朝身着道袍的文人与士夫形象，便可清楚地发现，此类服饰虽然在法服外袍上确实采用了对襟镶边的服饰结构，但里衣却是颇具汉民族特征的右衽交领里衣。右衽作为汉族服饰的标志，自深衣开始便被视为汉服的一般结构；而圆领袍作为一种源自胡服的外衣装束，自隋唐至宋代皆被作为外衣加以使用（图3、图4）。这类以对襟式服饰为外衣加圆领内袍的内外结构事实上不见于任何其他的汉地服饰表现，形成了一种怪异的服饰形制。而其来源，或可从摩尼教传入的上一节点——回鹘找到端倪。

葛玛丽在《高昌回鹘王国的生活（850—1250）》中讨论高昌回鹘男性的五类服饰结构时，也提到摩尼教与佛教男性信众在身着第一类的圆领衫及第五类的圆领套头镶边服饰外部，套有一件由长布构成、可能与宗教仪式相关的"礼服大衣"[4]。这里的"礼服大衣"意指各宗教的法服，而类似的服饰结构在高昌回鹘佛教、摩尼教乃至景教绘画的宗教人物表现中皆可得见。如高昌回鹘时期修造的柏孜克里克千佛洞第20窟中著名的《僧都统像》，水田纹袈裟内即为圆领套头的红色里衣（图5）。高昌故城景寺中发现的表

---

[1] 依佛教戒律的规定，比丘所可拥有的三种衣服，谓之"三衣"。即：僧伽梨（saṃghāti）、郁多罗僧（uttarāsaṅga）、安陀会（antarvāsa）。摩尼教典籍如《摩尼教残经》已经使用"三衣"作比，其中第13—16行提及："其彼净风及善母等，以巧方便，安立十天，次置业轮及日月宫，并下八地、三衣、三轮，乃至三灾、铁围四院、未劳俱孚山，及诸小山、大海、江河，作如是等，建立世界。"摩尼教的"三衣"为对于佛教的假借化用，用以指代摩尼教风、水、火三种物质。（参考芮传明《摩尼教敦煌吐鲁番文书译释与研究》，兰州大学出版社，2014，第6、26—27页，注29。）

[2] 道袍一说为此前国内学界采用的通行说法，蔡鸿生、林悟殊、王媛媛教授在论及草庵摩尼光佛的几乎所有论文中皆提到了这一认识判断，而粘良图在《晋江草庵研究》中则认为其可能来自汉服传统的直裰服饰。参见粘良图《晋江草庵研究》，厦门大学出版社，2008，第45页。

[3] 参考张振谦《北宋文人士大夫穿道袍现象论析》，《世界宗教研究》2014年第4期。

[4] 参考［德］冯·佳班著，邹如山译《高昌回鹘王国的生活（850—1250）》，吐鲁番市地方志编辑室，1989，第88—89页。

现棕枝主日场景的景教壁画中，位于前方的引导景僧轻薄的披肩下也可见绿色镶边的套头圆领服（图6）。而在摩尼教图像中，不论是高昌K寺壁画MIK Ⅲ 6918（图7），还是同为K寺发现的绘画残片MIK Ⅲ 4979（图8），其中主要人物的法服外袍之下，也衬有领口被明显强调的圆领服饰。在同这些高昌回鹘宗教遗存的比较中可以看出：这类在摩尼教绘画与雕塑中出现的服装内外样式很可能正源于回鹘人的服饰传统。

图1　《圣者传图》2（局部）

图2　《圣者传图》3（局部）

图3　宋徽宗《听琴图轴》（局部）

图4　元王振鹏《伯牙鼓琴图卷》（局部）

图 5　柏孜克里克千佛洞第 20 窟《僧都统像》
（9—10 世纪）

图 6　高昌景寺壁画 "棕枝主日场景"
（9 世纪，柏林亚洲艺术博物馆）

图 7　高昌 K 寺壁画 MIK Ⅲ 6918（局部）

图 8　摩尼教绘画残片 MIK Ⅲ 4979（局部）

三 波斯与罗马：摩尼法服装饰结构的来源与意义

除摩尼及其弟子服饰的内外结构具有其特殊性外，摩尼及教中重要人物最具象征性的法服外袍本身也值得关注。基于高昌回鹘以及江南摩尼教绘画的实际表现，可见这类服饰包含着一系列复杂的结构：法服外袍存在具有底色的装饰镶边，且多为红底加描金纹样；弟子及教众服饰也有镶边，但呈现青、绿及黑色等，与主尊与重要人物所用色彩不同（图9）。在高昌回鹘发现的摩尼教绘画残片及宋元摩尼教绘画中这类特征呈现出的统一性暗示出，这一特征可能具有在摩尼教内更早的文化渊源。

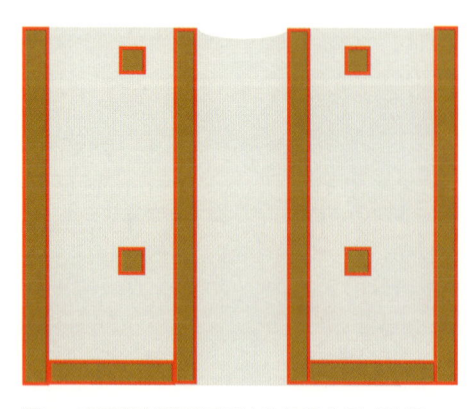

图9 摩尼教神明及重要人物法服的形式结构
（笔者绘）

而关于摩尼所穿着特殊的外部服饰的描述，虽然在早期文献中记述极少，但仍可发现零星的端倪。其中颇为著名的一则记述来源于前文提到过的4世纪时赫格曼尼亚斯（Hegemonius）的《阿基来行传》（Acta Archelai）：

> 他穿着一种"三角形的尖头鞋"（trisolium），身着一件多色的斗篷，看上去有些飘逸，手里拿着一根非常结实的黑檀木手杖。他左臂下夹着一本"巴比伦之书"（Babylonian book），腿上套着不同颜色的裤子，一条是猩红的，一条是韭葱绿的。他的外表就像一个古老的波斯巫师（麻葛 magician）或总督。（XIV：3）[1]

作为基督教世界最早的反摩尼教论著，《阿基来行传》罕见地对摩尼的形象进行了具体的刻画，其中所谓"巴比伦之书"可能与摩尼撰写的《生命福音》相关，"三角形的尖头鞋"、斗篷式的外衣以及不同花色的裤子，与"罗马人"的装束格格不入，衬托出摩尼作为异邦来客的身份。长裤与尖头鞋的出现与源出游牧民族的波斯诸王朝密不可分，对比现存分布于萨珊波斯设拉子（Shiraz）周边菲鲁扎巴德（Firuzabad）、比沙普尔（Bishapur）等地所雕刻的大量萨珊波斯雕塑实物，这种相似性便可见一斑。如在卡泽伦

---

[1] 拉丁语文本参考 Hegemonius, Hegemonius: Acta Archelai, Charles Henry Beeson. trans. (Leipzig: J. C. Hinrichs, 1906), pp. 22-23.

(Kazerun)周边岩刻中对时代相近的波斯国王巴赫拉姆二世（Bahram Ⅱ，276—293）的表现（图10），其飘逸的外衣，多褶的裤腿、腰间类似执杖的长剑以及极富波斯特色的尖头鞋无不可视为这类描述的形象实例。其最后将摩尼描绘为萨珊波斯的巫师或是总督，更明确地表现出这类对于摩尼形象的塑造明显参照于对波斯人的形象塑造，并可视为某种程度上罗马人对波斯人想象模板的表达。[1]

与此同时，从实物角度分析，现存最早的摩尼教艺术遗物——摩尼的水晶印章中的摩尼与弟子身着胸前带有特殊菱形开口的对襟长袍，也正说明了摩尼的服饰与琐罗亚斯德教中呈现白色、带有边带或纹章装饰的祭司长袍或束腰外衣服饰之间可能存在联系。[2] 在描述琐罗亚斯德教创世的《大本达希辛》（Great Bundahishn）中，象征祭司阶层的奥尔马兹达自身"身穿一件白色长袍，上面印着祭司的标志……因为智慧常在引导人们的祭司中出现，所以所有人都是祂的学生，而创造必须通过智慧进行，所以祂穿着智者的礼袍，即祭司的礼袍"[3]。而在《登卡德》（Dēnkard）描绘世界秩序的内容中也提到"其中之一是祭司的长袍，在其纯洁的境界中蕴藏着对善的安排……在服饰中有闪亮的白色礼袍，在'善行'中增进善良，去除邪恶"[4]。另依据波斯学者比鲁尼（Abu Rayhan Muhammad al-Biruni，约973—1048）的记载，在代伊月（Dai Month）第一天，波斯国王也需走下皇座旅行祭司的职责，其"穿着白色长袍，坐在铺设在平地的白色地毯上，……亲自处理全国和社会上和居民的事务"[5]。而在从波斯、中亚到北朝时期入华粟特、中亚人的祆教物质遗存中，这类对襟的白色袍服同样并不少见。不论是阿姆河宝藏中发现的麻葛金人，还是波斯波利斯祭司灰岩浮雕，抑或是美秀（Miho）博物馆所藏石棺床中对于祭司的描绘，皆可见到或有条纹或整体为白的这类祆教祭司服饰（图11、图12）；在胸前出现纹章的实例虽然少见，但也可见于部分帕提亚钱币所表现的国王装束中。

---

[1] 关于摩尼教在罗马与萨珊波斯早期争斗中被迫扮演的角色，参考 Lee E. Patterson, "Minority Religions in the Sasa-nianEmpire: Suppression, Integration and Relations with Rome", Eberhard Sauer, Sasanian Persia: Between Rome and the Steppes of Eurasia (Edinburgh: Edinburgh University Press, 2017), pp. 181-193.

[2] 关于琐罗亚斯德教古代及现代实践中的白色服饰，芮传明进行了较全面的总结。参考芮传明《弥勒信仰与摩尼教关系考辩》，上海社会科学院传统中国研究中心《传统中国研究集刊》，上海人民出版社，2006，第19—20页。

[3] 中古波斯语原文收录辑英译参考 R. Zaehner, Zurvan. A Zoroastrian Dilemma (Oxford: Clarendon Press, 1955), p. 322; p. 333, Z2: (2).

[4] 中古波斯语原文收录辑英译参考 R. Zaehner, Zurvan. A Zoroastrian Dilemma (Oxford: Clarendon Press, 1955), pp. 374-375; p. 377, Z11: (3). 此处的"善行"应为琐罗亚斯德教的"三善"之一。

[5] 英译参考 Ibn al-Nadim, The Fihrist of al-Nadim: A Tenth-century Survey of Muslim Culture (New York: Columbia University Press, 1970), pp. 211-212.

286　跨文化研究

图 10　卡泽伦周边 Sarab-e Qandil 岩刻中的萨珊波斯万王之王巴赫拉姆二世形象

图 11　摩尼水晶印章局部　　　　　　　　图 12　阿姆河宝藏中的麻葛形象

除了这类波斯化的服饰描述，西弗勒斯·伊本·穆卡法（Severus ibn al-Muqaffa'，？—987）等人修订的《亚历山大科普特教会牧首历史》（*Ta'rīkh al-Baṭārikah*）则呈现出不尽相同的描述：

> 他周身穿着一个优良的"阿斯基姆"（āskīm，希腊文：σχήμα），在它下面穿着一件薄薄的"伊斯蒂哈拉特"（istikhūrat，希腊文：στιχάριον，"斯蒂卡里翁"），他裹着的是一件长及双脚的带条纹的外衣，衣服的正面和背面都装饰着人像（figures）。[1]

相比起存在明显立场性的基督教文本，这些稍晚出现的材料似乎更直观地反映了另一种对于摩尼服饰的想象。即基于罗马常服丘尼克（Tunic）所展开的服饰想象。与早期佛教美术中常借鉴的托格（Toga）类似，[2] 长期作为希腊罗马民族服饰的套头外衣丘尼克在古典及中古时代早期皆为地中海沿岸最为常见的常服样式。其整体由一块布匹（白布）制作而成，日常生活中可在腰身部分加以约束。早期的丘尼克作为一般外衣与里衣服饰使用，亚型极多，如罗马人最为流行的丘尼克·阿尔巴（Tunic alba）即为全白的套头外衣类型。2世纪初期，为了区分等第，其加入作为条带的"奥古斯塔斯·克拉布斯"（Angustus Clavus）装饰，以紫、红、赭石、黄等等颜色作为某种早期的等级区分。而在后期的装饰结构中，在服饰位于两肩与下摆前部位置也增加了以亚麻、羊毛等作为材质的刺绣装饰赛格门特（Segmentum）。2世纪末至3世纪，产生受到东方波斯服饰影响的达尔马提卡（Dalmatica）。其在袖口处加长加宽，并出现前襟敞开的对襟服饰表现。[3] 达尔马提卡继而在随后实践中为早期基督教所接受，《米兰敕令》后，教宗西里维斯特一世（Silvester I，285—335）规定执事任何时候需要将达尔马提卡作为法服外袍着装。其作为法衣后重新加入了复古的"奥古斯塔斯·克拉布斯"，袖子上也存在纹理装饰，同时依照等级对服饰进行了长度与袖子的调整。依照语言学者对原文词汇的校释，该文献中摩尼身上所着的服饰正可能由丘尼克发展而来，条纹与带有人像徽章的装饰结构，也通过

---

1 英译参考 John C. Reeves，*Prolegomena to a History of Islamicate Manichaeism*，(Sheffijield Oakville：Equinox Publishing，2011)，p.55. 词汇 āskīm 注释见 R. Dozy，*Supplément aux dictionnaires arabes* (2 Vols.) (Leiden：E. J. Brill，1881)，pp.1-23. 同见 W. E. Crum，*A Coptic Dictionary* (Oxford：Clarendon Press，1939)，p.777. 词汇 istikhūrat 注释见 G. W. H. Lampe，*A Patristic Greek Lexicon* (Oxford：Clarendon Press，1961)，p.1260.

2 参考王云《圣哲的衣装——半偏袒式袈裟溯源》，载李军主编《跨文化美术史年鉴2："欧罗巴"的诞生》，山东美术出版社，2021，第60—63页。

3 关于丘尼克服饰的发展历程的论述参考 Herbert Norris，*Ancient European Costume and Fashion* (Mineola，N.Y.：Dover Publication，1999)，pp.97-106.

随后对于外衣的记述得到了清晰的展现。该文献提及的 "āskīm" 与 "istikhārat" 等词所反映的服饰状貌与同丘尼克为代表的罗马外衣类似，此处描述也可以与《群书类述》中提到的赠予米尔 "带刺绣的衣服" 相互对应。

丘尼克服饰的发展历程中不断增加的特征呈现出与摩尼及高级教众服饰高度相关的特点。在部分改造自福音书文本，如将摩尼与耶稣之死混同描述的一则帕提亚语写本 M4570 中，[1] 也展现出更多的信息：

> ……他（摩尼）失去了知觉，死去了。[两个空行] 我主（摩尼）的牺牲（Parinirvāna）也是如此。没有人能比它更光荣了。[最多空缺六行]
>
> ……（求你）从我们所面临到的这些事中救赎（我们）。我们都知道，我们的主耶稣基督，也被钉在十字架上，正如他所证明的（帕提亚语：'w'gwn nm'yd）。<u>他们像抓罪人一样抓住他。他们就给他穿上袍子（robe），（给他）一根棍子（在他手里）。他们尊敬他……然后说，"……王，我们的基督！他们就领着他到十字架那里。</u>[八行保存不良或缺失]
>
> （中间省略数行）
>
> ……但是从现在开始你会看见人子坐在神圣力量的右边，当他自天堂乘战车而来……" <u>大祭司就（撕开）袍子，说，"（到我这里）"</u>。他们又对彼此说，（……）还需要什么作见证呢？我们都从他口中得知（这亵渎的话），（……）必须杀了（他）。[2]

与帕提亚语摩尼教残片 M5569 等真实描述摩尼之死的记载不同，此处摩尼的死亡同基督的死亡交融并置，在凸显出二者转世关系上直接联系的同时，文中也详细提及了基督死前身着长袍与手执手杖的形貌，而祭司撕扯的服饰也与之相对。联系其所参考的基督教传统，这里提及的长袍无疑意指 "耶稣的无缝长袍"。《圣经》文本如《约翰福音》（19：23）对这类服饰的形式有详细描述："这件里衣原来没

---

[1] 该文本对福音书的应用并不合乎现在通行的福音书文本，而可能与亚述作家他提安（Tatian, 120—180）所编撰的《四福音合参》（*Diatessaron*, 希腊文：διὰ τεσσάρων）相关。除该文本外，M6005 及 M18 也借鉴了福音书的相关内容，可证明这种对文本的借鉴与改造并非孤例。

[2] 该文本最早由宗德曼于 1968 年发现，并在 1981 年进行再次梳理，参考 Werner Sundermann, *Mitteliranische manichäische Texte kirchengeschichtlichen*（Berliner Turfantexte 11）（Berlin: Akademie-Verlag, 1981）, pp. 76—77. 英文译本参考 H. -J. Klimkeit, *Gnosis on the Silk Road: Gnostic Texts from Central Asia*（San Francisco: HarperSanFrancisco, 1993）, p. 72.

有缝儿，是上下一片织成的。"[1] 而这种长袍的形制正来自丘尼克。上文已提到公元314年，教皇西尔维斯特颁布了关于教会的法令规定，教会执事在任何情况下都必须穿着源于丘尼克的达尔马提卡；[2] 而在此之后基督教艺术中对于圣徒的服饰描绘也常采用类似方式，如6世纪时位于维罗纳的圣维塔尔教堂北墙半圆拱处的马赛克装饰（图13），其中以撒、亚伯拉罕等圣徒便身着这类带有克拉布斯以及赛格门特的束腰丘尼克长袍。[3]

图13　拉文纳圣维塔尔教堂北墙半圆拱马赛克装饰"献祭以撒"（526—547）

1　《约翰福音》（19：23）："兵丁既然将耶稣钉在十字架上，就拿祂的衣服分为四分，每兵一分；又拿祂的里衣，这件里衣原来没有缝儿，是上下一片织成的。"（参考中国基督教协会编订《圣经》，中国基督教协会，1998，第129页。）

2　有关论述参考 Herbert Norris, *Ancient European Costume and Fashion* (Mineola, N. Y.: Dover Publication, 1999), pp. 103-110.

3　善于绘画的摩尼教徒可能参与了拜占庭基督教教堂艺术的创作，如成书于9世纪的《虔信者圣迪奥法尔内特事件编年史》（*The Chronicle of Theophanes Confessor*）便记载了东罗马皇帝阿纳斯塔西奥斯（Anastasios，491—518）从基齐库斯带来了一位来自叙利亚—波斯的摩尼教画家（希腊文：zōgraphon）并参与都城基督教堂的绘制工作。参考 Theophanes (the Confessor) ed., *The Chronicle of Theophanes Confessor Byzantine and Near Eastern History*, AD 284-813, Cyril Mango, Roger Scott trans (Oxford: The Clarendon Press, 1997), pp. 33, 265.

由此，有关摩尼服饰的文本导向了摩尼服饰结构在西来之前两类可能的来源。一方面，作为帕提亚贵族后裔的摩尼及其眷属在服饰上很可能参照了波斯与琐罗亚斯德教传统下的服饰元素，如对襟的带袖法服外袍、白色服饰等特征在波斯文化中所具有的语境极有可能转移至摩尼的服饰表现中；而另一方面，科普特文本以及摩尼教对西亚的直接借鉴，也说明摩尼的服饰表现可能透过摩尼本人所在的浸洗派，从而受到基督教圣人及教职服饰在装饰结构上的某些特征的影响。与此同时，吐鲁番发现的一则帕提亚语摩尼文残片M5569所记载的摩尼教会历史也值得留意：

它是在这颗星星的支配下……在沙列瓦（Shahrevar）月四日，星期一，在胡齐斯坦省贝拉斐（Bēth Lāpāṭ）的最后时刻，这位光明之父，充满了力量，被带往了他自己的光明之家。在使徒殉难（帕提亚语：parniβrān；Parinirvāṇa）之后，导师乌兹（Uzzi）向全教会证明了他在士兵中所看到的一切。因为在那个星期六的晚上，他，乌兹，已经和光明的使徒留在那里了。他向整个教会传达了许多来自使徒的虔诚诫命。<u>光明使者殉道后，福音书，阿达罕</u>（ārdahang），衣服（padmōžan），和（手杖?）[被带到]……省，……西辛[末思信（Mār Sîsin），?—291或292]。[1]

这件传说中所谓摩尼的衣服早已不可考证，但显然，摩尼的服饰作为传法的标志之一，被带给了其继业者末思信。与此同时，从东地中海到西域其中历经数世纪的中间传承虽已难以考证，但来自装饰结构的高度相似仍在一定程度上支持着两方来源的可靠性。而摩尼的服饰在高昌回鹘及汉地的语境下也将引发新的互动。

四 从素衣到白衣：宋元织金锦与摩尼服饰装饰结构的转换

高昌回鹘到汉地的现存部分摩尼教绘画中可见摩尼服饰整体的基本结构，而在零星的文献中，摩尼僧众服饰也曾受到记述。吉田丰翻译收录的《摩尼教粟特语文书》（Ch/U 6879）中提到来自"焉耆緤布"（'rk-c'ny wš'yny）与"粟特緤布"（swγδ'ny wš'yny）被用于制作电那勿派摩尼教僧众的服饰，[2] 联系汉文文献中所提

---

[1] 帕提亚语原文转写及词汇对照英译参考玛丽·博伊斯（Mary Boyce）对于摩尼教文献的整理，https://titus.unifrankfurt.de/texte/etcs/iran/miran/manich/manreadc/manre.htm? manre014.htm，访问时间：2021年10月。

[2] 参考 [日] 吉田丰《粟特语摩尼教文献中所见10至11世纪的粟特与高昌关系》，《中山大学学报》（社会科学版）2017年第5期。

及的"安西牒""木鹿牒"等提法，而其产地可能来自焉耆与粟特的梅尔夫（Merv）地方，也不免让人联想到中亚摩尼教会与回鹘控制下的西域在当时仍来往密切。同时这类"牒布"与在诸多摩尼教账目文献中提及的"官布"［Quanpu；qunp(b)u］材质相似，皆为白色棉布。[1]这二者的关系在高昌 a 寺发现并作为官方文献的9—11世纪的回鹘文《摩尼教寺院文书》中也可窥见端倪：

> 东、西［城的］所有家园［都要缴］葡萄酒和租子（？）再用62单位的亚麻布去换粗布，用以给高僧制作衣服。[2]

与文书其他部分所反映出回鹘摩尼僧在饮食与用度上的奢侈做派不同，摩尼僧在服饰上反而更多使用素净的白布，乃至需将亚麻布进一步换为粗布以制作服饰。结合所现存摩尼教绘画残片不难发现，其中的摩尼僧除了较高规格法衣中具有的纹章与条带装饰外，在服饰用料与装饰上皆保持着衣面的素净。与此同时，在汉地文本对于摩尼及其教众的服饰的形容中，一个发生在词汇上的细微变化似乎也反映出了某些关键的服饰细节（见表1）。

表1	汉文文献中对摩尼教众服饰的记述			
"素衣"概念的相关文本		"白衣"概念的相关文本	
串以素帔，仿四净法身……	（唐）拂多诞《摩尼光佛教法仪略》[3]	（大历三年）敕回纥奉末尼者建大云光明寺。……（大历六年）回纥请于荆、扬、洪、越等州置大云光明寺，其徒白衣白冠	（南宋）志磐《佛祖统纪》[4]

---

[1] 官布一词最早由耿世民翻译为"课布"，此前多被视之为麻布或亚麻布，依照郑炳林的研究，其意义事实上包含棉布，敦煌文献可作证明。（参考郑炳林、杨富学《敦煌西域出土回鹘文文献所载 qunbu 与汉文文献所见官布研究》，《敦煌学辑刊》1997年第2期）部分文献中提到了这类在回鹘社会中被用于租税、抵押与寺院供养的"官布"，如同在 a 寺发现的另一则记载对寺院进行供奉的文书中提及"国王给主教的赠金是十匹官布"同时对摩尼教诸神皆有不同数量的"官布"供奉，而在其背面更提及"给了我们十张官布，给了其余的摩尼教社区九十张官布"等说法。

[2] 《摩尼教寺院文书》第23—25行，该文书中译最早由耿世民做出，但对原文的转写等处多有谬误（耿世民：《回鹘文摩尼教寺院文书初探》，《考古学报》1978年第4期），本文采用版本为杨富学参考森安孝夫意见所译版本，全文另有多处提及使用"官布"为僧人及杂役制作服饰的记载。见杨富学《回鹘摩尼教研究》，中国社会科学出版社，2016，第209页。

[3] 转引自林悟殊《摩尼教及其东渐》，中华书局，1987，第231页。

[4] 参考（南宋）志磐《佛祖统纪》卷四一，载［日］小野玄妙编《大正新修大藏经》，（台北）新文丰出版社，1975，第1330页。

续表

"素衣"概念的相关文本		"白衣"概念的相关文本	
右阿罗缓已上，并素冠服，唯耨沙喭一位，听仍旧服。……	（唐）拂多诞《摩尼光佛教法仪略》[1]	为首者紫帽宽衫（衫），妇人黑帽白服，称为明教会。所事佛衣白，引经中所谓白佛言世尊	（南宋）志磐《佛祖统纪》[2]
太宗幸灵武，纳降，立回鹘部落置瀚海都督。……其在京师也，堵祠云构，甲第棋布，栋宇轮奂，衣冠缟素，交利者风偃，挟邪者景附，其翎侯贵种，则被我文绩，带我金犀，悦和音，厌珍膳，蝎蠹上国，百有余年	（唐）李德裕《幽州纪圣功碑铭并序》[3]	明教尤盛。……其神号曰明使，又有肉佛、骨佛、血佛等号。白衣乌帽……	（南宋）陆游《条对状》[4]
林瞪，上万人。嘉佑间，闽县前津门火，郡人望空中有人衣素衣，手持铁扇扑灭，遂灭	（明）万历《福宁县志》卷十五《僧梵》[5]	其教曰明，衣尚白，朝拜日，夕拜月	（明）何乔远《闽书》[6]

通过上表可发现，自《摩尼光佛教法仪略》开始的所有提及摩尼僧服饰的相关文本中，对服饰的描绘方式正悄然改变。中唐至北宋前中期，回鹘仍有摩尼教活动，且同汉地不乏存在直接的贸易与朝贡交往。在这一时期的汉文文献中，无一不皆以"素"一字描绘摩尼僧所着服饰。这些描述可以进一步证明此时摩尼教的服饰在衣面表现上应为无装饰的素衣，以至于让李德裕想起汉地丧礼中所使用的"缟素"吉服。另外，文本在描述南宋之后的明教教众时则基本采用"白"字加以叙述，《佛祖统纪》对于为首者则出现了"紫帽宽衫"的说法。文本中暗示出的变化与对比在《福宁县志》对于"林瞪"的阐释中更为明显。县志中的林瞪同时身着两种类型的服饰，既有白净的"素衣，亦见"华彩的"象服"。杨富学关于林瞪的考证中，认为该作遗失自上万村，而画面第二层端坐摩尼两侧的选民与听者形象正好对应于修行与受敕封后的林瞪。[7] 虽然该论断尚显武断，但这些材料无疑凸显出摩尼服饰

---

[1] 转引自林悟殊《摩尼教及其东渐》，第 232 页。

[2] 参考（南宋）志磐《佛祖统纪》卷四八，载［日］小野玄妙编《大正新修大藏经》，第 1106 页。

[3] （唐）李德裕撰，傅璇琮、周建国校笺《李德裕文集校笺》卷二，河北教育出版社，2000，第 11 页。

[4] （宋）陆游：《渭南文集》卷五，中国书店出版社，1986，第 27 页。

[5] 明万历《福宁县志》卷一五，转引自陈进国、林鋆《明教的新发现——福建霞浦县摩尼教史迹辨析》，载李少文主编《不止于艺：中央美院"艺文课堂名家讲演录"》，北京大学出版社，2010，第 350 页。

[6] （明）何乔远编：《闽书》第一册，福建人民出版社，1994，第 172 页。

[7] 杨富学：《霞浦摩尼教研究》，中华书局，2020，第 119—124 页。

的装饰形式可能发生了变化。

三件江南宋元摩尼偶像乃至日本栖云寺所藏《夷数佛帧》中,对于服饰装饰的表现形式与回鹘摩尼教的神明表现间呈现出诸多不同。《冥王圣帧》中,身着法衣的摩尼在既有的纹章与卷草纹条带装饰的基础上,周身亦为描金的六瓣绣球纹所覆盖,同样描金的绣球纹样也出现在《夷数佛帧》中。与此同时,《夷数佛帧》周身六瓣绣球纹中穿插的大个团花纹样也与藤田美术馆藏《摩尼像》相类似。而在日藏《圣者传图》系列作为点景人物出现的摩尼形象中,两种纹样也同样有所表现。这些实例正可说明这种对摩尼教而言全新的装饰模式已经运用到各种类型的摩尼教神明描绘中。这类纹样同样可以在同时代的宗教绘画、墓葬壁画乃至实物中发现。同类型的绣球纹可见于内蒙古宝山二号辽墓《贵妇颂经图》中的贵妃服饰,亦见于元代永安寺水陆壁画《往古贤妇烈女众》的局部纹样,乃至14世纪高丽佛画《阿弥陀三尊像》的主尊衣纹(图14);而类似的织金团花纹样则与现藏北京故宫的元代红地龟背纹龙凤团花纹织金锦高度相似(图15)。

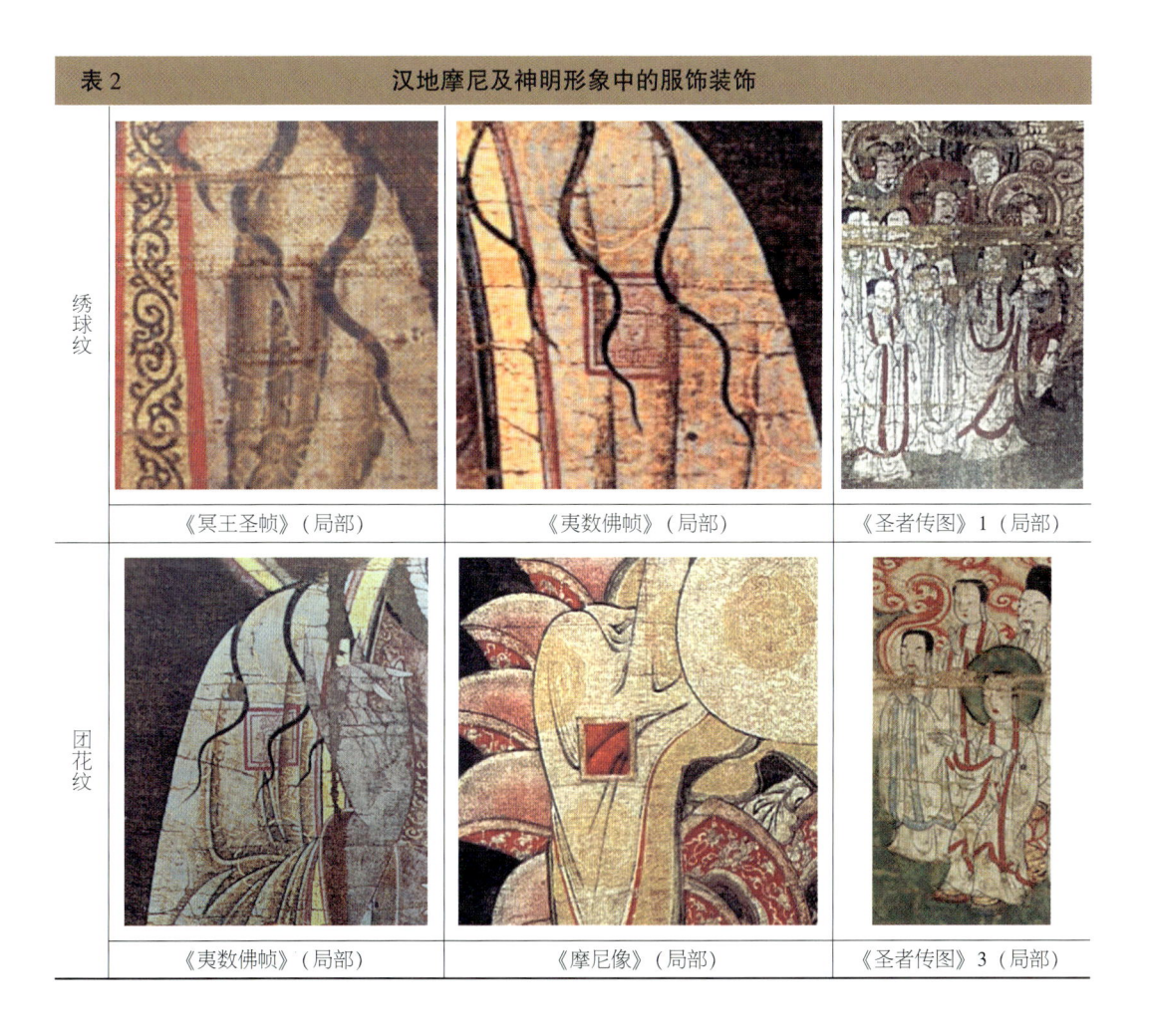

表2	汉地摩尼及神明形象中的服饰装饰		
绣球纹	《冥王圣帧》(局部)	《夷数佛帧》(局部)	《圣者传图》1(局部)
团花纹	《夷数佛帧》(局部)	《摩尼像》(局部)	《圣者传图》3(局部)

图14 高丽《阿弥陀三尊像》主尊衣纹（局部）　　图15 元代红地龟背纹龙凤团花纹织金锦（局部）
（故宫博物院藏）

　　除两种较为典型的纹样外，包含芝草云纹、火焰纹、菱格纹、钱文在内的纹样也出现在江南摩尼教绘画对于弟子、选民及听者的法袍外衣装饰中。[1] 就视觉效果而言，描金或以浅淡黄色勾勒的纹样富丽华美，同时这些纹样又仍统一在整体的白色中。当信众从远处观瞻绘画时，视觉感受仍以白色为主导，呈现出"白衣"的效果；而在近处时，白衣间细密的金色则会带给观者强烈的视觉冲击。

　　以金及黄色作为摩尼服饰的花纹装饰的做法，首先可能与高昌回鹘细密画传统的转化相关。高昌回鹘现存的摩尼教绘画中虽未在宗教人物的服饰中应用金色装饰，但在画面其余各处，用金装饰则十分普遍。西域艺术中的装饰用金与摩尼教崇奉光明的教义直接相关联，而为了适应中国的传教策略，对于"光明"的表达可能有所调整。另外，被认为回鹘所擅长并进一步流行于宋、金、元的织金锦也可能为摩尼教画师提供了实物资源。诚如《旧唐书》记载"回纥恃功，自乾元之

---

[1] 对于摩尼教服饰中的纹样辨识，古川摄一已在其此前研究中进行了初步的总结与讨论，详见［日］古川摄一《新出マニ教絵画試論——制作年代をめぐって》，《大和文华》2010 年第 121 期。［日］古川摄一《江南マニ教絵画の図様と表現——元代仏教絵画との関わりを中心に》，载［日］吉田丰、古川摄一《中国江南マニ教絵画研究》，第 196—237 页。

后，屡遣使以马和市缯帛，仍岁来市"[1]。唐时起，伴随着唐朝与回鹘的绢马互市，回鹘、粟特族属的摩尼教僧众便开始参与丝绸与织物贸易。[2] 中原王朝与回鹘多次的朝贡与回赐中，也常见摩尼僧参与织物交换。[3] 宋元之际，伴随回鹘内迁与同中原交往的深入，回鹘人学习中亚及汉地既有的织金技术并融会贯通，回鹘长于织金织物的印象更是深深根植于宋、金乃至元代人们的认知中，如宋人洪皓的《松漠纪闻》提及：

> 其（回鹘）在燕者皆久居业成，……织熟锦、熟绫、注丝、线罗等物。又以五色线织成袍，名曰"克丝"，甚华丽。又善撚金线别作一等，背织花树，用粉缴，经岁则不佳，唯以打换达靼。[4]

这段颇为详细的记述中，回鹘人长于各类织锦织金工艺，并将成品同鞑靼诸部相互交换贸易。该论述也并非孤例，孟元老《东京梦华录》中对京城宝津楼诸军百戏的回忆也提及"女童皆妙龄翘楚，结束如男子，短顶头巾，各色着杂色锦绣捻金丝番段窄袍……"[5] 及至南宋，范成大《揽辔录》更直言："民亦习胡久矣，嗜好与之俱化，最甚者衣装之类，其制尽为胡矣。……秦楼有胡妇，衣金缕鹅红大袖袍，金缕紫勒帛，掀帘吴语，云是宗室郡守家也。"[6] 金人张暐所著《大金集礼》中也将织金锦称为"捻金番缎"[7]。到了元代，《元史·镇海传》亦云："先时收天下童男女及工匠，置局宏州，既得西域织金绮工三百余户，及汴京织毛褐工三百户，皆分隶宏州，命镇海世掌焉。"[8] 这些对宋、金、元情状的记载皆可说明，织

---

[1] （后晋）刘昫等：《旧唐书》卷一九五《回纥传》，中华书局，1975，第5207页。

[2] 范文澜研究率先认为，回鹘接受摩尼教"很大原因是要奉摩尼教的胡商（九姓胡），帮着回鹘贵族对唐通商致富……"（范文澜：《中国通史》第四册，人民出版社，1978，第95页。）林悟殊亦认为回鹘经济有赖信仰摩尼教的粟特人发展。（林悟殊：《回鹘奉摩尼教的社会历史根源》，《世界宗教研究》1984年第1期。）关于回鹘对于丝路织物贸易的参与以及摩尼僧在其中可能扮演的角色，杨富学已有充分研究。参考杨富学、安语梵《唐回鹘绢马互市实质解诂》，《石河子大学学报》（哲学社会科学版）2020年第4期。路虹、杨富学《敦煌文献所见沙州与周边回鹘的商品贸易》，《中原文化研究》2021年第3期。

[3] 如《宋史》谈及于阗朝贡时言："于阗国建隆二年（961）十二月，本国摩尼师贡琉璃瓶二，胡锦一段。"[参考（元）脱脱等《宋史》卷四九〇《外国传》，中华书局，1977，第14106页。] 回赐的案例如："晋天福三年（938）回鹘朝贡使都督翟全福，并肃州、甘州专使僧等归本国，赐鞍马、银器、缯帛有差。"（北宋）王钦若等《册府元龟》卷九七六《外臣部》，中华书局，1960，第11470页。

[4] （宋）洪皓撰，翟立伟标注：《松漠纪闻》，吉林文史出版社，1986，第15—16页。

[5] （宋）孟元老撰，吴自牧、王旭光校注：《东京梦华录·梦粱录》卷七，江苏凤凰文艺出版社，2019，第51页。

[6] （宋）范成大：《揽辔录》，（清）鲍廷博编《知不足斋丛书》本，第6—9页。

[7] 转引自沈从文《野人献曝：沈从文的文物世界》，北京出版社，2005，第66页。

[8] （明）宋濂等：《元史》卷一二〇《镇海传》，中华书局，1976，第2964页。

金锦的技术在此时中原各方人们的文化记忆中长久地与回鹘相关联，而后者是织金锦缎在东西双向的丝绸之路上的朝贡与贸易中最为重要的中转者。元廷所设立专事织金锦局中，亦有两处以回鹘夏都冠名的"别失八里局"，它们无不证明着织金锦在宋元时与回鹘紧密的记忆联系。[1]

除了来自回鹘文化记忆外，我们也需注意织金锦缎虽多为宋及元代的统治者视作奢靡织物而缕缕禁断，佛画却不在其列，如《元典章》中规定：

> 佛像、佛经许用金外，其余诸人并不得于造到一切上费用下项金课妆饰：镀金、呀金、扳金、泥金、缕金、捻金、抢金、圈金、贴金、裹金、嵌金。[2]

这一记载从侧面证明当时诸多的"金课妆饰"于佛教金像上并无限制。相比日常织物，佛画所能采用的技法明显更丰。而在元时，江浙一带也同西域一道成为织金锦的重要产地。"南京、镇江、苏州皆恃商工为活，产丝甚饶，织造数种织金锦、丝绢和其他织物，杭州居民更是'浑身绫罗，遍体锦绣。'"[3] 文献所载的江南诸地同样为宋元时期制作遍身织金装饰并出口至高丽和日本的佛画地区。江南画坊的底层画工在藩篱之外的佛画领域中将当地熟识的技术加诸来自回鹘、与佛道相互杂糅的"蕃佛"之上，这也就使汉地摩尼教服饰装饰变得有迹可循。

基于以上分析可以发现围绕汉地摩尼及其教众服饰与装饰表现的互动关系。作为宋元时期织金锦重要来源之一的回鹘，在其长期以摩尼教为国教的历程中恰恰并未使用该技术作为其宗教服饰的装饰，而在其流入汉地之后，原有的禁忌却逐渐土崩瓦解，适应于唐代已经存在并在宋元佛画中广泛风行的织金装饰手法。佐以汉地工匠以及民众对于回鹘与织金锦相互关联的文化记忆，本为素衣的摩尼服饰在织金锦缎制作的又一重地江南得以通过佛画的装饰形式以全新的方式遍身金彩，从原本的"素衣"走向"白衣"乃至"金衣"，衍生出新的装饰模式。

结　语

摩尼及其教众的服饰作为摩尼教东传阶段中辨识摩尼教特征的重要因素，展现出摩尼教在自波斯近东到汉地东传历程中跨文化传播充满"渐进"与"渗透"的独特面貌。摩尼及其教众结合圆领衫与法服外袍的整体搭配可能与回鹘民族服饰的

---

[1] 关于纳石失锦的相关讨论参考尚刚《纳石失在中国》，《东南文化》2003 年第 8 期。

[2] （元）佚名撰，陈高华、张帆、刘晓、党宝海点校：《元典章》卷五八《杂造·禁治诸色销金》，天津古籍出版社，中华书局，2011，第 1971 页。

[3] ［意］马可·波罗著，鲁思梯谦、陈开俊译：《马可波罗游记》，福建科技出版社，1981，第 178 页。

穿搭习惯相关，而摩尼教法服的服饰结构因素则呈现出波斯及琐罗亚斯德教的服饰特征与罗马流行套头外衣丘尼克的复合，其白衣及装饰的意义可能在当时即已建构，并在其宗教东传及至回鹘的过程中，保持了装饰结构与选材用料的稳定性。

而伴随摩尼教传入汉地并在宋元之际以民间宗教的面貌蓬勃发展于江南地区，包含摩尼在内重要人物的装饰方式与结构发生了置换。在文献针对摩尼教众的服饰描述及江南摩尼教绘画的图像表达中，佛化的摩尼由原本在衣面表现上装饰寥寥的"衣冠缟素"，转变为"白衣"乃至布满织金装饰的"神衣象服"。这一转变可能基于宋元以来佛画用金传统，摩尼教（明教）对光明的理解方式的转换以及彼时关于回鹘长于织金锦的文化记忆于宋元之际跨地域的文化互动。在打破高昌回鹘"素衣"传统的同时，这一转变进一步消解了原有由纹章与饰带构成的装饰结构，也使原本独特的服饰表现泯然于佛道人物更为常见的织金服饰间。

从崇敬到蔑视
——从瓷器看17—18世纪欧洲对"中国"认知的转变*

■ 罗元胜（比利时鲁汶大学建筑系，雷蒙·勒迈尔国际遗产保护中心）

引言：作为欧洲认知中国之载体的瓷器

在1662年的一幅静物画中，画家威廉·卡尔夫（Willem Kalf, 1619—1693）通过其绘制的一件精美的中国瓷器（图1），展示了他对瓷器材质和光学特性的深刻理解。作为17世纪荷兰黄金时代最杰出的静物画家之一，尽管卡尔夫可能对瓷器上的图像并不了解，但他意识到此乃一件域外古物。[1] 受限于当时欧洲对瓷器的有限认识，他很可能将光泽细腻的瓷器和画中由鸵鸟蛋制成的鹦鹉螺高脚杯等自然物相提并论。可见，瓷器集轻薄和坚硬于一身的特质赢得了欧洲人的赞誉，亦使早期现代的欧洲人对"中国科技和匠人"充满敬畏。从数量上看，瓷器是17—18世纪欧洲最重要的中国产品，以至于其在字面上与"中国"同形。早在南宋时期，中国瓷器就开始大规模出口。[2] 在17世纪和18世纪，它成为东印度公司货船中最受欢迎的货物之一。到18世纪末，至少有7000万件瓷器通过海运销往欧洲。[3] 而对瓷器之谜的探索和求解过程无疑影响了欧洲学术的各个方面，也影响着欧洲人对中国的认知。

---

* 本成果得到国家留学基金（CSC）资助，项目名称：国家建设高水平大学公派研究生项目，项目编号：202106260024。

1 Sebastiaan Ostkamp, "Krekels, Kikkers En Een Lang En Voorspoedig Leven: De Boeddhistisch-Taoïstische Belevingswereld in de Huiskamer van de Vroegmoderne Republiek", *Vormen uit Vuur* 212/213（2011）: pp. 2–31.

2 Marie-France Dupoizat, "The Ceramic Cargo of a Song Dynasty Junk Found in the Philippines and Its Significance in the China-South East Asia Trade", in *South East Asia & China: Art, Interaction and Commerce*, ed. Rosemary Scott and John Guy（London: University of London, School of Oriental and African Studies, 1995）, pp. 205–224.

3 Robert Finlay, "The Pilgrim Art: The Culture of Porcelain in World History", *Journal of World History*, Vol. 9, No. 2（1998）: 141–187.

图 1 威廉·卡尔夫的静物画

(1662,油画,79.4cm×67.3 cm,马德里提森·博内米萨博物馆藏)

已有许多西方学者探讨过早期现代欧洲人如何通过中国物质文化来定义自我的问题,而对如何以之来定义他者甚至认知他者的问题关注较少;国内近年来亦十分关注"中国热"之于世界的影响，但鲜有学者以之反思欧洲人对中国认知的转变及其背后的原因。[1] 经济史学家关注工艺、技术和进口替代等问题，认为中国外销瓷贸易为英国工业革命奠定了重要基础。[2] 文化史学家强调了瓷器收藏、品味和社会地位的关系。[3] 这与后来风靡欧洲的中国风（chinoiserie）密切相关。[4] 除了中国风瓷器对真实的"中国"身份所做的故意模糊外，[5] 人类学家阿琼·阿帕杜拉（Arjun Appadurai）认为，中国风瓷器的消费也促进了个人身份和个性的表达。[6] 柯律格也指出，中国南方地区的收藏和鉴赏活动到16世纪中期已成为"一种维持精英身份的核心消费形式"[7]。著名技术史学家迈克尔·阿达斯（Michael Adas）则指出，"科学技术在十八世纪中期欧洲对中国和印度的认知中发挥了重要的、甚至是主导的作用"[8]。他认为早期现代欧洲对其先进科技，而非种族观念的认识，是欧洲试图将自身定义为现代，而将亚洲定义为落后与静态[9]的西方中心论

---

[1] 不仅是西方学者，欧洲的"中国热"现象也逐渐引发了国内学者的兴趣。但现有的成果大多强调中国物质文化对西方的重要影响，代表性的学者有：李军、孙晶、郑永松等。见孙晶《青花里的中国风：17世纪荷兰代尔夫特陶器的模仿与本土化之路》，《清华大学学报》（哲学社会科学版）2019年第2期；李军《跨文化美术史》系列；郑永松《从物之图像到物之话语：17世纪至19世纪"中国白"图像的全球传播》，《美术》2022年第12期。另有学者以瓷器视角揭示了18世纪末英国对中国的祛魅和消极看法，但未得及更深入地探讨其背后的原因和态度转变的过程性。见侯铁军《中国的瓷器化——瓷器与18世纪英国的中国观》，《外国文学研究》2017年第2期。亦有以印刷文化视角解读19世纪西方人对中国认知转变的研究，见罗元胜《印刷物中的氛围转向：从万唐人物展看中国风观念的转变》，《美术大观》2023年第4期。

[2] Maxine Berg, "In Pursuit of Luxury: Global History and British Consumer Goods in the Eighteenth Century", *Past & Present*, Vol. 182, No. 1 (2004): 85–142.

[3] 此议题文献众多，较有代表性的有：1）Anne Elizabeth Conger McCants, "Exotic Goods, Popular Consumption, and the Standard of Living: Thinking about Globalization in the Early Modern World", *Journal of World History*, Vol. 18, No. 4 (2007): 433–462. 2）Maxine Berg and Helen Clifford, eds., *Consumers and Luxury: Consumer Culture in Europe 1650–1850* (Manchester: Manchester University Press, 1999) . 3）Maxine Berg and Elizabeth Eger, eds., *Luxury in the Eighteenth Century: Debates, Desires and Delectable Goods* (London: Palgrave Macmillan, 2002).

[4] 中国风研究的经典著作有：1）Hugh Honour, *Chinoiserie: The Vision of Cathay* (London: John Murray, 1961).
2）Oliver R Impey, *Chinoiserie: The Impact of Oriental Styles on Western Art and Decoration* (London: Oxford University Press, 1977).

[5] 大卫·波特指出，18世纪中国风艺术中的幻想无实质内容，也无对物质文化的渴望。David Porter, *Ideographia: The Chinese Cipher in Early Modern Europe* (Stanford, Calif.: Stanford University Press, 2001), p. 135.

[6] Arjun Appadurai, "Introduction: Commodities and the Politics of Value", in *The Social Life of Things: Commodities in Cultural Perspective*, ed. Arjun Appadurai (Cambridge: Cambridge University Press, 1986), p. 38.

[7] Craig Clunas, *Superfluous Things: Material Culture and Social Status in Early Modern China* (Cambridge: Polity Press, 1991), p. 108.

[8] Michael Adas, *Machines as the Measure of Men: Science, Technology, and Ideologies of Western Dominance* (Ithaca: Cornell University Press, 1989), p. 3.

[9] 关于在科学技术角度将中国定义为落后的，见 Rose Kerr and Nigel Wood, eds., *Science and Civilisation in China*, Vol. 5, Part 12. *Ceramic Technology* (Cambridge: Cambridge University Press, 2004), pp. 1–23.

的主要原因。[1] 然而，以技术视角来建立欧洲中心论的方法在 19 世纪更为适用，正如罗伯特·马克利（Robert Markley）所言，此处隐藏着将"19 世纪殖民主义的预设条件回溯到 16 世纪"并进而促成当时的"中国中心论"的危险。[2] 在安德烈·冈德·弗兰克（Andre Gunder Frank）的 1800 年前"中国中心主义"体系里中，[3] 中国瓷器业在 18 世纪前一直领先于欧洲，是 19 世纪以来"技术欧洲中心论"的反例，故本文认为瓷器是欧洲对中国认知转变的重要载体。

本文主要依据 17 世纪至 18 世纪末欧洲著名旅行家的记载。从马可·波罗到 19 世纪的旅行家、传教士和商人的记述是欧洲人了解非西方民族的主要来源，其中关于中国的记载常以多语种在欧洲广泛传播，也因而成为早期现代欧洲关于"他者"的表述及其在欧洲流传和转变的重要载体。其中暗含着大量瓷器及其生产者之间联系的观念性转变。这些记述的动机虽各不相同，但均对欧洲人构建其想象的中国做出了贡献。早期旅行家几乎对中国的一切感到震惊，认为中国人的手工艺和文明是非凡的。[4] 到了 17 世纪中期，葡萄牙耶稣会士谢务禄（Alvarus de Semedo，1585—1658，又名曾德昭）和荷兰旅行家纽霍夫（Joan Nieuhof，1618—1672）等人注意到瓷器的商业潜力，而对其工艺关注较少。数年后，荷兰作家达佩尔（Olfert Dapper，1636—1689）和法国耶稣会士李明（Louis-Daniel le Comte，1655—1728）就在材料和工艺等方面丰富了瓷器的知识，对欧洲认识中国物质文化做出了重大贡献。对瓷器知识的探索与传播使欧洲对神秘的中国也逐渐祛魅。李明就曾将中国人视为"发明的小人物"，殷弘绪（François-Xavier d'Entrecolles，1664—1741）认为他们是"在有辱人格的条件下工作的奴仆"。到 18 世纪末，欧洲开始将自产的瓷器与中国瓷器相较量，当马戛尔尼使团骄傲地向大清展示英国制造的瓷器时，欧洲人对瓷器和中国的态度转变成了蔑视。

---

1 Michael Adas, *Machines as the Measure of Men: Science, Technology, and Ideologies of Western Dominance*, p. 9.

2 Robert Markley, *The Far East and the English Imagination*, 1600-1730 (Cambridge, Uk; New York: Cambridge University Press, 2006), pp. 1-9. 另见 David Porter, *The Chinese Taste in Eighteenth-Century England* (Cambridge: Cambridge University Press, 2010), pp. 5-6.

3 参见 Andre Gunder Frank, *ReOrient: Global Economy in the Asian Age* (Berkeley: University of California Press, 1997).

4 本文提到的旅行家虽均非瓷器专家，但大多数人都受过很好的科学训练。因此他们的眼光足以代表欧洲当时受过良好教育的人。见 Michael Adas, *Machines as the Measure of Men: Science, Technology, and Ideologies of Western Dominance*, pp. 57-58.

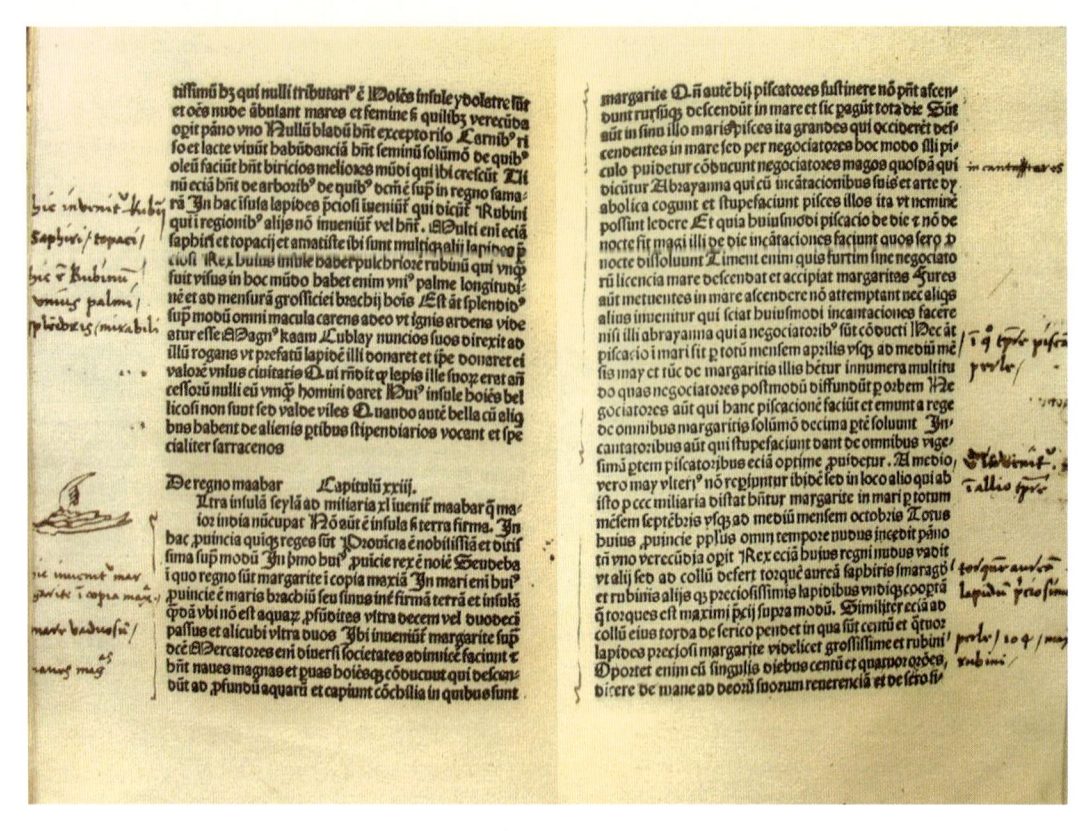

图 2　哥伦布注释版马可·波罗游记

[1484 年，塞维利亚国会和哥伦比亚图书馆（Biblioteca Capitular y Colombina de Sevilla）藏]

一　瓷器之谜的记录：
对中国的崇敬

在鲁不鲁乞（Guillaume de Rubrouck，1220—1293）于 1255 年从大蒙古国返回后，他立即向路易九世呈上了自己的长篇报告。他注意到中国人（Cataia）[1] 使用纸币并用毛笔写字，"几个笔划才能组成一个字"[2]。他惊叹于蒙古人拥有的大量白银，并描述了"一座拥有金银城墙"的城市。鲁不鲁乞称这些人为"丝绸

1　在英文中，契丹（Cathay）一词通常在诗文中用以指代中国。直到 19 世纪，才完全被中国（China）一词取代。见 The Editors of Encyclopaedia Britannica，"Cathay | Medieval Region，China"，in *Encyclopædia Britannica*，2019，https：//www.britannica.com/place/Cathay-medieval-region-China.

2　Guillaume de Rubrouck，*The Mission of Friar William of Rubruck：His Journey to the Court of the Great Khan Möngke*，1253-1255，trans. Peter Jackson（London：The Hakluyt Society，1990），p. 203.

人",他们是"熟练掌握各类技能并生产最上乘的丝绸"[1]。虽然该报告未引起广泛关注,但另一位旅行家马可·波罗在1271—1295年间于元朝的见闻录在14世纪之交出版后轰动了欧洲。萨克斯·班尼斯特(Saxe Bannister,1790—1877)曾评价:"波罗和约翰·曼德维尔爵士(Sir John Mandeville,1300—1371)的记述比当时除了《圣经》之外的任何其他书籍都更受欢迎。"[2] 1496年,哥伦布得到了一本波罗游记,并在空白处标注了关于香料、宝石、丝绸、生姜、珍珠和其他商品的内容,显然他最初被中国的物质文化而非地理发现所吸引(图2)。[3] 但波罗所描述的瓷器在当时的欧洲依然是神秘未知的。他写道:"制作瓷器的黏土被堆成巨大的土堆,在风、雨和阳光下静置三四十年,以泽被后代。"[4] 该论述将中国的物质文化与中国人联系起来,塑造了一个耐心、深谋远虑的民族,而这成了17世纪末前欧洲人对中国的普遍认知。自波罗以后,瓷器生产所需年限的传闻从40—100年稳步增长,尽管也引发过质疑。[5] 但该观念一直持续到18世纪初,当时约翰·贝尔(John Bell,1691—1780)仍在努力验证该观念:"粘土必须经过一个世纪的沉积,方可使用。"[6] 而这种"黏土"本身对很多人而言亦是未解之谜。葡萄牙多米尼加人加斯帕·达·克鲁斯(Gaspar da Cruz,1520—1570),在1569年写道:"未曾到过中国的葡萄牙人对瓷器材料的看法很多,有人说是牡蛎壳,有人说是腐烂的粪便。"[7] 托马斯·布朗(Thomas Browne,1605—1682)爵士亦试图在1646年破解瓷器的秘密,但他常困惑于"其来源不仅是多样的,亦是相反的,记录者们对此从未有过共识"[8]。

---

1 Willem van Ruysbroeck, *The Mission of Friar William of Rubruck: His Journey to the Court of the Great Khan Möngke, 1253-1255*, trans. Peter Jackson (London: The Hakluyt Society, 1990), pp. 161-162.

2 Froger François, *A Journal of the First French Embassy to China, 1698-1700*, trans. Saxe Bannister (London: Thomas Cautley Newby, 1859), p. xcix.

3 Felipe Fernández-Armesto, *Columbus* (Oxford: Oxford University Press, 1991), pp. 38-39.

4 Marco Polo, *The Travels of Marco Polo*, trans. Ronald Latham (Harmondsworth: Penguin Books, 1958), p. 238.

5 1586年,奥斯定会西班牙传教士胡安·冈萨雷斯·德·门多萨(Juan González de Mendoza,1545—1618)如是驳斥了该观点:"若那是真的,他们就不可能在一个帝国中制造那么多[瓷器],并外销到葡萄牙、秘鲁、新西班牙(Nova Espania)和世界其他地方。"见Juan González de Mendoza, *The Historie of the Great and Mightie Kingdome of China, and the Situation Thereof: Together with the Great Riches, Huge Cities, Politike Gouernment, and Rare Inuentions in the Same*, trans. Robert Parke (London: Edward White, 1588), pp. 22-23.

6 见 John Bell, *A Journey from St. Petersburg to Pekin, 1719-1722*, trans. John Lynn Stevenson (Edinburgh: Edinburgh University Press, 1965), p. 160.

7 Charles Ralph Boxer, ed., *South China in the Sixteenth Century* (London: Hakluyt Society, 1953), pp. 126-127.

8 Thomas Browne, *Sir Thomas Browne's Pseudodoxia Epidemica* (Oxford: Clarendon Press, 1981), pp. 135-136.

图3 谢务禄像

(《大中国志》卷首插图,1655年,London: Printed by E. Tyler for I. Crook)

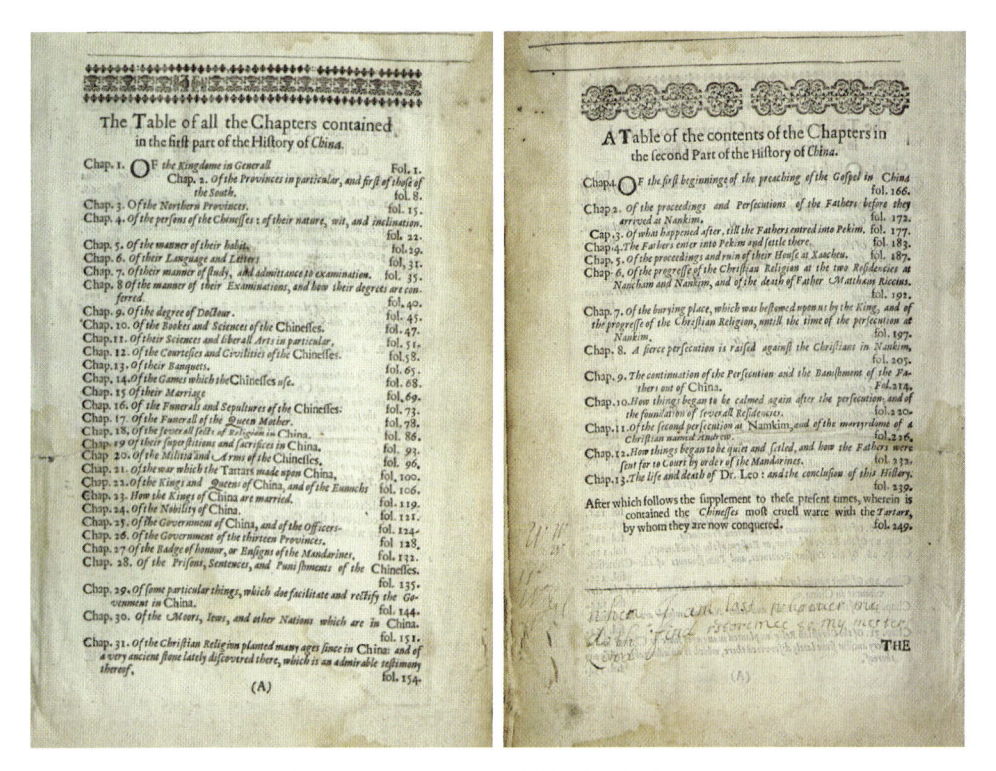

图4 《大中国志》第一部分和第二部分目录

(1655年，London：Printed by E. Tyler for I. Crook)

当利玛窦观察到"无论从材料抑或其薄而硬的特征来看，在欧洲都没有类似的产品"时，其读者已对瓷器相当熟悉，但对其生产方法仍模糊不清。瓷器从中国被运往欧洲各地，据利玛窦称，它们"被在宴会上欣赏优雅而非浮夸的人所珍视"。他还惊讶于瓷器可以"承受滚烫的食物而不开裂，甚至若将其打碎并用铜丝缝合，它能容纳液体而不漏水"[1]。西班牙多米尼加修士多明戈·纳瓦雷特（Domingo Navarrete，1618—1686）也夸奖中国人聪明、懂礼节。他在描述那些陶器修补匠时说，"他们将瓷器碎片用铜针钉起来，很结实，几乎看不出裂缝"[2]。这些早期欧洲观察家对中国瓷器质量的惊叹，与其对瓷器生产者技能的评论是相应的。西班牙奥古斯丁会的马丁·德·拉达（Martin de Rada，1533—1578）于1575年率团从菲律宾来到中国，他称中国人是伟大的匠人，他们如此勤奋地为我们提供其

---

[1] Matteo Ricci, *China in the 16th Century：The Journals of Matthew Ricci, 1583-1610*, trans. Louis J Gallagher (New York：Random House, 1953), pp. 14-15.

[2] Domingo Fernández Navarrete, *The Travels and Controversies of Friar Domingo Navarrete, 1618-1686*, ed. J. S Cummins (Cambridge：Cambridge University Press, 1962), p. 155.

令人惊叹的作品，他们在这方面是最灵巧的。[1] 达·克鲁斯同样指出，"通常而言，中国人的手非常灵巧，他们在各领域都有许多发明"[2]。"令人惊叹"和"灵巧"等评价使中国的物质文化和中国人产生连接，对物和对人的评价相互映射。

从 17 世纪中期开始，以葡萄牙耶稣会士谢务禄为代表的欧洲人的关注点开始转移。谢首次到访明朝期间就在南京学习汉语，后因故被监禁。又被驱逐到广州并于 1620 年离开，在杭州和江西生活了数年，直到 1637 年才回到欧洲。1644 年，当他第二次前往中国时，明朝已变成清帝国。由于谢与明朝统治者的关系，他被二次监禁。但这次他得到友人汤若望（Johann Adam Schall von Bell，1591—1666）的解救。获释后，他回到广州，并于 1658 年在那里去世。[3] 他在两次入狱的间隙写下了《大中国志》（The History of that Great and Renowned Monarchy of China，1641），[4] 其中涵盖了中国的政治、经济、科学、贸易和商品等等（图 3、图 4）。帝国的商品给谢留下了深刻的印象："难以置信，那里人口众多，商品琳琅满目，人流熙熙攘攘，从不间断。"在澳门，他注意到"当地人和陌生人"带来了各种商品，葡萄牙人从这里带走了数千箱丝绸、麝香、糖和瓷器到印度、日本和马尼拉。他在描述各省时指出，"福建以黄金、糖、帆布、亚麻布和纸张而闻名"。而南京的产品是"王朝中最好的"之一，其他产地的商品完全无法与之媲美，所有人都努力将其商品说成是"南京的"，以便为其争取最好的价格。北方省份比南方更干燥也更贫穷，但谢对细山羊毛制成的毛毡、香水中的麝香以及无处不在的石炭感到震惊，"此处拥有最丰富的炭矿资源"[5]。

瓷器也是其对各省商品概述的一部分，他谈到江西以瓷器（Porcellane）闻名，景德镇是世上唯一生产瓷器的地方，"故全国所使用的和散布在全世界的瓷器

1　Charles Ralph Boxer, ed., *South China in the Sixteenth Century*, pp. 284-285.

2　Charles Ralph Boxer, ed., *South China in the Sixteenth Century*, p. 146.

3　Luther Carrington Goodrich, ed., *Dictionary of Ming Biography, 1368-1644* (New York: Columbia University Press, 1976), pp. 1157-1159. 另见 George Harold Dunne, *Generations of Giants: The Story of the Jesuits in China in the Last Decades of the Ming Dynasty* (Notre Dame: University of Notre Dame Press, 1962), pp. 128-146.

4　谢务禄的游记最初以葡萄牙语写成，即 *Relação da propagação da fé no reyno da China e outros adjacentes* (Madrid, 1641)，该文本于 1642 年修订，随后译成英文，见 Alvaro Semedo, *The History of That Great and Renowned Monarchy of China: Wherein All the Particular Provinces Are Accurately Described, as Also the Dispositions, Manners, Learning, Lawes, Militia, Government, and Religion of the People, Together with the Traffick and Commodities of That Countrey* (London: John Crook, 1655). 另外，1998 年何高济翻译了该文本的中文版，见［葡萄牙］曾德昭著，何高济译《大中国志》，上海古籍出版社，1998。

5　Alvaro Semedo, *The History of That Great and Renowned Monarchy of China: Wherein All the Particular Provinces Are Accurately Described, as Also the Dispositions, Manners, Learning, Lawes, Militia, Government, and Religion of the People, Together with the Traffick and Commodities of That Countrey*, Semedo, p. 11; pp. 8-9; p. 9; p. 14; p. 20.

均出自此处"。很少有商品能在全世界进行交易,而能获得如此惊人利润的产品更不多见。"他们每年两次在国内把瓷器从一个省运到其他省,可获利30%。"但关键的是,谢开始为欧洲人揭开瓷器的神秘面纱,揭示了中国和欧洲的瓷器其实存在相似之处:"无论是材质、形式还是工作方式,都没有欧洲所传的那般神秘;其制作时间和方式与我们的陶器相同,只不过工匠更勤奋、做工更精良。"谢也将瓷器的制作映射到其工匠身上:"他们在许多方面的发明使其显得绝不低于我们,而是在许多方面更胜一筹";他们是"能工巧匠",亦有成为商人的"自然倾向",制造业足以显示中国的文明程度。故瓷器及其制造者的名誉和对中国文明的钦佩共同塑造了谢笔下的中国人形象:身兼能工巧匠和守信的商人。"商人们信用很好、很准时。其贸易多年来无任何欺诈行为。"总之,谢认为中国人的才能令人钦佩,并认为即便"欧洲人比亚洲人勇敢"但"亚洲人在才智上更胜一筹"[1]。

约翰·纽霍夫是18世纪前为数不多的非耶稣会传教士但影响广泛的中国记录者。其插图游记《荷使初访中国记》(*Het gezantschap der Neêrlandtsche Oost-Indische Compagnie, aan den grooten Tartarischen Cham*, 1665)不仅记录了中国的"城乡、政府、科学、手工业、风俗、宗教、建筑、服装、船只、山脉、农作物和动物",还记载了许多"新事物":用鸟捕鱼的渔民、向蝗虫挥舞旗帜的农民和"祈雨者"等等(图5)。[2]它充分肯定了中国人的聪明才智。纽霍夫记录的城镇大多充满商业活力,有些临近重要河流,有些则在造船或粘土等行业具有优势。虽然商业是他出行的首要目的,但物质文化也贯穿于其整个记述:盛放食物和酒的瓷器、25英尺高的墙壁上的瓷片、覆盖在寺庙上的绿釉瓦片以及用来建造南京大报恩寺琉璃宝塔(原文未明示这座塔的正式名称)的绿色、黄色和红色的瓷片(图6)。纽霍夫和前辈一样将其对瓷器的认识映射到人身上。而且,纽霍夫在描述中加入了商人视角。他着重介绍了瓷器贸易的最佳地点:吴城镇位于鄱阳湖边,赣江口,离瓷器生产地和南下广东、北上南京和北京的交通要道都很近。而后才谈到瓷器"出类拔萃,无与伦比"的质量,以及匠人工艺的高超。纽霍夫未能亲自访问景德镇,故瓷器生产对他而言仍是个谜:"这门奇特的科学只传给他们的亲戚。但瓷器生意是一个极好的商机。"

1　Alvaro Semedo, *The History of That Great and Renowned Monarchy of China: Wherein All the Particular Provinces Are Accurately Described, as Also the Dispositions, Manners, Learning, Lawes, Militia, Government, and Religion of the People, Together with the Traffick and Commodities of That Countrey*, p. 12; p. 23; p. 12; Epistle to the Reader "部分"; pp. 27-28; p. 24.

2　Johannes Nieuhof, *Johan Nieuhofs Beelden van Een Chinareis, 1655-1657*, ed. Léonard Blussé and Reindert Falkenburg (Middelburg: Stichting VOC Publicaties, 1987), p. 44; p. 45; pp. 35-48; pp. 33-43; pp. 40-41.

Tartarſchen Cham, of Keizer van Sina. 105

STRAET VAN NANKING.

De ſtad pronkt en praalt ook, boven al andre ſteden, met veele heerlijke Pagoden, Torens, kunſtigh-geboude Triumf-poorten, en menigte van uitſteekende Burgerlijke gebouwen. Maar boven al andere gebouwen, muntte eertijts hier uit het Keizerlijke Hof of Paleis, daar in voor dezen de Sineeſche Keizers met geen minder ſtaaci en pracht Hof plachten te houden; gelijk dat naderhant van hen, en nu tegenwoordigh van den Grooten *Cham* te *Peking* gehouden wort. Dit Paleis lag aan de Zuid-zijde der ſtad, in een vierkante vorm beſlooten, binnen het beſtek of begrip van een muur, die tegenwoordigh het grootſte en voornaamſte deel der ſtad omvangt. Ieder zijde van den vierkanten omtrek, daar in dit Hof beſlooten lag, had de lengte van een Italiaanſch mijl en hondert ſchreeden, of drie derde-deelen van een gemeen duitſch mijl. En zo veel ik zelfs uitterlijk aan de vervalle muren en puin-hoopen bemerken, en van d'Inwoonders aldaar verneemen kon, was dit Hof, met zijn toebehoren, ontrent zo groot geweeſt als de ſtad Haarlem in Holland. Op de binnenſte plaats vertoonde zich noch een breede wandel-weg, die 't gansche vierkant kruis-gewijze doorsneed, en

Oude Keizerlijk Hof.

met een vlakken vloer van grauwen Arduin-ſteen beleid was. Ter wederzijde zagh men noch ſlecht richelwerk van gehouwen ſteen, dat ontrent drie voeten hoogh was opgehaalt, en met een kleen beekje bewatert wiert. De Tarters hadden zich na de zijde van zekre Pagode *Paolinxi* gelegert, en aldaar meenighte van ſlechte hutjes van d' afgeſmete puin-hoopen tot hunne woon-plaatzen opgerecht en gebout, latende de Sinezen in de ſtad woonen, om hunnen handel te drijven. Als wy in d'afreize van *Peking* hier weder aanquamen, nam ik, gelijk ook verſcheiden andre van onze reisgenoten deden, een ſtuk van 't puin der daken met my, dat ik niet alleen op Batavie, maar ook in Hollant bracht, om te toonen van welk een onvergankelijke ſtoffe dit Hof geſticht was. De ſtukken van deze daken of de pannen, was een harde zoort van ſteen, die met draken bezet, en gout-geele verruw overſtreken waren; zulks de zelve in de Zon als gout blonken en glinſterden.

Boven de poort van het tweede plein van dit Paleis, zagh ik een zeer grooten Klok hangen, die ontrent de hoogte van twee mans lengte, in zijnen omtrek drie vademen en een half, en in de dikte ruim een vierendeel van een

Sineeſche Klok.

O

图 5　南京城街景
(《荷使初访中国记》，1665，第 105 页)

图6 南京大报恩寺琉璃宝塔
（来源于《荷使初访中国记》，1665，pp. 109-110 间插图页）

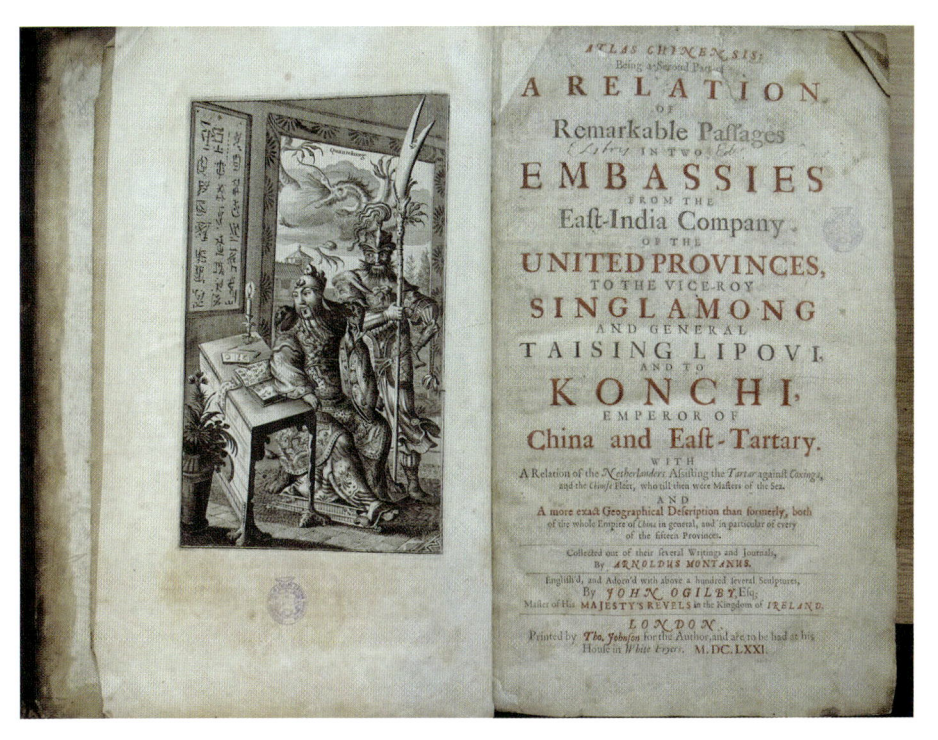

图7 《中国图集》（*Atlas Chinensis*）
［英文版卷首插图和卷首页（1671）］

二 瓷器原理的探索：对中国的祛魅

17世纪的欧洲人开始有更多机会了解中国物质文化及其生产和使用的背景，并将中国瓷器与其在欧洲的生产实践相联系。瓷器仍塑造着欧洲人对中国的认知，但对它的记述已不再单纯表达惊讶，而是开始关注工艺并将其与欧洲工艺相联系。对陶瓷蓝色染料的记述体现了欧洲对中国瓷器认知的转变。1671年的《中国图集》（Atlas Chinensis）中记载瓷器的蓝色来源于南方各省的某种杂草（weed）。此书是由约翰·奥格尔比（John Ogilby，1600—1676）从荷兰作家奥尔弗特·达佩尔1670年的荷语版翻译而来（图7）。[1] 奥格尔比善于经商但显然对植物学知晓不深。weed在英文中通指杂草，但在16世纪和17世纪的荷语中通常特指菘蓝（Isatis tinctora），在欧洲被广泛用于提取衣物所需的蓝色染料。[2] 达佩尔将中国语境中对蓝色的描述与他对欧洲衣物染色的理解相关联，将其描述为一种蓝色的土或矿物，可用来染衣物。而奥格尔比的描述更让人迷惑，称其为"某种蓝色的土或矿物，用以提炼制作棉布所需的淀粉"[3]。该文本的德文译者显然理解该术语，补充说明"他们用菘蓝来涂抹瓷器"[4]。其实，菘蓝并非中国瓷器蓝色的来源。但与其阐释该误解，笔者认为更有趣的是其中体现了欧洲人如何基于其自身的经验来想象、塑造并传播他者。在该蓝色风靡欧洲一个世纪后，殷弘绪于1712年和1722年两度致信欧洲耶稣会报告他在景德镇的所见，这时欧洲读者才知道瓷器蓝乃来自钴（图8、图9）。[5] 对瓷器知识的探索与传播使欧洲人对瓷器开始祛魅，也祛魅了这个神秘的帝国和生于其中的人。

在李明《中国近事报道》（Nouveau mémoire sur l'état présent de la Chine）中的《致布永公爵夫人》长信中揭示了瓷器知识的扩展和传播改变了欧洲对中国的认知

1　见 Olfert Dapper, *Gedenkwaerdig Bedryf Der Nederlandsche Oost-Indische Maatschappye, Op de Kuste En in Het Keizerrijk van Taising of Sina: Behelz. Het Tweede Gezandschap Door Jan van Kampen En Konst. Nobel. Vervolgt Met Een Verhael van Het Voorgev. Des Jaers 1663 En 1664 Op de Kuste van Sina... Onder 'T Gezag van Balth. Bort. En Het Derde Gezandschap Onder Beleit van Pt. Van Hoorn. Beneffens Een Bechryving van Geheel Sina* (Amsterdam: Jacob van Meurs, 1670).

2　Matthias Lobelius, *Kruydtboeck Oft Beschrijvinghe van Allerleye Ghewassen, Kruyderen, Hesteren Ende Gheboomten* (Antwerpen: Plantijn, Christoffel, 1581), p. 425.

3　Olfert Dapper (1670), p. 246.

4　Olfert Dapper (1670), p. 154.

5　Joseph Needham, *Science and Civilisation in China*, Vol. 5, Part 12, *Chemistry and Chemical Technology*, ed. Rose Kerr (Cambridge: Cambridge University Press, 2004), pp. 501–503. 这些信件已被誊写出来，详见 Stephen W Bushell, *Description of Chinese Pottery and Porcelain* (Oxford: Clarendon Press, 1910), p. 193.

和态度。[1] 1684 年，他受法国国王路易十四派遣来华传教，于 1688 年抵达中国并停留了三年。[2] 其著作于 1700 年在索邦大学展出时已出版了十多版译本。[3]

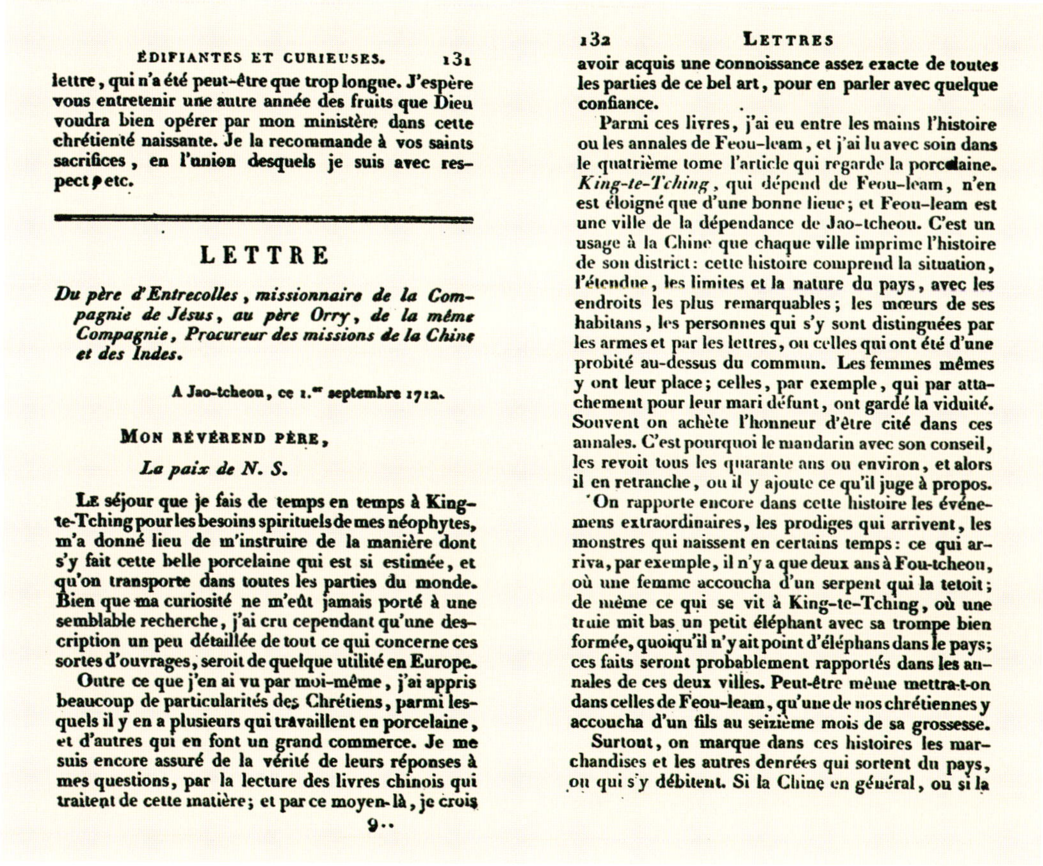

ÉDIFIANTES ET CURIEUSES. 131

lettre, qui n'a été peut-être que trop longue. J'espère vous entretenir une autre année des fruits que Dieu voudra bien opérer par mon ministère dans cette chrétienté naissante. Je la recommande à vos saints sacrifices, en l'union desquels je suis avec respect, etc.

LETTRE

Du père d'Entrecolles, missionnaire de la Compagnie de Jésus, au père Orry, de la même Compagnie, Procureur des missions de la Chine et des Indes.

A Jao-tcheou, ce 1.er septembre 1712.

MON RÉVÉREND PÈRE,

La paix de N. S.

LE séjour que je fais de temps en temps à King-te-Tching pour les besoins spirituels de mes néophytes, m'a donné lieu de m'instruire de la manière dont s'y fait cette belle porcelaine qui est si estimée, et qu'on transporte dans toutes les parties du monde. Bien que ma curiosité ne m'eût jamais porté à une semblable recherche, j'ai cru cependant qu'une description un peu détaillée de tout ce qui concerne ces sortes d'ouvrages, seroit de quelque utilité en Europe.

Outre ce que j'en ai vu par moi-même, j'ai appris beaucoup de particularités des Chrétiens, parmi lesquels il y en a plusieurs qui travaillent en porcelaine, et d'autres qui en font un grand commerce. Je me suis encore assuré de la vérité de leurs réponses à mes questions, par la lecture des livres chinois qui traitent de cette matière; et par ce moyen-là, je crois

9..

132 LETTRES

avoir acquis une connoissance assez exacte de toutes les parties de ce bel art, pour en parler avec quelque confiance.

Parmi ces livres, j'ai eu entre les mains l'histoire ou les annales de Feou-leam, et j'ai lu avec soin dans le quatrième tome l'article qui regarde la porcelaine. *King-te-Tching*, qui dépend de Feou-leam, n'en est éloigné que d'une bonne lieue; et Feou-leam est une ville de la dépendance de Jao-tcheou. C'est un usage à la Chine que chaque ville imprime l'histoire de son district: cette histoire comprend la situation, l'étendue, les limites et la nature du pays, avec les endroits les plus remarquables; les mœurs de ses habitans, les personnes qui s'y sont distinguées par les armes et par les lettres, ou celles qui ont été d'une probité au-dessus du commun. Les femmes mêmes y ont leur place; celles, par exemple, qui par attachement pour leur mari défunt, ont gardé la viduité. Souvent on achète l'honneur d'être cité dans ces annales. C'est pourquoi le mandarin avec son conseil, les revoit tous les quarante ans ou environ, et alors il en retranche, ou il y ajoute ce qu'il juge à propos.

On rapporte encore dans cette histoire les événemens extraordinaires, les prodiges qui arrivent, les monstres qui naissent en certains temps: ce qui arriva, par exemple, il n'y a que deux ans à Fou-tcheou, où une femme accoucha d'un serpent qui la tetoit; de même ce qui se vit à King-te-Tching, où une truie mit bas un petit éléphant avec sa trompe bien formée, quoiqu'il n'y ait point d'éléphans dans le pays; ces faits seront probablement rapportés dans les annales de ces deux villes. Peut-être même mettra-t-on dans celles de Feou-leam, qu'une de nos chrétiennes y accoucha d'un fils au seizième mois de sa grossesse.

Surtout, on marque dans ces histoires les marchandises et les autres denrées qui sortent du pays, ou qui s'y débitent. Si la Chine en général, ou si la

图 8　殷弘绪 1712 年的信件

［来源于 Charles Le Gobien，Yves Mathurin Marie Tréaudet de Querbeuf，*Jean Baptiste Du Halde*：*Lettres Edifiantes et Curieuses*：*TOME DIXIÈME*（Lyon：Chez J. Vernarel，libraire，ÉtCabin，1819），pp. 131-132］

1　Louis le Comte，*Nouveaux Mémoires Sur l'État Présent de La Chine*，Vol. 1（Paris：Jean Anisson，1697），p. 250. 另见［法］李明《中国近事报道》，郭强等译，大象出版社，2004，第 143 页。

2　大卫・芒格罗（David Mungello）认为李明的书在知识性上远不如此前法国的中国传教士，但该作品通俗且带有插图，从而增强了其“畅销度”。见 David Emil Mungello，*Curious Land*：*Jesuit Accommodation and the Origins of Sinology*（Honolulu：University Of Hawaii Press，1989），pp. 330-331.

3　其中英文版见 Louis le Comte，*Memoirs and Observations Typographical*，*Physical*，*Mathematical*，*Mechanical*，*Natural*，*Civil*，*and Ecclesiastical*，*Made in a Late Journey through the Empire of China*，*and Published in Several Letters Particularly upon the Chinese Pottery and Varnishing*，*the Silk and Other Manufactures*，*the Pearl Fishing*，*the History of Plants and Animals*，*Description of Their Cities and Publick Works*，*Number of People*，*Their Language*，*Manners and Commerce*，*Their Habits*，*Oeconomy*，*and Government*，*the Philosophy of Confucius*，*the State of Christianity*：*With Many Other Curious and Useful Remarks*（London：Benj. Tooke and Sam. Buckley，1697）.

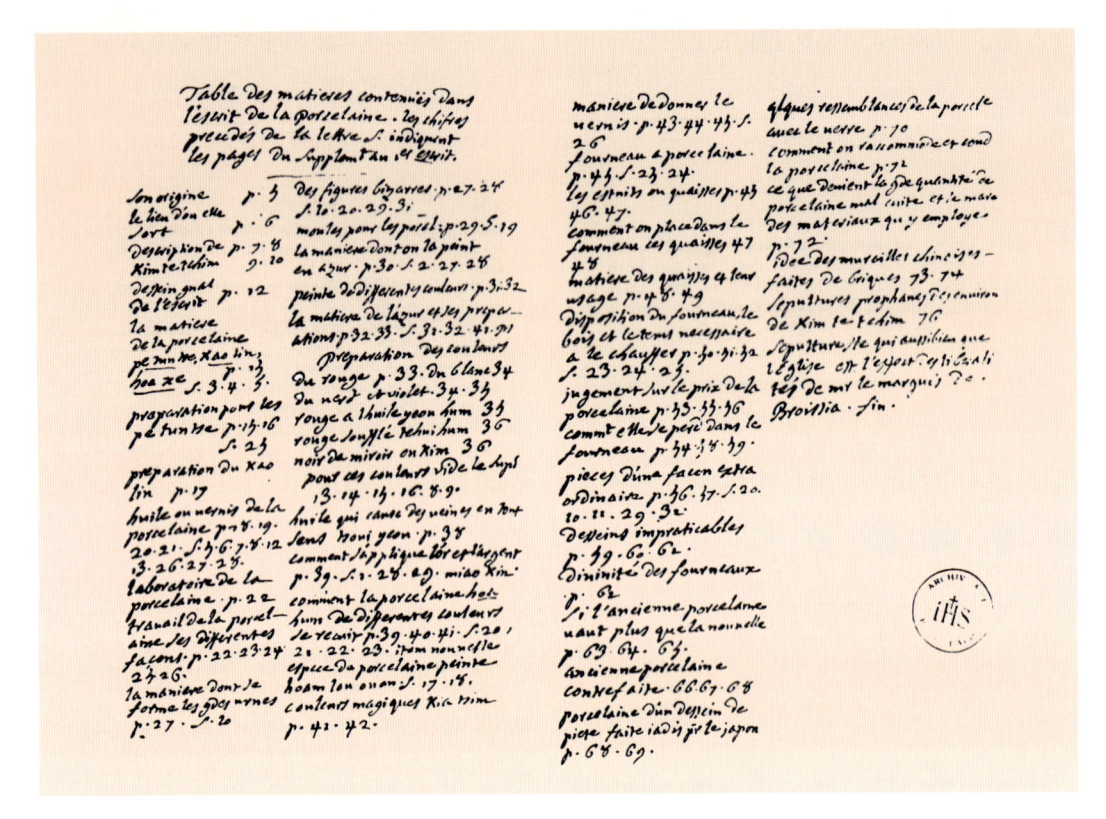

图 9　殷弘绪 1722 年致法国耶稣会的信手稿
[转引自 Edmund De Waal, *De Witte Weg: Verslag Van Een Obsessie* (Amsterdam: De Bezige Bij. 2022), p. 14]

李明与谢务禄和纽霍夫一样，将物质文化置于他对中华帝国考察的中心，他为丝绸、陶瓷和漆器的制造提供了详细的描述。漆能保护木材给他留下了深刻的印象："若在吃饭时有任何油脂溅出，立即用湿布擦拭便不会留下痕迹，也闻不到任何异味。"更重要的是李明开始描述相关的制造过程："清漆是以从树上提取的蒸馏物制成，且必须与油相混合。桌椅需要两到三层清漆。耐心是极重要的。"故技术是完全可控的，若耐心是所需的全部，则法国人肯定能与中国人媲美，甚至更好。他在讨论瓷器制造时亦提出了类似观点："若智者愿意做一些尝试，并按上述方法勤奋地操练，也并非不能成功。"他解释说：我们在欧洲长期探索的瓷器之谜，并非出于中国陶工的高超技艺，而是他们幸运地拥有天然资源。江西的水比其他地方更清澈，且浸透着特殊的盐分，适合净化和提炼黏土。故制瓷所需的黏土在江西以外很难获得，但他亦怀疑道："也许它与法国几个省的一些软石并无异处。"事实上，李明所述的步骤在当时的欧洲已广为人知了：清洗山上的黏土，将其捣成细粉，加水，敲打并造型。他解释道，陶工们早晚都在太阳下晒坯，但"太阳不能过热，怕它起翘"。然后用"非常精细的、来自同一种瓷器的物质，在作品上进行几笔装饰和上釉,使它们具有特别的白度和光泽"。他还破除了一些传闻,他在暹罗得知鸡蛋白和鱼骨可作为釉料的成分,但这纯粹是一种说法。最后,李明总结道:"关于瓷器的构成非常复杂这个观点是错误的,若真如此,它就不会如此普遍,更不会如此便宜。"[1]

西方人对瓷器工艺的了解程度与其对生产者的敬佩之情成反比。曾经高雅的瓷器倾注了中国人的耐心、勤奋和严谨,体现着中国的文明和优越。继李明之后,一种更谨慎甚至更具批判性的声音开始出现。他批评瓷器表面幼稚的人像,称这"丢了中国人自己的脸,使欧洲人认为其人体形状实际上就像他们在画中所表达的那样畸形"[2]。例如司马光砸缸图像就在17—18世纪于欧洲广泛流行(图10、图11)。图面简洁而怪异,人物刻画不甚庄重,给不熟悉典故的西方观众留下刻板的中国形象:模糊、幼稚、异想天开。[3] 当这些商品开始在欧洲失去崇高地位时,对这些商品生产者的看法便也开始祛魅。

图10 迈森瓷盘司马光砸缸图样
(约1730年,藏于美国国家历史博物馆)

图11 切尔西瓷盘司马光砸缸图样
(约1755年,藏于大英博物馆)

---

1 Louis le Comte, *Memoirs and Observations Typographical, Physical, Mathematical, Mechanical, Natural, Civil, and Ecclesiastical, Made in a Late Journey through the Empire of China, and Published in Several Letters Particularly upon the Chinese Pottery and Varnishing, the Silk and Other Manufactures, the Pearl Fishing, the History of Plants and Animals, Description of Their Cities and Publick Works, Number of People, Their Language, Manners and Commerce, Their Habits, Oeconomy, and Government, the Philosophy of Confucius, the State of Christianity: With Many Other Curious and Useful Remarks*, pp. 152-153; p. 160; pp. 158-160.

2 同上注。

3 David Beevers, *Chinese Whispers: Chinoiserie in Britain, 1650-1930* (Brighton: Royal Pavilion Libraries & Museums, 2008), p. 19.

18世纪早期,知识的增长引发了西方人眼中中国神秘形象的幻灭。殷弘绪的信件记录了景德镇制瓷的详细步骤,标志着欧洲人对陶瓷的态度从不加批判的崇敬过渡到更全面的理解。殷于1712年9月1日从江西饶州寄到欧洲的信确实受到了极大的关注,被不断翻译和再版。[1] 和李明一样,殷对中国的物质文化也绝非不加批判,而且他更明确地将批评从"物"转移到创造它们的"人"上。虽然商人通过瓷器赚足了利润,但对大多数中国人来说是无利可图的。每一次开窑都伴随着风险。木材的质量、窑内的温度和湿度都是不可预测的,随时可能面临失败,特别是为欧洲市场烧制"新的、往往是奇形怪状的产品"时。[2] 曾经被描述为拥有非凡技能且耐心的中国巧匠,被殷描述为无名的劳工、贪婪商人和欧洲消费者贪得无厌的牺牲者。随着耶稣会历史学家杜赫德(Jean-Baptiste Du Halde,1674—1743)的巨著《中华帝国全志》(Description de l'empire de la Chine)将欧洲当时关于中国的知识汇于一处。[3] 正如伏尔泰(1694—1778)所言:这个从未离开过巴黎且不懂中文的人提供了世上"最全面和最好"的中国描述。[4] 此时,欧洲人几乎完全了解到其制造过程。[5] 18世纪欧洲人的焦点也逐渐从对瓷器之谜的"迷恋"转向对其人民创造力的"蔑视"。

三　瓷器技艺的突破:对中国的蔑视

1719年,苏格兰医师约翰·贝尔作为彼得大帝派遣的俄罗斯使团中的一员,前往北京觐见康熙皇帝,在停留的三年间做了大量记录(图12)。[6] 他好奇于中国的一切,写道:"上天给了我一个机会,远超出我的预期,最充分地满足了我的好奇心。"[7] 1710年,德国迈森瓷器终于成

1　这些信件最初于1717年编入耶稣会士的信件集 Lettres édifiantes et curieuses。该集于1781年再版。1735年,杜赫德神父将它们收录在他的四卷本《中华帝国全志》(Description géographique de l'empire de la Chine)中,而在1736年,布鲁克斯(R. Brookes)在其《中国通史》(The General History of China)中翻译并收录了这些信件。

2　见 Stephen W Bushell, Description of Chinese Pottery and Porcelain(Oxford: Clarendon Press, 1910), p.202. 附录 Père d'Entrecolles, "Lettre au Père Orry de la mesme Compagnie, Procureur des Missions de la Chine & des Indes".

3　Jean-Baptiste Du Halde, Description Géographique, Historique, Chronologique, Politique, et Physique de l'Empire de La Chine et de La Tartarie Chinoise: Enrichie Des Cartes Générales et Particulieres de Ces Pays, de La Carte Générale et Des Cartes Particulieres Du Thibet, & de La Corée: & Ornée d'Un Grand Nombre de Figures & de Vignettes Gravées En Taille-douce(La Haye: H. Scheurleer, 1736).

4　Voltaire, Oeuvres Complètes de Voltaire. Avec Des Notes et Une Notice Sur La Vie de Voltaire, Vol. 4(Paris: Didot, 1869), p. 28.

5　Isabelle Landry-Deron, La Preuve Par La Chine: La "Description" de J-B Du Halde, Jésuite, 1735(Paris: Éditions de l'École des hautes études en sciences sociale, 2002), p. 370.

6　John Bell, A Journey from St. Petersburg to Pekin, 1717-1922, p. 2.

7　John Bell, A Journey from St. Petersburg to Pekin, 1719-1722, p. 189.

功制造出欧洲第一件硬质瓷器，结束了中国同行千余年的垄断地位。贝尔对此十分着迷，故他反思了"黏土必须被埋藏一个世纪才适合制瓷"的观点。[1] 贝尔与殷弘绪对瓷器是尸体埋藏很久后变成的描述不同，他强调了该行业的巨大社会效益："为大量穷人提供就业，否则他们将成为公众的无用负担。"[2] 他曾两次参观中国瓷器厂，在那里他发现干净的器皿与中国人开放和诚实的品质相匹配。但他承认，"尽管人们非常热情，向我展示了我想要的一切，但我回来时还是和去时一样无知；我坚信，在一个人能获得任何知识前，他必须被培养成一个陶工"[3]。最终，贝尔的游记《从俄罗斯圣彼得堡到亚洲各地之旅》（*Travels from St. Petersburg in Russia to various parts of Asia*）于 1763 年分两卷出版，由格拉斯哥的罗伯特和安德鲁·福利斯（Robert and Andrew Foulis of Glasgow）印刷，每套售价为 1 基尼，大受社会名流的认可（图 13）。[4] 同年稍晚，《绅士杂志》（*Gentleman's Magazine*）和《年度注册》（*Annual Register*）重印了其长篇摘录，随后法语版和俄语版的畅销，都表明 18 世纪的读者对该著作的热爱。但在贝尔坚持欣赏中国瓷器的浪漫与优雅时，全球瓷器景观的巨变已揭开帷幕。

图 12　《从俄罗斯圣彼得堡到亚洲各地之旅》卷首插图
（25cm×20 cm，1763 年，右上角明确指出贝尔从西伯利亚到北京之旅的时间为 1719 年、1720 年和 1721 年，美国国会图书馆藏）

1　John Bell, *A Journey from St. Petersburg to Pekin，1719-1722*, p. 160.

2　同上注。

3　John Bell, *A Journey from St. Petersburg to Pekin，1719-1722*, p. 167.

4　John Bell, *A Journey from St. Petersburg to Pekin，1719-1722*, pp. 25，225-231.

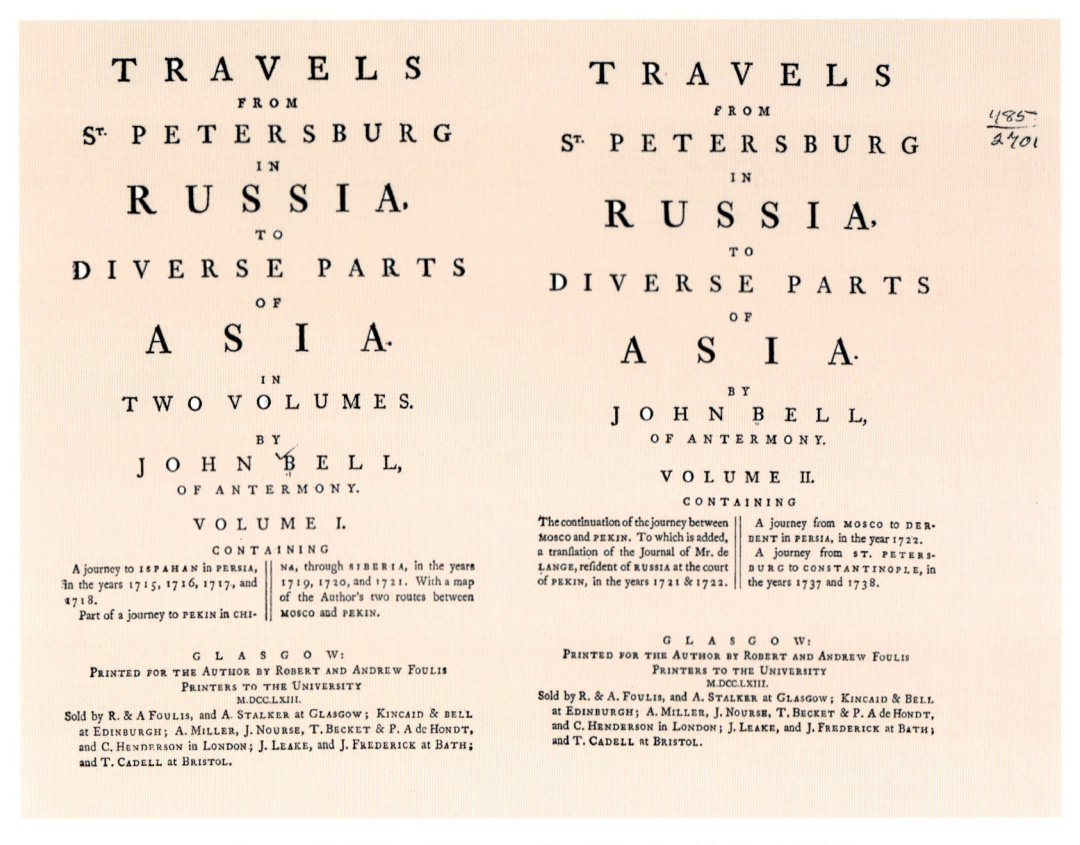

图 13 《从俄罗斯圣彼得堡到亚洲各地之旅》第Ⅰ卷与第Ⅱ卷卷首页
（1763 年，美国国会图书馆藏）

我们难以估量迈森瓷器在技术上的突破在多大程度上影响了欧洲人对中国的认知，但 18 世纪初的英国人已开始用略微强硬的语气来描述中国了。1719 年，丹尼尔·笛福（Daniel Defoe，1660—1731）就在其《鲁滨逊漂流记》中对中国瓷器持怀疑态度："因瓷器乃中国的独特之处，故可允许其在此方面表现出色，但我肯定他们在这方面的描述也是出色的，因为他们告诉我他们在陶瓷领域的表现是如此卓越，以至于我认为这是不可能的。"[1]

与 17 世纪的李明一样，笛福认为自然资源是中国人的唯一优势："若我们有同样的黏土，我们很快就能超过他们，就像我

---

1 见 Daniel Defoe, *The Farther Adventures of Robinson Crusoe*（London: W. Taylor, 1719）, p. 311. 关于笛福对中国整体的贬低性言论，见 Robert Markley, *The Far East and the English Imagination*, 1600-1730, pp. 189-201; 以及 Donald F Lach and Theodore Nicholas Foss, "Images of Asia and Asians in European Fiction, 1500-1800", in *China and Europe: Images and Influences in Sixteenth to Eighteenth Centuries*, ed. Thomas H. C. Lee（Hong Kong: Chinese University Press, 1991）, 165-188. 关于笛福对中国瓷器的贬低，见 Lydia H Liu, "Robinson Crusoe's Earthenware Pot", *Critical Inquiry* 25, No. 4（July 1999）: 728-757.

们在其他领域那样。"[1]

笛福对中国瓷器的蔑视与 1748 年海军准将乔治·安森（George Anson, 1697—1762）在中国的遭遇有联系。[2] 安森出身贵族，他于 1740 年乘坐百夫长号（HMS Centurion）从朴次茅斯出发，后因意外于 1743 年驶入广州，急需补给。但安森并未得到他应得的待遇，并被不断拖延，一直见不到广州总督。[3] 在岸上，一名英国军官被抢劫，百夫长号的一根桅杆被盗。在与中国商人交易时，据说他们在鸡蛋里塞满石头以赚取更多利润，这使安森怒火中烧。[4] 如此，中国的物质文化也未能得到安森的欣赏。他发现中国画没有欧洲绘画的优雅，"也许可以断言，他们艺术中的这些缺陷完全是由其人民的特殊倾向所致，在他们中间看不到任何伟大的或有活力的东西"[5]。（图 14）他总结道：

> 他们的制造业水准是其他国家所追求的，这足以证明他们的伟大；尽管手工艺技能似乎是该民族最宝贵的品质，但他们在这方面的才能只能算二等；因为他们在制造业方面被日本人远远超过；且他们在许多情况下无法与欧洲机械的灵活性相媲美。[6]

安森认为中国匠人善于模仿，"在缺乏天赋的情况下，便会不断出现奴性的模仿者，他们无法生产需要高度真实性和准确性的作品"[7]。安森对中国瓷器在"真实性和准确性"方面的批判延伸至整个社会："他们的官员是腐败的，人民善于行窃"，他怒斥道，"在诡计［和］虚假方面，中国人是其他民族难以比拟的"[8]。即使是"顽固和荒谬"的中国语言，也是一个不诚实的民族的工具，因为"用这些混乱的符号所记录的过往的历史和发明，也必然是混乱且无法理解的；故其民族的学问和其自诩的古老在许多情况下是需要

---

[1] Daniel Defoe, *Serious Reflections during the Life and Surprising Adventures of Robinson Crusoe*（London: W. Taylor, 1720）, p. 141.

[2] George Anson, *A Voyage Round the World*（London: John & Paul Knapton, 1748）. 另见 Glyndwr Williams, *The Prize of All the Oceans: The Triumph and Tragedy of Anson's Voyage Round the World*（London: HarperCollins, 1999）, pp. 237-241.

[3] Arthur Waley, *Yuan Mei, Eighteenth Century Chinese Poet*（London: George Allen & Unwin Ltd, 1956）, pp. 205-209.

[4] George Anson, *A Voyage Round the World*, pp. 397-398.

[5] George Anson, *A Voyage Round the World*, p. 412.

[6] 同上注。

[7] 同上注。

[8] George Anson, *A Voyage Round the World*, p. 393.

被质疑的。"[1] 安森的描述预示着 18 世纪末西方对中国的认知将发生更微妙也更明确的转变，而这与瓷器等物质文化有直接联系。1764 年，甚至连伏尔泰也在其《哲学辞典》（*Dictionnaire philosophique*）中问道，"为何要去中国寻找黏土，就像我们没有一样"[2]。而曾让利玛窦和纳瓦雷特感到惊讶的中国人修复陶瓷的能力，如今在欧洲街道上也能看到。布里斯托尔皇后街上的爱德华·库姆斯（Edward Coombs [Coombes]）瓷器烧制和修补者传单表明，他是 18 世纪末活跃在英国的几位修瓷匠之一，其广告为：瓷器烧制和修补（烧制各种外国和中国瓷器，如盘、碟、碗、盆、壶、船、咖啡壶和杯子等）。同样，也能以最整齐的方式锚固和修复中国碗和杯子的连接点和边缘（图15）。[3]

图 14　安森定制的瓷汤盘
（约1747年，藏于大英博物馆）

图 15　经修复过的碗样本
（底部有名字和地址"Coombs, Queen St, Bristol"，2007 年，Ian Rogers 藏）

1　George Anson, *A Voyage Round the World*, pp. 412-413.

2　Voltaire, *Dictionnaire Philosophique*（Geneva: Gabriel Grasset, 1764）, p. 87.

3　该文件见 Gloucester Archives. D1799/A390.

而当马戛尔尼使团于1793年抵达中国时，欧洲对中国的认知在瓷器的见证下迎来重大转变。一系列英国产品首次被正式介绍到中国，包括送给乾隆的礼物。大多数学者将使团在贸易谈判上的失败归因于马戛尔尼拒绝行跪拜礼等文化分歧上，而对物质文化所起的作用关注不多。1793年8月，英国使团准备在圆明园展示一批礼物，估计"至少需要六七个星期才能布置好展览"。在此期间，三位皇孙视察了展览："皇孙特别欣赏那些钟表和德比郡的瓷器花瓶，还问我们自己做的瓷器和他们的瓷器哪个更好。我们的答复是，我们的瓷器是非常珍贵的，否则就不会献给皇帝，而我们对他们瓷器的评价从我们的商人每年在广州购买并通过我们的船运往英国的惊人数量中就能看出来，他们对这一间接回答很满意。"[1]

此展览显然暗含着中英物质文化的较量，马戛尔尼后来自豪地指出：尽管参观者对英国产品表现出"漫不经心的冷漠"，但"当他们看到乌利亚米钟表的装饰性花瓶时，根本无法掩饰其对我们德比瓷器的美丽和优雅的喜爱"[2]。乔治·斯汤顿爵士（Sir George Staunton，1737—1801）在1797年补充道："欧洲制造的美丽瓷器被普遍认可和赞美。"[3] 他进一步指出，黏土能被"英国的作坊"加工到比中国更好的标准，而中国瓷器制造的"不稳定性"肯定能被欧洲的科学技术所改善。韦奇伍德先生（Josiah Wedgwood，1730—1795）的温度计，建立在他所观察到的现象之上，黏土的收缩程度与之暴露在火中的程度成正比，对中国的陶工而言必然是有用的。[4] 马戛尔尼试图招募英国棉花和陶瓷专家到大使馆工作这一计划的失败，进一步表明了英国技术已与中国相当，甚至超越了中国："我发现，计划的失败在某种程度上是出于一些人的嫉妒，嫉妒任何与我一起被派往中国的商人留在中国，并传授我们最宝贵的工艺，而不是[像以前]带着新的光芒回国。"[5] 此刻，欧洲生产商的工艺受到了[中国人]真正的嫉妒。[6] 马戛尔尼对优质的中国丝绸、美丽的瓷器以及他们在许多艺术领域的高超技能表示钦佩，但并未被真正地打

---

1 George McCartney, *An Embassy to China: Being the Journal Kept by Lord Macartney during His Embassy to the Emperor Ch'ien-Lung, 1793-1794* (London: The Folio Society, 2004), pp. 41-43.

2 George McCartney, *An Embassy to China: Being the Journal Kept by Lord Macartney during His Embassy to the Emperor Ch'ien-Lung, 1793-1794* (London: The Folio Society, 2004), p. 235.

3 Sir George Staunton, *An Authentic Account of an Embassy from the King of Great Britain to the Emperor of China* (London: G. Nicol, 1797), pp. 341-342.

4 Sir George Staunton, *An Authentic Account of an Embassy from the King of Great Britain to the Emperor of China*, pp. 300-301.

5 Froger François, *A Journal of the First French Embassy to China, 1698-1700*, pp. lxxiv-lxxv.

6 George McCartney, *An Embassy to China*, p. 138.

动。他说:"他们的印刷术,如我所见,只是一种木刻,但从准确性和效率方面看,知识在中国的传播远不及在英国迅速。"[1] 马戛尔尼再次将其对中国人的看法与其产品相联系:在大使馆里,中国人对英国产品的反应让人恼火。马戛尔尼抱怨道,"尽管他们完全无知,但中国官员装作明白,企图用半句话就阐明英国望远镜的原理"[2]。中国官员认为"组装皇帝礼物所需的仅是劳力而非技术"[3]。最重要的是,"无论是乾隆本人还是他身边的人都对马戛尔尼使团所带来的发明不感兴趣",他总结道:"其政策是阻隔所有新事物,并尽可能防止他们的臣民对外国人产生比自己更高的评价。"[4] 在马戛尔尼看来,中国人在面对英国商品时已变得无知、落后、傲慢且自欺欺人。

余论 见证欧洲对中国认知转变的瓷器

阿达斯认为西方早期旅行家的著作,特别是其中对技术的描写塑造了17—18世纪欧洲知识分子对中国的认知,[5] 但他严重忽视了瓷器等物质文化所起的重要作用。实际上中国外销瓷在欧洲的传播比这些人的著作要广得多,也影响着更多的欧洲人。欧洲人对19世纪前中国的描述从一开始就与瓷器密不可分,中国人的身份亦由这些描述所塑造。波罗在描述中国瓷器时就对其赞叹不已:一个能为子孙后代搁置泥土的民族所需要的超自然的耐心和远见,必然对应着一种高级文明。随着欧洲人对瓷器制造过程的探索,加之瓷器本身也越来越多地出现在更广泛的社会阶层中,欧洲人对中国的敬畏之心开始瓦解。在17世纪,中国工匠的"艺术和发明"曾让纽霍夫感到吃惊,而一个世纪后,这些品质对安森而言却成了虚伪。到了18世纪末,中国人的耐心和自信在马戛尔尼和斯汤顿的眼中已经变成一种落后、呆滞的傲慢态度。

在阿达斯的技术史观中加入物质文化的要素,特别是瓷器在早期现代中西方文明互鉴中的作用,我们能勾勒出一幅更立体也更复杂的画面。虽然瓷器绝非当时唯一出口到西方的产品,但欧洲人对瓷器(china)的看法与其对中国(China)的认知始终是如影随形的。马戛尔尼在18世纪末与大清谈判的失败标志着中欧关系已到了崩溃的边缘,中国单方面拒绝接受欧洲的现代化产品、顽固地拒绝现代性。

---

1 George McCartney, *An Embassy to China*, p. 240.

2 George McCartney, *An Embassy to China*, p. 67.

3 George McCartney, *An Embassy to China*, p. 94.

4 George McCartney, *An Embassy to China*, p. 234.

5 Michael Adas, *Machines as the Measure of Men*, pp. 81–95.

因此，在马戛尔尼登陆中国并卸下英国物品的那一刻，曾经中国瓷器在欧洲的崇高地位被如今欧洲物品在中国的先进地位所取代，二者的优劣和高下在此刻互换了。

附记

本文在从构思到发表的过程中得到了众多师友的帮助。感谢我的四位导师，荷语鲁汶大学建筑系建筑历史、理论与批评团队的高曼士（Thomas Coomans）教授，多米妮克·鲍尔（Dominique Bauer）教授，梅林·胡克斯（Merlijn Hurx）教授和艺术史系的芭芭拉·巴尔特（Barbara Baert）爵士，对本文的指导以及对大量荷兰语文献的校对和解释。感谢我的同事党新元博士从大英博物馆为我搜集了一些相关素材。最后，特别感谢鲁汶大学中央图书馆东亚藏书楼的馆员华贝妮（Benedicte Vaerman）女士在材料获取方面的辛勤付出。

《形象史学》征稿启事

　　《形象史学》是由中国社会科学院古代史研究所文化史研究室和中国史学会传统文化专业委员会主办、面向海内外征稿的中文集刊,自 2021 年起每年出版四辑。凡属中国古代文化史研究范畴的专题文章,只要内容充实,文字洗练,并有一定的深度和广度,均在收辑之列。尤其欢迎利用各类形象材料深入研究中华文明起源和文化传承发展的内在机制与演进路径的专题文章,以及围绕中国古代文化史学科建构与方法探讨的理论文章。具体说明如下。

　　一、本刊常设栏目有理论前沿、文化传承研究、器物研究、图像研究、汉画研究、服饰研究、跨文化研究、文本研究等,主要登载专题研究文章,字数以 2 万字以内为宜。对于反映文化史研究前沿动态与热点问题的综述、书评、随笔,以及相关领域国外学者的最新研究成果(须提供中文译本),亦适量选用。

　　二、来稿文责自负。章节层次应清晰明了,序号一致,建议采用汉字数字、阿拉伯数字。举例如下。

　　第一级：一　二　三；

　　第二级：(一)(二)(三)；

　　第三级：1. 2. 3.；

　　第四级：(1)(2)(3)。

　　三、中国历代纪年(1912 年以前)在文中首次出现时,须标出公元纪年。涉及其他国家的非公元纪年,亦须标出公元纪年。如清朝康熙六年(1667),越南阮朝明命元年(1820)。

　　四、来稿请采用脚注,如确实必要,可少量采用夹注。引用文献资料,古籍须注明朝代、作者、书名、卷数、篇名、版本；现当代出版的论著、图录等,须注明作者(或译者、整理者)、书名、出版地点和出版者、出版年、页码等；同一种文献被再次征引时,只须注出作者、书名、卷数、篇名、页码即可；期刊论文则须注明作者、论文名、刊物名称、卷期等。如为连续不间断引用,下一条可注为"同上注"。外文文献标注方法以目前通行的外文书籍及刊物的引用规范为准。具体格式举例如下。

　　(1)(清)张金吾编：《金文最》卷一一,光绪十七年江苏书局刻本,第 18 页。

　　(2)(元)苏天爵辑：《元朝名臣事略》卷一三《廉访使杨文宪公》,姚景安点校,中华书局,1996,第 257—258 页。

　　(3)(清)杨钟羲：《雪桥诗话续集》卷五(上册),辽沈书社,1991 年影印本,第 461 页下栏。

（4）（唐）李隆基注，（宋）邢昺疏：《孝经注疏》，载李学勤主编《十三经注疏》，北京大学出版社，1999，第3页。

（5）金冲及：《二十世纪中国史纲（简本）》上册，社会科学文献出版社，2012，第295页。

（6）苗体君、窦春芳：《秦始皇、朱元璋的长相知多少——谈中学〈中国历史〉教科书中的图片选用》，《文史天地》2006年第4期。

（7）林甘泉：《论中国古代民本思想及其历史价值》，《光明日报》2003年10月28日。

（8）[英] G. E. 哈威：《缅甸史》，姚楠译，商务印书馆，1957，第51页。

（9）Marc Aurel Stein，*Serindia* London：Oxford Press，1911，p. 5.

（10）Cahill, Suzanne, "Taoism at the Song Court：The Heavenly Text Affair of 1008", *Bulletin of Sung-Yuan Studies*，1980（16），pp. 23-44.

五、（1）请提供简化字（请参照国家语言文字工作委员会1986年重新发布的《简化字总表》）word电子版。如有图片，需插入正文对应位置。（2）同时提供全文pdf电子版。（3）另附注明序号、名称、出处的高清图片电子版（图片大小应在3M以上），并确保无版权争议。（如为打印稿，须同时提供电子版）。（4）随文单附作者简介（包括姓名、单位、职称、研究方向）、生活照（电子版）、联系方式、通信地址、邮编。

六、如获得省部级及以上项目基金资助，可在首页页下注明。格式如：本成果得到××××项目（项目编号：××××）资助。项目资助标注不能超过两项。

七、邮箱投稿请以"文章名称"命名邮件名称和附件名称。请用文章全名命名，副标题可省略。

八、请作者严格按照本刊格式规范投稿，本刊将优先拜读符合规范的稿件。

九、来稿一律采用匿名评审，自收稿之日起三个月内，将通过电话或电子邮件告知审稿结果。稿件正式刊印后，将赠送样刊两本，抽印本若干。

十、本刊已入编知网，作者文章一经录用刊发即会被知网收录，作者同意刊发，即被视为认可著作权转让（本刊已授权出版方处理相关事宜）。

十一、本刊地址：北京市朝阳区国家体育场北路1号院中国历史研究院行成楼220房间，邮编：100101。联系电话：010-87420859（周一、周二办公）。电子邮箱：xxshx2011@yeah.net。